Family in the 21st Century
21世紀的家
臺灣的家何去何從？

Where is the Taiwanese Family Headed?

黃應貴 —— 主編

國家圖書館出版品預行編目資料

21 世紀的家：臺灣的家何去何從？ / 黃應貴等著
一版— 新北市：群學，2014. 09
面；公分
ISBN 978-986-6525-84-1（平裝）
1.家庭 2.多元文化 3.個案研究 4.文集
544.107   103016962

21世紀的家：臺灣的家何去何從？

主　編　黃應貴

作　者　黃應貴、王增勇、黃嫒齡、彭仁郁、林文玲
　　　　林瑋嬪、王梅霞、潘恩伶、陳文德、鄭瑋寧

總編輯　劉鈐佑

編　輯　黃恩霖

出版者　群學出版有限公司

　　　　地　址　新北市新店區中正路 508 號 5 樓
　　　　電　話　(02)2218-5418
　　　　傳　眞　(02)2218-5421
　　　　電　郵　service@socio.com.tw
　　　　網　址　http://socio123.pixnet.net/blog

封　面　井十二　no12.studio@icloud.com
排　版　菩薩蠻數位文化有限公司
印　刷　權森印刷事業社　　　電　話(02)3501-2759

ISBN　　978-986-6525-84-1
定　價　NT$480
1 版 1 印　2014 年 9 月
1 版 2 印　2016 年10月

「新世紀的社會與文化」系列叢書總序

　　對臺灣社會而言，2013 年 7 月到 2014 年 6 月是相當紛擾、不平靜的一年。開啟了一連串擾動與爭辯的第一槍，就是「社團法人臺灣伴侶權益推動聯盟」（簡稱「伴侶盟」）於 2013 年 10 月 3 日正式提出統稱為「多元成家」的「婚姻平權（含同性婚姻）草案」、「伴侶制度草案」、「家屬制度草案」，送到立法院。伴侶盟原本認為在同性戀逐漸公開而被尊重的臺灣，提出具有「同性婚姻、伴侶制度、多元家庭、收養制度」四大特色而又合乎世界潮流、尊重人民婚姻自由與家庭權等人權訴求的多元成家草案，應不致遭受太多質疑。出人意表地，多元成家法案提出後，立即引發社會熱烈討論，遭到簡稱為「護家盟」的「臺灣宗教團體愛家大聯盟」等團體的抵制，該團體主張「一男一女、一夫一妻」的婚姻價值，認為「多元成家將徹底破壞家庭制度及倫理觀念，其中不限制性別、不負性忠貞義務、單方面即可解約、與雙方親屬沒有姻親關係、自主選擇多人家屬及領養小孩等主張，皆將臺灣帶往『毀家廢婚』的境界」。是以，若要通過這法案，必須經由全民共同決定（即全民公投）。他們更於該年 11 月 30 日提出「為下一代幸福讚出來」的口號，號召到 30 萬人上凱道。至今，該法案中僅有「婚姻平權（含同性婚姻）草案」通過一讀，後續立法程序便因反對聲浪太大而停頓。

　　接著，2014 年 3 月 18 日起以大學生為主、公民團體為輔的太陽花學運，成為第一次成功佔領立法院的學生運動。表面上，該運動是反對執政黨以 30 秒宣布通過「海峽兩岸服務貿易協議」而要求先立法後審查，以凸顯臺灣目前代議政治制度運作無法充分表達民意的僵化問題，並要求還政於民。事實上，這個持續到 4 月 10 日才退場的學運，最高峰時曾吸引了 50 萬人參與，然而參與者實有著各種不同的理由與動機或目的：有

的憂心中國的威脅，有的則不滿政府施政失效與執政者領導無方，但更多的是年輕人長久以來因對未來充滿不確定而累積的焦慮與不安，在此找到了發洩的出口。一起社會公民運動居然可以滿足那麼多人不同目的，正說明它並不是一個人、一個政策或任何一個群體可以獨立造成的，而是涉及了整個臺灣社會更廣泛而深刻的問題。

第三件是 2014 年 5 月 21 日臺北捷運發生一名 21 歲男大學生的隨機殺人事件，造成 4 死 24 傷，導致人心惶惶，使得地方政府不得不加派員警巡邏車廂和捷運站。大眾媒體更進一步聚焦於：是否可藉死刑以遏止這類犯罪、犯罪者的扭曲心理如何造成今日的憾事、追究犯罪者的家人及學校的責任甚至是它所可能引起的模仿等。事實上，這類隨機殺人事件在當代世界各地，早已是普遍的現象，是有其特殊時代的條件與特定社會文化的因素。然而在臺灣，在過去歷史經驗及觀點的觀照下，這事件被視為純粹是個人或家庭的責任，與社會無關。

事實上，這些事件都反映了臺灣在這 21 世紀以來，早已進入新自由主義化的新時代，但我們的主流社會（主要是指政治界及學界）仍然停留在上個世紀的現代化觀念下，用過去既有的觀念來處理新時代的新問題，造成既有的觀念與社會現實脫節，使我們社會無法面對新的現象與新問題，更無法找到有效的解決方案，使社會不斷沉淪，更使年輕人對於未來充滿著因不確定感而來的焦慮與不安。此一發展過程與路徑，與日本在1980 年代中期經濟泡沫化所導致「失落的 20 年」所走過的路一模一樣。

以上述多元成家的爭議為例，了解人類經濟社會史的人都知道，這種以「一夫一妻、一男一女」為中心的現代核心家庭之出現，在人類歷史上是很晚近而短暫的，它並不代表普世的價值。以西方為例，現代核心家庭在一般平民百姓中普及化是出現在 18 世紀下半葉工業革命興起之後；在日本，現代家庭的確立則與二次大戰後隨日本產業的復興得照顧員工一生之戰後體制的打造密不可分；至於在臺灣，1965 年開始工業化、都市化

以後才建立了現代核心家庭出現的社會經濟條件。因此，落合惠美子稱
「20 世紀是家庭的世紀」。相對之下，對前資本主義社會的人而言，為
了生產上的需求而有不同家的型態出現。譬如，以打獵採集為主的愛斯基
摩人，在冬夏兩季隨自然資源的多寡而出現了完全不同的家之型態：夏季
以核心家庭為主四處流動收集豐富的食物，冬季所有聚落成員聚居於鄰近
少數食物來源地的長屋中。至於以刀耕火耨或輪耕為主的社會，勞力的多
寡往往決定了生產量，因此，多偶婚的家庭或容納既無血緣也無姻緣的人
為家成員的大家庭成為主流。在新自由主義化的社會中，於個人與自我發
揮到極點的條件下，個人間的感情超越血緣與姻緣關係而為家構成的主要
基礎，使家有著個人化、多樣化、及心理化的新趨勢。**但在臺灣，多元成
家的法案完全被核心家庭的觀念與價值所阻撓、挑戰，正好證明臺灣仍以
上個世紀現代化時期的家庭觀念來面對及處裡新時代的新問題，不只說明
臺灣主流社會對於這世紀以來新自由主義化的新時代缺乏應有的了解，更
造成主流社會的思潮與社會真實脫節。**

　　反之，稍微瞭解新自由主義化如何導致人類社會文化根本改變的讀者
應不陌生，資本主義經濟在二次世界大戰後因生產不足而經歷了 20 年的
繁榮期，到 1970 年代初期，卻因生產過剩而導致利潤率下降，使資本主
義經濟進入衰落期。是以，英國首相柴契爾夫人與美國總統雷根分別於
1979 年、1980 年，先後提出「新自由主義」政策，主張市場自由化、國
營事業民營化、去管制化、緊縮財政貨幣政策等，經由國際組織如世界銀
行（WB）、世界貿易組織（WTO）、國際貨幣基金（IMF）等推廣到世
界各地。**但這個建立在網際網路的科技革命、以及運輸交通及溝通工具快
速發展之基礎上的發展，使得人、物、資訊、資金得以在世界各地快速流
通並超越國家的控制，更使企業家得以在世界各地選擇最有利的地點來革
新生產方式，造成資本主義經濟新一波的發展。而這發展對社會文化的影
響，在人類政治經濟史上，如 18 世紀的工業革命，對人類的生產方式與**

社會生活帶來重要而關鍵性的改變。

新自由主義化對人類社會文化最關鍵的影響即是促使**財政金融管理成為經濟過程的一部分，且具有支配性**。在此之前，資本主義經濟所指涉的經濟過程，不外乎指涉：生產、分配與交易、消費等，但在新自由主義經濟下，財政金融的管理成為經濟過程中極重要的一環，甚至居於宰制性的地位，這使得新自由主義經濟另有**「金融資本主義」**（finance capitalism）之稱。這意味**資本（或資金）的滲透力遠比可見的貿易行為來得更具決定性與宰制性**。這點，更**因資本家或財團主宰國家政治而造成國家的弱化而加強**。自從資本主義興起以來，現代民族國家與經濟的力量一向是相輔相成、甚至常是一體兩面。**但在新自由主義化後，財團或資本家的力量早已超越、甚或主宰國家政治的運作**。是以，**不僅金融風暴頻傳造成一般民眾不再信任政黨及政治人物，更因資本家與統治階級往來密切並影響政策，造成民眾對政治的冷漠外，也因國家難以有效節制既得利益者而促成貧富極端化**等社會問題。這些均使得新自由主義化國家早已意識到這類經濟運作方式，就長遠發展而言乃是弊大於利，因而許多國家開始尋找另類出路，才有了所謂的**「第三條路」**的努力和嘗試。不僅北歐、西歐與美國如此，連被歸類為第三世界的拉丁美洲亦是如此。在嘗試另類出路的過程中，**各國往往會因歷史經驗與既有制度的條件而打造出樣貌各異的「第三條路」，但他們對於如何降低新自由主義化對當地社會文化的衝擊這項關懷卻是一致的**。

除了「第三條路」，在所有沒有意識到新自由主義化的國家或社會，多半會採取補救的其他方式，主要是**公民社會的浮現以及社會運動的改造、新興宗教的解脫與救贖、以及透過家及親屬來承擔社會福利及社會保險制度之不足**等，作為緩解新自由主義所帶來的不幸等三條可能的路。此外，新自由主義化對文化上的影響，主要是來自網際網路的進展為人類知識帶來了本體論上的革命。先前因啟蒙運動背後的經驗論科學觀之深化，

使真實與虛幻的分辨成了現代性的重要指標，並使追求真理成了知識發展的動力。但在網際網路普遍的條件下，真實與虛幻的界線被模糊，因而造成知識上的革命：**只追求有效與否，無關真理**。這導致既有的社會分類與領域的界線被模糊掉外，更促進**各個分類或領域間的相互滲透**。

相對於上述國際社會的發展趨勢，回顧臺灣，直到 1999 年 921 災後重建提供臺灣新自由主義化的物質基礎外，陳水扁總統 2000 年上任以後推動金融改革的「金融六法」及政府改造的「四化」（地方化、法人化、委外化、去任務化）政策之實踐，乃是促成、加深臺灣新自由主義化的關鍵性八年。這點，可由代表資本家或財團的信用卡在日常生活中逐漸取代貨幣證之。不幸的是，臺灣缺少馬克思理論及政治經濟學的學術傳統，加上所有政黨對於經濟發展與認識幾乎都是右派，以致於攸關臺灣發展至為重要的經濟政策之決定與實踐，至今不見主流社會對此進行討論，**使得臺灣主流社會至今仍然是以上個世紀現代化時期的觀念來處理新自由主義化後這個新時代的新問題**，自然造成臺灣主流社會無視新自由主義化的後果而與社會脫節，也使臺灣社會走上日本 1980 年代經濟泡沫化帶來了失落的 20 年之道路。

臺灣主流社會雖無視於新自由主義化，資本主義的新發展卻已根本地改變了既有的社會與文化。以東埔社布農人為例，隨新自由主義在這世紀以來的發展，當地各種社會生活領域均已超越過去聚落的範圍且互不一致，而這些個別生活領域更因新資本持續投入而不斷地再結構。在經濟上，不僅財政金融管理成了經濟過程重要一環而加深貧富極端化，「經濟」生活早已超越過去養家活口及增加財富的目的，而沾染了強烈自我認同與存有的意義。反之，政治成了外力在地方上角力的場所，相互衝突與傾軋的結果造成當地人對於政治的冷漠。而宗教與親屬（特別是家）領域的個人化、多樣化及心理化，使得過去既有社會組織沒落，人與人及人與神之間非理性的情感關係愈來愈具支配性。這就如同從當地人的行為與制

度來看東埔社，這地方社會早已不復存在，然而，這地方卻存在於當地人的內心深處而成為其認同的基礎。這些都與個體與自我發揮到極致的條件與辯證有關，多重人觀與多重自我成了新趨勢，也使得意象與想像成了瞭解當代的新切入點。

東埔社布農人所提供的雖只是個案研究，卻呈現整個臺灣大社會的新趨勢，更點出了解當代臺灣大社會的三個重要論點：

第一，臺灣在這世紀因新自由主義化而進入了另一個新時代。

第二，面對新時代的新現象，必須尋找或創造出新的觀念，才能有效再現新的現象與掌握新趨勢。

第三，要解決新時代的問題，就需要有新時代的新視野與新知識，才能為臺灣找到「第三條路」。

是以，若要對當代臺灣大社會有所了解而跳出上個世紀現代化觀念的限制及與社會真實脫節的困境，就只有對既有的社會文化觀念重新探討與創新，加上必要的世界觀與整合的能力，才能構成新時代所需的新知識與新視野，來面對當代的新現象與新問題，並尋求解決之道。然而，新自由主義化在各地往往因過去的歷史經驗與制度的不同而有不同的面貌，環顧各地也有著各自不同的現象與問題，必須經由當地的研究來掌握。因此，這套叢書設定了十個重要議題作為未來努力的方向，並冀望由此發展及累積足夠且必要的新知識，為臺灣未來的發展作出貢獻。這十個議題如下：

1. 什麼是家？（「現代家庭」後的個人化、心理化、多樣化趨勢）

2. 新興宗教與宗教性（宗教的個人化與存有的問題）

3. 什麼是地方社會？（新自由主義秩序下地方社會的形塑，包括區域體系的再結構、網路與虛擬社群的浮現等）

4. 財政金融經濟與文化或地方產業

5. 是階級還是族群？（族群是否仍是個有效再現與研究的概念？）

6. 治理、去政治化與「次層政治」（sub-politics）

7. 多重人觀與自我（包括存有的問題）

8. 意象、文化形式與美學

9. 社會運動（包括環境主義運動、慈善救濟事業、透過網路而來具有普世價值的突發性運動等）

10. 性別、代間與年齡

　　這十個議題的順序安排係依其可行性高低程度而定：排序在後的議題，往往愈需要排序在前之議題的研究成果來加以支持。我們預計以每年討論一個議題的進度來探討「新世紀的社會與文化」，每年先是召集對該年議題有興趣及成果的學者，以講論會方式進行參與者有關該主題的報告與討論，之後再舉行學術研討會，邀請其他相關學者進行討論。與會論文經正式的學術審查及修訂程序後，集結成為本系列叢書。

　　本套叢書之所以能順利誕生，除了感謝所有參與的學者外，編者特別感謝國立清華大學人文社會學院蔡英俊院長及人社院學士班張隆志主任全力支持並提供本叢書先行各項相關的講論會及研討會的經費以及人力協助，更感謝群學出版有限公司總編輯劉鈐佑先生，不以商業營利為計來出版這套具前瞻性的叢書。編者衷心感激他們以臺灣未來為念的真摯、熱情與投入。

叢書主編

黃應貴敬上

目　錄

導論

黃應貴

2013 年 10 月 3 日，「社團法人臺灣伴侶權益推動聯盟」（簡稱「伴侶盟」）正式提出統稱為「多元成家」的「婚姻平權（含同性婚姻）草案」、「伴侶制度草案」、「家屬制度草案」，送至立法院討論，立即引起國內大眾對於該三法案的關切，不僅導致雙方多場直接、間接（網路）的論辯而形成所謂「多元成家」的爭議，反對者（特別是「臺灣宗教團體愛家大聯盟」等團體，以下簡稱「護家盟」）更於 11 月 30 日，提出「為下一代幸福讚出來」的口號，號召 30 萬人走上凱達格蘭大道，使得唯一進入一讀的婚姻平權法案便因反對聲浪過大而停頓下來。這是當初提出法案的伴侶盟始料未及的發展。

對伴侶盟而言，提出的法案是個合乎世界潮流又能尊重人民婚姻自由與家庭權等人權的訴求，在同性戀逐漸公開而被尊重的臺灣，提出具有「同性婚姻、伴侶制度、多元家庭、收養制度」四大特色的多元成家草案，應該沒有太多的爭議才對。反之，護家盟聲明極力捍衛「一男一女、一夫一妻」的婚姻價值，認為「多元成家將徹底破壞家庭制度及倫理觀念，其中不限制性別、不負性忠貞義務、單方面即可解約、與雙方親屬沒有姻親關係、自主選擇多人家屬及領養小孩等主張，皆將臺灣帶往『毀家廢婚』的境界」（https://taiwanfamily/?page_id=225）。是以，若要通過這法案，必須經由全民共同決定（即全民公投）。

顯然，護家盟的立場是奠定在現代的核心家庭觀念上，而伴侶盟並未質疑現代核心家庭，而是要求對於成家成員的性別、血緣、姻緣關係等定義應該更加開放、更具彈性，同時更尊重個人的主體性以符合國際對人權尊重的趨勢。既然立場各異的雙方對家本身的性質沒有爭議，所有的爭議

焦點轉而變成：是否要將原不被核心家庭定義下所接受的成員合法化？如此一來，多元成家的爭議成為關乎開放程度上的問題，而不是本質性或類別性的改變、乃至於改革或革命的問題。這就如同臺灣家庭研究的主流學者，往往強調非傳統家庭型態只佔 15%，它可能引起的「第二次轉型」尚未到來（伊慶春、章英華 2012: vi），因而略而不談，完全忽視它的浮現是對現代家庭的挑戰。

　　事實上，上述多元成家的爭議及主流學界的態度，都忽略了**「現代核心家庭」是人類社會發展的歷史產物，而不是普遍存在的真理。因此，有關家的爭辯與討論，都必須放回其歷史條件及其社會文化脈絡中，才可能給予家的型態[1]及性質妥當的位置，從而得以有效面對未來發展上的可能性。**本論文集前身是來自「新世紀的社會與文化」研究群第一單元「什麼是（當代的）家？」學術研討會的成果。這研究群研究的出發點來自筆者（黃應貴 2012a, 2012b, 2012c）最近的研究成果《「文明」之路》三部曲，該書強調臺灣在這世紀以來，經濟及社會文化已有根本的改變而進入了一個新的時代。而這種根本的改變，可以從當代出現的家之新型態及其背後的構成原則與性質的改變來進一步具體理解。不過，為了能有效掌握當代浮現的家之新型態及其新構成原則與新性質的歷史意義，我們必須從「現代核心家庭」成為主流的歷史條件著手，並對比人類工業資本主義出現前的家，以襯托出當代家的特性。下一節，我將從「現代核心家庭」的出現談起。

1　型態是過去研究家的學者常用的詞彙，主要是指核心家庭、折衷家庭、擴大家庭等類型上的分類。不過，面對新時代新型態的家不斷出現，而且新型態往往與成員的構成有關，故後面的使用上往往會加上構成原則一起陳述。

一、家是人類歷史發展下的特定產物

日本家庭社會學家落合惠美子（2010）在她的書中清楚指出，二十世紀是家庭的時代，也使婚姻首次成了人類一種值得信賴的制度，家庭成員可以在其中度過自己的一生。這種建立在西方工業資本主義條件下、以核心家庭為中心或基礎的「現代家庭」，[2] 有意無意間被視為一個普世的觀念，卻不知那只是「歷史長河中的某一個過程而已」（鄭楊 2010: 231）。是以，作者最後提出的一個問題便是這個世紀（21 世紀）家的型態為何？由此，我們才可以理解為何上野千鶴子（2004）要收集及探討非傳統家庭的 50 種新類型。

這裡所說的現代家庭，依落合惠美子（2010: 82）綜合過去日本與西方學者研究所得到的定義，共有八點主要特徵：

1. 家庭從公共領域裡分離出來；
2. 家庭成員間有強烈的感情紐帶；
3. 孩子中心主義；
4. 家庭內領域裡的男主外、女主內的性別分工；
5. 強化了家庭作為一個群體的性格；
6. 社交的衰退和個人隱私的成立；
7. 對非親屬的排除；
8. 核心家庭。

然而，這種型態的家庭，在西方也是在 18 世紀下半葉才普遍成為一

---

2 落合惠美子中譯本採用「近代家庭」一詞，然而，考慮臺灣學界及西方學界的使用習慣，筆者選擇使用「現代家庭」。參見 Shorter（1975）。

般平民百姓所實踐的制度。[3] 這不僅是工業資本主義出現後，因使用機械導致生產力增加而使得一名男性工人的工作收入足以養家活口，因而不必像過去那樣必須夫妻兩人都同時去工作才足以維生，從而使生產涵納了家庭繁衍的功能與意義。換言之，從人類歷史來看，只有在工業資本主義的歷史條件下，夫妻之一得從生產工作中解放出來，雖然在這同時，妻子在家從事補給工人及照顧未來工人的小孩之無償工作，實也是資本家的另類剝削。因依馬克思的看法，工人的工資本應包含工人及其家人繁衍所需。

　　無論如何，也只有在妻子從工作中解放出來，她才有時間去準時準備三餐，以便做為工人的丈夫得以準時配合工廠的工時設計，攝取足夠食物而提供必要的工作能量。這樣的生活方式，明顯有別於以往平民百姓之家習慣事先將食物準備好讓家人有空時隨時食用，從而沒有三餐的概念之生活方式。因此有關烹飪的書才開始成為西歐社會的暢銷書。同樣，婦女待在家中的時間更為延長後，小孩才開始得到較好的照顧與教育，而不是跟大人一同外出工作討生活，從而使小孩成為家的中心。事實上，在此之前的西歐社會不僅沒有母愛的概念（落合惠美子 2010: 51），那時的小孩更不被視為「人」（Aries 1962）。是以，西方強調獨立自主的個人才有條件普遍出現（Mauss 1985）。正是在這樣的歷史條件下，家不僅與工作的工廠彼此區隔而有了公私之分，家本身的空間也進一步形成了接待外來者與外人未經許可不得進入的私密空間之分辨與區隔（落合惠美子 2010: 35）。

　　當然，核心家庭的普遍化更與工業資本主義生產需求及收入提升而吸

3　當然，相對於一般平民百姓，西歐的貴族更早就能實踐現代的家庭制度，但那是特殊歷史制度所提供消費所需。如封建時期封建主對於農奴的生產依賴。不過，E. P. Thompson（1977）對於西歐學者將現代家庭的誕生出現在貴族階級的論點有不同看法，他從勞工階級並無為了財產繼承的考量來做為擇偶的階級慣習，反而更能透過自由戀愛來擇偶、建立家庭。

引農村人口大量遠離既有的社會組織而集中到工廠所在的都市相關，而城鄉流動更導致都市化人口集中的後果。是以，在 1960 年代現代化盛行的時期，把核心家庭看成是工業化、都市化的結果，更是當時學界主要探討的主題（如 Laslett 1971, 1972; Macfarlane 1978; Shorter 1975），甚至被當成現代化程度的指標（Parsons 1951, 1952; Parsons & Bales 1955）。儘管如此，西歐工業先進國家核心家庭的普遍化，更與個人主義化及社會福利與社會保險制度趨於完整的配套制度緊密相關。

反之，前資本主義社會的家往往依其既有的歷史條件與社會文化脈絡而有所不同。譬如，未受資本主義影響而孤立在北極地區的愛斯基摩人，主要以漁獵維生，一年分夏、冬兩季，居住在兩種完全不同的家屋而有不同類型的家。夏季時，他們住在帳篷而四處流動打獵釣魚，收集過冬所需的食物。每個帳篷以一個核心家庭為單位，而每個帳篷會掛上一盞燈作為家的代表。到了冬季，所有聚落成員聚集在聚落固定的地點上。每個聚落有一、兩個長屋，內部分割成好幾個由長板凳組成的臥室為公寓，臥室前有代表家的燈。另外，在公寓前的中間空間，或在另一棟房子為集會所，是舉行冬季儀式的公共空間。但不論夏季的分散或冬季的集中，其空間的分布還是有一定的範圍。這範圍反映的不只是地理數量上的，也是心智上的（mental）。但家與聚落成員並非固定的，往往是隨成員間的感情互動而不斷分分合合，配偶婚姻連帶（conjugal bond）是脆弱的，家長身分的確定更是依其能力與個性而來，而不是血緣與輩分。無法工作的老人甚至為了減少家庭食物上的包袱而自殺。它是屬於人類學裡所說的「家屋社會」（house society）。[4]

更進一步，讓我們以結構更複雜的社會為例來看家的性質。位於中南

---

4 本段主要參考 Mauss & Beuchat（1979）及 Briggs（1970）而來。

蘇丹的努爾人，正如非洲普遍存在的氏族社會一樣，以農耕及游牧為主的生活方式，除了雨季因田地都被水淹而使整個聚落的家集中居住在較為乾燥的高地外，乾季時各家四處游牧。但生產量決定於土地的多寡及投入勞力的多少。然而，在土地屬於氏族而家長控制婚姻或繁衍的條件下，非洲氏族社會盛行多偶婚以掌握較多人力。正如努爾人，每家各以籬笆圍成而由數個獨立家屋所構成的複合體（compound），其中每個家屋是由母親與子女所組成。高於個別之家的氏族族長及家長依天生命定的輩分與年齡而來。這類社會雖不否認姻親的重要性，但親子關係——特別是在父系氏族社會中的父子關係，往往具有心理情感、宗教道德上的基礎。正如同孝順在父系氏族社會一般，父子關係背後的心理情感甚或宗教道德使得父系繼嗣原則及分支原則得以滲透到社會文化各個層面（特別是在依地緣而來的政治制度與會所），成為社會結構的原則。[5]

在現代民族國家出現的歷史條件下，上述伴隨工業資本主義出現的現代家庭，在非西方社會有不同的面貌。譬如，以日本為例，依照上野千鶴子（2004）的看法，日本在明治維新之前，除了10%的武士及其相關的人以外，其他 90%的平民的家係以母親為中心，父親往往缺席。直到明治維新建立現代民族國家後，統治者在制定新的民法時，以武士家為範本而建立現在大家熟悉的以男性為家長的家父長制，同時提高男性在家中的地位。此一趨勢更因日本軍國主義的興起而更為凸顯，在二次大戰期間，日本男性地位來到了歷史高峰。隨著日本現代化、工業化的發展，中產階級在這期間逐漸浮現，開始有現代家庭的出現。但是，正如落合惠美子（2010）所說，日本現代家庭的型態在平民大眾間的普遍化，乃是伴隨二次世界大戰之後日本工業的復興及工廠或企業採員工終身制，從而有所謂

---

5 此段主要參閱 Evans-Pritchard（1940, 1951）、Fortes（1945, 1949）以及 Goody（1976）等。

「戰後體制」的出現。她認為，在日本家庭的戰後體制中，前述現代家庭的八個特色中，僅有核心家庭有所保留外，其餘均出現。對核心家庭這項特徵的持保留態度，是因日本社會中能照顧父母長輩的折衷家庭並未減少而造成的。然而，這種非常類似西方現代家庭的戰後體制，隨著 1980 年代中期經濟開始泡沫化後的個人化、多樣化的新趨勢，開始有了新的不同發展。至少，從個人對家的認同角度而言，除了核心家庭及折衷家庭以外，至少已有 50 種新樣態（上野千鶴子 2004）。

　　由上面幾個著名的研究個案實足以說明，不同家的型態及其背後的構成原則與性質實是不同歷史發展或政經條件下的產物。這點更可以由東埔社布農人的家在過去這一百多年來的發展具體證之：在日本殖民統治前到統治終止的所謂「傳統時期」，傳統 *hanitu*（精靈）信仰強調人的成敗決定於個人的 *hanitu* 是否能征服對方的 *hanitu*，造成布農人與日本政府不斷對抗。在刀耕火耨為主、打獵採集為輔的自足經濟下，無論在生產消費、宗教活動或遷移，每一個家都是布農人社會生活的主要單位與中心，使聚落空間並沒有中心與邊陲之分。而每一個家在尋找獵場與耕地而不斷遷移過程，為了得到足夠的生產力往往包含既無血緣亦無姻緣關係的「同居人」為家的正式成員，形成了多世系的家。這些外人甚至可因其能力與貢獻而成為該家的領導人。事實上，當時的家是布農人從事生產與社會繁衍的主要制度。是以，配偶的選擇是以代表著有好工作能力與生殖能力的家世或個人後天表現為依據，故交換婚蔚為風行。[6]

　　當然，日本治理也帶來傳統布農社會的改變，其中，定耕的水稻耕作取代游耕的小米，不僅造成生產方式的根本改變，更造成水圳、農路等公共空間的出現。而戰後國家化、基督教化、資本主義化等結構性力量的深

6　本段依據黃應貴（2012a）而來。

入，進一步弱化氏族的運作並導致家庭微小化、私有化的新趨勢，這除了造成公私的分辨更趨明顯，更使得個人能力得以在新的政經條件下有更大發揮的空間，並隨現代化適應上的成功而日漸凸顯。至此，現代家庭在東埔社的社會脈絡中逐漸浮現。另一方面，為了解決番茄、高麗菜等經濟作物的密集勞力之需求，多世系家庭得與核心家庭平行發展，家作為生產與社會繁衍的單位與制度得被加強。是以，配偶的選擇仍以家世及個人工作與生殖能力為依據，正如傳統人觀仍保有其主宰性一樣。[7]

在 1999 年 921 災後重建提供臺灣中部地區新自由主義化的物質條件，2000 年陳水扁總統陸續推動金融六法的金融改革及「四化」（去任務化、行政法人化、地方化、委外化）的政府改造，使臺灣在這世紀正式進入了以網路革命為前提的資本主義新發展──新自由主義化的新時代，帶來既有社會組織沒落，並使家在空間上不斷移動，家與家屋及土地完全斷裂，更使家的成員不斷進進出出，造成家的革命性發展，意即，家不再依據血緣或親屬原則乃至於人際間的權利義務關係，而是人之間的情感。於是，家的構成、維持與延續，往往依賴成員間對家的共同想像、是否建立日常生活上的共同生活節奏以及培養出互動上穩定的「心理慣性」。由此，家的構成與運作有了個人化、多樣化、心理化新趨勢，進而使家不斷出現新的樣態，如各取所需各盡所能的多世系家庭、互通有無的聯邦型家戶群、乃至於獨居單身之家等等，家不再是生產與社會繁衍的主要單位與制度，而是獲得個人自我認同與存有的所在。猶有進之，此時期的個體與自我發揮到極點，多重人觀取代了傳統人觀的支配性。[8]

事實上，上述東埔社的個案並非獨一無二的，它是將人類社會幾個世紀的發展濃縮在一百年中實踐而有其普遍性。尤其是第三個時期家的發

---

7 本段依據黃應貴（2012b）而來。

8 本節依據黃應貴（2012c）而來。

展，更是資本主義新發展的全球化結果。**眾所周知，工業資本主義在上個世紀初為了爭奪市場與原物料而導致了兩次世界大戰。尤其第二次世界大戰中，除了美國以外的所有西歐工業先進國，因生產工具在大戰中毀壞而造成產能嚴重不足，使得資本主義經濟得在戰後從頭開始，從而出現了二十年的繁榮期。但到了 1970 年代全球現代化普遍發展的結果造成生產過剩，導致資本主義經濟利潤率下降，造成全球經濟衰退。這趨勢更因 1973 年石油危機而加強。為了挽救這頹勢，英國首相柴契爾夫人於 1979 年、美國總統雷根於 1980 年，先後提出市場自由化、國營事業民營化、去管制化、緊縮財政與貨幣政策等新自由主義化政策，透過國際組織如世界銀行、世界貿易組織、國際貨幣基金等推廣到世界各地。另一方面，這個建立在網際網路的科技革命與運輸交通工具快速發展的基礎上，使得人、物、資訊、資金得以在世界各地快速流通而超越國家的控制，更使企業家得以在世界各地選擇成本最低的地方來生產的新方式，為資本主義經濟帶來新的發展，更重要的，其對社會文化的影響，在人類政治經濟史上的關鍵性有如工業革命一般。因它不僅弱化了國家及其他既有社會組織（包括工會）的沒落，促使個人與自我發揮到極點，進而導致反民主的新菁英階級出現及貧富懸殊極端化、政治的不信任與冷漠、網際網路帶來知識以有效取代真理的本體論上之革命等等。此一發展的後果無疑是弊多於利，新的社會困境與社會問題更促使多數國家依其個別既有的制度及歷史經驗，個別尋求不同樣態的第三條路來加以修正。若難以全盤認識與意識到前述政治經濟結構的巨大改變的軌跡，民眾只得透過社會運動與公民社會的力量來改革，或依新興宗教運動尋求解脫，或如習於依賴家以承擔社會安全與保險的東亞社會一般，重新回歸家與親屬的情感寄託。**[9]

9　本段依據 Harvey（2005, 2008）、Lyotard（1984）、Giddens（1998, 2000）及黃應貴（2012c）第一章而來。

正是在這樣的歷史條件及視野下，臺灣當下的新家庭型態及其構成原則與新性質就變得非常有意義。既使它僅占 15%而還不足以造成家的革命，但這新趨勢已然在挑戰上個世紀現代化時代中所形成之家的觀念。譬如，青年導演劉振南依個人的經驗拍攝了《我的拼湊家庭》一片，說明自幼與小叔、小姨、堂妹等一起由祖母撫養長大的他，有事時諮詢的對象或一起快樂出遊的人，竟然都是這些圍繞著祖母為中心一起成長的人，雖然以過去的家庭分類，他們是分屬於不同的核心家庭，但對劉振南而言，所謂的家人，是這些分散於其他核心家庭的人，而不是那些因血緣、姻緣而住在一起的「親人」。更何況，這些承擔主要社會安全、社會保險的家，在當代臺灣對於多數的平民百姓而言，更是他們面對生活壓力與困難時的最後寄託。是以，本書收錄的個案研究，不僅可讓我們了解在這新的歷史條件下臺灣家的新趨勢，更能讓我們進一步去思考臺灣的家、乃至社會文化未來將何去何從？以下，我將從由幾個不同的層面來深入討論。

二、家的雙重性：廣義的家與狹義的家

在上述歷史條件下，我們發現本論文集大部分的研究個案，正如東埔社布農人的例子，**原有的社會組織發展趨於沒落或不健全，其取代性的自願性團體或組織並未如西方的公民社會般浮現，加上社會安全、社會保險制度的不完整，家乃成了最後的寄託**。但另一方面，隨著家在空間上的不斷遷徙及家成員的不斷進出流動，導致家傳統功能的外部化及家成員凝聚力的鬆散與破碎之條件下，負起家成員之成長與撫養教化功能者，往往超越原有家的親屬範圍而擴大、延伸至其他更大的範圍領域上，甚至與原聚落單位重疊，因而使**家所具有的「廣義」及「狹義」之雙重性意涵被凸顯出來**。譬如，王梅霞〈「人的感情像流動的水」：太魯閣人的家與情感〉一文或潘恩伶〈父／母缺席時的家庭圖像：以泰雅部落為例〉一文中的太

魯閣人或泰雅人，一旦遇到父母雙亡或單親家庭無法照顧小孩時，在當事人所屬的核心或折衷家庭以外的原非單系擴大家庭乃至於氏族成員會出面來認養照顧。雖然，出面認養者往往是基於他／她與被認養者間的感情而來。這點，由潘恩伶的文章中所呈現雙方情感深厚程度證之。同樣的情形也見於鄭瑋寧〈情感、存有與寓居於「家」：當代魯凱人的家之樣態〉一文的魯凱人，它可以包含跟父母同屬夏威夷型親屬分類範圍的人，只是因兄弟姊妹關係而來的照顧會更加優先而凸顯。這些個案凸顯的，正如陳文德〈什麼是「家」：卑南人的例子〉一文所描述的卑南人一樣，實涉及臺灣原住民社會的家與聚落或社會間的緊密轉換關係，無法將家孤立起來看。**換言之，家有狹義及廣義之別，前者指涉為文化上／理想上／慣習上以親屬原則為構成原則的家，而後者則指組成者主要是依個人間的權利義務關係及情感等非親屬原則而來，社會性往往強過親屬性。如此，使家有了屬於親屬與社會的雙重性。**這個過去不曾被注意到的特點，在當代新的歷史政經條件下，因人們實際生活上的需要反而更為凸顯。

　　上述家的雙重性也以另一種形式表現在非原住民的複雜社會上。譬如，黃嬡齡〈在一群沒有家的人身上探問什麼是「家」〉文中的玉里榮民醫院，正如王增勇〈福利造家？：國家對家庭照顧實踐的規訓〉一文所述國家透過居家服務塑造照顧老人是家人的責任一樣，它是國家為了沒有家的人所建立的家，這與彭仁郁在〈失序的「家」：法國亂倫性侵倖存者的家庭經驗〉一文指出法國亂倫性侵受害者的協會成為她們共同的家是基於不同的機制，但都是由狹義的家之某部分性質擴大而來。而林瑋嬪〈「比兄弟姊妹咯卡親」：移民、都市神壇與新類型的家〉一文以桃園八德景明宮為中心的八或九家透過結合宗教活動及親屬關懷而共同組成的家，自然有別於個別的核心家庭，就如同林文玲〈跨性別者的成家之道〉一文有關跨性別者凱莉的家在親子關係的歸屬以及連帶的責任與義務上是屬於兩個小體系的家在運作，但在家的型態與運作上，卻是一個擴大的「大」家

庭。是以，本論文集收錄之論文在不同的程度上都證明了，在當代的歷史條件下，超越以核心家庭及折衷家庭為主的現代家庭所呈現廣義的家，是因應當代新自由主義化的歷史或政經條件而有的新發展，儘管這樣的家在過去並非完全不存在，而是在新的情境與新的需求之下被凸顯出來。這點，更可以由泰雅或太魯閣人的家進一步了解。

由王梅霞及潘恩伶二人的文章中，我們得知家的多義性原本即是太魯閣及泰雅人傳統社會文化上的共同特性。傳統上，新婚夫妻會離開原生之家並另建新屋，故家的多義性不易從家屋的具體構造證之。但經過二戰後的現代化洗禮，當地人先後都建起多層樓的水泥房。一旦小孩成長後結婚，他們多半不離開家另行建新屋，而是住進原水泥家屋的個別房間中，再依各自的經濟狀況分別擴建每個房間。到最後，每個房間會各自建立通往屋外的樓梯走道，使得每個房間自能代表一個獨立的家。另一方面，共存在同一棟水泥房內的各家，在許多情境下又彼此結合而構成一個家。正因如此，當地人在依循傳統習俗分豬肉時，往往會依不同情境將同一棟水泥樓房內的各家視為一個家，但在另外的情境下，各房間又分別代表各自獨立的一個家。就此而言，家的單位並不是固定的，而是依情境而不斷改變。但這種具有廣義及狹義雙重性的單位，在過去的傳統時期並不易具體呈現並加以證明，反而在當代條件下的具體實踐中方能被清楚顯現。**不過，同樣是臺灣原住民，其狹義的家擴大到廣義的家所依據的基礎，有可能是與狹義的家之成員間的主宰性關係有關。**這點，在魯凱人例子中最為明顯。

在鄭瑋寧文章中所描述的魯凱人，正如傳統排灣人一樣，兄弟姊妹間的同胞關係，不論是在宗教信仰或世俗問題上，往往超越上下兩代間親子關係的重要性，因兄弟姊妹在日常生活上是最主要的助力來源，甚至死後還埋在同一墳墓中。譬如在生產工作上缺勞力或資金時，人們尋求幫助的最主要對象並不是父母伯叔舅舅，而是兄弟姊妹。這情形非常類似阿美族

人的舅甥關係，幾乎影響到阿美人日常生活的各個層面（陳文德1987），只是，舅甥往往分屬不同核心或折衷家庭，也使得阿美人的狹義之家擴大到廣義之家時，往往可包含整個聚落，讓廣義的家與聚落合而為一。這也是為何葉淑綾（2001, 2009, 2012）會把代表聚落整體的會所看成是阿美人親屬關係或親屬隱喻的擴大。

相對地，陳文德指出卑南人廣義的家雖包含家戶群、*karuma(H)an*、會所而隱含整個聚落，其機制卻是透過當地人在其生命過程必須進入上述各組織，以及代表氏族與聚落性共同宗教活動的 *karuma(H)an*（祖家）之空間轉換將家與聚落結合一起（陳文德 2011），但這是在屬於廣義或文化象徵性親屬的連帶上，[10] 與布農人明顯不同（黃應貴 2012a, 2012c）。雖然傳統布農人的家容許既無血緣、又無姻緣關係的「同居人」加入而擴大原有的親屬組織，但這是建立在個人是否履行親屬間的權利義務關係之上。然而當代布農人所建立的廣義的家，如聯邦型家戶群或各取所需各盡所能的多世系之家，卻是建立在成員間是否有共同的生活節奏與心理慣性的情感基礎上。事實上，以共同的生活節奏與心理慣性作為建立家的情感基礎，同樣可見於以（榮民）醫院或亂倫性侵受害者協會為家者、甚至是兩個小體系並存之跨性別者的家等。當然，此一趨勢更與當代的政經環境導致既有社會組織沒落而使個體與自我發揮到極點的條件密不可分。

不同於前面，桃園八德以景明宮為中心而由八、九家所構成廣義的家，表面上看起來是將親屬關懷與宗教活動彼此結合或重疊而成，事實上，這亦可視為是傳統漢人親屬所包含的價值——好命[11]——在當代透過

---

10 這種由當地人主觀的文化觀點視 *karuma(H)an* 集會所為親屬組織，最先見於阿美族的研究上，見葉淑綾（2009; Yeh 2008）。見下一節的討論。

11 有關漢人親屬所具有的好命之文化價值或道德規範，以及其如何由生命儀式來實踐，參閱林瑋嬪（2001）。

宗教活動追求對應於好命的「福分」之實踐結果。[12] 景明宮個案的獨特之處在於：它不再像傳統是透過狹義家的生命儀禮及日常生活來實踐，而是透過宮廟中各種公開性宗教活動來履行。是以，宗教儀式一直是該文化價值實踐的機制，自然也是狹義的家擴大到廣義的家之機制。

　　由上，**我們可以發現廣義家在臺灣的凸顯，實是適應新自由主義化的歷史條件或政經發展的需求而來，但由狹義的家擴大到廣義的家之機制，有可能來自既有社會文化基礎上**，如泰雅或太魯閣族家的多義性、魯凱族兄弟姊妹關係的優越性、阿美族舅甥關係的優越性、卑南家與家戶群、*karuma(H)an*、會所間的空間轉換、乃至於漢人對應於好命之福分的宗教實踐等都是。**但也有來自新政經條件下發展出來的新心理機制**，如布農人新樣態家成員在日常生活中所培養出來的心理慣性、以（榮民）醫院或亂倫性侵受害者協會為家的榮民或法國性侵害者的「家的感覺」、跨性別者家成員的默許等，都是立基在成員的情感與心理之新機制上，而非來自既有傳統。

三、家的想像

　　本論文集中的個案研究，雖無法像上野千鶴子（2004）那樣區辨出 50 種家的新樣態而展現出當代家型態與構成的多樣性，但足以說明當代家多樣性存在的可能性與趨勢。正因為這種多樣性的新趨勢，使得家在形成之前成員對家的想像，就變成了一個很重要的過程。就如同山田昌弘、白河桃子合著之《「婚活」時代》（2010）強調婚前戀愛已經成為進入婚姻的必要過程一樣，當代人對於家的想像將會決定未來家的型態與構成。事實上，由本論文集的不同個案，我們會發現不同的文化對家的想像自有

---

12 這點係由丁仁傑在研討會對該篇論文之評論中提出，並非筆者創見。

不同。

　　先以筆者熟悉的東埔社布農人為例（黃應貴 2012c），由於他們傳統上是以夫妻為家構成的核心，一旦配偶死亡必須再婚，或把家的主導權交給下一代的夫妻配偶。是以，當代布農個案中的八個樣態，都是經過夫妻或個人對家的想像共同建構而來。不論是男主外女主內的現代家庭、各取所需各盡所能的多世系家庭、互通有無的聯邦型家戶群、個人主導一切的權威型的家等等均是。尤其值得注意的是聯邦型家戶群的個案，它幾乎是依賴第二代媳婦對家的新想像與協調的能力來建立與維持，雖然這也是依經過先生同意的共同想像所建構的。但先生過世後，依布農人對於家的傳統規範，必須將家的權力交給下一代或再婚（招贅），然如此一來也直接危及了聯邦型家戶群的存在與穩定性。

　　相反地，卑南人會把家之上的家戶群、*karuma(H)an*、會所等在型態、組織、構成原則等上明顯都不同的團體，都視之為以親屬關係為主的不同層次之家。然而，此一有關家與聚落間的轉換之圖像雖來自他們對家的主觀想像，卻是來自既有文化上的想像，而非來自各人不同的想像。這種文化上的想像不只是基於卑南人像阿美族同樣是以親屬的隱喻及成員間的權利義務關係來擴大親屬團體到會所之類的聚落組織上（葉淑綾 2009;Yeh 2008），更是卑南人經由他們的生命歷程而將上述家以上的組織想像成人生不同階段必須如家一般來依賴的「家」。這樣的想像來自既有文化，當然不是當代才發生的事，更具有其集體性及卑南人傳統人觀上有強烈的社會人傾向之特性（陳文德 1993: 479）。

　　至於國民政府將玉里榮民醫院建構成那些沒有家的榮民之大家庭，或以三代同堂及居家服務來解決老人照顧的社會問題，實是基於父權大家庭背後之意識形態的想像而來。這與晚近玉里醫院的病人及法國亂倫性侵倖存者不約而同地分別把玉里榮民醫院及國際亂倫受害者協會看成家，均來自他們「家的感覺」所帶來的想像基礎是不同的。

　　而桃園八德以景明宮為中心的八、九家所形成之新類型的家，雖是依其日常生活的實踐結合宗教活動及親屬之權利義務關係而來，但也是他們從宗教實踐中共同建構出「比兄弟姊妹咯卡親」的親屬想像，回過頭來加強其宗教實踐而來。這與魯凱人同胞一體的想像或太魯閣與泰雅因家的多義性而可包含聚落為其廣義的家之一，都經由實踐過程才導致廣義的家的出現。實如 Taylor（2007）所強調的，**想像開始時是不真實的，但不同於虛幻是在於想像的本質是用來實踐而非逃避的手段，因它來自人們對於社會真實的思考所產生，是人們對於社會存在所建構比知性更廣泛、更深沉的意像或圖像，它必須經過一個傳播過程而被某群體所接受與實踐，才能成為某群體所共享。但也因此，它也可在實踐過程逐漸改變或分化，以致於產生新的想像。是以，同一社會或群體內的想像是可能相互衝突、矛盾的。這在不同的階級之間最為明顯。**

　　當然，在當代家的想像上，即使外貌相似的家，都可以因不同的個人的不同想像而賦以不同的意義，甚至同一個人不同時期的不同想像而賦以不同的意義。譬如，在角田光代的小說《樹屋》（2012）中，男主角藤代良嗣最初對於家中不斷有陌生人進進出出，而把家想像成有如「簡易旅館」。但到了最後，等他更深體會其他家人能夠容忍這樣的家之心路歷程後，他如同其他人一樣，將家人重新界定為能帶給其他人希望者。這轉變完全取決於當事人對同一個家的不同想像。這顯現出想像在家的樣態之形成上的重要性。正因為對於同一個家的想像可因不同的成員或不同時期而有所變異，使我們得以跳出過去將家視為同質性、內在一致性的生活單位之假定，而能正視同一家成員可有不同、甚至相反矛盾的想像，也使家有了更大的彈性與變異性。

　　由上可見想像在了解當代家的重要性，它不只是提供建立家的新型態或構成新原則的藍圖，更因想像的來源不限於文化傳統而又依賴實踐的過程，使它可具有集體性又可純屬個人性，是理性思考的結果，更是感官感

覺的結果。正因它的複雜性使我們看到各個個案的想像來源之歧異性特別大而無共相外，卻因它能連結群體性與個人性、理性與非理性、真實與虛幻等等，使得它在知識的新發展上有了以往所無的關鍵角色。至少，由想像來源的集體性或個人性確定上一節狹義的家轉換為廣義的家之轉換機制的性質：家的想像來自文化傳統的集體性，家雙重性的轉換則依賴社會文化層面的機制；家的想像來自個人性，家雙重性的轉換則來自心理層面的機制，特別是感情與心理慣性。而後者的浮現，正也反映新時代的到來。

四、家之形成與維持的情感與心理機制

在當代以戀愛結婚為主的趨勢下，任何新家的形成，幾乎都必須建立在夫妻雙方的感情（特別是愛）基礎上。但如東埔社布農人的例子，新家雖經夫妻共同的想像而建立特殊的樣態，其維持更得依賴當事人是否建立共同的生活節奏與培養相符合的心理慣性。譬如，權威型的家依賴領導者有控制他人或事務的欲望與企圖，其他家人得有順從的心理，方能持久地維持這家的有效運作。同樣，聯邦型的家戶群則有賴領導者具備超越不同意見的視野與企圖，方能找到大家都能接受的決定，而其他家戶群成員心理上更必須有共享的道德價值，才能維持家戶間的互通有無。至於多世系的家，更得依賴所有成員的各盡所能、各取所需的心理慣性，才能維持這家成為快樂生活之家。事實上，東埔社布農人例子中的其他各樣態的家（單身之家將在文後另行討論），也都各有不同性質與程度的心理機制。

不過，這些感情與心理機制，很可能與家中具支配性的成員關係有關。譬如魯凱人的兄弟姊妹同胞關係的主宰性，前述早就一再提到，就如同漢人的父子關係或家父長權威地位一樣重要。而法國人的三元結構強調夫、妻、孩子間不可偏廢的平衡關係，與卑南人強調祖先或老人的重要性與決定性（陳文德 1999a, 1999b）成對比。至於太魯閣人在傳統就以各種

情緒（如同情、憐憫、喜歡、愛、恐懼、憤怒、忌妒、衝突等）來解釋家中成員的分合而決定了家的整合與分裂，實凸顯了家中成員間的平等性與個人化特性。

然而，家中某種特定成員關係之所以能成為維持新樣態家的主要心理慣性或機制，是因為不同社會文化下的家，往往存在著具有主宰其他組家內成員關係，進而深深地影響到其他成員的內心深處，而個別成員在家內日常生活中習而不察甚至不自知，因而產生有如佛洛依德所說的潛意識心理情結之作用。此處所說的心理情結當然不限於佛洛依德所說而來自西方中產階級文化的弒父戀母情結（Oedipus complex）及戀父嫉母情結（Electra complex），而是隨不同社會文化發展出不同的心理情結。日本便是一個很好的例子。

如前述，目前普遍可見的家父長制的家，乃是明治維新後為了制訂新的民法而以武士家庭為模型所創造出來的，忽略了佔人口數 90% 的平民之家係以母親為生活中心的社會實在。這種以國家力量介入家的構成基礎提升了男性／父親在家中的地位，並在軍國主義興起後達到歷史高峰。二次世界大戰戰敗及男性家長因戰爭而大量死亡，女性必須肩負日本戰後從廢墟中重建的主力，使母親重返家的中心位置。然而，到了 1980 年代，隨日本經濟的復興、甚至發展成世界經濟強國而威脅到美國的地位，正如日本現代家庭在戰後的發展，男性在家中的地位也逐步提高而達另一高峰。但與此同時，母親也開始走出家門，造成整個社會的焦慮。而此一歷史發展過程，均牽涉到母親在家中的中心地位及其與其他家人間的關係所隱含的深層心理情結。日本人稱此為「阿闍世情結」，以指涉這照顧家人而受苦受難的母親，卻因她與其他家人的緊密連繫超過其他成員間的關係從而深深影響所有家人心理的深層機制。就此而言，除法國的例子外，本書中其他個案大都無法處理到此一心理深度，日後實有待引入心理分析的研究成果來求突破。

　　不過，心理情結主要是存在於家人之間，故東埔社布農人首度出現的單身之家不僅涉及當地人有關它是否可算是家的爭議與問題，更涉及：上述心理情結或其他心理因素是否能有效解釋這類個案？依據 Klinenberg（2013）的說法，「獨居」將是人類未來的新趨勢，因它方便於人們去追求一些當代的價值，例如個體自由、個人的掌控權、以及自我實現等。所以，獨居不只是一個可被接受的情況，更可能是未來人們欣賞、珍視甚至追求的安排。因年輕人相信它是讓人變得更成熟、更自立的成年禮；中年人相信它可幫他們重拾自主性和自我掌控；年長者則相信它得以維護他們的自尊、真誠和自主。即使獨居可能帶來孤立與寂寞的問題，但將孤獨視為是個人陶冶性情、激發創意的手段，在社會福利及社會保險較完善的社會，已廣為人們所接受。譬如，瑞典的獨居家庭已達全國家戶數的46%。因此，**單身之家的出現，說不定更能反映新時代的到來。**

五、家的性質與意義

　　以往，大部分社會科學家從功能的角度將家視為人類生產（production）與社會繁衍（social reproduction）的主要單位。然而，在當代家的功能大量外部化後，家的性質與意義逐漸有了根本的改變。這也可從本書的研究個案中清楚看出。

　　譬如，太魯閣或泰雅人廣義的家，就如卑南人由家轉換而來的聚落一樣，都是在新的政經條件下，彌補破碎的狹義之家的不足，以便有效完成家在生產或繁衍上應有的功能。就如同榮民醫院或居家服務都是以國家的力量介入，來彌補沒有家的人或原生之家無法照顧的精神病患者所需的家庭照護，基本上仍是設法維持或彌補傳統上的家應有的功能。然而，在魯凱人的家，具有使人安居其間、實現人做為養家者的「社會存在」意義在內，但是，存有的個人化已逐漸成為年輕人選擇同居、成家、離婚、乃至

形成「非人範疇的物種」（寵物狗）被視為家人的家等的主要關懷。這個存有的關懷更充分表現在法國亂倫性侵受害者個案研究上。正如彭仁郁所言，「童兵創傷和亂倫創傷的兩個例子皆由反面映照出一種『在家』（at home）的狀態：可以完全卸除武裝的、自在的、安定的、不需為自己的存在尋找理由的狀態。在一般人生活經驗中，『家』被預設為是有能力提供『在家感』的身體及心理空間場域，也是允許從依附關係中逐漸發展出有能力獨處之人，可以與他者產生關係的參照原點。」

對比之下，當下東埔社布農人的家就顯得非常複雜（黃應貴2012c）。像第三樣態撫養子女的家及第八樣態權威型的家，均有明顯追求生產與繁衍目的的傳統功能在，而第一樣態以小孩教養及家人感情為中心的家，則在傳統功能的追求外，增加了情感的心理需求。至於聯邦型家戶群則明顯有著傳統共享價值的維護與動力，還有著明顯的集體傾向。但第二樣態做我自己的家及第七樣態的單身之家，均很在意自我或存有的問題，正如漢人跨性別者之家的形成在於獲得自我的認同一樣。而第四樣態多世系的家與第六樣態不斷嘗試新興農業的家，分別追求個人心理上的快樂與希望，在在說明當代家的新型態或新構成原則之出現，背後往往有著個人化與心理化的新趨勢。這也使得未來家的新型態及其新構成原則將有著更多不同的可能性外，把家視為自我認定以解決存有問題的所在，亦將日趨普遍。

不同於上述，桃園八德景明宮為中心的廣義之家，是透過該宮公開的宗教活動來追求對應於親屬價值好命的福分觀念，使狹義的家之普通傳統功能仍能有效地運作外，好命的價值同樣能在狹義的家中繼續追求。換言之，這個案說明在當代漢人社會，廣義的家與狹義的家分別履行了親屬的好命及對應在宗教上的福分觀念，因而分別展現了不同的性質與意義，從而有別於其他文化的家之個案所顯示：廣義家的出現往往意在彌補狹義家的不足，前者因與後者有著相似的性質與意義而成為後者在更大尺度上的

類比。是以，林文中跨性別者凱莉的家在親子關係的歸屬以及連帶的責任與義務上是屬於兩個小體系的家同時在運作，但在家的型態或構成與運作上，卻是一個擴大的「大」家庭。如此，家的傳統功能與跨性別者的自我認同需求得以同時滿足而彌補狹義家的不足。**這不僅證明家的性質與意義之改變的普遍性，結合上述各節更整體反映了新時代家的新趨勢：個人化、多樣化、心理化。**[13]

六、家的新面貌更新我們對於社會文化傳統的理解

本書有關當代 21 世紀家的新面貌之探討，無意間也使我們對於被研究對象既有社會與文化的新理解有了意外的貢獻。以魯凱族為例，既有的研究讓我們知道同胞雖是其理想的家人，為達到生產與社會繁衍的目的，男女婚姻還是主要的手段。但由鄭文的討論，我們才發現原本魯凱人的傳統夫妻關係是不穩定而易碎的，是依賴夫妻以工作與生活習慣建構彼此身體與感情的一體性，來克服、超越傳統所預設配偶關係在本質上的易碎性。同時，感情的重要性也被凸顯，並進而分辨出個人情感與個人存有間的情感安適。這些新的理解不僅有助於我們了解當代的發展，也有助於我們了解存有不只是當代的問題，更是魯凱人早就有的主要關懷。

同樣，本書有關（廣義）泰雅的兩篇研究，涉及了泰雅文化幾個重要的特色。第一，家的多重範疇與多義性，雖過去的研究多少已提到，如山路勝彥，但不曾具體討論其實質的內容與意義。但由本書相關的討論，讓我們得以進一步了解到泰雅人的家，可以在不同的生活範疇中不斷轉換，使得在同一棟樓房屬同一祖先的幾個核心家庭，有時合成一家，但有時又個別分成好幾家。如此使得狹義的家與廣義的家不斷流動，以彌補個別狹

---

13 此點可另參考黃應貴（2012c）第四章。

義的家無法解決的問題。第二，感情的重要性也被凸顯。這可由在日治時期就有戀愛結婚與離婚的事實證之。第三，個人化的趨勢。此處所說的個人化係指涉個人先於群體而存在，不同於資本主義下的個人主義強調個人與群體的對立及互補性。這些特色雖還有待進一步的了解與探討，但已足以為泰雅研究開展出新的發展空間。

　　至於卑南人因其生命過程與生命儀禮的實踐上，往往是透過家戶群、祖靈屋、乃至於會所來運作，使得同居共食的家在繁衍上並不成為一個獨立的社會單位，而是與整個部落的社會繁衍緊密連結一起。如此不僅凸顯廣義的家與狹義的家之間透過生命儀禮的連結機制，更凸顯卑南人的家與聚落間的緊密關係，以及家與家戶群、祖靈屋、乃至會所間在空間上的轉換關係。這不僅來自祖靈屋本身既是氏族或家戶群與聚落身分的重疊而使家與聚落得以轉換，家與家之間更透過空間的連結與轉換而整合到聚落中。譬如，南王因日治時期劃定每一家在棋盤式空間上均各佔有一格，而日後分家時分出去的父母之家，不僅還在既有的格子中而繼續維持家與聚落的結構關係，往往在新家與舊家間的空間闢為客廳或飯廳，而為兩家共同的活動空間，使家透過空間的句法（syntagmatic）關係連接轉換成家戶群、乃至於更上層的其他單位。[14] 如此不僅可以更具體呈現家與家以上單位的轉換關係而進一步證明空間在瞭解卑南社會文化的重要性，更能解決卑南研究上到底是祖先與老人重要（陳文德 1999a, 1999b），或是強烈的社會人傾向重要（陳文德 1993）之難題。

　　同樣，本書有關漢人社會文化的研究上，一再證明傳統人觀的好命觀念與親屬上的父子關係及家父長權威，直到今日，我們仍能看到他們憂悒的長長身影，在新時代的歷史條件下，展現不同的面貌與作用，以至於當

---

14 這點是筆者在南王觀察到的看法。

代家所改變的性質，如家成為尋找自我認同與存有的地方，僅能表現在廣義的家上（像上述桃園八德景明宮的例子或跨性別的例子），使狹義的家繼續保留生產與社會繁衍的性質。這與原住民或其他地區（特別是歐美）發展趨勢大不同；像原住民狹義的家多半是趨於以存有的性質超越生產與繁衍的性質，而以廣義的家彌補生產與繁衍之所需。這種差別除了對比於原住民呈現缺少與社會有較緊密的關係及對比於歐美缺少較完整的社會保險與社會安全制度外，恐怕是傳統的父子關係及家父長權威如何深遠影響家人內心的情結所造成的。但這樣的謎窗，有待來者細細推敲以期將之推開。這當然已涉及這本論文集之不足或限制，及其有待突破之處。這將在下一節進一步說明。

七、代結論：本書的貢獻與限制

有關當代臺灣家的探討，坊間已有一些作品出現，但還沒有一本專書是把家看成是時代的特殊產物而進一步來探討家的新型態及其意義。譬如，《我的違章家庭》一書雖提供了 28 個多元成家的故事，說明「典型家庭」（指核心或折衷乃至擴大家庭）以外的家庭新型態之出現，卻自視之為「違章家庭」，希望主流社會能夠更開放而接受這類家庭的新型態，以便極大化家的範圍，使更多人共享應有的社會福利或資源。事實上，該書的主編之一臺灣伴侶權益推動聯盟，更是起草多元成家法案者。然而，臺灣在這新世紀已因新自由主義化而進入一個新時代後，新型態的家實際上是資本主義的新發展所帶來的產物，就如同核心家庭是工業資本主義的產物一樣。是以，**本書的個案研究不僅強調新型態的家是當代歷史發展的條件下之特殊產物，更是過去既有家之某些特性在新時代適應過程發揮的結果，並不完全是全新的創造，但也有了新意義與新性質。也因為我們是把家放在歷史條件與社會文化脈絡來看，不僅能與其他社會文化層面結合**

而有其整體性，更如山田昌弘（2001）一樣，係研究家的歷史轉變來理解社會文化的新發展與新性質。這樣的立場與視野是本書在當代臺灣家的研究上最重要的貢獻。唯有如此，我們不僅可以進一步思考臺灣家的未來，更能思考臺灣社會與文化的未來。

　　其次，就多元成家的爭議而言，本書的立場既然視家為歷史的產物，就必須由時代的條件或社會文化整體來了解。由前述，我們已知在新自由主義的條件下，個體與自我得以發揮到極點，使得個體的存在先於家的存在，更使家的構成不再依據血緣、姻緣而來的親屬原則或人際間的權利義務關係，成員的情感更具有決定性。事實上，家的想像及成員間在日常生活是否建構出共同的生活節奏與互動上的心理慣性，不僅決定家能否維持，更決定了家的性質與意義。在東亞，家更是承擔社會安全與社會保險的所在，因而成為個人在當代面對困難獲得幫助的最後依歸。是以，在當代，傳統家具有的主要功能早已外部化，家不再只是生產與社會繁衍的主要單位，更是個人追求自我認同與存有的地方（或魯凱族個案所稱的存有空間）。然而，多元成家爭議中的正反雙方，基本上並沒有意識到當代家的性質與意義均已改變，反而在婚姻、性別、與過去典型家庭延伸而來的倫理或當代公民權與福利權上進行攻防，往往陷入程度上的開放與否，而非類別上的爭議。容我直言，儘管以此方式來設定議題有社會運動策略的考量，但整體觀之，卻是與生活在新時代的臺灣社會中人類處境與真正關懷有所脫節，自然難有未來性，更難為臺灣當代的家、乃至社會，尋找未來可能的出路。

　　當然，在這本探討臺灣當代家的論文集中，因相關領域知識累積上的限制而難有進一步的突破。譬如，無論有關原住民或漢人的研究，均因缺少民族心理學或民族心理分析的研究成果而難以觸及家成員內心深處的心理情結，自然造成許多限制。論文集中唯一觸及心理分析研究成果的是有關法國亂倫性侵倖存者的研究，對於理解臺灣漢人或原住民的心理情結所

涉及的社會文化脈絡尚有一段不小的距離。**同樣，大部分的個案研究因還無法整體或充分掌握歷史條件與社會文化脈絡，自然也就較難有效呈現當代的時代脈搏、家性質與意義的改變、以及社會文化的延續與斷裂、乃至於個體在各生活層次上的實踐等**（魯凱族的個案應是例外）。**更關鍵地，最普遍存在的限制是有關當代家的研究，必須建立在日常生活的基礎上，才能由成員的生活節奏與心理慣性等來確認家的性質與意義。這不僅關乎研究者對基本分類概念的研究與性質之掌握，更關乎研究者將如何結合真實與想像而發展出新的書寫方式與民族誌再現。**下面以東埔社的一個當代家的例子進一步來說明：[15]

> 在東埔社的這個個案，先生國中未畢業而在家以農為生，卻熟悉當地傳統布農知識與技術，不僅擅長打獵，對於各種靈（包括祖靈與山川之靈）都很敏感，更能製作極富創意的竹器而得過南投縣比賽佳作，同時是東埔社唯一的素人畫家。太太卻是大學畢業的外縣市布農人，在埔里社福單位上班。他們是女方拜訪東埔社時認識而戀愛結婚。結婚前講好婚後女方繼續在埔里上班，故一星期只有兩天住在東埔。平常先生一人在家做農，三餐不定，若不是吃外叫便當就是去父母家或朋友家討吃。有空時會去打獵或畫畫。為了結婚，先生自己設計並自行建構他們自己的新房子；房子位在聚落邊緣而與聚落房子集中地有段距離，以維持家的私密性而避免聚落內的閒言閒語與紛擾干擾。家屋完全由木頭築成的兩層樓房，樓下是接待外人的公共空間，樓上則屬於私密性的私有空間，外人未經允許是不得入內。樓上除了臥室外，還有全聚落唯一的書房，是先生畫畫的地方。書房外有陽台可望見整個聚落與山谷及星空，視野良好。

---

15 參見黃應貴（2012c）第四章的嘗試，下一段的個案參見頁 159-160。

整棟房子掛滿了畫及獵物的標本。屋內並沒有廚房，後來在屋旁另建一小廚房。事實上，這棟房子外形看似西方別墅，但材料是傳統的，空間的設計卻是傳統的轉換。這棟房子已成建築系學生必參觀的景點，更代表著這家乃至夫妻倆人獨一無二的特性。尤其夫妻結婚已超過十年，卻至今無子，是全聚落唯一沒有孩子的家庭。這家在聚落中一直被認為處處違反過去既有家的規範而被視為遲早會離婚的一對，但被許多年輕人視為當代新家的典範。特別是夫妻有不同意見時，雙方一定會講清楚。但在講前，一定要想清楚自己的立場及其他可能的看法，再與對方溝通。而且，溝通時，一定要考慮時機。如此才能做到相互理解並為對方著想的地步，也才能維持甚至增進雙方的感情。這已成夫妻雙方互動的心理慣性。

這個家，相對於第一節討論工業資本主義興起所導致現代核心家庭出現的家，正好襯托出其作為個人追求自我認同與存有地方超越生產與社會繁衍之性質。但這對比卻是建立在有關日常生活上必須直接面對自我認同有關的物（家屋、畫、獵物標本等）、空間（夫妻工作地的差別、家在聚落中的邊緣位置、家中公私空間的分辨與書房空間的設置等）、時間（三餐的不定時、夫妻的離多聚少等）、乃至於人觀（是否要有小孩而負起社會人繁衍的責任、個人與聚落的疏離等），都必須結合一起來有效再現這個當代的家。

這樣的要求對臺灣學界而言，實乃一大挑戰，因目前的學術實作大部分仍停留在現代化理論的制度層面，欲思突破，必須意識到上述的嚴峻挑戰。無論如何，這本論文集希望能擺脫舊的學術實作與思考慣習，以細緻的個案研究作為建構新知識以及為臺灣社會尋找出路的堅實出發點。

參考書目

山田昌弘

　　2001　《單身寄生時代》，李尚霖譯。臺北：新新聞文化事業股份有限公司。

山田昌弘、白河桃子

　　2010　《「婚活」時代》，鄭楊譯。北京：山東人民出版社。

上野千鶴子

　　2004 [1998]《近代家庭的形成和終結》（《近代家族成立と終焉》），吳咏梅譯。北京：商務印書館。

臺灣伴侶權益推動聯盟、婦女新知基金會（合編）

　　2011　《我的違章家庭：28 個多元成家故事》。臺北：女書文化事業出版公司。

伊慶春、章英華

　　2012　〈導讀〉。收於《家庭與婚姻：臺灣的社會變遷 1985-2005》，伊慶春、章英華主編，頁 v-xv。臺北：中央研究院社會學研究所。

角田光代

　　2012　《樹屋》，劉姿君譯。臺北：聯經出版股份有限公司。

林瑋嬪

　　2001　〈漢人「親屬」概念重探：以一個臺灣西南農村為例〉。《中央研究院民族學研究所集刊》90: 1-38。

陳文德

　　1987　〈阿美族親屬制度的再探討：以胆曼部落為例〉。《中央研究院民族學研究所集刊》61: 41-80。

　　1993　〈南王卑南族「人的觀念」：從生命過程的觀點分析〉。刊於

《人觀、意義與社會》，黃應貴編，頁 477-502。臺北：中央研究院民族學研究所。

1999a〈起源、老人和時間：以一個卑南族聚落對發祥地的爭議為例〉。刊於《時間、記憶與歷史》，黃應貴編，頁 343-379。臺北：中央研究院民族學研究所。

1999b〈「親屬」到底是什麼？：一個卑南聚落的例子〉。《中央研究院民族學研究所集刊》87: 1-39。

2011 〈人群互動與族群的構成：卑南族 karuma(H)an 研究的意義〉。刊於《族群、歷史與地域社會：施添福教授榮退論文集》，詹素娟編，頁 305-352。臺北：中央研究院臺灣史研究所。

黃應貴

2012a《「文明」之路‧第一卷‧「文明化」下布農文化傳統之形塑（1895-1945）》。臺北：中央研究院民族學研究所。

2012b《「文明」之路‧第二卷‧「現代化」下文化傳統的再創造（1945-1999）》。臺北：中央研究院民族學研究所。

2012c《「文明」之路‧第三卷‧新自由主義秩序下的地方社會（1999 迄今）》。臺北：中央研究院民族學研究所。

葉淑綾

2001 《母親意象與同胞義理：一個海岸阿美族部落家的研究》。國立臺灣大學人類學研究所碩士論文。

2009 〈重思阿美族的年齡階級組織〉。《東臺灣研究》13: 3-27。

2012 〈跨地家園的營造：從海岸阿美族的研究出發〉。「什麼是家？」學術研討會宣讀論文，由中央研究院民族學研究所於 2012 年 7 月 3、4、5 日所舉行。

落合惠美子

2010 [2004]《21 世紀的日本家庭，何去何從》（《21 世紀家族へ：

家族の戰後體制の見かた・超えかた》），鄭楊譯。濟南：山東人民出版。

鄭楊

2010 〈譯後記〉。刊於《21 世紀的日本家庭，何去何從》，落合惠美子著，頁 231-234。濟南：山東人民出版。

Aries, Philippe

1962 *Centuries of Childhood.* New York: Vintage Books.

Briggs, J. L.

1970 *Never in Anger: Portrait of an Eskimo Family.* Cambridge, Mass.: Harvard University Press.

Evans-Pritchard, E. E.

1940 *The Nuer: A Description of the Modes of Livelihood and Political Institutions of a Nilotic People.* Oxford: Clarendon Press.

1951 *Kinship and Marriage among the Nuer.* Oxford: Oxford University Press.

Fortes, Meyer

1945 *The Dynamics of Clanship among the Tallensi: Being the First Part of an Analysis of the Social Structure of a Trans-Volta Tribe.* Oxford: Oxford University Press.

1949 *The Web of Kinship among the Tallensi: The Second Part of an Analysis of the Social Structure of a Trans-Volta Tribe.* Oxford: Oxford University Press.

Giddens, Anthony

1998 *The Third Way: The Renewal of Social Democracy.* Oxford: Polity Press.

2000 *The Third Way and its Critics.* Oxford: Polity Press.

Goody, Jack

　　1976 *Production and Reproduction: A Comparative Study of the Domestic Domain.* Cambridge: Cambridge University Press.

Harvey, David

　　2005 *A Brief History of Neoliberalism.* Oxford: Oxford University Press.

　　2008 [2004] *Spaces of Neoliberalization: Towards a Theory of Uneven Geographical Development.* 《新自由主義化的空間：邁向不均地裡發展理論》，王志弘譯。臺北：群學出版有限公司。

Klinenberg, Eric

　　2013 *Going solo: The Extraordinary Rise and Surprisint Appeal of Living Alone.*《獨居時代：一個人住，因為我可以》，洪世民譯。臺北：漫遊者文化事業股份有限公司。

Laslett, Peter

　　1971 *The World We Have Lost.* London: Methuen.

Laslett, Peter (ed.)

　　1972 *Household and Family in Past Time: Comparative Studies in the Size and Structure of the Domestic Group in England, Serbia, Japan and Colonial North America, with Further Materials from Western Europe.* Cambridge: Cambridge University Press.

Lyotard, Jean-Francois

　　1984 *The Postmodern Condition: A Report on Knowledge.* Manchester: Manchester University Press.

Macfarlane, Alan

　　1978 *The Origin of English Individualism: Family, Property, and Social Transition.* Oxford: Blackwell.

Mauss, Marcel

　1985 [1938] A Category of the Human Mind: the Notion of Person; the Notion of Self. In *Category of the Person: Anthropology, Philosophy, History*. M. Carrithers, S. Collins and S. Lukes, eds., pp.1-25. Cambridge: Cambridge University Press.

Mauss, Marcell & Henri Beuchat

　1979 [1950] *Seasonal Variations of the Eskimo: A Study in Social Morphology*. London: Routledge & Kegan Paul.

Parson, Talcott

　1951 *The Social System*. New York: Free Press.

　1952 *Toward a General Theory of Action*. Taipei: Rainbow-Bridge Book.

Parsons, Talcott & Robert F. Bales

　1955 *Family, Socialization and Interaction Process*. Glencoe, Ill.: Free Press.

Shorter, Edward

　1975 *The Making of the Modern Family*. New York: Basic Books.

Taylor, Charles

　2007 *Modern Social Imaginaries*. Durham: Duke University Press.

Thompson, Edward P.

　1977 *William Morris: Romantic to Revolutionary*. Stanford: Stanford University Press.

Yeh, Shu-Ling

　2008 *The Encompassing Kinship System of the Austronesian-speaking Amis of Taiwan: Continuity and Change*. Ph.D. thesis of the Australian National University.

第1章

福利造家？：國家對家庭照顧實踐的規訓

王增勇

一、前言

如果理論的功能在於提供我們一個理解與詮釋的角度，不同的家庭理論將引導我們認知不同的家庭面向。傳統社會工作研究對家的假設是，家是一種社會結構下具有特定功能的單位，因此家有不同型態（如核心家庭、單親家庭），具有不同功能（經濟、教育、社會化、情緒支持）。但本文嘗試跳脫結構功能論的家庭概念，提出一種受到馬克斯與後結構主義所啟發，將家庭視為一種論述實踐的視角，希望能更有效地捕捉到家庭相關語言如何強化與複製社會關係。本文首先追溯探討家庭是如何被理論化，指出家庭研究從結構功能論轉向後結構論述的發展取向，以及家庭意識型態研究的興起。接著藉由探討後結構家庭論述取向的兩大思想根源——馬克斯和傅柯，從檢視它們對家庭意識型態研究上的共融與張力中，筆者嘗試提出建制民族誌做為研究家庭論述的理論架構。然後，作者將以中國文化中強調家庭倫理的三代同堂為例，說明臺灣的居家服務政策是如何受到家庭意識型態的主導，即使在高齡化社會的壓力下，國家大力推動的居家服務已經逐漸成為全民普及式福利，但家庭意識型態仍然幻化成為社會福利實作中的各項不同操作標準，具體而微地規訓臺灣家庭的日常養老行為。

二、文獻回顧

（一）從家庭研究到家庭意識型態研究

早期對家庭的分析研究是作為都市化和現代化研究的一部分，是由美國社會學的芝加哥學派主導。許多這類研究都強調現代化對家庭的衝擊，指出美國社會都市化所造成的社區解組與日益疏離、與社群關係失根的核心家庭。二次世界大戰後，這些針對現代化對家庭造成效應之研究，是以功能結構主義之架構為主，成為戰後十年在英美家庭研究的主流典範（Beechey 1985）。帕深思（Talcott Parsons）是這類功能結構學派家庭研究中的領導者。他認為現代化造成了家庭的改變，但拒絕家庭失去功能這樣的觀點；反之，他認為家庭的功能因現代社會結構的演進而被重新定義。雖然家庭作為一個經濟生產和政治系統基本單位的功能已經減弱，但它仍保持了社會化兒童和穩定成人人格的功能（Parsons 1964）。

六〇年代結構功能主義在家庭的研究上持續佔領了主導的地位，到了七〇和八〇年代，女性主義促使學界對於家庭研究進行徹底的重新思考。女性主義學者批判了深藏於帕深思的家庭觀點視家庭為持續自然演化的結果，因此自然化（naturalizing）家庭內的性別分工，並且預設了女性做為家庭主婦和媽媽的角色（Beechey 1985）。許多女性主義者已認知到家庭是壓迫女性的主要場域。這種對家庭的批判研究，強調女性的生活經驗，並從中尋求女性解放的可能性。但是，這種研究仍保持了家庭做為一個社會制度基本單位的功能結構主義式定義。

八〇年代末期，受到後結構主義的影響，家庭不再被視為一個既定的、實質的（tangible）社會單位，而是一種日常生活中使用的符號，一個可以被眾多不同論述競逐角力的場域。家庭符號在日常生活中的運用已經漸漸受到學界關注。有些學者探討社會秩序如何經由家庭被宣稱具普遍

代表性的實踐，而被強化、維持和轉形（Gubrium & Holstein 1987; Gubrium & Lynott 1985; Gubrium 1988），有的則研究家庭圖像（family image）如何被組織（例如企業）運用來進行決策制定與解決問題（Holstein 1988; Gubrium & Buckholdt 1982）。Bernardes（1985, 1987）提出「家庭意識型態」的研究取向，[1] 目的在於檢視「家庭」概念如何形塑我們對真實的集體意識，以及這種集體形塑與複製如何強化既有社會、政治與經濟的關係。由於女性主義思潮的崛起，家庭不再是理所當然的「快樂家庭」，而是已被認知為衝突的權力競爭場域（Finch & Groves 1983; Ungerson 1990）；學界已注意到家庭符號在日常生活中是個常被使用的論述（Gubrium & Holstein 1990）。

漢人家庭的收養習俗是最能凸顯家庭作為一種社會實體與論述兩種不同定義的案例。臺灣人類學家陳其南（1990）指出，直譯中文的「家」為英文的「family」，不能彰顯出漢人家庭中的父系本質（patrilineal），導致西方人類學家難以辨別漢人家庭豐富的文化和符號意涵。就如陳所指出，這種對漢人家庭的誤解會阻礙西方人類學家了解家庭的符號所提供給漢人理解他們的日常生活世界的架構以及對漢人的行為的影響。缺乏對漢人家庭的文化了解，局外人無法充分理解「收養小孩」風俗的文化意涵。

在漢人社會的風俗裡，收養有兩種形式：功能性收養（functional adoption）和家譜式收養（genealogical adoption）。功能性收養就如同西方定義下的收養，經過合法的手續領養其他家庭的小孩，並把他／她當成

1　Holstein（1988）即指出，家庭意識型態的研究其實早已有人進行，只是許多實際從事這類家庭意識型態的研究者並沒有以「家庭意識型態研究」標明他們的研究主題。例如，Rohlen（1974）的一項民俗誌研究中，探討在一個日本銀行裡家庭隱喻和修辭如何被使用來傳達一種組織裡理想的人與人之間的關係，以達到高效率的說服和控制技術，這項研究檢測了家庭圖像的意識型態本質。Emerson（1969）在少年法庭的田野研究中，檢測了家庭圖像在法庭判決中所發揮的作用。他宣稱個案的處置，是依犯人的道德特質決定，而這特質基本上是由他的家庭狀況的報告所形塑出來的。

自己的小孩培養成人。被收養的小孩將離開他／她的親生家庭而住在收養他／她的家庭。但是，家譜式收養並不把小孩從親生家庭中帶走，只是象徵性地把小孩的名字列入收養他／她的家譜裡。家譜式收養是一種象徵性收養，一般發生在兄弟之間，當一個男人沒有男嗣續承他的血脈時，他或家族長輩會協調有一個以上兒子的兄弟，將兒子讓其兄弟收養。收養人必須和他的兄弟協議，當收養人死後，他兄弟中的一個兒子將在家譜中列為他的子女。如此，那人的血脈被延續，履行了以姓名做為代代相傳的漢人理想家庭圖像。家譜式收養只存在於文字現實裡，卻不存在於物質現實中。西方學者們（Wolf & Huang 1980; Watson 1975）忽略了漢人家庭中的父系本質，因此當西方學者從戶籍資料（得到功能性收養資料）與族譜（得到功能性與家譜式收養的合併資料）的不同資料來源去推算臺灣日據時期收養兒童比率時，就產生了錯誤的詮釋。功能性收養和家譜式收養之間的差異，指出了家庭運作的不同面向，就是：家庭不只是功能性地，而且還是符號式地形塑我們的生活方式。

功能性收養與家譜式收養說明了家庭的不同面向。家庭不只是提供個人經濟、社會與政治的支持，更是形塑我們理解、詮釋與生活的文化象徵符號。在後者的情況，家庭是個集體分享的社會象徵，就像那個驅使無子嗣的中國人去填補族譜中空白的名單，以追求永續綿延的家族傳承的理想家庭。家譜式收養無意改變真實生活安排，但它允許收養者象徵性地完成了他傳宗接代的使命。就改變一個人的行為而言，象徵性的改變並沒有比功能性收養較不真實。我們長期忽略了對這種集體性漢人家庭符號運作的研究，這個缺憾正可由後結構主義填補。

（二）馬克斯與後結構觀點看家庭

馬克斯和恩格斯（Marx & Engels 1947[1846]）在《德意志意識型態》有一些關於家庭的討論，他們批判德國唯心主義哲學家依附著一個抽

象普遍的「家庭的概念」，且爭辯布爾喬亞階級以他們的家庭生活經驗發展出「家庭」的普遍概念。這種觀念的意識型態效果，在於它否認了在不同階級中的各種家庭形式，並隨著社會的發展，家庭逐漸附屬於國家。於是，在馬克斯的觀念中，家庭主要是階級和國家支配權的再生產工具。

　　馬克斯死後，恩格斯（Engels 1884）根據他的筆記而寫成的《家庭、私有財產和國家的起源》，提供了馬克斯主義對父系家庭發展較全面的理論架構（Burns 1935: 302）。這部著作從原始的平等國家裡，追溯了父系家庭作為一個社會制度的發展過程，並把它置於私有財產制、社會階級的分化和國家的出現而改變的生產形式的脈絡下詮釋。恩格斯亦指出，在將來的社會中，父系家庭將被催毀並且女性將成為完全和平等的（社會）參與者。這使得該文被視為女性主義理論的基礎著作（Barrett 1985）。

　　後來，法國馬克斯主義者阿圖色（Louis Althusser 1971: 23-4）提出了意識型態國家機制（ideological state apparatuses），來說明國家如何促成意識型態、主體性和階級之間的複式循環（recursive）關係。他關注於意識型態如何持續複製資本主義存在所需要的社會勞動分工。他宣稱這種關係的複製，是透過壓制和意識型態兩種方式來完成的，並由國家授權的機構行使。這些機構可以分為兩大類：第一類是壓制性國家機制（repressive state apparatuses），它們是那些使用強制力以再生產支配關係的機構，如警察和法律系統；第二類是意識型態國家機制，是那些操作意識型態的機構，如教育和社會服務系統。依據阿圖色的觀念，支配性意識型態是經由同一機構混合使用壓制和意識型態，而達到自我再生產（1971: 23-4）。阿圖色（1971）指出，在封建制度下，最有效的意識型態國家機制是教會。在資本主義社會關係，教會已經被學校—家庭（school-family couplet）所取代，因為孩子們在家庭和學校的經驗中，不只學會了他們以後在勞力市場上的職位所需的技巧和技能，並且學會了支配性意識型態中主要的自我感受（self-perceptions）、態度和舉止的規則。因此，阿圖色

的意識型態概念指出了人類主體性是如何透過國家、社會機制網絡的運作所形成。

阿圖色的貢獻在於其對於主體性建構的討論。他認為人的主體性是經由人際間的相互指稱（interpellation）所建構的。而相互指稱是被意識型態體系所引導的，進而形塑人們對他們自己的認知。主體只能在他者的影像所提供的反思中，認知到他／她自己作為一個主體。阿圖色舉例，當你在街上被人從背後叫聲：「嘿！」，此時你的主體即被建構。就是這種人際關係中經常發生的相互稱謂，所提供的反思和認知過程，個體被轉變為主體。

阿圖色開啟了意識型態的論述概念，並把「主體」納入研究主題，探索論述在社會和社會主體的建構中所扮演的角色。如 Purvis & Hunt（1993: 482）所指出的，阿圖色概念中所缺乏的是「有關語言與社會結構的成熟理論，因為語言不能化約為個人對其存有的反思而已」。阿圖色的理論在許多方面為傅柯開先鋒，馬克斯主義中對語言的理論空白被傅柯填補（Barrett 1991）。為了拒絕馬克斯主義對社會階級結構的強調，將權力視為固定於特定階級的附屬品，傅柯不使用馬克斯主義常用的「意識型態」用語，而以「論述」一詞加以取代，並將其重要性提昇至極致，因此權力在日常關係中的流動性才被看見，所有的社會關係都是權力關係。雖然，傅柯拒絕使用意識型態一詞，但他對於意識型態研究的貢獻，在於他以語言為分析的中心，而這是馬克斯傳統裡空白已久且遲來的理論[2]（Barrett 1991; Purvis & Hunt 1993）。

2　這裡並不是說傅柯是唯一將語言視為研究中心的學者，事實上後結構主義學者如 Barth、Lacan 或 Derrida 甚至比傅柯更以語言為中心，但在語言與結構二元分析路徑中，傅柯是嘗試平衡二者，因此與馬克斯主義的政治經濟分析路徑有較多交集之處。女性主義學者 N. Fraser（1989）就曾對後結構主義過度語言中心導致去政治化的傾向提出警告，認為傅柯的理論對女性主義較 Derrida 更為有用。

　　在傅柯的概念裡，語言不是中立的溝通媒介，而是在人們使用前即被社會所決定的。它的使用是傾向於強化既存的社會關係和反映了統治階層的利益和世界觀。當權力的形式逐漸以意識型態的方式進行，權力的運作就愈依賴語言，權力的運作與主客體就愈形流動與無法掌握，因為語言的使用是不變地在各種邂逅中的諸個體間折返，並且不受特定個體的限制。視語言為充滿價值的（value-laden）和被意識型態驅動的（ideological-driven），傅柯認為值得我們質疑的不是意識型態所造成的假像、或是所隱藏不見的真相，而是權力透過意識型態在我們日常生活中所建構的那些真理。換言之，意識型態效應並不是由於統治階級隱藏了真理，而是藉由真理（知識）生產的方式而生產。在傅柯的權力知識論中，論述是權力運作的媒介，因為權力透過生產、培植、豐富主體性運作，非像一般所想像的壓迫、消滅、否定主體性。而要理解權力知識的關係，我們需要在不同的社會關係中探究論述的微視適用。雖然知識的產生看似個人心智活動，但我們用以生產知識的論述卻是社會、政治與歷史的產物，而主流論述往往反映掌權者的世界觀。

　　雖然傅柯並未系統地分析家庭，但他的概念架構被他的法國學術伙伴Jacques Donzelot 用以分析家庭。與結構功能主義學者相同的是，Donzelot（1979）認為，現代家庭式微的原因，首先是家庭喪失了在市場上的生產功能，而家庭其他原有的社會功能，特別是關於健康、人格和教育方面，也被國家取代。儘管如此，在二十世紀裡，家庭不只是越來越失去原有的角色（deskilled），還成為精神病學、醫學、社會工作和犯罪學等專業學門的建構與規訓焦點。與結構功能主義學者不同的是，Donzelot 拒絕把家庭視為任何既定的概念，而建議應把家庭視為「是一個動態的結果、一種不確定的形式，對它的理解，只能從使它維持在某社會—政治層次（socio-political level）的關係體系來著手」（1979: xxv）。也就是，他不把家庭視作穩定和固定的機構來處理，而是視為永遠變動著的形式、一個

各種社會權力機構都可能會運用的機制。他指出，家庭已經成為國家用來「管制」（policed）家庭以外的事物之論述，他稱之為「家庭主義」（familialism）。家庭主義經由教育、醫學、法律和心理分析的論述，廣泛地散布於社會中。他以家庭化（familialization）來解釋一種家庭形式是如何被規訓和強化為意識型態。他認為，家庭已經從一種統治所存在的形式（例如父權家庭），轉變為一種管理所運用的工具（家庭主義）。

（三）D. Smith 的建制民族誌

在馬克斯與傅柯的意識型態研究之間，加拿大女性主義社會學家 Dorothy E. Smith 嘗試走出一條相互整合的路來。依循著阿圖色意識型態概念中的唯物取向，Smith 使用「意識型態」一詞，指出了日常實踐對於意識型態的形成之重要性。這促使她的意識型態概念和傅柯的論述有共通的特點，即意識型態是探討真理是如何被生成的。他們認為，意識型態是富有生產力和正面的（positive），因為它生產了我們日常生活中借以表達的主體。Smith 發展了她獨特的研究方法「建制民族誌」（institutional ethnography）（Smith 1987, 1990, 2005; 王增勇 2012），以揭示外來統治關係如何透過日常運作組織我們的日常生活經驗，因而提供了一個後結構主義版本的馬克斯主義意識型態理論架構（Wang 1998）。

Smith（1990）提出的統治關係（ruling relations）概念中，外在統治關係是經由被意識型態操控下的知識生產程序，在各種不同的地方性微觀場域裡，被跨地生產複製的。Smith 專注於微觀場域裡的知識生產，並使用意識型態符碼（ideological code）概念說明知識生產與權力關係再製的繁衍過程。這循環的核心被他稱為「意識型態符碼」，這個符碼就如同 DNA 一般，具有可以在各種不同的知識製造過程中複製相同結論的能力。Smith 認為意識型態符碼循環複製（recursive）的本質是統治關係得以再製的機制。意識型態符碼在我們生活中扮演「詮釋的架構」

（interpretive schema），讓我們賦予「事實」（facts）意義，並依此意義採取一系列的社會行動。Smith 嘗試去凸顯的是，那些我們用以理解我們的生活世界的知識工具，包括概念、理論和策略，事實上是被統治關係所「沾染的」（tainted）。這知識生產的過程會強化生產意識型態符碼的統治關係，並維持它持續的使用和循環。

當我們使用「家庭」來詮釋我們的生活世界，家庭就可以被視為一個意識型態符碼來進行分析。Smith （1993）曾將「北美模範家庭」（Standard North American Family）視為一個意識型態符碼，她以兩份社會學文本為例子加以解構，說明隱藏在家庭意識型態符碼後的性別不平等關係是如何在人們的書寫和閱讀的過程中，把家庭照顧轉變為母親的責任。

擴充自阿圖色的意識型態機構，Smith 在現代機構的日常運作脈絡裡嘗試去探索意識型態的運作。Smith 將意識型態研究往前推進至研究機構內的日常運作如何形塑個人經驗並強化既有的權力關係。Smith（1990）認為在現代社會裡，我們對外界的知識多數是經過次級的資料（secondary data）而非直接的經驗，也就是，我們依賴於其他機構生產的知識做為我們日常決策的制定。這種對次級資料日益增加的依賴，允許了統治關係的滲入。藉由資料的加工和再加工，統治的技術可以最大化其管理的能量。Smith（1990）進一步指出，現代機構的管理之所以成為可能，是因為它們依賴大量文件所提供的「事實」而非第一手經驗。文件事實的生產涉及了許多制式的工作流程，以便將人們多元的生活經驗加以「編碼」（encode）成可管理與可採取行動的（actionable）事實。機構的日常運作是被統治關係所滲透的，因為它們是透過意識型態符碼加以編碼，組織當地日常運作，以客觀知識的生產形式，連續強化統治關係。

若將 Smith 的反省運用在社會工作上，社會工作者所需要填寫的各種表格（如個案記錄），這些我們賴以呈現有關個案的「事實」的工具，由

於社工員有填寫表格的責任，這些表格事實上不是被動地被填寫，而是積極地組織社工員的日常工作並形塑個案問題的焦點。經由個案記錄的書寫，向社工員尋求協助的人成為機構的個案，存在於機構內部的文件事實中。不顯而易見的是，這些表格表達了一套由意識型態符碼所預設的前提，決定了我們如何「瞭解」個案。意識型態符碼這種普遍化組織個人行為的效果，不只影響社工員的書寫，也影響社工員的閱讀，形塑社工員從文本中所得到的結論。經由閱讀和寫書，文本不再是被動地被書寫，而是主動地組織社工員的日常工作。Smith 的建制民族誌是設計來揭露日常實踐與統治關係間的關連。

以上追溯了阿圖色、傅柯與 Smith 的理論，並呈現馬克斯主義與後結構主義如何貢獻家庭意識型態研究的發展。後結構主義思想著重語言的政治效應分析。以家庭在中國文化的重要性而言，家庭的語言運用是研究漢人社會權力關係的重要線索。若把家庭視為一種論述，提供我們了解和詮釋所經歷事物的媒介，那麼研究它在不同的社會情境中的運用，將引導我們把個人經驗和社會關係連繫起來。因此，對家庭符號運用的研究超越了家庭這一範疇，進入各種不同社會關係，使生活經驗的研究不再侷限於純文化層次，而得以進入政治經濟分析的層次，使文化研究和政治經濟分析得以連繫。這使我們得以檢視人在不同機構中（如社會福利機構、學校、醫院）透過種種社會制度建構（如老人照顧、精神疾病、自殺），被既有權力關係（如性別、階級、種族）治理與規訓的過程。當國家權力正滲透我們生活的各個層面，而家庭是公共政策最常運用的論述之一。這種批判性的家庭意識型態分析，最近才在臺灣出現。女性主義社會學家胡幼慧（1995）在她的《三代同堂》中解構了三代同堂的論述在老人照顧政策上對婦女所造成的影響。她指出漢人家庭和諧的圖像是立基在局限女性的角色為照顧者，並化婦女的照顧工作於無形。家庭歡樂的圖像隱藏了婆婆和媳婦之間對立和衝突的關係。

將家庭視為論述引領我們去探討，家庭的概念是如何被歷史和社會因素建構的，並透過家庭論述日常使用的記錄，去尋找與外在統治關係之間的連繫，來揭示其意識型態的效果。經由對它使用的詳細記錄——以口述和書寫方式，我們將使一個漢人最常運用的觀念，成為可見和不自然的，也因此可以被我們檢測、解構以及重建。由於國家權力的擴展，公共政策成為一個充斥不同宣稱的競爭場域，具體成為政策文件、政策宣示、公聽會與政策辯論。以下，我將以臺灣老人居家服務政策為例，說明國家權力如何透過福利形塑家庭的實作。

三、居家服務做為家庭倫理規訓的機制

（一）居家服務政策背後的家庭倫理規訓

由於對家庭照顧倫理的堅持，臺灣由國家照顧的對象都以無「家」的老人為主，例如八〇年代的孤苦無依、無家可歸、孤單老人，到九〇年代的獨居老人，都是當時老人福利中用以標示這些「無家老人」的慣用語。因此 1983 年在高雄市首度開辦的老人居家服務，把服務對象鎖定在「低收入戶」、「孤苦無依」老人。當時對家庭照顧的規訓原則很簡單，只要「有家人」，就不是國家要照顧的對象，以免破壞了家庭應該盡到的照顧責任。

在戒嚴時期，這種國家政策以維護家庭倫理的前提被視為理所當然，從沒有人會質疑，因此也不需要說明，直到解嚴後，執政黨開始面對反對黨的挑戰，這種家庭意識型態才得以具體展現，尤其明顯的是 1992 年郝柏村的三代同堂言論。當年民進黨以反對黨提出福利國家的思維，要求臺灣政府仿效北歐國家的公共化照顧回應高齡化社會的來臨，當時擔任行政院長的郝柏村即提出「三代同堂」是最適合臺灣的老人照顧模式，並刪除

當時正在起草的《老人福利法》修法[3] 草案中由內政部與民間團體所提出的老年年金保險或老人社區照顧服務等條文，改以三代同堂家庭優先承租國宅做為當時修法的重點。「三代同堂」是九〇年代初期在臺灣的老人照顧政策中，被政府提倡為理想的老人照顧模式，成為政策所鼓勵的家庭形式。透過公共宣傳所傳播出去的形象是老人在兒孫滿堂的家庭中安享餘年。潛在的訊息是照顧老人是家庭的責任，而非政府的責任。三代同堂的論述充斥著政府政策文件、官員的政策宣示及新聞媒體，因此成為理解與詮釋老人照顧議題的主流論述。換句話說，這個階段的家庭論述在於將老人照顧責任劃定為私領域議題，排除並極小化國家在社會福利的角色。

　　「三代同堂」作為一種論述，提供詮釋的架構，但其內涵是隨著時空被賦予衍生的語言組合。在學術領域中，三代同堂作為一種家庭類型，意涵著漢人父系繼嗣家族下三代男性（祖、父、孫）以繼承關係所構築而成的居住安排，但也因此構築出世代與性別不同的角色（老人＝受尊重並享有權威的長輩，中年男性＝家庭經濟提供者，中年婦女＝照顧提供的媳婦，兒童＝受照顧與教育者）；在道德文化層面，三代同堂反映出中國人理想家庭的想像，其中角色之間的關係與行為規範遵循著孝道精神，因此需要照顧的老人得到家人的尊重與照顧而含飴弄孫並得享天年。這樣的論述是透過人在日常生活中使用而在社會關係中發生作用，其內涵不是封閉的，卻是歷史過程所建構的。郝柏村使用三代同堂的語言，固然是鑲嵌在中國孝道的儒家文化脈絡下，但其論述使用的場域是在解嚴後執政黨面對在野黨對老人照顧政策議題的公共空間，因此其政治效應就不只是在表達對家庭居住安排偏好的個人立場，而是透過三代同堂的論述去動員民眾對

---

3 《老人福利法》在 1980 年通過後就沒有修正，直到 1997 年才第一次修正。《老人福利法》當時的通過是為了因應臺灣退出聯合國所引發的國家政權合法性對外的危機，而不是國內老人福利的需求。

於孝道精神的文化認同，形塑老人福利政策中對需求的詮釋角力。藉由強調家庭照顧的優先性，弱化國家介入的必要性，強化老人照顧是私領域的議題，並以「西方模式」與「中國模式」的民族主義語言來強調「三代同堂」作為政策的正當性。

　　當公共政策場域以三代同堂為主流論述，社工人員作為國家政策執行者，在實務上是否扮演家庭倫理規範的維護者？社工人員在面對保障老人權益與要求家庭盡孝道之間有所衝突時，第一線社工人員會如何取捨？社工人員在國家福利政策中，自英國十八世紀首先推出《濟貧法》以來，就一直扮演著資源守門員的角色，幫助國家區分「值得幫助」與「不值得幫助」的民眾（Moffatt 1999）；這種社會控制的角色一直是社工專業進入國家體系過程中所內建的矛盾（王增勇 2003）。同樣地，在臺灣老人照顧體系形成過程中，社工人員也被賦予以三代同堂的孝道倫理去區分「值得幫助」與「不值得幫助」的民眾。但三代同堂的政策語言會如何轉換成為老人福利機制的組織語言，是接下來要討論的。

　　在老人照顧體系中，最能凸顯老人照顧需求與孝道倫理規範矛盾的案例是被子女棄養的老人，也就是，法律上有扶養義務但實質上未受到子女照顧，因此需要國家介入的老人。為了維護孝道倫理，當時國家的處理方式是，被棄養的老人必須要到法院對子女提出遺棄的法律訴訟，以證明他／她是被棄養的，國家才會免除其子女奉養義務的追究。上法院對子女提出告訴，進而申請低收入戶資格的行動，代表著老人必須承認自己在家庭是失敗的（以致於子女不孝，無人奉養），以及在勞動市場上是失敗的（以致於老年經濟無以為繼，需要國家救濟），過程中充滿羞辱的污名化歷程（到公所填寫表格、接受財產與人口調查、向法院提出告訴、出庭作證），因此許多被遺棄的老人不願意提出告訴。這項以提出告訴作為排除子女扶養義務的實作規定充滿了家庭扶養義務的道德規訓，而不是以老人實際照顧為準。這樣的規定一直到《社會救助法》2007 年修正通過第五

條第二項第八款[4] 才稍微鬆綁，從嚴格的法律訴訟放寬由地方政府社工員訪視後可以行政裁量方式直接認定遺棄事實的方式進行。即使放寬條件，但仍採取例外排除的方式，仍是維持義務扶養人應計算進入家戶之中，然後再以特例方式加以排除（洪伯勳 2010）。嚴格的家戶計算方式，造成福利資格的難以獲得，以致許多實質上需要照顧的老人無法符合居家服務資格要求，造成承辦居家服務的民間組織不得不中止服務。面對這樣的矛盾，於心不忍的社工員會協調居家服務員以志工方式提供免費服務，或由社福組織自行募款支付老人的服務費用等方式私下解決。

　　如果三代同堂論述代表臺灣老人照顧體制中對受助對象的重要分類依據，其論述的展現會隨著時空依照國家權力的需求而有不同面貌，但都具有「再私有化」（reprivatize）需求的政治效應（Fraser 1989）。九〇年代後期，居家服務隨著人口老化的趨勢，擺脫過去以低收入戶為主的殘補式福利，逐步擴充為全民皆可申請的普及式福利。居家服務放寬給一般戶（即不具福利資格的民眾）申請，始於 1997 年臺北市政府，因為當時發生一連串獨居老人死後屍體被寵物啃食的新聞事件，引發社會輿論高度關注，「獨居老人」成為老人福利的新名詞，政府開始建置獨居老人服務體系（鄭景鐘 2006）。由於獨居老人不限於中低收入戶，為了避免再發生獨居老人死後無人知道的事件，所以在這一波獨居老人服務建構過程中，臺北市政府決定將居家服務對象於 1998 年首先擴大到一般戶。

　　但居家服務背後的家庭意識型態並沒有因此被國家放棄，而是轉化形式，以更精緻的論述區辨各樣的家庭照顧實作，針對新的服務對象透過服務提供的內容與範圍，發展出一套「孝道」的操作化定義。例如，居家服

---

4 該條文內容為：「因其他情形特殊，未履行扶養義務，致申請人生活陷於困境，經直轄市、縣（市）主管機關訪視評估以申請人最佳利益考量，認定以不列入應計算人口為宜。」

務的內容主要分為家事服務與身體照顧兩大類，因為家事服務被視為非關老人生命安危的支持服務，應該由家人負責，家事服務被視為家人應盡的孝道責任，因此我們常聽見社工員說「定期幫自己家人打掃，應該是最起碼的事吧！」。所以提供家事服務的條件以不與家人同住的獨居老人為主，即使不與家人同住，但如果家屬住在同一個行政區，也不提供家事服務，希望家人可以來提供家事協助。有家人同住的老人以身體照顧為主，不提供家事服務。同住或是住附近的家人協助老人的家事處理是居家服務實作中對家人的理想期待，但往往與現實有落差，例如老人與家人關係不良，家人不願意進入老人房間，甚至不願意提供三餐，這時居家服務還是必須提供家事服務。這種特殊情況，如果對有家人同住的老人提供身體照顧與家事服務，服務員會被社工員要求只打掃老人個人的日常生活空間，不包括其他家庭成員使用的公共空間。實作中，家事服務如何區隔老人與家人的生活空間往往造成居家照顧服務員（以下簡稱「居服員」）的諸多困擾，例如在我的訪談中，一位居服員提到家人煮飯後沒有洗鍋子，居服員必須洗鍋子才能為老人備餐，但鍋子卻被社工員認定是家人該洗的家事範圍，但如果家人不洗鍋子，居服員就沒鍋子可用，造成居服員不知所措。儘管實作上的困擾很多，但是居家服務的執行者仍認為堅持「家人的責任」是居家服務提供過程中必須堅持的界線，這也是臺灣居家服務在實作上落實家庭意識型態的具體實踐。

　　居家服務做為家庭倫理的規訓工具在目前老人照顧議題的討論被嚴重忽略。例如在討論為何臺灣民眾偏好使用家庭外勞，論者多著重在價格與工時，政府提供的居家服務在價格、時數比不上外勞平均照顧單價來的便宜，其實關鍵因素更在於居家服務不如外勞「好用」，相對於外勞在雇主家庭中一切聽從雇主吩咐，而居家服務不好用的原因即在於居家服務帶有家庭倫理規訓的功能。

（二）居家服務資格的審定：電話接案

以下我們將從社工員的日常工作為起點，探索背後的社會組織原則，進而描繪居家服務日常活動是如何被系統性地整合去強化家庭意識型態的生產與複製。三代同堂所代表的家庭倫理在老人照顧領域裡是具主導地位的社會規範，在居家服務的提供過程中，常主動地建構社工員所認知的社會現實。居家服務代表了一種臺灣解嚴後新的國家權力，經由三代同堂的意識型態所驅動，在專家權力和知識的相互作用下，成為了規訓臺灣家庭的體制。社工員必須填寫的文本，如開案表、家系圖、家庭資料等，再再主動地引導社工員對案主的認知。這些文本引導著社工員的觀察與訪談，去發現客觀的「事實」，並提供社工員對「事實」的「詮釋」，這種事實與詮釋的循環複製，成為家庭意識型態得以存在而不被覺察的關鍵。社工員進行的、看似專業自主的每日行動，事實上是由外來統治關係所進行的遠距操控。

相較於以往只要有家屬就不符合資格的規定，目前國家將居家服務視為市場的思維，造成民眾既是付錢的顧客（無論是自費或是部分自付額），又是接受政府補助的「案主」，造成與家屬協商照顧責任的分界成為居家服務過程中最核心、但也最糾結的議題。居家服務作為國家規訓家庭照顧權力機制的一環，首要任務就是讓家屬現身被檢視。在服務過程中，讓家屬「現身」成為社工員必須學會的工作技巧，當民眾打電話來申請居家服務，社工員很有意識地要家庭現身，然後帶入家庭倫理規範，讓家人進入自我監控與檢視的告白陳述。一位資深社工員如此描述他如何進行電話接案：

> 如果不是當事人，我會先問他說，現在需要被幫助的人，你跟他的關係是什麼？他的身體狀況是怎麼樣？然後你們家的成員是怎麼樣？……還有，我需要瞭解他在還沒有找我們服務之前是誰在照

顧，現在為什麼不能照顧了？

社工員很清楚如何問話讓家屬現身，看似親切的談話，如「請問你跟需要被幫忙的老人家是什麼關係？」、「你們家的成員是怎麼樣？」，都在引導家屬現身。一旦家屬現身，當社工員詢問「之前是誰在照顧，現在為什麼不能照顧了？」時，家屬就被放在家庭倫理的檢視下，必須向外人自我告解為何自己家人無法照顧而需要找外人協助。因此，社工員會提到許多家屬都會偽裝成無扶養義務的「鄰居」，基於關心打電話來了解，以避免這種家庭倫理的規訓。

（三）家庭訪視：看見隱藏的家庭照顧

一旦初步符合資格，社工員就會安排家訪，進一步確認「需求」，這裡的需求不只是指老人失能的狀況，更需要扣除家庭「可以」照顧以及「應該」照顧的部分。這種家庭倫理觀點所強調的「家庭優先」原則被直接轉譯成社工專業語言，「個案管理」中所強調的「非正式資源使用優於正式資源」，其實就是居家服務（正式資源）的介入必須先確定家屬（非正式資源）已經無力提供照顧。兩者背後皆預設了家庭（尤其是女性）作為照顧提供者的優先地位，只是個案管理披上了專業的外衣，以一種客觀中立的專業者姿態出現。

1. 評估案主

社工員在福利體系扮演「資源守門員」的角色，具有幫國家辨別「值得幫忙的」與「不值得幫忙的」案主的功能。作為國家體系的一環，案主與案家都被預設是潛在的福利詐欺者，不可以全然信任案主片面之詞。因此，在個案紀錄上，「案主主述問題」與「評估問題所在」分屬兩個不同欄位，藉以區隔案主的「主觀」意見與專業社工員的「客觀」評估。社工員的資料蒐集不能受限於案主的說法，還必須抱持對案主說法的高度懷疑

與警戒。一位社工員如此描述他家訪時所觀察與所聽到的落差，而「專業」就顯現在可以不被案主所呈現的假象所欺瞞而看到「真相」，專業就在於讓不願意承擔照顧責任的家屬負起責任：

> 在開門的時候，我就會觀察開門的那個人的行動能力。因為有些案主知道你是來評估他的人的時候，他的行動能力就會有所改變。我的意思就是說，他們就會表現不能動。因為我就有遇到過，他們家有一個門簾，案主沒有想到我蹲在下面看……。其實他走得很快，但是他看到我的時候，就變成很慢，然後他跟我講說他是在廁所裡。還有連他家屬也是一樣，因為有些工作我們會分攤給他們家屬做，有時候他們就會說他們不行。

這裡的重點不在於案主與家屬是否真的欺騙社工員，而是社工員很清楚地站在一個「監察者」的角色上，預設案主都是想要欺騙社工員的潛在福利詐欺者（Moffatt 1999），而居家服務的社工員則預設家屬都是不想分攤照顧責任的「不孝子女」。

2. 尋找家屬

進入家門後，社工員開始積極尋找家屬的存在，進行所謂的「家庭能力評估」。家庭能力指的就是家屬照顧老人的能力，社工員會透過家訪所觀察到的具體細節，例如整潔、氣味，來解讀家庭能力，而家庭能力就成為居家服務是否要提供與要提供哪些內容的關鍵所在。

> 進門之後，我會先在門口瀏覽一下他們家，先看一下是不是很整潔，因為我們會有環境打掃。如果很整潔的話，我會考慮到跟他同住者的功能，如果他們可以自己做的話，我還是覺得他們自己做比較好。
>
> 有沒有異味，東西放置是不是丟得亂七八糟的。比如說，衣服

我會認為不應該丟的桌子椅子都是，應該是放在房間裡或某個地方；還有就是便當，像我有時候到案主家，桌上放的都是吃剩的便當盒。尤其像便當盒，我覺得是吃完就要收起來，但是有些就是一看就知道好幾餐的。

除了從居家環境的外在來評斷家屬的照顧功能以外，社工很熟悉如何從日常話題帶入家屬，從而獲得更多資訊。

然後就會問他的過去病史，然後就問他是誰帶他去看病。像我最近接的狀況有兩個老夫妻，我就會問他說房子是租的，還是自己的？他就說租的，我就問說那房租多少，他就說每個月一萬一，我就會說那你們這個錢是哪裡來，他們就會說每個兒子呀！一個給多少，然後就會一個一個追問一下他們的狀況。

社工員很清楚直接詢問家庭狀況可能是冒昧與唐突，社工員還有最後絕招，一位社工員說，「問他緊急連絡人應該要寫誰，這樣有事才好聯繫。」因為這個問題本身是出於為案主的設想，案主通常不會拒絕，因此社工員說這招一出來，一定管用。

如果家屬在場，社工員就會直接訊問家屬，並以質疑的口氣，要求家屬告白「既然是他在照顧了，為什麼還需要居家服務？」這種口吻正反映了家庭倫理意識型態在臺灣的主導地位，被質疑的家屬必須要自我解釋才能合理化申請國家介入的正當性。因此，臺灣失能老人的照顧安排上，國家總是在家庭成員無法提供照顧後才進入，臺灣的「家庭照顧者」一直被視為理所當然的「照顧資源」，而仍然沒有被視為值得服務的「潛在案主」（Ungerson 2000）。

3. 從工作內容協商孝道的界線

如上節分析顯示，居家服務政策已經逐步開放給所有家庭申請，對家

庭倫理的規訓不再鎖定「無家庭老人」的資格上，而展現在每個個案的服務界定上。擔任居家服務督導的社工員會從工作內容與家屬協商照顧範圍，只要居家服務不做的，就是家屬要做的。社工員對家庭倫理的界定是以「輕鬆的家事服務」與「沉重的身體照顧」來區分，幾乎每一件照顧服務都可以切一塊輕鬆的工作要家屬負責，來確保家屬的盡孝。一位社工員如此描述他與家屬劃分工作的原則：

> 就是依照工作內容，像有家屬，洗衣服就是家屬的職責，像洗完澡，浴室我們可以幫他稍微沖洗一下，但是像廚房的清潔，我覺得那是家屬必須要去擔負的責任。我們幫他做的就是要幫他洗完澡或是幫他灌腸。其他部分工作比較輕的，我就會覺得像洗衣服，洗衣機洗一洗，我就覺得那是他們的工作。

4. 從性別想像照顧責任

第一線社工員不會只用單一且僵硬的家庭倫理劃分居家服務內容，相反地，他們必須進入多重詮釋觀點的角力中去發展他們的服務計畫，只是他們的個案記錄會被後續的督導體系所檢視與規範，要說服長官這是一個值得服務的個案，社工員必須提出有力的證據來證明這些家屬已經盡力了。以下是一個案例來說明社工是如何在家訪過程中，一面觀察一路思索居家服務的提供方式、內容與時間的建構過程。這是一個受傷開刀、但有三個孫女的老太太，她一開始就申請每天四小時的居家服務，家中有三個孫女的「事實」，讓社工員相當質疑這個個案的正當性：

> 和案主的孫女談了一下，了解案主是怎麼受傷的，因為她是開刀所以才行動不便，所以才跟我們求助。剛開始是這樣，也了解她整個家庭背景，她的孫女到底都在做些什麼事情，除了上課以外，那時候跟我們尋求服務是每天的，我在想說她既然有三個孫女為什麼要每天服務？

作為傳統家庭中照顧者的女性是最容易受到質疑，而且家訪中，案家的環境相當整齊，顯示家庭照顧能力良好，因此社工員開始仔細計算三個孫女的時間：

> 我在想說那麼整齊！這樣子還需要四個小時的服務嗎？我心裡就打了一個問號，我就想了解一下，她孫女除了上課以外還做些什麼。後來才知道她在打工，而且還是兼兩個差，因為她要負擔整個家的開銷。因為她小妹也還在上課嘛！那她姊姊唸 XX 大學護理系，那時我也曾問過，妳們的學費怎麼付？她們是說她們以低收入戶，有些可以免學雜費，可是她姊姊不願讓人家知道她是低收入戶，她都是自費。所以我那時評估一下，哇！那她們負擔蠻重的，我也問了一下她們的經濟來源，她們都是靠自己打工，我那時一算，她們除了上課以外，像那個老二啊！她就是去上課，中午休息時間她就趕快趕回來弄給她奶奶吃，弄完以後，再趕回去上課，然後下課，再趕回來弄給她奶奶吃，再趕回去上班，就可以知道真的是蠻辛苦的。

求學與工作都是主流社會允許家屬可以免於照顧責任的正當理由，加上案家的低收入戶資格更使得經濟收入是不可或缺的支持。社工員從老人的需求做了詳細與完整的照顧計畫，但受到服務時數每日最多四小時的政策限制，社工員只好將時數分成兩段以勉強符合案主需要全天照顧的需求。

> 我當時評估的時候，我先了解這些內容，我去的時候，老大剛好也是放假，但是放假她並不是每天都在家裡，她大部分都是去圖書館，還有回學校。她開學的時候是住校，那小的孫女有時候晚上也會去打工，所以那時候我一評估，等於說是一整天只有案主自己在

家裡。一方面是因為案主剛開完刀，沒辦法下床，吃是個問題。還有她要上廁所的問題，雖然那時候，社工員幫他申請是週一到週六 4 小時，我覺得還是不夠，但因為我們也考慮到，她這個需要並不是說每一分鐘都需要，可能早上跟下午要分開來，剛開始我們是給她 4 小時嘛！幫她洗澡、復健、做飯，我們要走的時候就給她包尿布，因為她沒辦法下床，後來我們發現這樣皮膚會發紅，就擔心會有褥瘡的情形產生，所以後來我們就給她增加一個下午一個小時，服務員再去幫她換尿布。

過程中，社工員也曾希望孫女可以多負起一些家庭責任，但基於不打亂孫女們打工的作息才作罷，但這種體諒案孫女的做法表示社工員必須要在個案記錄中做更多符合國家體制規訓眼光的說明（例如工作、求學），向上級交代解釋才能完成。

其實她們應該負更多的責任，譬如說下午是不是可以幫她奶奶換個尿布啊？可是後來我發現，孫女花在這上面的時間，其實蠻多的。譬如說她不可能上班上到一半再跑回來，我如果做這方面的要求的話，她老板或許會覺得這樣不好，把她辭掉了，反而更糟糕。

（四）三代同堂論述與新自由主義國家的形成

臺灣居家服務政策發展反映了臺灣新自由主義對國家政策的影響，而三代同堂論述與新自由主義論述之間也呈現值得觀察的議題。Fraser（1989）將社會福利視為需求詮釋的政治場域，當原本由家庭承擔的需求滿足經由社會運動團體加以論述成為國家應承擔的公共責任時，國家往往會生產「再私化論述」加以反制；以臺灣居家服務歷程為例，解嚴後社福運動所倡議的老人公共化照顧論述讓長久以來視為家庭責任的老人照顧成為國家必須面對的老人福利政策，但孝道倫理總是國家生產再私有化論述

上最好用以最具說服力的論述。整體而言，三代同堂論述在新自由主義論述強調的極小化國家角色與極大化市場機制上，扮演著關鍵的再私化的功能，兩者可說是相互強化的共生關係，可分成三階段進行考察。

1. 殘補福利時期：福利制度下的案主

在居家服務以低收入戶作為資格的殘補式福利階段（1982-1997年），三代同堂論述是用來排除「不符合家庭照顧倫理」的「不值得幫助」的家庭。從 1991 年起，臺北市政府率先將居家服務委託民間辦理，透過招標方式建構出專屬民間社福組織的半市場競爭機制，也被稱為「被規範的市場」（regulated market）。以「規範性市場」一詞來稱呼社會福利的民營化是為了與「自由市場」區隔，「規範性市場」有高度的國家介入，而不是國家完全不介入的自由市場。民營化的社會福利做為一種規範性市場，其市場資金是由政府提供，競爭規範是由政府制訂，資訊的流通也不完全透明開放，消費者也不具備完全的選擇權（Knijn 2000; Williams, Barnsley, Leggat, Deber & Baranek 1999）。這個時期，三代同堂論述轉化為社工專業的個案管理論述正當化國家對家庭孝道倫理的規訓與檢視。

2. 照產方案時期：免費時數的案主與自費的消費者共存

居家服務成為普及式福利始於 1997 年臺北市，全面性開放給所有民眾申請要等到四年後，2000 年陳水扁政府上台後的第二年。但是所謂的普及式福利並非北歐福利國家的公共化福利，而是以新自由主義的市場邏輯來完成。選前大力支持社會福利的陳水扁在當選後不久，宣布「經濟發展優先，社會福利暫緩」的政策目標，令社福運動團體錯愕不已，但也確立以市場邏輯重新框架福利的新自由主義思維。經建會於 2002 年提出「照顧服務福利及產業發展方案」（以下簡稱「照產方案」），居家服務不再只是幫助貧苦失能老人的福利思維；在市場思維的重新框架中，居家

服務被視為高齡化社會趨勢下的「新興產業」，居家服務被視為解決中高齡婦女失業問題的產業。以促進老人照顧市場發展為名，居家服務全面開放「一般戶」申請，成為全民皆可申請的普及式福利。照產方案希望吸引具有消費能力的民眾使用居家服務，因此原本被孝道倫理拒絕在福利邏輯之外的民眾，在市場邏輯下翻身轉變成為市場發展下被慾望的消費者。居家服務體系從此廣開大門，以開發一般戶為主，以創造居家服務的市場。

　　新自由主義影響下由經建會主導的照產方案（2002-2007 年）將居家服務的提供設計為以依照失能程度提供部分免費時數的服務，希望以此誘發自費的居家服務需求，以擴大居家服務市場創造就業機會。接受免費時數的民眾，因為沒有付費，所以不具備「消費者」的主體性，所以居家服務背後三代同堂論述的道德規訓仍然主導著此時居家服務的提供。換言之，三代同堂論述的規訓被國家全額支付部分時數的政策所支持。

　　但政府經費被視為誘發市場需求的「種子」，不應成為所有居家服務的經費來源，因此政府每年編列的居家服務預算總是偏低，造成年度預算往往在年度中就已用罄。在中央政府不願編足預算而將財務壓力轉嫁給地方政府之際，地方政府必須依靠自籌財源解決，而財政狀況不佳的偏遠地區政府只能選擇刪減服務或停止開案的方式來因應。當要刪減服務時，三代同堂論述又被動員成為刪減服務的理由，此時「有家庭的老人」就成為合理的對象，當國家沒錢時，就是家人應該盡責任的時候，因此許多偏遠地方的居家服務在中央政府預算不足時，有家人的老人其服務時數自動減半，等第二年經費補助下來後再行恢復。由於居家服務經費長期編列不足，目前已經有地方政府正在考慮要將有家屬的老人排除家事服務中的「陪同就醫」，其理由也是陪同長輩看病是晚輩應該做的事。

3. 自付額全面實施時期：消費者或是案主的矛盾

　　照產方案以政府經費誘發居家服務使用的需求市場的策略並未見效，

民眾多半只使用免費時數，不會自掏腰包購買服務，市場並未如預期的被誘發。於是，2008 年取代照產方案的長照十年計畫延續新自由主義的思維，更進一步深化居家服務市場化的趨勢，取消居家服務的免費時數，從第一小時起一般戶民眾就要支付 40%的自付額（由於衝擊過大造成反彈，第二年自付額比例降為 30%），這個政策雖然確保使用民眾的自付額成為居家服務的財源之一，但卻也讓原先免費使用服務卻無力繳費的近貧民眾面臨困境。2008 年實施自付額的政策對偏遠地區的居家服務方案打擊最大，以屏東縣原鄉地區承接居家服務的介惠基金會為例，自付額政策導致三分之二的個案量損失，僅為 2008 年的三分之一（蔡宛芬、施欣錦 2009）。自付額政策將居家服務從福利方案調整為以有付費能力的消費者為主的方案。這個自付額政策的實施也使得居家服務所面對的案主，不再只是接受國家福利德政的「案主」，而增加了付費的「消費者」，居家服務的日常實踐面對這個雙重主體性的服務對象，逐漸失去對家庭規訓的正當性，居家服務員不再純然是有愛心、具有道德高度的行善者，而成為案主付費購買的家庭幫傭，必須依照案主的意願操作。但這不代表三代同堂論述從此不存在居家服務的日常實踐中。例如，許多因為繳不起自付額的案主就被居家服務員以「認養」的方式，繼續接受服務，居服員自願接受七折的時薪，而許多居服員認養案主的條件是基於三代同堂論述檢視下的「值得幫忙」案主。但由於國家仍然支付 70%的經費，居家服務對個案的規訓仍有一定的正當性，面對「消費者」與「案主」的矛盾於是成為社工、居家服務員、案家與案主之間的角力場域，也形塑臺灣居家服務實踐的面貌。

四、討論與結論

三代同堂在九〇年代被政府所提出，以回應社會要求國家擴張對老人

照顧的提供，以因應人口老化的需求（Hsiao 1992）。為了回應當時反對黨所造成的政治壓力，政府求助於三代同堂的概念，以求抑制老人照顧需求從家庭領域轉向公共領域的發展，換言之，國家訴諸家庭論述使福利需求加以維持其「私化」的現況。從這樣的脈絡而言，三代同堂雖然是久遠中華家庭傳統下的古老概念，卻是在新近的政治、經濟、社會變遷下，被國家再複製的新製品。其意識型態效果是，縱使社會、政治和經濟已經改變，國家仍努力確保家庭，尤其是女性，持續她們隱形的照顧工作。

　　當三代同堂成為所有漢人家庭的普遍性代表，排除了其他家庭型態的正當性時，家庭就不再是個價值中立的名詞，而成為形塑大眾如何理解家庭與其適當行為的意識型態工具。漢人學者認為，在中國歷史上，三代同堂從來沒有成為主要的家庭形式（賴澤涵、陳寬政 1980）。如果可能的話，也只是漢人所喜愛的一個理想型而已。有關漢人家庭的人類學研究也顯示，三代同堂並不是唯一協調老人照顧的生活方式；事實上，在臺灣人風俗中還有其他生活方式可以照顧一個人年老的父母親，像是輪伙頭（meal rotation），其中成年的兒子們輪流照顧他們年老的父母親一段時期（Cohen 1976; Wolf & Huang 1980; 胡幼慧 1995; 陳其南 1990）。Wolf & Huang（1980）指出漢人家庭的多種形式就像工具箱內各種不同的工具，它提供了漢人家庭以實際地適應於不同狀況的彈性。當三代同堂被提倡作為所有漢人家庭普遍的代表，而排除了其他家庭型態的選擇時，三代同堂就成了 Smith（1995）所謂的意識型態符碼，扮演積極主動組織與建構我們日常現實的功能。由於家庭是中國人自我概念的基礎經驗，因此家庭相關的言詞常被用來理解、命名、排序許多家庭以外的社會關係。

　　這種論述實踐之研究，有助於揭示在特定歷史時刻下國家權力的運作。三代同堂政策是家庭意識型態的例子。因為國家透過三代同堂的理想化，強化家庭養老的責任，因而極小化國家的責任。社會福利政策其實就是家庭和國家之間對弱勢者照顧的責任分配問題，如何去呈現政策議題影

響了這樣的分配的選擇。不管是否有意地，選擇以家庭論述框限（frame）老人照顧政策，能使政府的照顧提供者角色消失，而將子女的角色凸顯，政府作為一個潛在提供者的角色不見了。

雖然居家服務背後隱含著家庭意識型態，但在研究中卻鮮少聽見社工員使用家庭相關的語言，反而是社工專業論述的個案管理，但這並不表示三代同堂意識型態並未滲透社工專業的運作中，仔細的檢視後發現個案管理的運用生產了類似三代同堂的意識型態效果。個案管理所強調的評估合理化社工員對家庭的社會控制角色，強調非正式資源優於正式資源恰好也反映了家庭倫理的意識型態。因此，社工專業知識的發展顯然不是專業自主性的展現，反而是專業回應了國家權力發展的需求。

研究家庭意識型態的日常運作，可以讓我們貼近草根生活情境。如同臺灣的居家照顧個案所顯示，探討家庭論述的運用，使我們跳脫中西文化二元對立的思考方式，而去探索家庭論述與不同論述間的互動，例如新自由主義國家權力的形成，以及社工專業個案管理模式的流行。這使我們更能掌握家庭論述在目前漢人社會中歷史建構的多元可能。如同 Gubrium & Holstein（1990）所言，家庭並未消失，家庭論述的應用反而日益增加。家庭論述仍是漢人社會重要的論述，並被廣泛地運用。這種研究從我們日常生活經驗開始，它不需要實證主義般的分割研究者和被研究者的生活經驗，它鼓勵我們檢測自己是如何理解日常生活，並探索組織運作的社會關係。經由在生活經驗和社會關係之間建立一個批判性辯證空間，新的詮釋和知識就可能出現。它批判的動能並不在於辨別那運用強制手段的幕後黑手，而是在於揭露社會福利如何不自覺地成為社會控制的一部分。這種批判的反思性，是社工專業在被納入國家權力後具有抵抗潛能的前提。

參考書目

王增勇

2003 〈照顧與控制之間：以「個案管理」在社工場域的論述實踐為例〉。《臺灣社會研究季刊》51: 143-183。

2012 〈建制民族誌：為弱勢者發聲的研究取徑〉。收於《社會及行為科學研究法》（第二版），楊國樞、瞿海源、畢恆達主編，頁 313-343。臺北：巨流。

王德睦、陳寬政

1987 〈現代化人口轉型與家戶組成：一個社會變遷理論之驗證〉。刊於《變遷中的臺灣社會》，楊國樞、 瞿海源主編。南港：中央研究院民族學研究所。

內政部

1989 《臺閩地區老人安養照顧需求調查報告》。臺北：內政部。

洪伯勳

2010 《製造低收入戶：鄉愿福利國家之社會救助官僚實作》。國立臺灣大學社會學研究所碩士論文。

胡幼慧

1995 《三代同堂》。臺北：巨流。

陳其南

1990 《家族與社會》。臺北：聯經。

陳寬政、涂肇慶、林益厚

1989 〈臺灣地區的家戶組成及其變遷〉。刊於《臺灣社會現象的分析：教育、人口、政策與階層》，伊慶春、朱瑞玲主編，頁 311-335。臺北：中央研究院三民主義研究所。

鄭景鐘

2006 《「獨居老人」概念建構歷程之探討：以臺北市「獨居老人照顧服務方案」為例》。國立臺北大學社會工作研究所碩士論文。

賴澤涵、陳寬政

1980 〈我國家庭形成的歷史與人口探討〉。《中國社會學刊》5: 25-40。

蔡宛芬、施欣錦

2009 〈收費式居家服務在原住民鄉可行之初探：以屏東縣原鄉為例〉。《社區發展季刊》126: 226-239。

Althusser, L.

1971 *Essays on Ideology*. London: Verso.

Barret, M.

1985 Introduction. In F. Engels, *The Origin of the Family, Private Property and the State*. Harmondsworth, UK: Penguin Books.

1991 *The Politics of Truth: From Marx to Foucault*. Cambridge: Polity Press.

Beechey, V.

1985 Familial ideology. In *Subjectivity and Social Relations: A Reader*. V. Beechey & J. Donald, eds. Philadelphia: Open University Press.

Bernardes, J.

1985 "Family Ideology": Identification and Exploration. *Sociological Review* 33(2): 275-297.

1987 "Doing Things with Words": Sociology and "Family Policy" Debates. *Sociological Review* 35(4): 679-702.

Burns, E.

　　1935 *A Handbook of Marxism*. London: Victor Gollancz Ltd.

Cohen, M. L.

　　1976 *House United, House Divided: The Chinese Family in Taiwan*. New York: Columbia University Press.

Donzelot, J.

　　1979 *The Policing of Families*. Baltimore: The John Hopkins University Press.

Emerson, R.

　　1969 *Judging Delinquents*. Chicago: Aldine.

Engels, F.

　　1884 *The Origin of the Family, Private Property and the State*. Tran. by A. West, (1972/1985) 4th ed. Harmondsworth: Penguin Books.

Finch, J. & D. Groves

　　1983 *A Labour of Love*. London: Routledge & Kegan Paul.

Fraser, N.

　　1989 *Unruly Practices: Power, Discourse, and Gender in Contemporary Social Theory*. Minneapolis, MN: The University of Minnesota Press.

Gubrium, J. F.

　　1988 The Family as Project. *Sociological Review 36*(2): 273-296.

Gubrium, J. F. & D. R. Buckholdt

　　1982 Fictive Family: Everyday Usage, Analytic, and Human Service. *American Anthropologist* 84: 878-885.

Gubrium, J. F. & J. A. Holstein

　　1987 The Private Image: Experiential Location and Method in Family Studies. *Journal of Marriage and the Family* 49: 773-786.

1990 *What is Family?* Mountain View, California. London. Toronto: Mayfield Publishing Company.

Gubrium, J. F. & R. J. Lynott

1985 Family Rhetoric as Social Order. *Journal of Family Issues 6*(1): 129-152.

Holstein, J. A.

1988 Studying "Family Usage": Family Image and Discourse in Mental Hospitalization Decisions. *Journal of Contemporary Ethnography* 17(3): 261-284.

Hsiao, H. H.

1992 The Rise of Social Movements and Civil Protests. In *Political Change in Taiwan*. T. J. Cheng & S. Haggard, eds., pp. 57-72. Boulder, London: Lynne Rienner Publishers.

Katz, S.

1996 *Disciplining Old Age*. London: University Press of Virginia.

Knijn, Trudie

2000 Marketization and the Struggling Logics of (Home) Care in the Netherlands. In *Care Work: Gender Labor and the Welfare State*. Madonna H. Meyer, ed. New York: Routledge.

Marx, K. & F. Engels

1947 [1846] *The German Ideology*. New York: International Publishers.

Moffatt, K.

1999 Surveillance and Government of the Welfare Recipient. In *Reading Foucault for Social Work*. A. Chambon, A. Irving & L. Epstein, eds. New York: Columbia University Press.

Parsons, T.

　　1964 *Family, Socialization and Interaction Process*. London: Routledge and Kegan Paul.

Purvis, T. & A. Hunt

　　1993 Discourse, Ideology, Discourse, Ideology, Discourse, Ideology... *British Journal of Sociology* 44(3): 473-499.

Rohlen, T. P.

　　1974 *For Harmony and Strength: Japanese While-collar Organization in Anthropological Perspectiv*e. Berkeley: University of California Press.

Smith, D.

　　1987 *The Everyday World as Problematic: A Feminist Sociology*. Toronto: University of Toronto Press.

　　1990 *The Conceptual Practices of Power*. Toronto: University of Toronto Press.

　　1993 The Standard North American family. *Journal of Family Issues* 14(1): 50-65.

　　1995 "Political Correct": An Ideological Code. In *Beyond Political Correctness: Toward the Inclusive University*. S. Richer & L. Weir, eds., pp. 23-50. Toronto: University of Toronto Press.

　　2005 *Institutional Ethnography: A Sociology for People*. Toronto: University of Toronto Press.

Ungerson, C.

　　1990 *Gender and Caring: Work and Welfare in Britain and Scandinavia*. London: Harvester/Wheatsheaf.

　　2000 Cash in Care. In *Care Work: Gender Labor and the Welfare State*.

Madonna H. Meyer, ed. New York: Routledge.

Wang, F. T. Y.

1998 *Disciplining Taiwanese Families: A Study of Family Ideology and Home Care Practices*. Ph.D. Dissertation. Toronto: University of Toronto.

Watson, James L.

1975 Agnates and Outsiders: Adoption in a Chinese Lineage. *Man* 10: 293-306.

Williams, A. P., J. Barnsley, S. Leggat, R. Deber & P. Baranek

1999 Long-term Care Goes to Market: Managed Competition and Ontario's Reform of Community-based Services. *Canadian Journal on Aging* 18(2): 125-153.

Wolf, A. & C. Huang

1980 *Marriage and Adoption in China, 1845-1945*. Stanford: Stanford University Press.

第 2 章

在一群沒有家的人身上探問什麼是「家」

黃嬡齡

我們每一個人都來自家庭，身在家庭中的人，很少需要去問什麼是「家」？在玉里榮民醫院，我們面對數千位沒有「家」的精神病患，以及患者想「回家」的問題，讓我不得不去思考，什麼是「家」？

> 我一直想家，我一直想回去。我家裡嚴格說起來，只有我哥哥跟我小弟弟，小弟弟的老婆他們比較常在家裡。那我家隔壁是我大姊，大姊買房子買到我家隔壁，我二姐她又買房子買到我家後面那條巷子，那我們家就這樣子啊！可是……，講比較清楚一點，我就已經發病，從生病發病摔瓶瓶罐罐，連摔了兩條街。我現在想，假如真的有一天我回家，我要怎麼去做人？我也在想這個問題，都已經事隔十幾年了……。跟哥的感情哦？十幾年沒有好好聯繫了，但是有一點不可抹滅的，他就是我哥哥。爸爸剛去世，他長兄為父，我目前為止還是遵照那個，哥哥的指示，待在醫院。

回家是大部分患者的期待，正如這位患者所說的，父母親已經過世了，家呢，其實是兄弟姊妹的家。家呢，是他記憶中的生活點滴跟感受。十幾年沒有回家了，他心目中如父親般的長兄，也十幾年沒聯絡了，但是他還是非常的想念家人，想回「家」。

本文將從玉里榮民醫院成立的歷史背景說起，玉里榮民醫院在一個歷

史的偶然之下，成為數千位慢性精神病患的「家」，這是由國家為戰亂失去個人家庭的精神疾病患者所建構的家園。其次，本文嘗試透過幾位徘徊在原生家庭與建構自己的核心家庭個案的生命經驗，探討變遷中家庭的福利功能。最後，希望透過這些患者們對於「家」的追尋過程，探討未來社會中家庭做為病患長期照顧主體所面對的問題，進而思考「家」在現代精神醫療照顧的重要性。[1]

一、以院為「家」

醫院就是醫院，若不是情非得已，沒有人願意把醫院當成自己的家，特別是精神病院。但是，對於戰後隨國軍部隊來臺的榮民，以及後來因為無家屬而被社會福利單位安置到玉里的患者而言，他們不得不以院為家。

從玉里榮民醫院照顧的對象而言，第一代的榮民患者，他們都知道「家」是在海的那一邊，那是回不去的故鄉，相對的他們比較能接受，這裡就是他們安身立命的家了。但是第二代的榮眷跟 1998 年由社會福利安置（簡稱社政安置）的患者，他們是經過多年的努力跟說服，才有越來越多患者願意以醫院為家。我們不否認原生家庭對於個人的重要性，但是對於回不去的家，或者失去家庭支持的患者而言，我們期待透過對家庭功能的探索，共同建構一個「家」的感覺。

（一）玉里榮民醫院的成立背景

第二次世界大戰之後，1949 年近六十萬大軍與民眾隨國民政府撤退來臺灣，政府接受美援四千二百萬美元，換得裁減七萬餘名軍人（林照真

---

1 匿名原則：本文許多個案的姓均非臺灣常見姓氏，且其姓名均極富象徵意義，筆者不願意隨意為他們取代名。因此本文除了愷樂為個案自己喜歡的筆名並授權筆者使用之外，餘均以個案之英譯姓名取其中一個近似的音或縮寫為代名。

1995: 169）。當時為了照顧大陸來臺的大批軍人，1954 年 11 月「行政院國軍退除役官兵就業輔導委員會」成立，1966 年更名為「行政院國軍退除役官兵輔導委員會」（簡稱輔導會），運用這些美援做為創辦各項退除役官兵的安置計畫，由輔導會統籌辦理輔導榮民就學、就業、就醫、就養及服務照顧工作。

1955 年輔導會接管國防部所屬的 10 個醫療機構及住院退除役官兵病患，當時輔導會當務之急需要照顧的，除了結核病患，就是大量因為戰後創傷性產生的精神疾病問題。輔導會制訂「五年療養計畫大綱」，在全臺各地運用日據時代廢棄的學校或營區，或接收國軍之療養大隊，陸續成立榮民醫院（余祖吉 2009）。玉里榮民醫院成立於 1957 年，醫院所在地原為日據時代的新兵訓練營區及苗圃。在此期間成立的各榮民醫院，只有玉里榮民醫院自始即為唯一的精神專科醫院（黃媛齡 2006）。

在做決定之前，輔導會首任主任委員蔣經國先生，曾就選擇在玉里鎮成立 4 千個精神病床的問題，當面諮詢精神醫療界大老葉英堃教授的意見。葉教授認為將大量精神病患集中到偏遠的地區照顧，是與 1960 年代精神醫療去機構化與社區化照顧的時代趨勢相違背的。但退輔會成立之初，原本安置在竹南鎮以照顧精神病患為主的陸軍第十四中隊，因為附近居民的抗議，急需要另覓合宜的安置地點。座落於玉里鎮邊緣的這個廢棄營區，正好符合當時輔導會解決問題的政策需要。因此，葉教授的意見並未被採納。蔣先生這個決定，讓位於東部偏遠地區的玉里鎮，成為了眾多精神病患的家。

當年，在國民政府意識到「十年反攻」計畫不是短時間可以達成的目標時，就政府而言，他們需要為這些傷病療養中的榮民病患，尋覓一個比較不會引起臺灣居民抗議的長期安置地點。所以，隸屬輔導會的榮民醫院跟榮家，都是設置在人口較稀少的偏遠地區，而且，幾乎都是以「家園」的形式建立，園區內日常生活機能健全，這是有關當局為這些流離失所的

榮民患者所選定跟營造的「家」。

1957 年玉里榮民醫院成立之初，只照顧退伍的榮民精神病患，大約在 1972 年，醫院才開始照顧榮民眷屬，亦即榮民生病的妻子或者子女，此即本文所指的第二代病患。第一代的榮民病患都是來自對岸的內陸移民，第二代榮眷病患大多是榮民與臺灣在地女子結婚，以及他們的子女。玉里榮民醫院照顧的對象從榮民、榮眷到社政安置的個案，其照顧對象的轉變過程，與臺灣精神醫療及社會福利政策的發展歷程息息相關。醫院照顧對象的轉變，也與家庭做為慢性精神病患照顧主體的歷史相關。

國民政府撤退來臺初期，即不斷規劃反攻大陸作戰計畫，1950 年蔣中正總統復行視事時，所揭櫫「一年準備、二年反攻、三年掃蕩、五年成功」的口號，亦即一般民眾口中的「十年反攻」計畫，為了保持國軍的戰力，戡亂時期的政府，制訂了影響這些軍人結婚組成家庭的重要法令。在敵前或執行作戰命令或服務最艱苦地區之軍人，依其服務任務的不同，訂定不同程度的規範。在 1952 年，由國家公權力介入正式立法，由總統明令發布制定〈戡亂時期陸海空軍軍人婚姻條例〉（簡稱軍人結婚條例）（總統府公報 1952），嚴格限制軍人結婚。亦即針對規範特殊身分的民眾，訂有不同程度的結婚絕對禁止、結婚對象的限制、結婚程序的申請，以及婚約關係維繫的保護等。

但因為傳統「成家立業」這個觀念仍根植人心，即便身負反攻復國的重責大任的軍人，「成家」仍是許多適婚年齡者衷心的期待。因此國家動員戡亂時期所訂定的軍人結婚條例，在 1957 年之後，經過多次修改，逐步放寬限制。並且，罕見的對於軍人因為職業特性而無法婚姻穩定的特殊狀況，由正式的律法明定其家庭組成與婚姻關係維繫的條件。法律明文規定，軍人若要結婚必須預先提出申請，並獲得國防部核准。為了避免影響軍心，在敵前或執行作戰命令或服務最艱苦地區之軍人，其已經訂婚者，不得片面解除婚約；已結婚之配偶，不得向法院請求離婚，甚至，對於離

婚及婚外關係都有超越民法的特別規定。

　　從事後公布的〈臺灣反攻大陸的國光計畫〉顯示，計畫中期，有關當局已經意識到「十年反攻」計畫不是短時間可以達成的目標，因此從 1957 年到 1959 年數度修訂軍人結婚條例，開始逐步放寬軍人結婚條件。從輔導會歷史資料顯示，隨政府來臺軍人共有 582,086 人，這些人也就是一般泛稱的「六十萬大軍」（文化部 2009）。在逐步開放軍人結婚之後，很多人都有的印象是：眷村變熱鬧了。然而，另一個無奈的社會現象，也在臺灣不同角落悄悄的發生了。

　　據有關當局的統計，1950 年代，從大陸來臺的內陸移民，大約在 120 萬人左右，其中又以男性為多。特別是這 60 萬大軍，都是社會的青壯年人口，在經過十年的結婚限制，面對開放結婚，回不去老家等等的狀況下，他們必須在臺灣落地生根，這是亂世下不得不面對的生涯問題。

（二）從「國」到「家」

　　早期的榮民醫院文化，具有濃厚的半軍方色彩。1946 年頒布的〈戡亂時期軍人婚姻條例〉規定，間接的看到父權觀念對榮民醫院的影響。依據該條例規定，在戰地直接參加作戰或擔任緊急防務者、各軍事學校學生在受基礎教育期間，及畢業分發見習尚未屆滿規定期間者；在年齡方面，男未滿二十五歲，女未滿二十歲者，以及士官、士兵在營服役未逾三年者，不得結婚。如違反規定結婚者，婚姻無效。

　　在前述規定之外的其他軍人結婚，需填寫「婚姻報告表」先跟部隊提出申請，經過嚴格的雙方式家世調查，確認沒有問題之後，再轉由長官核准。如果我們把〈戡亂時期軍人婚姻條例〉放回 1950-1970 年代的時空背景看，軍人結婚的限制，除了保持戰力以備反攻作戰計畫之外，還隱含了預防當時敵方透過跟軍人結婚滲透的因素。如果這些因素都排除了，〈戡亂時期軍人婚姻條例〉有一個極具父權象徵的條文是：「軍人舉行結婚

時，如無尊親屬在場，由所屬長官為主婚人。」亦即，若無父母、祖父母、外祖父母等長輩可以為其主持婚禮者，法律明訂由軍人所屬單位的長官，代表他的尊親屬，為他主持人生大事的婚禮。軍中這樣的倫理，一直持續延續到榮家、榮民醫院，榮家的家主任跟榮民醫院的院長，視同住院榮民的大家長。輔導會如同一個傳統宗族，它不只是一個家族的象徵，同時也擔負著照顧榮民家族的使命。

從 1957 年到 1959 年，有關當局修訂軍人結婚條例，逐步放寬軍人結婚條件後，對於許多急於成家退伍軍人而言，他們大多數是單身來臺，且因為年紀大，經濟條件相對於臺灣本地人較為不利。由於長年處在軍中封閉的生活中，他們一時間不容易有合適的結婚對象。因此許多人，在經濟、社會、年齡條件都相對較差的狀況下，透過媒介之言，跟臺灣弱勢人口結合。

> 榮民與妻之結合，由于輕信友言而受騙，何則，蓋有○○○者，趁我 68 年報准支領終身俸退伍之際，鼓其如簧之舌前來媒介，謂其鄰居有一女，遇人不淑，懷孕待產竟遭遺棄，乃父不忍其女成為未婚媽媽，令嬰孩出世便是無父孤兒，自願降低條件，急欲擇人而嫁……等語云云。本人一時失察墜入彀中，因此同年十二月兩家拜堂成親之日，亦即孽種呱呱墜地之時，婚後不滿五月妻便以精神分裂進出醫院，經往查詢，妻早在民國 62 年即以此病進出醫院，非媒介所言，致此，榮民始知大上其當，唯木已成舟，徒呼負負。

這是一位年長榮民敘訴他如何受騙，而娶了懷孕的精神病患妻子的過程。先是一位榮民娶了臺灣籍寡婦，這位臺灣籍太太帶著與前夫生的女兒，一起改嫁給這位榮民，女孩成了榮民的繼女。榮民的繼女罹患精神疾病，她在一次病情不穩時，與陌生人發生性關係而懷孕。榮民無力照顧妻子及懷孕的繼女，這位榮民跟他的同袍們商量之後想了一個方式，就是再

找一位榮民娶這位懷孕的女孩。於是，兩位年齡相仿的榮民，成了岳父與女婿的關係。

成為先前那位榮民女婿的這位榮民，是在退伍前透過同袍的媒妁之言，在不知情的情況下，與懷了身孕的精神疾病患者結婚。他們夫妻年齡差距 30 幾歲，倆人婚後所生的兒子不願意叫他爸爸，都稱這位年長榮民「老頭」。這是一個法律上有生父、生母組成的家庭，但是實質上，是繼父、生母與兒子，組成宛如三代同堂的核心家庭。

在玉里榮民醫院，有像這種夫妻年齡差距在 15 至 35 歲，夫妻、親子宛如三代同堂的家庭；還有女方多次婚姻，再帶著前次婚姻所生的子女與榮民成親所組成的家庭；或者，榮民娶同袍的繼女或身心障礙女兒，兩位年齡相仿的榮民，成了岳父與女婿關係的家庭等，這些多重複雜的家庭與婚姻組合，在玉里榮民醫院是普遍的現象。

早年臺灣有許多本地的家庭，因為害怕女兒嫁給內陸來的榮民，以後會被帶回內陸，因此多半不願意把女兒嫁給外省榮民。但是，家有精神疾病、或弱智身心障礙的女兒，家人很願意她們嫁給榮民取得榮眷身分。此即前述，臺灣社會福利制度尚未健全時，家庭作為福利基本單位的一個逆選擇。因為臺灣在尚未開辦全民健保之前，由於對精神疾病的致病原因不明以及精神疾病的污名化，臺灣許多的家庭避諱讓別人知道家裡有人罹患精神疾病，也有許多家庭為了治療精神疾病而傾家蕩產。因此，有些家庭是把罹患精神疾病的家人關在自家後院的，洪大俠即是典型的案例（何豪毅、甯瑋瑜 2007）。民法舊法第 1112 條明訂「監護人如將受監護人送入精神病醫院或監禁於私宅者，應得親屬會議之同意。但父母或與禁治產人同居之祖父母為監護人時，不在此限」，亦即，臺灣早期的民法，居於保護病患以及維護社會安全的考量，允許監護人把禁治產人監禁於家中。此項條款直到 2007 年民法修法時廢止，並在精神衛生法中增修法律條文，對於嚴重精神病患，其保護人或家屬有協助其就醫的義務。地方主管機關

如有發現精神疾病患者或者疑似精神病患者，其自由受到不當限制時，也必須主動提供協助。這項法令的修訂，賦予社政跟衛政相關單位公權力與責任，得以強制並緊急安置此類個案，以避免生活無法自理的精神疾病患者，被留置在不當的場所。從社會福利的觀點可以窺見，民法舊法背後所蘊含的社會思維邏輯：家屬——特別是跟患者共同居住之父母、祖父母等直系血親，被視為精神疾病患者的主要照顧者跟監護人。法律甚至賦予直系血親的家屬，有權決定將這些失去自主能力的身心障礙者監禁於私宅，即俗稱「關在家裡」條款。至於非直系血親的家屬，則需要經過親屬會議，但同樣可以將精神疾病患者關在家裡。在相關的社會福利措施尚未建制以前，把患者關在家裡是許多家屬無奈的選擇。

筆者曾接過一個個案，三位年長榮民陪同一位不到 40 歲，長相清秀，看起來生活上被照顧得無微不至的女性精神分裂病患者入院，她是他們與另一位過世的同袍四個人共同的妻子。這三位年長的榮民伯伯說：他們四個同鄉一起從軍來臺，退伍後住在一起。十幾年前，他們每天抄小路上工都會經過一個民宅的後門，大房子後方的柴房，有一位年輕女孩常常從木格窗楞伸手出來招呼他們。打聽之下得知這女孩罹患精神疾病，四位同袍商量後，主動向這位女孩的家人表示，願意派一位代表娶這位女孩，共同照顧她。這四位同袍共同照顧這位女孩，每天都有人隨身帶著她，這樣就不必把她關在柴房裡。幾年後代表娶她的先生過世了，三位榮民也老了無法再外出工作，但他們仍形影不離的帶著他們的妻子。直到 1990 年左右，這位女患者病情很不穩定，常拿黑色大雨傘，把三位榮民打得遍體鱗傷。幾位榮民老了跑不動了，他們才不得不申請將患者送入院。護送患者入院時，其中一位手臂上還帶著尚未痊癒的傷口，要回去前，這三位榮民充滿不捨之情，不斷叮嚀交代患者一些事情。

由於精神疾病的照顧往往不是一般家庭所能承擔，因此，早年有許多臺灣本地的家庭把罹患精神疾病的女兒嫁給榮民，以榮民眷屬名義，享用

榮民醫院的醫療資源。相較於臺灣早期社會福利尚未健全的時期，除了以榮眷身分享用榮民醫療資源，許多逃過戰火、歷經滄桑的榮民，他們結婚的對象雖然是身心障礙者，但是這些患者是他們在臺的唯一親人。如前所述，許多榮民在他們把妻兒交到玉里榮民醫院之前，是把生病的太太跟許多後來生病的子女當成寶貝一樣疼愛的。亦即，這些榮民在某個程度上，替代了精神病患者原生家庭承擔福利基本單位的照顧功能。

> 她只要能乖乖在家裡就好了，我當過兵的，燒飯洗衣哪一樣不能做，她只要乖乖在家裡就好，但是她會到處亂跑，我沒辦法啊！我老了……。

或者如另一位榮民所說的，

> 我老了，太太跟小孩子都有精神病，他們兩個會打架。我老了，只能選擇一個照顧，兒子，就交給國家了。

把生病的家人送到玉里榮民醫院，在很多榮民的觀念裡，他們是把無力照顧的家人，交給國家照顧。

Meing 的先生是一位從大陸撤退到金門的榮民，退伍後經人介紹與 Meing 結婚。先生比她年長 30 歲，Meing 在生完第一個女兒之後首次發病，之後她仍陸續生了四名子女。非常不幸的是，Meing 的五名子女中，有四名在 17-18 歲先後發病。Meing 的先生帶著一家人搬到臺灣，未再與金門的家人聯絡。直到 Meing 的先生過世了，全家人頓失依靠，生病的 Meing 跟四個生病的孩子無法獨立生活。透過榮民服務處的協助，Meing 帶著兒女住進玉里榮民醫院。

就精神疾病的照顧而言，在早期臺灣社會福利尚未健全的時代，傳統家庭扮演主要照顧者的角色。但是因為精神疾病的照顧往往不是一般家庭所能承擔，因此，國共內戰之後隨政府撤退來臺的榮民們，因為與臺灣弱

勢人口結合，使得許多榮民以家庭的形式，成為許多精神患者的主要照顧者。然而，這些家庭因為夫妻年齡的差距大多在 15-35 歲間，在許多年長榮民的觀念裡，他們一生為國家，「國」跟「家」是一個連續性的關係詞「國家」。因此，當他們面對自身無法解決之問題的時候，他們自己生病時由國家照顧，他們無力照顧家人時，很自然的希望把生病的家人交給國家照顧。因此，輔導會成立的宗旨，不只照顧榮民，同時也擴及榮民的眷屬。1950 至 1980 年代，在臺灣社會整體社會福利尚未健全的時代，輔導會已經具備相對完整的榮民及榮眷，就醫、就學、就業、就養體系。輔導會相對完整的福利體系，促使 1972 年左右，玉里榮民醫院開始照顧第二代榮眷精神病患。至 1985 年精神醫療網實施初期，玉里榮民醫院住院病患 4,058 床，其中包含 700 多位榮眷精神病患，尚且有兩、三百位的待床名單。

　　輔導會運用國家資源建立相對完整的福利體系，不僅表現在榮民榮眷的醫療照顧，同時也呈現在就業安置。亦即透過就業安置，安排榮民、榮眷到榮民醫院擔任工作人員，形成榮民醫院特有的組織文化。

　　在輔導會系統所特有的次文化中，「稱謂」是另一個在日常生活中，最能表達玉里榮民醫院這個機構父權家族觀念的象徵。在醫院的科層組織裡，對於院長、副院長及科室主任，是以職務為稱謂，主管的年齡若比部屬年輕，也會跟著一般員工近似親屬稱謂，或者比照軍中習慣稱為「學長」或「學姊」。主官外的其他工作人員，有別於一般社會習慣對男性稱先生或對女性稱女士的稱謂通稱，在這裡工作人員之間，大多習慣以擬似家族關係的方式互相稱謂。例如：我們剛進來時都是 20 幾歲大學剛畢業，對於較年長的工作人員，前面加上其姓氏，稱呼叔叔，如李叔、何叔、趙叔。對於女性工作人員，多稱李阿姨，陳阿姨、或 OO 阿姨。同職等年齡接近的，則稱為陳哥、李哥、陳姐、王姊等等。在病患部分，因為剛開始的榮民病患以男性為主，對於榮民病患，大家習慣以「叔叔」、

「伯伯」稱之。至今，「伯伯」依舊是醫院裡對年長榮民病患的尊稱。

　　比較特別的是，在榮民醫院裡對於女性照顧服務員（簡稱照服員），不論年紀一律稱為「阿姨」。退輔會早年原本以輔導及安置榮民為主，後來擴及榮民眷屬，因此，有許多榮民的家眷會被安置到機構工作。早期榮民的妻子大多沒有醫療相關的專長背景，因此他們在醫院內的工作大多是從事低技術且勞務密集的工作，他們所佔的職缺也以工友或雇員為多。因為她們幾乎都是榮民的眷屬，因此大家習慣稱她們為「阿姨」。隨著時代的變遷，1990 年行政組織進行改造時，為落實政府員額精簡政策，行政院提出「中央各機關學校事務勞力替代措施推動方案」（考試院1990），所有公務機關事務性工作改採用替代措施，逐漸減少工友勞務人力。各公務機關全面凍結進用工友，原有的工友編制遇缺不補。在玉里榮民醫院，原本以工友名義從事勞務及照顧服務工作的工友職級人員，全部改為委外經營，改由外包的廠商招標，並且訓練照服員至醫院工作（邱泯科、徐伊玲 2005: 284-299）。

　　在體制上，照服員是屬於外包廠商的員工，而且以女性為多，她們工作的地點在醫療機構內，因此沿襲既有對女性員工的稱謂，至今大家仍習慣稱呼這些照顧服務員為「阿姨」。在榮民醫院或者榮民之家等安養單位，儘管有些照服員年齡很輕，但是仍被稱為「阿姨」。亦即「阿姨」這一個原本以旁系血親為基礎的關係稱謂，在榮民醫院遂成為照顧服務員的通稱。從傳統家庭做為福利基本單位的觀點，這些照顧服務員「阿姨」們每天所做的餵食、擦洗按摩身體等工作，是替代了以家庭為照顧主體時，由家人所提供的照顧服務。

　　由於輔導會一開始即以家園的觀念，成立榮家以及榮民醫院，來治療及安置這些離鄉背井的榮民。居住在榮家及榮民醫院，或者安置到榮家及榮院工作的榮民，曾經共同經歷過戰爭的殘酷，因此，不論是同鄉、同姓、同部隊、同軍種、搭同艘船來臺灣等等，在一般看來還差很遠的社會

關係裡，只要能找出一絲共同的關連與回憶，他們彼此間都會覺得很親近。例如，同是湖南人，因為同樣的口音，「老鄉」這個感覺就比親人還要親。又如，大陸撤退時搭同一條船來臺灣，就認了乾親關係。例如兩位榮民結拜為兄弟，或者榮民把自己的子女給同袍當乾兒子或乾女兒。亦即，沒有血緣關係的人，透過口頭承諾或一些儀式成為一家人。這種「老鄉」或者「乾親」所形成的照顧關係，有許多是從第一代榮民的結拜關係，延伸到下一代子女的照顧關係。沒有婚姻或血緣關係的人，他們可能像家人一樣長期共同生活在一起，甚至以家人身分照顧這些榮民到終老。但是有些乾子女並未正式辦理收養，因此同袍以及乾子女在財產的繼承及處份上，未能如夫妻或親屬具有正式的法律權力。因此，對於許多年長的單身榮民而言，在他們晚年，「乾親」關係實質上常提供重要的照顧者角色，但是，在基本的法律權益維護方面，仍回歸到以全臺各地的榮民服務處為法定的親屬代表。

如前所述，玉里榮民醫院是在特殊的歷史時空背景下，因緣際會的讓一群人聚集在玉里鎮這個地方，使醫院不只是醫院，它同時扮演了傳統家庭的支持與照顧功能。玉里榮民醫院與玉里鎮的關係，也構成臺灣精神醫療長期照顧的一環。

（三）早期精神病患在玉里榮民醫院創造的生活樣貌

在輔導會的 12 家榮民醫院中，只有玉里榮民醫院一開始就是精神專科醫院。在民風保守的年代，大眾普遍認為精神疾病是需要跟社會隔離的一群人。1980 年代前後，玉里榮民醫院院址所在的那個里，一個戶籍就有數千個人口，由一位輔導員擔任掛名的「戶長」。榮民入院後，他的戶籍跟榮民相關權益、退役俸，都以玉里榮民醫院為撥發單位。醫院維持的經費來源，跟榮民個人的退休俸，都是國家編列公務預算支付。這些數以千計、數十年來以院為家的患者，在玉里榮民醫院這個園區內，自成一個

小社區。早年玉里榮民醫院由於工作人員很少，許多工作常由病情穩定的
患者協助分擔。

> 以前因為工作人員沒有那麼多，有一些病人狀況比較好的，也有工
> 作訓練啊！那病人的功能狀況比較好就會留在病房，在病房裡面幫
> 忙做一些事情，他們就稱為調用的病人。

正如英國的 Henderson、Paddington 等醫院對於治療性社區描述，這
些醫院在面對病情穩定、功能不錯，卻因為飲酒及人格等問題無法順利回
歸社區的病患時，他們將醫院視為一個社區，運用社區組織的力量。在醫
院這個治療性社區裡，他們強調專業人員與患者之間非正式的溝通氣氛，
讓患者分享工作以維持社區的運作，在這樣的環境下，患者成為醫療的輔
助角色（Kennard 1983）。

此外，在醫院園區內也自成一個小的生活圈，醫院有榮民開墾的農
場，院區內曾經設有碾米廠自己種稻自己碾米。有蛋糕房，有位曾在大陸
老大房糕餅店出來的師傅，帶著幾位病友一起做月餅跟糕點，蛋糕房在
1996 年 3 月擴大為每日可以生產三千多個蛋糕跟麵包的院內庇護性工作
廠。有竹編室，由榮民病患編畚箕跟竹篩，供農場使用。復健中心院有製
冰廠，也有刻印跟作西裝的師傅，製冰廠現在改為小型冰店。這些原本在
大陸從事各行各業的榮民精神病患，他們在病情穩定之後，將自己原本的
工作技能帶到這個醫院，使園區內宛如一個機能齊全的小社區。

除了院內庇護性的工作場，早期榮民病患更結合輔導會東部土地開發
處，一起從事土地跟農場的開墾，玉里榮民醫院現在還保留作為護理之家
以及產業治療的長良農場，是早期的精神病患所開墾的。鼎盛時期，長良
農場有大約 500 位穩定的病患居住，他們在農場裡種植水稻、養魚、養
豬、養雞跟兔子。亦即，早期精神病患在玉里榮民醫院所從事的工作，並
不像現在的職能治療單純的只是一個活動項目，他們所從事的是有生產性

的小規模產業，可供給園區內使用。

1960 年代，精神藥物的發展與去機構化的思潮，深刻的影響了精神疾病的照顧模式。1960 年代開始，歐美各國紛紛關閉大型療養院，取而代之的是各種的社區化的照顧（Killaspy 2006: 245-58; Bjorbekkmo et al. 2009）。隨著時代的變遷，臺灣醫療網的計畫推動以及社會福利系統逐步的建制，去中心化的理念，轉換到實務工作上成為社區化、在地化、小型化、家庭化的福利服務照顧的概念。但是去中心化的理念，對於一開始就以大型機構集體化，以及以父權家族式的家園概念所建構的玉里榮民醫院而言，大型醫療機構是違反精神醫療時代潮流的。精神醫療社區化的觀念與臺灣主流精神醫療的價值，仍以傳統家庭作為主要的照顧者，因此，協助痊癒的精神病患出院回家，就成了社會工作者在精神醫療團隊裡被賦予的責任。

玉里榮民醫院照顧的精神疾病患者，從第一代榮民病患在以醫院為基礎的治療性社區內，以及由醫院向玉里鎮周邊延伸，從事具有生產性的產業治療活動。第二代榮民眷屬所從事的復健活動，是以休閒娛樂以及受雇者的支持性就業為主。雖然兩者所從事的，大多是勞力密集的活動，但是第一代榮民所從事的產業治療是醫院附屬的生產事業，而支持性就業則是以院外雇主為主的勞務服務性工作，兩者在經濟產值跟在社會接觸方面，是有明顯差異的。

特別是在社會性接觸的部分，在我們從事社區復健的過程中，第二代的榮眷以及透過社政安置之後來到玉里的患者，他們跟原生家庭有較多的情感連結，患者對於異性交往跟結婚，也有較多的期待。在從事病患復健工作時，我們發現有一些病患的不穩定跟他們對性與情感的渴望有很大的關係。而且，愈是復健成功、生活愈是接近一般化的患者，他們想結婚的慾念愈強烈。因此，玉里榮民醫院在籌畫康復之家時，我們曾討論過，是否有一天我們可以面對住在這裡的病患想結婚的議題？而我們的康復之

家，是否可以允許有夫妻同住的房舍？因此，玉榮院本部康復之家甲乙兩棟，每個房間都是四人房，但是其間差別在於，乙棟是雅房、甲棟是套房。我們原本希望有一天，套房可以預留給有機會結婚的患者，讓他們有共同居住的空間，亦即讓想成家的患者有一個更接近於現實生活的「家」。

在康復之家開辦的十年間，當時這個預想並非沒有發生，只是問題發生的過程以及所需面對的問題，遠比我們當初所預想的還複雜而且困難。因此，這個想法一直沒有實現。

在精神病友追尋婚姻與家庭的過程中，到處充滿荊棘。大部分的患者對於感情只能停留在期待跟壓抑，對於少數積極爭取成家的患者，他們要尋找合適的伴侶已經不容易，即使遇到了彼此心儀的對象，由於疾病的關係，要獲得原生家庭的支持並且走上婚姻之路，進而組織家庭更是困難。

以下是幾個積極爭取自己的婚姻，希望有一個屬於自己「家」的故事。不論是在玉里榮民醫院，或者在現行的社會中，除卻早期有榮民願意照顧他們，精神病患要結婚，要組成一個傳統婚姻認可的「家」是困難的。

二、「家」與「家人」的故事

由於精神疾病至今仍是個病情可以控制，但無法治癒的疾病。特別是所謂的嚴重精神病患，只有經歷過多次反覆發病的歷程，病情呈慢性化之後，他們才會來到玉里這個長期療養的機構。精神疾病患者雖然在認知跟情緒上，受疾病影響而有所起伏，但是他們在身體跟生理上，以及情感上的需要，跟一般人無異。因此，從事精神復健這麼多年，醫療相關人員在面對病患時，最難以處理的問題，是病患想要結婚的問題。

（一）超越婚姻形式的家

愷樂在進出醫院無數次之後，被轉診到玉里來長期療養。她父母都90 幾歲了，姊姊們都在國外。在父親好言相勸之下，愷樂為了讓父親放心而決定留在玉里，把玉里當成她的家。

> 因為我是覺得，我到這裡，這裡就是我的家……。至於說這個地方，我清楚知道的，我覺得我有力量可以讓它改的。

愷樂向來很有主見，她比 Peing 長十幾歲，由於兩人投緣，又有共同的信仰，他們常約好同一時間請假出去。交往一段時間後，愷樂就積極向雙方家人爭取，希望這段感情能被認可。

> 我是去他們家的時候，就跟他哥哥講清楚了。因為我比他年紀大嘛，所以都是我在幫他發言。在我家裡面，也是我在跟我家裡面溝通這樣子。那時候我爸爸說，要在這邊幫我們租房子住，可是後來就沒有實現。

年邁的父母先後過世後，愷樂並不想去打擾哥哥姊姊的家庭，所以她更想透過結婚建立一個屬於她自己的「家」。剛開始工作人員並不知道他們兩人在交往，直到有一天，愷樂請假要去附近的教堂「結婚」。愷樂跟Peing 的父母都已經過世，雙方的兄長都反對他們結婚，女方哥哥認為精神病患不宜結婚。男方哥哥想到的是，我家已經有一個罹患精神病患的弟弟了，再娶一個精神病患者的弟媳進門，他們不願意、也沒有能力再多負擔一個。因此，雙方代表家長的哥哥們，不約而同一致強烈反對這門親事。

雖然公開儀式的結婚程序沒有完成，但愷樂跟 Peing 他們自己認定雙方為夫妻。愷樂說：

在這邊的生活我覺得蠻好的，要不要搬外面去，像 Erin 跟 Ben 一
樣？我覺得他們是 Erin 的媽媽是非常支持他們。我不曉得我哥哥
他們會不會怎麼樣？……我都做了準備，如果說哥哥不讓我回家的
話，我也就等這邊等他們安排好了。

在愷樂的敘述裡，她認為的「回家」，過去指的是父母親所在的那個
家。當父母過世了，哥哥的家就成了她口中的家。但是，她並不認為那是
她可以回去並且長期居住的「家」。

隨著歲月流轉，家人無力照顧多重障礙的小妹了，於是愷樂主動提議
把妹妹也送來醫院，如愷樂自己所說的，她可以長期在醫院住下是因為情
感的力量。

如果為了妹妹，我就在這個附近租房子住，隨時妹妹有什麼情況，
就是可以帶她回來，這個情況可能我還是再住日間病房啊！然後我
回家的時候，就回到我居住的地方，Peing 有空的時候，他就可以
來看我啊。

她原本期望在院外租一個房子，「家」是一個屬於自己的地方，可以
跟自己情感的對象共同分享的空間，也可以就近照顧妹妹。

妹妹住進來了，我想我能夠一直住到現在，妹妹跟 Peing 是兩個重
要的因素。我如果積極爭取會產生反效果，我就不要了，我是覺得
還是順其自然好。

愷樂期望中的「家」並沒有實現，她只能順其自然的接受，以醫院這
個場域為家。在院區中常見到感人的影像，Peing 從長良騎了 5-6 公里的
腳踏車回到院本部，Peing 跟愷樂兩人或背，或一人一邊左右攙扶著失明
的妹妹在院區內散步、曬太陽，他們一起照顧妹妹。

> Peing 差不多每兩個禮拜一定會來一次，如果真有什麼事情，我也可以跟他打電話，我還常跟他寫信。他有的時候很忙、很累，……我都跟他講，他如果覺得很累的話就不要過來，有些話電話裡面已經講過了。

妹妹過世之後，大部分時候 Peing 跟愷樂是以寫信或打電話的方式聯絡。因為 Peing 在長良院區有固定的工作，他隔週一次，在週末時間騎著腳踏車到院本部跟愷樂見面。

另一方面，對 Peing 而言，原生家庭的父母親已經不在了，兄弟姊妹各自成家後搬出去住。

> 我就在眷村裡面，像那種國民住宅，一個人，家裡面有房子給我住，我一個人進進出出，我家裡還是各忙各的，那我還是一個人過。

父母留給他的家，就是一個空房子，只有他自己一個人住在哪裡。

> 我去年請一次假回去，就是親戚……姊姊、弟弟來看我。他們在忙……他們在忙他們自己的事情，我這個不知道哪裡竄出來的，……就覺得，去一趟我就想永遠都不要去了。

Peing 曾經請假回家，他回家期間，姊姊弟弟都特別撥空回來看他、陪他出去走走。但是，他覺得兄弟姊妹們都有各自的事情要忙，回去好像突然竄出來打斷了他們的生活步調，他內心的感覺並不好，因此，他寧可回到醫院來。

愷樂跟 Peing 辛苦籌備的婚禮沒有結成，期望在玉里鎮上租房子一起生活的願望，也未能獲得雙方家人同意，因此他們決定不強求。在追求婚姻與共同居住的家庭形式未能如願之後，他們心目中的「家」，是建立在堅定的情感信念與相互支持，情感的力量超越了婚姻的形式與空間居處。

十幾年來,他們已經不介意別人是否認同他們,他們認定彼此為夫妻關係。愷樂跟 Peing 用他們的方式,在這裡過著另一種形式的婚姻生活。

另一對積極爭取婚姻的病友,過程卻是以感傷的意外收場。

(二) 像家人的人

某年夏天,醫院傳來一個意外事件,檢察官相驗,確定 Lu 是從高處墜樓導致頸椎斷裂死亡。

Lu 自小父母離異,她的監護全歸屬父親。父親喜歡喝酒,從小洗澡,父親不准她關門。

> 他有看過我洗澡,他很兇,喝酒以後就很兇,會打我,我就很害怕。我每次都很緊張,緊張到抽筋口吐白沫,我都會知道自己快要昏倒了。我是被我爸嚇到抽筋昏倒的,後來他就說我洗澡可以關門,但是不可以鎖。

Lu 很怕父親,但是也很愛父親。她不知道媽媽為什麼離開? Lu 讀國中時發病,多次進出醫院後,她不到 30 歲就來到玉里榮民醫院長期療養。

年輕的 Lu 在醫院裡很受男病友歡迎,是許多男病友追求的對象。她與一位男病友交往中,但是,心理還是覺得很不踏實,她懷疑現任男友另有新歡。Lu 在團體中分享她對性的看法,以及對於兩性關係的不安全感,她曾說:好想在 30 歲以前結婚,渴望有一個自己的家。

出事當天,一切都讓男方措手不及。Wen 說:

> 我過去看到她不太高興的樣子,我就拿錢要她去買飲料喝,她就很生氣的跑走,我也不知道她在氣什麼?我看到她跑得很快,往大樓那邊衝過去。……沒有看見人我就走下來。……我出來的時候,就看見病房的工作人員用推床推著她往急

診室那個方向去。雖然還有一段距離，但是我可以確定他們推的是她。

縱身而下時，隨身包包帶著 Wen 的片照、以及 Wen 給她一再保證只愛她一個人的信。Lu 的筆記本裡提到，她對於感情仍然充滿不安全感及佔有慾，她不要跟別人分享愛情。Wen 說：

> 我們交往兩年多了，她總是認為我跟其他女學員在一起，我就一直跟她保證說我沒有，我就只有愛你一個人，可是她還是不相信。她這不是用死來威脅我嗎？她以前是有說過類似不如死了算了的話，但是我沒有想到這次她是真的。

儘管 Wen 不斷的跟 Lu 保證只愛她一個人，但是，Lu 想要的是一個正式的婚約，跟一個屬於他們兩個人的家。Wen 不是沒有努力去跟父母溝通，但是，眼前還有很多困難需要克服。

> 我有跟我爸說，我在這裡有交往一個女朋友，她也是在這裡住院。可是我爸說：不希望我交往這裡的女孩子，因為我們都有……（精神疾病）這樣子。

男方家長不願意兒子娶一個精神病患的媳婦進門，這種狀況讓對感情充滿不安全感的 Lu 難以忍受，她常常在生氣。

> 我都一直很包容她，……我已經用一百分去愛她了，可是對她來說還不夠。她的心裡好像有一個黑洞，對愛的渴望永遠不能滿足，永遠沒有安全感。我再怎麼做，都填不滿這個黑洞。但我仍然說，我願意繼續努力。可是她為什麼這樣做？她到底在生氣什麼，我真的不知道？

Lu 的家人來了，聽完檢察官的驗屍結果後。他的父親看不出一絲難

過之情，他不想要帶回 Lu 任何遺留的東西，只問檢察官，醫院是不是應該負責任？閱人無數的檢察官看得出來這位父親並不悲傷女兒過世，他在意的是可以拿回多少錢。因此這位檢察官說：就我刑事這邊是單純的自殺行為，至於醫院有沒有責任，那是民事問題，你要去打民事官司。不過，依我的經驗，你不會贏。

在整個事件過程中，只有 Wen 不斷的為 Lu 哭泣，關心跟想要瞭解 Lu 的狀況。相對於只關心醫院需不需要為此意外事件負賠償責任的父親，Wen 比 Lu 的父親更像她的家人。

（三）想要有感覺的感覺

Ren 成長自一個破碎家庭，但是他始終跟相依為命的媽媽及妹妹保持很好的關係。

> 其實我父母感情不是很好，我國中的時候他們就已經分居了，在我發病之前，家裡本來就有一些問題了，然後在我發病之後，我爸媽就簽字離婚。

Ren 做什麼事情都要求自己全力以赴，服兵役時受到長官賞識，退伍前長官一度希望他繼續留營服務。

> 我快退伍了，當然那時候也碰到一些壓力，也許我真的是太優秀了啦，長官希望我能夠留營，再加上我又喜歡上一個金門的女孩子，然後等等種種的事情，……就是最嚴重的那個時候，我下船的時候，我母親跟我妹妹去接我，我根本就不認識她們是誰。

Ren 住院治療穩定之後出院，他努力工作，很快的就升任小主管，並且與任職於同公司的一位同事交往，還準備結婚。他在結婚前夕奉派去日本出差，雖然被診斷罹患情感型精神疾病，但是他當時的狀況非常好，公

司上下以及接觸中的日本客戶，沒有人看得出來他有這個病。他想，難道我真的一輩子都要靠藥物來支撐嗎？因此，趁著人在國外，他開始嘗試自行停藥，沒想到病情一復發就不可收拾，他試圖自殺。

> 我未婚妻的家族知道我有這種病以後，就給她一個蠻大的壓力，她跟我這段婚姻到最後就解除，我記得這是我的第二次發病。

在這次的發病過程中，Ren 失去了他的未婚妻、失去了工作。他多次想要重新振作，重拾信心找了不少工作，換了不少女友。

> 我跳到另外一家之後，也是蠻受公司的賞識，很快的我又直接當上了組長，然後就開始帶一整條的生產線。在那裡又認識了另外一個女孩子，……到後面的時候，因為那個女孩子跟我另外一個同事也有發生了感情，所以我跟她的感情也算破裂了，那個時候，也是因為我已經停藥了，我就一直是進進出出了好多次醫院。

挫折讓他的人生越走越往下坡，他不斷的自我傷害，多次自殺未果。Ren 強調：自殺往往只是一念之間剎那的感覺，那種想要有感覺的感覺，妳瞭解嗎？

> 因為幾次自己不吃藥啦、發病啦，shopping 啦，等等這些，然後家裡人就沒有辦法認同我了，在公司裡面又遇到了一些問題，再加上我那時候女朋友背叛我，然後最重要我的藥又停用，那整個抗壓性，整個人又發作了。

Ren 不斷重複著工作壓力、情感問題、停藥、發病再住院等的模式，連原本最支持他的母親跟妹妹，最後也無力再支持他。

> 跟家裡要錢的時候，就是一個很大的壓力。也許家裡人剛開始，好像理所當然要寄錢來，家裡的人也不見得有那麼寬裕，就會碰到壓

力，這個壓力一來，可能當下情緒就來了。所以，就是要有一個穩定的收入跟工作。

Ren 因為反覆入院，工作不穩定，相對的在經濟上也失去了獨立的基礎。過去，他是支撐家庭經濟的主要來源，生病之後他變成要向母親及妹妹拿錢，這對他是一個壓力。來到康復之家之後，Ren 總是努力爭取工作機會賺錢，與此同時，他也不忘追求愛情與婚姻。

終於有一天，Ren 打算跟某位女病友定下來，他回家跟母親提出要跟某位女病友結婚，並且一起搬出去住的要求。母親知道拗不過他的決心，因此只提出一個條件：結婚可以，但是兩人都必須住在醫院。在爭取結婚的過程中，兩人時而甜蜜時而爭吵，但是始終未能進展到可以籌備婚禮，他們倆又分手了。

在社區裡面的壓力比較多，雖然我吃了藥，可是我抗壓性還不是那麼好，很怕說真的碰到其他的，比方說工作上的壓力啦，或者是又碰到了男女感情的問題啦，會有很多事情你要完全自我管理跟自負，我評估我自己，目前我可能還不行。

對於精神病患者而言，追求被認可的婚姻過程是充滿荊棘的。相對於其他病友，Ren 始終努力工作，期許自己做一個有能力養家的男人。但是他發現，精神病患要同時面對工作、情感以及成家，需要有足夠的面對社會壓力的能力。

我認為進入社區是一種可行的方式，但是相對的要有很好的配套方案，就是自己要有一份固定的工作收入，我是覺得這是蠻重要的。……最重要的，我現在能夠有這麼穩定，就是家人的支持，然後穩定的治療。

在 20 幾年與精神疾病共存的生活中，Ren 體會到他需要醫療的幫

助，來維持工作與經濟上的穩定。Ren 曾經計畫並且嘗試過各種自我傷害的方式。筆者問他，你不痛嗎？他說，當下根本沒有感覺，失去感覺的感覺才是真正的痛苦。而他之所以可以一次又一次的走過來，是因為母親跟妹妹給他的支持。

（四）一個夢幻的家

Feng 是少數入院前有結過婚並且有小孩的患者，他只要情緒穩定、不喝酒，平時工作認真、彬彬有禮，在工作場是老闆倚重的對象。對家庭，他也努力的想盡一點責任。

> 因為我來的時候，我的孩子一個好像是六歲，一個九歲。……這中間對他們、對我來講，都是一片空白，所以很陌生。

Feng 有退休俸，雖然退伍得比較早，領到的退休俸不多，但是每半年只要錢進帳戶裡，他就會寄錢回家給太太跟小孩。

> 我每個禮拜會打給媽媽一次，然後姊姊、妹妹都打。那太太那邊，就是我的家人那邊，太常打她們不想接。……那聊什麼呢？先聊一些說你們最近還好嗎，一些問候語啦，還有聊說，我在這邊很好，叫他們不用替我擔心啦。我也是會問，問我什麼時候可以回家？我太太說，過年還早，先不要講，就是這樣子。

每次打電話，他還是忍不住的想回家，但不管他怎樣苦苦哀求母親及太太，她們都婉轉拒絕，不同意他回去。

來院多年後，有一天 Feng 好不容易輾轉聯絡上從小疼他的叔叔，他請叔叔代為說項。終於這一年，叔叔說服母親讓他回去。母親年紀大了，心疼許久未見的兒子，同意他請假回臺北過年，說好的條件是：回媽媽家，不能回太太跟女兒那裡。好不容易爭取到機會，可以回去看看媽媽，

Feng 滿懷期待。

　　Feng 請了十天假，回到媽媽家前一週都很好，家人也很高興，帶他去逛街、上館子、看電影。然而就在回院前兩天，他還是忍不住偷偷的跑去太太家，想要探視妻女，但他被拒絕在家門外。Feng 在收假的前一天喝得酩酊大醉，行為失控搗毀家具，最後被眾親友合力制服送回醫院來。清醒後，他回想這些過程：

> 我屬於那種比較情緒化的人，就是回家看到什麼，自己會克制不住。像我們這種有精神病的人喔，這邊生活規律又常按時服藥，每年回家一、二次就可以了。如果急著出院，我所知道，很多人出去回來更慘。因為他出去，社會的大環境，他經不起誘惑，又不按時服藥，又回來，狀況是越來越差。這種例子，我看太多這種例子了。

　　重新振作之後，他知道下一次要回家更難說服家人了，但是他仍按時寄錢、打電話回家，表示關心家人之餘，並且不放棄探詢回家的可能性。

　　在工作跟自由外出上，向來都不需要工作人員擔心的 Feng，有一天出乎意外的，竟然喝得醉醺醺的回來。事後得知，他打電話回家，太太不想接他電話，女兒對他咆哮，女兒說：「都是你有精神病，害我們也得精神病。」Feng 這才得知大女兒發病住院中，二女兒情況也不好。女兒的話，深深刺傷了 Feng 的心，他再次讓自己喝個大醉。

> 因為我在那邊喝酒啊，我現在已經曉得，曉得也太慢了，關係已經那樣子，已經不可能彌補了。我知道出院很難，我問過我家人，他們說誰敢讓你出院啊！

　　此後，Feng 不再把回家當成首要目標。他每次外出都會去玩夾娃娃機，他研究過玉里鎮上哪一台機器會騙人、哪一台可以玩，他也研究出夾

娃娃的技巧，他從夾娃娃機裡帶回來的玩偶跟玩具汽車越來越多，堆滿床邊再堆到書桌、櫃子。在隔壁床的病友搬走後，護理長破例沒再安排他人住，所以那張床上繼續堆滿了布偶、玩具小汽車，還有跟外賓交換禮物得來的洋娃娃，坐擁玩具城。Feng 收藏的玩偶娃娃還在持續增加中，並且成了到康復之家參訪者驚羨的小景觀，在他不斷打開夢幻家園讓大家參訪時，也許如夢似幻的「家」，多少可以撫慰他內心的創傷吧！

　　從前述幾個故事裡可以看到，大部分的患者心目中的「家」與家人，都是原生家庭的那一個家。隨著年紀漸長，原生家庭的父母年邁或已經過世，兄弟姊妹各自成家。按一般熟悉的社會化過程，他們也應該會經歷異性交往、結婚、生子、為工作打拼等等的生命歷程。然而因為精神疾病，打亂了他們的生命步調，在情感上，他們仍纏繞在與原生家庭重聚，以及期待組成新的家庭之間。大部分成年的精神病患都期待能結婚組成自己的核心家庭，但因為他們常進出醫院，工作及生活不穩定，並且普遍缺乏獨立的經濟基礎，因此，要組成並維持穩定的家庭生活並非容易。本文的幾個案例，雖然他們曾努力去爭取婚姻並組成家庭，但能如願的很少，其中來自原生家庭的阻力最為關鍵，因為，他們在經濟上跟在情感上，對於原生家庭的依賴甚深。

　　現代醫療部分的協助精神病患克服了疾病的干擾，但是「家」仍舊是慢性精神病患最重要社會與心理支持來源。對於慢性精神病患者與他們的家人而言，瞭解傳統家庭的功能與內涵，例如，家庭在經濟與情感支持方面的功能，並且在現代家庭變遷中，尋找替代性的家庭功能，對於慢性精神病患的復健生活，是一個可能的方向（黃嬡齡 2000: 89-122）。因此，我們試圖透過病患職業復健，強化病患經濟與生活的獨立能力；期待透過病友間相互的情感支持與輔導，讓他們獲得心靈上的力量與歸屬。

三、「家」的再思考

　　相對於臺灣地區，玉里榮民醫院所在的地理位置是邊緣的，它所照顧的對象也是臺灣相對較嚴重的一群精神疾病患者。就精神醫療的時代趨勢而言，玉里榮民醫院從成立的開始，就是違反去機構化的時代潮流。在面對這樣的邊緣的處境時，回顧玉里榮民醫院的歷史，它也反映「家庭」做為精神病患照顧主體的時代變遷。

　　如前文所述，玉里榮民醫院早期所照顧的數千位榮民患者，源於追隨蔣氏父子來臺的經驗，以及他們對父權體制的認同下，在觀念上「國家」幾乎是一個連續性的概念。隸屬於國家體制的輔導會及其相關附屬單位成立宗旨，就是照顧榮民榮眷。對於年長的榮民而言，他們對「國家」這個連續體，有很深的情感與認同。因此，在玉里榮民醫院成立之初，面對數千位第一代從大陸來臺，無「家」可歸的榮民，以及第二代榮民眷屬患者，從歷史脈絡上看，第一代榮民精神病患在這裡所建構的，原本就是自成家園的型態。第二代榮民眷屬，依循榮民精神病患就醫安置路徑來到玉里。不同的是，大多第二代榮眷的「家」，從組成開始就是不完整，並且脆弱的。對於這些榮民而言，他們一生為國，在他們的觀念裡，他們老了，「國家」接續照顧他們的妻子兒女是理所當然的。

　　如前所述，玉里榮民醫院從成立開始，就是違反去機構化的時代潮流。在 1994 年以前，玉里榮民醫院雖設有醫師編制，卻因地處偏遠招募不到科班畢業的醫師。因此，1982 年玉榮院長跟臺北榮民總院簽訂支援醫師及代訓其他相關專業人員的合作契約，藉由跟北榮的合作，帶來精神醫療專業知識，也為玉里榮民醫院的特殊歷史背景帶來衝擊。對社會工作者而言，第一個衝擊到的就是「回歸社區」等同於「回家」的問題。

　　在精神專科醫師正式進入以前，玉里榮民醫院就是一個由國家提供資源，以家園為核心概念，結合治療與生活照顧於一體的醫療福利單位。但

是，在引進醫學中心的治療模式裡，醫療專業只管疾病治療，照顧是家庭的責任。大多數醫師不加思索的套用去機構化的概念，將回歸社區等同於回歸家庭，要求家屬將病患接回家照顧，並且認為這是精神醫療社會工作者的角色。筆者認為，這是精神醫療專業內部殖民化的一個過程，忽視了東方文化的觀念裡，家庭被視為精神疾病照顧的主體，社會工作者被賦予整合社區資源的角色（黃嬡齡 1997: 138-145）。在臺灣精神醫療與復健體系尚未健全，社會福利資源普遍不足的時代，除了要求家屬接納病患，社會工作者沒有太多的社會資源可以協助家屬。因此，在面對專業團隊壓力時，臨床的精神醫療社會工作者的流動率非常高，間接影響了精神醫療社會工作專業化的發展。專業角色的衝突，促使筆者追問這群病人的「家」在哪裡？家庭有沒有能力照顧他們？「家」對於玉里的這群慢性精神病患的意義是什麼？

（一）精神醫療社會工作者所面對的文化衝擊

回「家」，對於在機構長期照顧的精神疾病患者而言，是一條漫漫長路。對於精神科社會工作者而言，每天早上的晨間會報，社工都會被要求回答，為什麼這個病人不能回家的問題。但是醫療團隊裡，大部分忙碌的工作人員沒興趣聽你報告，這個家庭發生了什麼事情？家裡有那些人？為什麼不能把病患接回去？病人病情穩定了，大家期望聽到的是結論：你什麼時候可以讓家屬把病患接出去？只要病人吵著要回家，醫療團隊人員就會要病人直接去找社工處理。甚至，不論家屬是否同意，直接派車把病患送到家門口。大多數社會工作者介入的單位是以家庭為核心，因此，精神醫療社工在團隊分工的角色，愈來愈被窄化成尋找社會資源，以及把家屬找來帶病患出院的功能。因此，每一位精神科社工入門的首要工作，就是要學會做家庭評估，以便做為運用社會福利資源，以及病患及後續安置的依據。

然而，對社會工作者而言，在評估患者需求與社會資源銜接時，精神疾病的需求是最抽象的。一般身心障礙失能的評估是相對具體，例如視力障礙、肢體障礙、身體重要器官失去功能等，甚至連智能障礙程度都可以透過量化的數據加以描述。但是精神疾病是抽象的障礙，一般從外觀看不到的內在障礙，甚至患者對於生活的干擾，往往只能透過相對的生活價值對比去判斷。例如：有一位患者因為車禍多處外傷滿臉是血，但他仍跑給救護車追。處理的員警表示，車禍事故通常是肇事者逃逸，他第一次遇到是傷者跑給救護車追。追了 300 多公尺，現場大夥兒勸了許久，傷者才勉強同意就醫。然而，這位傷者對於治療這件事，有他自己的見解：

> 他認為自己是蔣經國時代指派的重要人物，不同意辦理健保卡及身分證，因為怕洩露重要身分。他不願意手掌的傷口癒合，因為傷口癒合就不能用來傳遞重要訊息，認為醫師清他的傷口全都是對他手掌的特殊傳遞能力好奇而已。醫師都用他們的醫學理論治療，不懂他的特殊能力。他不擔心傷口發炎，因為自己有發功的能力可以幫人治病。他也不擔心傷口感染會截肢，甚至巴不得能截肢，因為他有一個 500 萬的金剛手臂寄放在德國一個高科技公司，他希望截肢可以把金剛手臂裝上去，手臂上有特殊的磁波，他正好可以用這個手臂去跟中國的胡錦濤溝通。他也可以影響很多重要人物，他職位雖然沒有馬英九高，但是能力足以影響馬英九的重大決策。

這位先生在外流浪多年，他說他在警務處有特殊任務，只負責調查不負責處理案件。他的調查都是很公正並且受到敬重的，所以都會有人提供食物跟金錢給他，如果沒東西吃，他會去翻垃圾桶找吃的東西，順便看看垃圾桶有沒有什麼線索？他說因為他調查案件很公正，就算是自家人一樣揭發，所以，家裡沒有人願意跟他有關連。這位先生自知被家人所拒絕，但是在提到離家前，妹妹曾經大哥長、大哥短的幫他張羅生活瑣事時，聽

得出來他對家人是懷念的。但由於自認為「身分」特別，所以他必需要割捨親情，四處遊走從事調查任務。

　　大部分病患家屬並非不願意照顧生病的家人，但是，絕大多數家屬面對的困難是，無法跟患者內在擬像的世界相處。但整體而言，精神疾病的照顧，仍然是以共同居住的家屬為主，特別是直系親屬。因此，在玉里榮民醫院所面對的精神病患，其主要照顧者是以濃厚的血親及婚姻為基礎的家族所展開。大陸來臺的榮民希望傳宗接代而結婚，臺灣年老的父母不願意自己百年以後子女流落街頭，而把女兒嫁給年齡比父兄還長的榮民。有寡母為了讓生病的孩子獲得榮眷身分改嫁，更有許多家庭的長姊，為了分擔照顧生病家人的責任而犧牲自己的婚姻。在玉里榮民醫院數千個家庭案例中，傳統家族觀念仍深刻的影響精神病患家屬的價值，更甚於西方精神醫療治療的理念。

　　當精神醫療工作人員在進行「家庭評估」的時候，社會工作者接受並且學習的，是一套以西方文化邏輯為基礎所建構的家族治療理論。我們未經思索的把個人主義極致推崇的核心家庭理念，冠到我們所面對的這個充滿歷史性無奈的家庭處遇，強迫這些家庭接受他們能力無法承擔的照顧責任。因此，我以「過度使用家庭能力」（黃嬡齡 2000：89-122）來形容大多數沒有能力再承擔精神疾病照顧者責任的家庭，許多家庭是不能，而非不願意承擔。

　　傳統社會以家庭作為社會福利的單位，也是慢性精神病患照顧的主體。就病患家屬而言，絕大部分家屬也認為，照顧生病的家人是他們的責任，特別是父母，他們認為孩子是他們生的，照顧到他們自己年老為止是他們的責任。社會律法也賦予家庭照顧精神病患的責任，2007 年民法修訂以前，法律也認可尊親屬可以將精神病患者關在家裡的權力。但是，當家屬無法照顧時，這些病患的父母最擔心的就是他們身後，怕孩子流浪街頭變成遊民。國外相關研究顯示，遊民中大約有三分之一的人士為精神病

患（Fazel et al. 2008: 225; Leff 2001: 381-383），連以「知識守門人」自居的社會學家查爾斯‧拉胥梅耶（Charles Lachenmeyer），也因為精神疾病淪為遊民。他最後一次出院後，因為貧病交迫孤獨的死在出租公寓，死後還留下清除不去的屍臭味（Lachenmeyer 2003）。如本文前述那位發生車禍的先生，他外表一點都看不出是精神病患，他幻覺中如影隨形追隨他的一群黑衣人，二十幾年來都跟他和平共處。拉胥梅耶堅持對抗的，也是那些如影隨形，佈下天羅地網，讓他無所遁逃的迫害者。對精神醫療專業而言，那只是幻覺跟妄想，那些人物都是不存在的。但是，對患者的主觀經驗而言，那是他們深信不疑真實的存在，是他們終生要學會和平共處的生活世界（黃嬡齡 2001: 109-130）。

對於臺灣的病患家屬而言，他們未必瞭解國外的情況，但是病患的父母普遍擔心他們生病的孩子沒人照顧時會變成遊民。因此，許多年老的家屬，在他們無法照顧時，最直接的想法就是把他們交給國家，亦即盡可能的想辦法把孩子送進公立的慢性療養醫院（黃嬡齡 2008）。

在大部分醫院，病人只要積極治療告一個段落，醫師就會要求病人出院，因為在講求經濟效益的專業分工裡，醫院只管「治療」，「照顧」是家庭的責任。至於那些醫療上無法「治癒」的患者，「病情穩定」是一個判斷的基準，病情穩定不需要積極治療了，病患就可以回家了，由家人照顧。然而，對精神疾病而言，「病情穩定」是一個很主觀而且抽象的經驗。那些醫師認為穩定的病人，在家屬眼中，病人還是沒有好，生活上還是有怪異或干擾行為。並且最常見的是因為患者的干擾行為，讓家屬無法處理或者無法共同生活，因此，當家屬透過各種方式將患者送進醫院時，他們期待的是長期療養，就是把疾病的「治療」跟生活的「照顧」的責任都交給公立醫院。「公立醫院代表國家，國家是不會倒的。」這是許多家屬的認知，特別是如果主要照顧者是年邁的雙親，或者年老的配偶，他們往往是以「託孤」的心情，把生病的家人交到公立醫院。公立醫院擔負有

國家社會責任，希望由公立醫院接手照顧患者的責任，這是家屬普遍的認知與期待。

　　玉里榮民醫院成立時的宗旨：「照顧榮民」確實是反映了這時期的期待，由政府編列預算的公立醫院，照顧無家屬的榮民精神病患。亦即，由政府設立的機構，取代原本預設由家庭所承擔的照顧福利單位。然而，受自由主義市場邏輯影響，1960 年代以後的多元社會福利講求去機構化、小型化、在地化與民營化。在此時代趨勢下，政府所鼓勵的是私人經營的小型化社區照顧單位。相較之下，公立大型的療養機構，不得不在制度的推波助瀾之下，在「形式」上，朝向小型化、私有化的方向變革。因此，1993 年從精神醫療網第二期計畫開始（衛生署 1993），玉里榮民醫院即開始把原本從 4,060 床核減為 3,075 床的「醫院」，再區分出 1,000 床的「康復之家」。1995 年臺灣實施全民健保（屬衛生機關主管），1995 年精神疾病納進身心障礙法（屬社政機關主管），為了整合精神疾病衛生及福利兩部分的問題，1998 年衛生主管機關與社政主管機關共同擬定了「精神病患照顧體系權責劃分表」，將慢性精神病患者的治療與照顧分為一到六類，前四類治療的部分由衛生單位負責，第五、六類照顧的部分則屬於社政單位的責任。

　　玉里榮民醫院為了配合醫療網、全民健保以及「精神病患照顧體系權責劃分」等相關制度的改革，又分別區分出醫療的「健保床」、「康復之家」、「護理之家」、「公務病床」、「社區復健中心」等床位。這些看似社區化的變革，除了經費來源區別了健保的「治療」，與社會福利的「托育養護」的不同之外，基本上都是從醫院整體，變成醫院附設的名義進行改變。然而，這也並不是玉里榮民醫院獨有，全臺灣的精神醫療照顧體系，都在相同的現實與思維邏輯下，做相對應的轉換。臺灣的精神療養機構，都紛紛把原有的床位，切割一部分改制為醫院附設的「康復之家」、「護理之家」、「日間留院」、「社區復健中心」等單位。精神醫

療體制的變革，無非是希望把精神疾病的「治療」跟非治療的「照顧」問題區隔出來。歸屬於衛生的，由全民健保給付；歸屬於長期照顧的，由社政給付。在精神疾病照顧體系的六大分類上，一至三類屬於精神疾病「治療」，費用來自全民健保。臺灣實施全民健保，實質的減輕了家庭在醫療支出方面的壓力。就病情穩定需要社區復健的第四類患者，家庭被定位為病患主要照顧者。精神復健機構裡「康復之家」則是針對那些失去原生家庭支持，或者需要獨立生活訓練的患者所設立。「精神護理之家」則是針對需要機構式照顧的嚴重精神病患所設立的。

　　臺灣在引進國外「康復之家」概念時，原本稱為「中途之家」（half way house），顧名思義只是作為短時間居住的過渡居所，並且設定的居住時間不能超過一年。「中途之家」設立的目的，就是希望患者病情穩定之後，可以再回到原生家庭。但實務上發現，除非因為病情因素再住院，否則「中途之家」已經成為大部分精神病患永久的住所，因此，「康復之家」（recovery home）取代了原本「中途之家」的概念。不論「中途之家」還是「康復之家」，它逐漸取代傳統大型療養機構的模式。一方面早期的大型療養機構紛紛縮減病床，將患者安置到醫院附設的「康復之家」。另一方面，政府透過補助私人申請經營 15 至 29 床的小型「康復之家」。並且透過評鑑制度要求經營者，要讓患者有「家」的感覺。於是，不論是為嚴重病患所設立的「護理之家」，還是試圖讓患者在社區能夠獨立生活為目的的「康復之家」，都不斷的提醒我們，什麼是「家」？

（二）臺灣精神復健體系對「家」的想像

　　精神復健機構設置管理及獎勵辦法所界定的康復之家，是介於醫院與家庭之間，提供病患從醫院返回家庭之前，一個具有保護、暫時、支持性的居住環境。不論名稱如何轉換，不論是日間型（昔稱社區復健中心）或是全日型（昔稱康復之家），都是暫時性的。精神復健機構設置的目的，

都隱含了協助病患成長進步，並且可以回歸家庭的預設。因此，在康復之家評鑑時，非常強調要有「家」的感覺。然而，什麼是家的感覺？

　　首先是稱呼的改變，現在住在康復之家的患者，有些稱為「學員」，是來這裡學習成長的成員。但大多數稱之為「住民」，即居住在這裡的人。剛改變稱呼時，這些長期以來被稱為「病人」的人，有些難以理解與適應。有一位患者很困擾，他非得要我幫他弄清楚，他說：為什麼所有的病人突然都叫「住民」？我明明是「原住民」，為什麼變成「住民」？有些人根本就不是「原住民」，為什麼硬要說自己是「住民」？為了避免使用醫院對患者的稱呼，有些單位乾脆幫每個人取一個英文名字或小名，藉以象徵去除精神病患者的污名。

　　而評鑑時，委員必定會看的是每一個人使用的空間，是否有自己單人的床鋪跟衣櫃？有沒有屬於個人化的使用空間，是否可以自己布置自己的空間？因此，在康復之家，各自詮釋「個人化的使用空間」時，幾乎都會在床邊或桌上放幾張照片，以示這是個人空間。評鑑指標關切住民日常生活的活動是怎麼安排的？住民是否擁有鑰匙？能不能自由進出？是否有門禁管制？住民是否可以自行保管藥物？自行管理自己的零用金？有沒有自己煮食或自己備餐？有沒有辦家屬座談會？一年舉辦幾次座談會？有多少比例的家屬出席等等。因此，有康復之家業者不禁撰文探問：康復之「家」到底是誰的家──「居住者家園」或「評鑑委員的家」（羅美麟2011）？

　　的確，這是現代臺灣社會值得思考的議題，愈來愈多精神復健的「康復之家」，以及療養的「護理之家」隱藏在市井之間。為了滿足小型化、社區化的前提，愈來愈多以居住為主的長期照顧單位，以「家」的形式成立。然而這些「家」，通常運用一般住宅區的建築設備加以改建。一般住宅區的房子，其結構通常是以核心的家庭使用為主的設計，然而，這些進住一般住宅區的「家」，卻是十幾、二十人共同居住在一般僅 4-6 人居住

的空間裡。

　　「康復之家」共同居住的成員，彼此之間並無血緣或鄰里關係的基礎。因此，為了符合一套精神復健機構所共同想像的「家」，康復之家的經營者，必須努力的去聯繫患者原生家庭的成員，把他們找來出席家庭座談會。並且努力營造及證明，他們有促進住民者跟鄰里的互動。

　　不論是從評鑑委員所想像的「家」，或者康復之家業者所營造的「家」都可以看出，這些「家」都是掙扎於傳統家庭的想像，跟對現代家庭變遷的妥協而來。或許是如社會學家 Anthony Giddens 所言，在工業化國家，家庭生活的改變已經超出大家想像太多了，以致於已經不可能再把傳統家庭找回來了（Giddens 2002[2000]: 23-45）。因此，康復之家試圖努力把家的感覺找回來，只是對傳統家庭功能的消逝，與對鄰里關係不再的一種懷念。

　　早期玉里榮民醫院是以「家園」的方式，由國家編列公務維持一個兼具治療與生活照顧的療養機構。隨著時代變化，精神醫療網的實施，全民健保與社會福利的制度分工，玉里榮民醫院不斷的在因應制度的變化而轉型。在此轉變過程中，受到眾多矚目的治療性社區「玉里模式」，它的康復之家多年來都不是符合精神復健機構評鑑制度想像的「家」。

　　有專業人員認為，設立在醫院區內的康復之家，不能算「家」，因為不夠社區化。大型化的康復之家也不能算「家」，只能算是團體之家或者宿舍。玉里榮民醫院在 2000 年正式成立康復之家以來，每三年一次評鑑，每年至少一次督考，鼎盛時期每週不止一次的外賓參訪，這些絡繹不絕來來往往的客人，跟實際居住在裡面的住民，對於玉里榮民醫院的康復之家是否為「家」，各有不同的理解跟想像。

　　如前所述，玉里榮民醫院為配合精神醫療制度的改革，漸漸的把原公務預算編列的醫院病床，逐步轉換成符合「精神病患照顧體系權責劃分表」所分類的六大區塊，分為急性、慢性病房、日間留院、康復之家、護

理之家，還有一部分無法歸類的就是榮民公務病床，或稱公務護理之家。其中，康復之家是在第二期至第三期醫療網實施期間陸續完工。1993 年玉里榮民醫院的康復之家一開始的預定編列就是 1,000 床的規模。移居到這 1,000 床規模稱之為康復之家的患者，各有不同的際遇。

對政策規劃跟執行者而言，也許只是配合政策跟預算經費來源而不得不做的調整，但是，對於實際居住在這裡早已以醫院為家的患者，那是日常生活上根本的改變。這 1,000 床最原始的規劃是分散在位於臺東縣境內的海端鄉 100 床，位於花蓮縣境內的壽豐鄉志學村 50 床，位於玉里鎮長良里山邊的長安農莊 50 床，長良實驗農場長良分院 800 床。除了長良最多實際居住人數只有不到 500 人之外，因為當時醫院的主管跟醫師大部分不知道什麼是康復之家，因此將開墾時期的工作隊改為職能治療區，居住的房舍就改為康復之家。所以，這時期配合醫療網計畫漸漸改革措施所做的康復之家床位編制，是以當時實際居住的病患人數跟床位粗估的。

因此，海端跟志學的康復之家模式蓋好之後，雖然規模沒蓋到 100床，原本居住在那裡的從事農牧為主的年長榮民，他們感動的說：一輩子沒住過這麼好的房子。隨著制度轉變，康復之家要開始評鑑了，榮民年邁居住人數減少了，為了照顧人力成本的考量，玉榮準備把海端跟志學這兩個康復之家撤回院本部，然而，卻發生大家預想不到的憾事。2005 年第一個裁撤的海端，原本還有 20 幾位年長榮民住在那裡，他們年紀雖長，每天都還能從事簡單的農事，他們也習慣了每天去餵魚餵雞、種菜、種玉米等。院方原本的規劃是，除了幾位身體狀況較差的回玉里院本部之外，可以自己走動的，就讓這些榮民伯伯回到長良院區。長良院區後面還有十幾公頃的農地，對伯伯們的生活改變較小。然而，出乎大家意料之外的是，即使經歷過大風大浪而後歸於田園的榮民，不論是回到院本部，還是回到長良院區的，不到幾個月全數凋零。

原本以為只是單純的裁撤與遷居，沒有想到對這些默默承受的榮民伯

伯們，是這麼大的心靈創傷。他們多年來以玉里榮民醫院為家，但是對他們而言，海端院區就是不同於長良院區。海端農場在 1972 年設立至 2005 年土地歸還國有財產局以前，生活在這裡的榮民，有自己熟悉的居住空間、自己熟悉的雞鴨、魚池跟菜地。離開了這些日常生活中點點滴滴的熟悉感，對老人家是這麼大、這麼難以承受的情感撕裂。因此，儘管住在志學院區的榮民伯伯只剩下個位數，即便健保及公務預算補助已經入不敷出，2012 年醫院決定裁撤日間留院的病患，但仍不敢貿然裁撤居住在志學院區的年長榮民。

至於長良院區，第二期醫療網規劃時，預計成立的康復之家是 800 床，所先蓋了一個預備給 800 人使用的大餐廳。第一期工程蓋得有如度假小屋的康復之家即將完工時，大家開始擔心，房子蓋好了誰去住，這時病患遷居計畫起了一些變化，因此，經過多方協調申請變更計畫，將 300 床康復之家移回院本部，長良只完成第一階段改建計畫。

第一階段改建計畫完工的兩區共 32 戶，每戶可住 8 人，每戶各有三個浴廁、一個簡易廚房兼餐廳、以及一個客廳。32 戶扣除行政作為文康活動使用的空間，申請設立的康復之家床位數是 196 床。在建築的主體結構上，是完全依據「康復之家」對家的定義所建造，第一階段完工後，就由原本就定居長良院區的榮民病患居住，榮民伯伯說，這是他們這輩子住過最舒適的家。所以，他們非常的珍惜，每天自己拖地，自己整理得一塵不染。

康復之家的改建，提供了患者居住的空間。但是對於第二代的榮眷以及社政安置的患者而言，他們對「家」的期待不只是個居住的空間。就如前文所提到的例子，當患者在異性交往的探索過程中，需面對許多主客觀的心理壓力，精神疾病患者承受心理壓力的彈性相對較弱，因此有些人選擇隔離退縮，也有如 Lu，衝動之下喪失了生命。很多病患都想「結婚」，但是他們在經濟、在生理、在生殖、在人際關係上的弱勢，使他們

幾乎都缺乏維持一個傳統核心家庭的能力。因此，許多患者都是情感上依賴已經失去的原生家庭。康復之家的患者，在意識到原生家庭的父母、手足已經不能再依靠時，更想擁有自己的「家」。

（三）回「家」與轉變中的家庭福利

相對於那些少數勇於追求愛情，想要擁有自己核心家庭的患者，大部分的患者，因為精神疾病使他們錯過了生命中的許多階段。

> 人家是到了年紀才在過老年生活，我是提早過了，就是婚姻、事業這些，全部卡住，全部中斷，全部跳過，一輩子這樣子。

因此，大部分來到玉里榮民醫院的慢性精神疾病患者，特別是許多青春期發病的患者，他們的年紀或許只有 30-40 歲，但是已經有十幾、二十年以上的病史。他們中斷了學業與事業，因此缺乏獨立的經濟與生活能力。因為生活不穩定，在婚姻方面也都錯過了，因此大多依賴原生家庭的支持。是以，青壯年的病患依賴年邁的雙親，在原生家庭的父母及手足無法再照顧的情況下，許多人因而來到玉里，此即前述的玉里榮民醫院第二代榮眷病患，以及社政安置的患者。

1. Tang 的回「家」

Tang 是第二代榮眷病患，他 80 幾歲的父親走遍全臺灣，最後幫他選定玉里做為他安頓下半生的地方。Tang 多次進出玉里榮民醫院，住院超過 15 年的時間。直到他在康復之家找到適合自己的生活方式，他才有「回家」的感覺。

> 從臺北坐火車回來的時候，一到花蓮境內看到檳榔樹喔，那個心跳起來，就是潛意識告訴我：你回家了，你回家了，就是這樣子。

Tang 與其他生活在康復之家的病友們，真實生活並不全然是這麼惬

意的。

> 走在廣大的田園裡，剛開始並不是很適應。看著綠油油的稻田，使
> 人憶起幼年的無拘無束。午休過的不甚舒適，該是有幻聽症狀的病
> 友，將電視音量開得過大，又有人在大聲地喊著人，今午是頭一次
> 在長良的睡眠被干擾。

Tang 在康復之家常因為其他病友干擾而睡得不好，有些病患日夜顛
倒或者干擾他人，也是很多家屬無法跟患者共同生活的重要原因。在長良
康復之家，他們是 8 個人一戶，每戶都是兩層樓的建築，每戶三個房間，
樓上三個人一間，樓下兩個人一間。8 個人共用一個廚房兼餐廳，還有一
個客廳，各戶自己推派室長跟副室長。在這裡全數病友都是在餐廳搭伙，
Tang 除了搭伙之外，他喜歡自己煮東西吃。因此，家裡幫他寄來一些物
品，他自己又添購了一些多功能電磁鍋等煮食用的器具。他每天規律的作
息，晚上寫生活日誌，光是安頓生活，就花很多時間跟心思。

Tang 答應父親，努力去學習適應環境。他常常打電話回家關心年邁
的雙親，也常利用休假時間，自己搭火車回家探視父母，與家人團聚。
Tang 的生活中有苦有樂，回家時，難免也會跟家人抱怨這裡的病友難以
相處。

> 父親聽完我種種心酸，安慰上幾句，便中止了通話。此時，滿腹委
> 屈，唯父母能訴苦。想來也悲哀，長那麼大，至今仍是有事只能求
> 父母。社會弱勢團體，先天就是不幸的，而社會上並未傾聽我們的
> 心聲，以致精神病患，久而久之，再也無法重返原本棲身的環境。
> 還好有社會福利收容，不然我們何去何從？

Tang 渴望家人的支持，但又覺得自己都 50 歲了，還讓家人擔心，心
理覺得過意不去。每次休假回臺北，他的心總是不由自主的回到長良，想

念長良的滿天星斗，懷念長良的生活。幾度往返臺北的家跟長良之後，慢慢的，他開始改變自己對那些功能較弱的病友的看法，也開始學習改變跟他們相處的方式。

> 休了 9 日假，還是回到長良後，感覺才較舒服。大多住院病患渴望自由，但，又有誰真的是自由？生活踏實，心理自然舒暢。臺北對我而言，不過是個觀光景點，和購物店！我漸行地不愛逛街，甚至回臺北時也懶的去逛。

他不只一次在想，什麼是「自由」？當他自己自由自在地搭車回到臺北，這個他成長的地方時，他覺得臺北只是觀光的地方，他愈來愈像一個過客，反而，長良愈來愈像他的家，他真實生活的地方。

> 才一返回玉里，屋舍、商家、行人倒是覺得十分熟悉。再進了長良，又觀賞到都市裡缺乏的滿天星月。是的，我回來了。即使在與住民相處的方式上有所調整，變得較為強悍，但長良原來仍是長良。

他也漸漸的對於一些無法遵守規定，或因病情關係需要轉出去的病友，心裡有些難以割捨之情。

> K 跟 L 今晨轉往院部令人感嘆！K 由於內向又老實也從不違規，若非看到他的踏實，根本不會去注意他的存在。獲知他二人異動消息之後，購了小魚乾和飲料分贈去，以聊表本心。

Tang 的日誌中，呈現了越來愈多他跟長良這塊土地，還有跟這裡的病友的情感連結。

從 Tang 的經驗裡，看到的是傳統對精神疾病照顧，「家」的功能在現代社會的轉變。Tang 遵從父親意願，努力適應長良康復之家的生活，

他也打從內心認同了長良是他的「第二個家」，他在假日回父母所在的家。漸漸的，「回家」轉變成回長良的家了。「回家」，到底是那個「家」，是一個有趣的議題。很多病患在適應了康復之家的生活之後，他們有工作、有朋友，回到於原生家庭之後，漸漸的年邁的父母親不在了，兄弟姐妹各自有自己另外的家庭了，回去沒有工作、沒有朋友，只能到處逛逛。因此，「回家」的心情跟感覺變了，Meing 跟許多金門籍病患回家之後，記憶中的「家」消失了，Tang 回父母家之後，心裡想的是回到他真實生活所在的「家」。

　　第一代的榮民病患，或許是經歷過戰亂年代的緣故，他們大多能認同以醫院為家，年輕時跟隨醫院的工作隊在東部從事土地開發，開發工作隊階段性任務完成之後，他們就定居在醫院附設的長良實驗農場，從事簡單的農牧工作。第一代的榮民病患大多能接納病友如同袍戰友，並且較能安於在玉里步調緩慢的小鎮生活。相較於第一代的榮民病患，第二代的榮眷以及社政安置的病患，來自全臺各地，他們對原生家庭還有很深的期待，因此，如 Tang 及前述幾位想要結婚建立自己核心家庭的患者，他們大多是在經過多次「回家」的期待幻滅之後，才慢慢接受必須以醫院為家的現實。因此，有些病患願意接納同住在這裡的病友以及生活模式。但是也有患者始終無法認同，因此自我封閉，過著團體中的個人生活；或者不假離院，試圖逃離這個環境。

　　玉里榮民醫院曾有過多起病患因為不假離院而發生意外的事件，有些是已經參與過多年復健活動，甚至已經進入支持性就業的個案。患者個人狀況越是恢復到接近一般狀況，就越想回到原生家庭生活，但是回家以後，面對原生家庭父母已經不在，姊妹們又已經出嫁，患者在失望之餘，便在收假回院的途中，選擇投潭自盡（中央社 2010）。也有個案完全不能接受自己生病的事實，在外出過程中，因為太急於逃跑，未能注意安全而發生交通意外（中央社 2013; 黃媛齡 2006: 81-92）。對醫院的工作人員

而言，每個意外事件的背後，都有不勝噓唏的生命故事。因此，只要有患者發生非預期的死亡事件時，我們都會特別注意跟死者較常互動的其他同伴的情緒安撫。

2. Demi 回來了

某天上午，在康復之家的團隊會議中，幾位管理員例行性的報告康家學員夜晚睡眠狀況，同時大家也竊竊私語的討論著近日奇異的現象。

> 那個 OO，很在意躺下去會睡不著，一直來要 Ativen。她職場的老師說，她都心不在焉，連工作順序都顛倒。她那個寢室其他人，晚上睡覺都是把被子蓋到頭這樣子睡覺，我就說不用怕，是我！她們就說：阿姨！有光影！我就說：應該是我手電筒的光影吧！我是這樣跟我們的學員說的，可是說是這麼說，秋 O 跟梅 O（管理員）倆個自己也是很怕。她們倆個跟 OO 在曬衣場看到 Demi 回來，還有學員說看到 Demi 在走廊走。秋 O 在值班室也是，位子搬來搬去，我問她：妳在幹嘛？她說 Demi 在跟她搶位子，好像在跟她開玩笑、在玩這樣子！我就說：我也跟 Demi 很好啊，她怎麼都不來找我？

Demi 大學商科畢業，她個性溫和、工作認真，深受康復之家病友跟雇主的喜愛。入院前，她因為總是懷疑家人要害她，亂動她的東西，因此離家到廟裡住了一陣子。相處一段時間之後，廟裡的師父觀察到她有一些奇怪的儀式性行為會干擾到其他修行師父，師父找到她的家人，並且建議 Demi 的家人帶她去看精神科醫師。經過幾次進出醫院後，Demi 不願意回家，也不適合再回廟裡，因此，Demi 來到玉里榮民醫院，經過復健流程後住進康復之家。

Demi 在康復之家人緣很好，但在一次例行的體檢中，發現她罹患乳

癌。家人帶她出院回南部某醫學中心，做完切除手術之後仍需要持續接受化療。但是，Demi 對該醫學中心的主治醫師產生被害妄想，認為主治醫師要害她，拒絕吃醫院伙食，也拒絕讓醫師看她的傷口。她要求回到玉里榮民醫院的康復之家，因為她的化療療程才剛開始，因此經過兩邊醫師商議克服一些問題之後，由該醫學中心主治醫師診斷及開處方，由玉里榮民醫院當時一位受過血液腫瘤次專科訓練、具備資格的內科醫師執行化療療程。Demi 在做化療期間，需要打針時，就到前棟健保病房住院幾天，每天都有病友輪流去陪她。化療告一段落，就回康復之家休息，直到全部療程結束。化療結束休息一小段時間，工作隊的老師幫 Demi 調整工作到醫院內附設的實習商店。Demi 的姊姊幫她選購好幾頂漂亮的假髮，戴上假髮，大家都誇讚 Demi 變漂亮了。Demi 常變換不同的髮型，開開心心的去上班。

距離第一次化療結束兩年多以後，在追蹤檢查時，醫師發現 Demi 的癌細胞已經轉移到其他器官。Demi 這一次回南部治療就再也沒有回來，但是她仍常跟康復之家的病友通電話，直到有一天，電話打不通了。

> 好幾次電梯打開又沒看到人！有學員來說，看到 Demi 在電梯那裡。我覺得她回來看看也是正常的，她是我們這裡很溫和的學員，跟大家也都處得很好。在她生命的後期，值得懷念的也是這裡的生活。以前 Demi 還在這邊的時候，陳 OO 他們幾個就常常陪她，在我們樓上的佛堂念經。知道 Demi 走了以後，他們又在那裡念經給她，本來都只有幾個人，那天佛堂擠得滿滿的，從來沒有那麼多人一起過。所以我覺得 Demi 懷念這裡是應該的！

原本不太相信這些傳言的主治醫師，最後還是同意大家在康復之家設香案，擺上鮮花素果，由先前常陪 Demi 讀經的學員誦經，為 Demi 辦一個簡單的告別式。在這之後，就沒再聽到學員提起 Demi 回來的事了。

3. Kao 的喪禮

對康復之家的病友而言，他們生活在一起，一起工作、一起上街、一起聊天，男病友們則常一起在後院抽煙。有時候他們也會相互邀約，幾個人湊錢買菜回來、一起做菜共同分享。由於長時間相處，特別是一起工作又住在同一寢室的室友，他們之間的情感有時比家人還要親近。

Kao 是玉里榮民醫院其中一個工作隊的隊長，他入院前曾在原住民文化村擔任專業舞者，他常說他喜歡體力勞動的工作。他那一隊的工作是薪水最高，也是最吃重的工作。Kao 體力好，也常主動幫助同一工作場的其他病友，因此大家推選他為隊長。某一個週五，Kao 持續工作一整天剛下班，他跟管理員表示，他好像發燒頭暈，身體也很不舒服。管理員量他的體溫，確實有發燒現象，因此幫他掛了夜間門診。看完夜診吃過藥，到晚上 11 點多，Kao 仍高燒不退。管理員趕緊找學員陪他去掛急診，到了急診室，醫師立刻收他住院，而且是直接送到加護病房。

第二天，其他學員仍照常上班，下班後幾位學員代表去探視 Kao。他們探完病回來說：Kao 睡睡醒醒，好像還在發燒。第三天清晨，Kao 因為不明原因併發急性敗血症過世了。當時，不僅 Kao 的家人，一同工作的學員，甚至還驚動了花蓮疾管局派員前來瞭解，大家都對於 Kao 的驟逝感到非常震驚與不捨。在衛生局調查結束後，家屬決定由村子裡的牧師主持，只有牧師跟家人出席，在醫院的榮靈堂辦一個簡單的儀式，就送去火化。

由於事發突然，跟 Kao 一起工作的伙伴，都很難接受他們的隊長就這麼走了，有人因此徹夜無法入眠。因為 Kao 家裡仍有年老母親在，因此家人決定低調辦理喪事。經過與 Kao 的家人商量之後，他的家人同意，除了他們自己的家人，讓跟 Kao 一起工作的學員參加喪禮，並在最後，家屬讓六位跟他最親近的學員扶棺，護送他上靈車。這六位學員在扶棺時，個個哭紅了雙眼。

4.「家」對成年精神病患的意義

住在康復之家的學員，剛開始許多人是在非意願的情況下被迫離家來到玉里榮民醫院長期療養。在經過長時間的復健過程後，他們的生活逐漸回到常軌，能夠轉到康復之家的，分別都是在醫院體系內參與庇護性工作訓練，或者在院外有全時或部分時間的工作。不論在那個階段的職能復健過程中，他們逐漸認識一些朋友，特別是同一職場共同分擔工作的朋友，往往發展出有如家人般的親密情感（黃嬡齡 1999: 47-78）。在長期的復健過程中，很多學員已經能夠認知到，他們必須從原生家庭的情感依賴中獨立出來，因此，發展新的人際關係成為生活復健的重要議題。從前述案例我們看到，共同居住或一起工作的學員間互相提供的支持與照顧，部分替代了他們生病以後，所長期依賴的原生家庭關係。在現代社會變遷過程中，傳統擴大家族逐漸被核心家庭所取代，核心家庭對於慢性精神疾病患者照顧最大的挑戰，是提供穩定且長期持續性的支持。因此，協助成年慢性精神疾病患者獨立生活，建立同儕間相互支持的關係，以替代家庭照顧與支持功能，是社區精神復健重要的一環。

從社會福利發展的歷史可以看到，自古以來對於貧窮與疾病的社會歸因，如果可歸因於個人因素的，通常是由個人及家庭的互助來解決。如果問題的發生被認為是非個人因素所導致的，例如天災，則傾向由國家或社會集體的力量來解決（蔡宏昭 1989, 2004）。

就臺灣目前的醫療與規劃中的長照保險而言，全民納保是國際共同的趨勢（Ahoobim et al. 2012）。全民的健康保險原本是一個疾病風險共同分擔的邏輯，原本由家庭為單位所要面對的疾病與照顧，所有人生中難以避免的風險，透過社會保險的概念，由整體社會共同來分擔個人的責任與風險。再從保險費用分擔的計算而言，個人與國家或個人與企業主之間，透過不同比率的費用分擔責任，由政府分擔的部分，其經費來自國家財政

稅收。亦即，全民健康保險以及規劃中的長期照護保險，具有社會保險的
性質。社會保險不同於一般商業保險，它不全然是由供需決定價格的自由
經濟市場邏輯，它仍然有一部分國家稅收的介入，以及政府公部門決策的
介入。由此可見，對於精神疾病與失能者的照顧需求而言，在傳統家庭功
能逐漸式微的過程中，原本由家庭所擔負的責任，逐漸的轉由個人與社會
共同分擔。因此，從社會福利的觀點，亦有稱新自由主義
（neoliberalism）為福利自由主義（welfare liberalism）；其使用者付費的
分擔的方式，是由個人與社會共同分擔；在福利經濟市場運作的邏輯上，
是由人民立法，透過中央健保局所代表的全民機制，來購買服務供人民使
用。

　　對於那些無家屬長期需要仰賴機構照顧的慢性精神疾病患者而言，康
復之家跟護理之家等長期照護機構，是政府代表全民購買之後所提供給個
人使用的服務。因此，醫療及照護機構的經費，不再是由政府編列公務預
算維持，提供服務的大部分人員也不再具有公務人員身分。現代醫療及照
護機構，愈來愈傾向於把受服務者當成顧客，講求「消費者權益」更甚於
「視病猶親」的觀念。醫療及照顧服務轉變成全民購買式的服務之後，以
家庭為基礎的福利單位，正在逐漸削弱中。

四、替代性家庭功能

　　早期社會人類學從男女婚姻、居處、親屬關係以及繼嗣法則等觀點，
把「家」視為一個社會關係的基本結構（衛惠林 1982）。隨著家庭在社
會的意義不斷演化，社會人類學家 Bender 曾指出家戶（household）同時
具有同居共食以及養育等的功能屬性。亦即對家族理解，除了共同居住、
分享食物，還有以婚姻為基礎的血緣關係，共同生育下一代的功能。因
此，做為福利追求的單位，它對個人所提供的包含居住的、經濟的、教育

的、生殖的、情感支持等多方面的功能（林顯宗 1985）。

　　若依傳統對「家」的詮釋與理解，對於玉里榮民醫院的慢性精神病患而言，他們是一群沒有家的人。然而，早期在父權思維下，輔導會為第一代的榮民病患選定了玉里，在東部這個偏遠地方建立了一個替代家庭功能的家園。玉里榮民醫院成立初期所照顧的榮民精神病患，他們大多年輕體壯，在精神及情緒方面的病情穩定後，還有能力自我照顧者大多會找個保證人協助辦理出院，出去成家或者獨立生活。那些仍留在醫院的第一代榮民病患，他們大多在臺無親屬，也缺乏自主獨立生活的能力，因此，公立醫院就代表國家，替代了家庭的照顧功能。

　　第一代榮民病患，他們的戶籍地就設在醫院，醫院設有輔導室（現今社會工作室的前身），每個病房都會有一位專任的輔導員。全院則由其中一位輔導員代表他們名義上的戶長，設籍在醫院所在的新興街這一個戶內，就佔了玉里鎮上十分之一的人口。榮民醫院輔導室在改制為社會工作室以前，輔導室編制內的輔導員，也都是由軍中退役但相對較年輕的榮民轉任。輔導員負責住院榮民的金錢財務管理，以及生活輔助工作。早期對於經地方法院宣告限制行為能力或者無行為能力之住院患者，醫院院長就是他們的法定監護人，輔導員為執行監護的代理人。當榮民病患因為某些疾病需要轉診到花蓮或者臺北榮總等醫學中心作進一步治療時，也是由醫院的輔導員替代家屬，護送他們轉診、簽署住院及手術同意書、判斷是否需要雇用看護陪同等。榮民病患出院時由醫院派公務車接回，再由輔導員代為提領個別帳戶的錢，協助結清在其他醫院的費用。

　　除了日常生活輔助，隨著榮民老成凋零，醫院也負責為他們料理後事。對榮民醫院的輔導室而言，榮民的喪後處理業務，是僅次於榮民財務管理之外的重要工作。玉里榮民醫院不僅負責住院榮民的喪後處理，醫院園區內還設有榮靈堂。榮靈堂附設有太平間、祭祀廳以及兩座榮靈塔，置放亡故榮民的骨灰罈。醫院的病房編號只到十八病房，很多員工為了避

諱，私下稱榮靈堂為十九病房。年長榮民從生到死，都在這個園區內安身；他們生前從疾病及生活照顧，乃至身後的喪葬及遺產處理，都由醫院派專責人員負責處理。尤其玉里榮民醫院園區內因為設有榮靈堂，因此，每當榮靈堂辦理告別式時，該病房護理長都會徵詢自願參與的病友出席。告別式通常由副院長以上職級的主管主祭，亡故者生前所屬病房的工作人員及病友出席公祭，一起送榮民患者一程。對於第一代的榮民精神病患而言，生前院長是他們的家長，一起生活的病友就像是他們的手足，死後醫院代表家人替他們送終。數以千計的人在這裡走完他們的一生，他們也終其一生，未曾再回過他們原生的家庭。

在榮民醫院內設有榮靈堂，由醫院為住院榮民辦理喪後相關事宜的傳統，持續存在到 2008 年左右，內政部提出〈殯葬管理條例修正草案〉，在草案中提到修正條文第六十三條：「醫院不得附設殮、殯、奠、祭設施，但本條例修正施行前已經核准附設之殮、殯、奠、祭設施得繼續使用五年。」當時該法案尚處於提案討論階段，但榮民醫院所屬的上級單位，輔導會已經意識到這個時代趨勢的改變，因此，輔導會在修正草案初期即開始研擬配合措施，並且自 2008 年以後漸進關閉各榮民醫院內附設的榮靈堂，安置在榮靈塔的骨灰，也逐年分梯次遷移到各地的軍人公墓存放。因此，為配合政策及法令的改變，醫院現在只能附設太平間，不再設榮靈堂。

隨著時代變遷，國家政策及法令不斷修改，公立醫院的角色與功能定位正面臨巨大的轉變。醫院的服務宗旨理念，從視病猶親的家族概念，轉變成顧客至上的商業經營邏輯。對於像玉里榮民醫院這樣的大型慢性療養機構而言，2007 年民法修訂時，第 1111-2 條明訂「照護受監護宣告之人之法人或機構及其代表人、負責人，或與該法人或機構有僱傭、委任或其他類似關係之人，不得為該受監護宣告之人之監護人」，更是完全改變了傳統醫療父權理念為基礎的醫病關係互動模式。為了因應制度與法令的變

化，對於新入院的患者，戶籍已經不再遷入醫院所在的共同戶口。原本設籍在玉里榮民醫院的無家屬榮民病患，已經改歸屬到榮民之家，或者各縣市榮民服務處，由榮家或者戶籍所在地的榮民服務處擔任他們的法定代理人或監護人。他們住院、出院乃至喪後處理等權益維護事項，改由所屬的榮民之家，或者榮民服務處負責辦理。因此，公立醫院不再強調替代家庭功能的傳統角色，而是愈來愈重視疾病治療的專業角色功能。

對於第一代的榮民病患而言，他們住院費用是由國家編列公務預算支付，他們按退役軍階與服務年資，享有國家給予的退役俸或者生活補助費。因此第一代的榮民病患以醫院為生活的家園，他們在經濟需求、生活照顧各方面，甚至到他們年紀終了，大多都由醫院替代了傳統家庭的功能。在情感認同上，為了讓居住在這裡的榮民患者感受家的感覺，醫院特別重視端午、中秋以及農曆春節。這三個象徵家人團圓的節日，醫院例行的會要求廚房特別加菜，端午節舉辦包粽子、中秋節包水餃活動，各病房也會做應節的布置，讓住在這裡的患者有居家的感覺。特別在國人最重視的農曆春節前，醫院會分別為住院病患舉辦餐會，有別於平日個別餐點，過年前吃的是象徵圍爐的桌餐。並且，醫院最高首長在除夕跟大年初一這兩天，都必須留守在醫院陪伴住院患者過年，這樣的傳統一直延續至今。

然而，以醫院為核心的生活園區，再怎麼努力營造家的氛圍，醫院能夠提供的，仍只是部分替代家庭的功能。醫院最難替代的功能，就是一般家庭生殖或者性需求的功能。對精神疾病患者而言，他們的大腦生病，但是他們的生理功能仍與一般人沒有差別。大部分患者都有生理的需求，但是，他們很難依循一般社會習俗，透過婚姻管道來滿足生理性的需要。第一代的榮民患者，他們都領有退役俸或者生活補助金，都是從軍以後發病，發病年齡較晚，患者個人功能相對較好，因此，他們有足夠的生活費用，可以外出購買性服務。早期在醫院附近，以及在玉里鎮主要街道後面的巷弄裡，有很多家的小型茶室。從事性服務者多半非本地人，她們年紀

稍長，在其他地方工作過之後轉到玉里。這些榮民有性的需求，他們用自己的錢購買性的服務，可以避免騷擾當地女性，這是許多玉里鎮居民所熟知並且默許的。對於病情穩定的榮民外出購買性服務，院方的態度也是默許的，護理長通常會先給予衛教，如果當天要出去的人較多，有時候病房會請男性工友或男性護理佐理員帶隊前往，事後再一起回來。外出解散之後，工作人員通常會在附近留守，以避免發生不愉快的事情。長良分院人數較少，有時幾個榮民會約好共乘一輛計程車，由計程車司機接送。

　　第一代住院的榮民病患全是男性，他們普遍能接受單純購買式的性服務。第二代住院的榮眷以及一般社政補助的患者，男女性別比例差距較小。在院區內，男女病友互動機會多，他們除了性的生理需求，同時對異性交往的情感需求也較外放。此外，第二代榮眷以及一般社政補助的患者，他們普遍發病年齡較早，在經濟上也是相對弱勢。在醫院偶而還是會聽聞有男病友利用請假外出時，尋找購買式的性服務，但是相較於早期的普遍性，購買性服務已較少見，反倒是男女病友交往現象愈來愈多。第二代的精神病患，他們來自全臺各地，他們不是不能回家，而是在原生家庭的父母過世之後，他們成了無家可歸的人。雖然有不少勇於追隨愛情與婚姻的患者，但他們終究沒能建立起傳統社會或者原生家庭所認可的家。因此，對於長期生活在玉里榮民醫院這數千名精神疾病患者，以及對於散居在各個安養機構的患者而言，什麼是「家」？「家」是一個地方？「家」是一群生活在一起的人？「家」是擁有共同經驗跟回憶的人？「家」是一種情感的連結，還是一個認同跟歸屬感？

　　從早期社會人類學者對家的理解，到社會學者將家庭視為福利追求的單位，從家庭對於個人所提供的居住、經濟、教育、生殖、情感支持等多方面的功能看來，目前除了生殖功能的部分較難克服之外，某個程度上，建構替代性家庭功能的部分，是有其意義的。

　　玉里榮民醫院的康復之家，首先提供了一個不同於傳統病房的生活居

住空間，空間的安排會改變個人的生活習慣與感受。

> 怕回去以後又有人去假冒成家人，嗯，我覺得他們臉孔都不是一致
> 的，那個爸爸也都怪怪的。我現在在一個店裡幫忙，想過的生活，
> 就是有個工作，就是能夠比較安靜一點，心裡面比較沒有雜念這樣
> 子。住在這裡，不是很喜歡也不是很排斥。

擁有一個能克服疾病干擾，能使內心穩定，甚至不會因為幻覺而害怕
的支持性環境，對於慢性精神病患而言是重要的。

> 我媽媽反對我結婚，也反對我去交男朋友，怕說最後搞的家庭都很
> 亂這樣子。……我是來這邊以後，能夠先把自己調養得健康，這樣
> 最重要，然後也斷斷續續的在吃藥，也是有去工作，我這個工作很
> 好啊！在忙廚房的事，有時候也會氣餒，但是有去教會，這樣子我
> 就很高興了。

教育患者認識精神疾病的特質，學習如何免於被幻覺或情緒所掩沒，
是從事精神復健重要的一環。持續性的藥物治療，能夠協助患者穩定病
情，以及協助保有穩定的工作。對於慢性精神疾病患者而言，大部分的人
因為生病而中斷了人生的婚姻、工作等重要階段。他們需要找回心情跟工
作的穩定，才能重新回到社會生活的軌道。

> 住院當初就不能認同，想回家，希望能夠得到家人的再次認同支
> 持，那天我提到說想回家，他們的內心恐懼害怕，因為家人一直活
> 在我過去的陰影裡面，尤其父母親，畢竟他們年紀大了，那……在
> 醫院八年多，經過了很多改變，不管是自己內心上還是家人的認同
> 上。現在就是覺得，不管醫院也好，回去也好，就像我們講的認
> 命……。現在在康復之家整個的生活來講蠻好的，可以提供蠻好的
> 生活環境，也許……也許因為在社會新聞裡很多精障朋友發生一些

事情，使我們相對的受到影響。相對玉里這個地方，我們蠻受到玉里鎮上的人的認同，他們也比較能夠接受我們。

對很多患者而言，重回個人的生活軌道未必能夠回到家庭，但是，他們仍舊可以在玉里這個相對支持的環境裡，走進社區獲得社會支持。

父母都過世了，我家九個兄弟都結婚了，只有我還沒結婚。我牙齒掉了，頭髮白了，所以又要染髮還要裝牙齒才能結婚啊。我還得了這個病，怕生下一代會有遺傳，就不想結婚了。……以前也是住過其他醫院，後來轉到玉里，住了二十五年啦，前四年在病房的時候，自己整理打掃寢室，拖地、倒垃圾啊，什麼都做，我當班長，什麼都自己做。轉到康復之家，我哥說，你住這麼好的地方，我就覺得也是不錯啊，……生活啊？很難講，因為各有各的志向，大家都想往外跑嘛。我是想過往外面發展，可是我現在做的已經很穩定了，現在不想到外面工作，我在蛋糕坊做了二十一年了。

擁有穩定的工作，不只是擁有經濟上的來源，工作場的角色與人際關係，對患者而言，是合乎常規社會對一個青壯年個人期待的象徵。因此玉里榮民醫院初期開辦的康復之家，是以參與工作隊跟職能復健的患者為優先入住。

在職能復健部分，除了獨立生活訓練，玉里榮民醫院的職能復健是以工作訓練作為復健目標，因而發展出每年平均近 500 萬元產值的支持性就業模式。在這個以醫院為基礎的園區裡，我們把病患居住、教育、人際關係網絡跟就業的需求，亦即，康復之家、職能復健中心、支持性就業等生活功能整合在一起，希望創造一個支持性的環境，給予失去家庭支持的患者一個穩定的生活（黃嬡齡 1999: 47-78）。對於住在玉里榮民醫院的患者而言，他們是經過長期的治療與復健之後，才逐漸認同玉里這個環境。

因此，他們不論是習慣了這裡的工作復健模式，還是不得不接受這個相對可以接受的生活方式，但這一套復健模式，提供了患者獨立生活的基礎，以及日常生活中其他病人有意無意所提供的支持。

> 因為榮民都分散，我們康復之家只有幾個榮民，其他都是榮眷、福保、健保，就跟他們在一起，他們會請客，我也請客請他們喝茶，請他們抽菸，他們也請我抽菸啊，大家和樂在一起，所以才住下來，住了那麼久，對不對？

由此來看在玉里榮民醫院附設康復之家患者，他們沒有「家」了，但是透過病友之間相處，還是能擁有像手足般的情誼。多年來，筆者跟這裡的慢性精神病患共同探索的「家」，是一種日常生活中點點滴滴的熟悉與歸屬感，以及一連串在地生活的實踐。

從本文前述幾個故事中可以看到，大多數的成年病患在情感上非常依賴原生家庭的父母或者兄弟姊妹，因此，以血緣親關係為基礎的親情，仍就是「家」的基本元素。隨著年邁的父母逐漸離世，兄弟姊妹各自成家，親情的支持逐漸減弱之後，對於原生家庭的情感才逐漸轉移到替代性的情感支持。一般成年人，是以婚姻的形式來延續家庭的情感連結；對於慢性精神病患者而言，他們要結婚組成另一個核心家庭是困難的。因此，他們只能在居住的歸屬感，以及在病友的情誼之間，尋找替代性的家庭支持。由此觀點看臺灣的精神復健體系，透過購買式服務所建構的康復之家，是否能夠取代精神疾病患者對於傳統「家」需求與想像，這是一個值得持續關懷的議題。

就現代社會福利經濟的觀點而言，幾乎很難存在絕對的國家共產機制，或者絕對的自由市場機制，大多數國家都是介於兩者之間，針對某些特殊社會需求，國家介入多或者少，此即「結構多元主義」（Giddens 2002[2000]: 47-48），或者「福利多元主義」。Johnson（1987: 55-63）分

析西方社會福利發展的歷史，他認為當代社會福利普遍存在多元的現象傾向。多元社會福利的來源包含四個部分，分別是非正式部門、志願服務部門、商業部門以及政府部分等的社會福利。其中非正式部門的社會福利，是指由家庭親友以及鄰里所提供的資源。

臺灣早期對精神疾病的照顧，亦即由非正式部門的家庭提供照顧。由於戰爭的緣故，使國家設立榮民醫院，接手照顧一群失去家庭支持的榮民精神病患。或可說早期臺灣大部分的精神病患是生活在其原生社區，病患大多未接受治療，其照顧的主體是家庭。因為精神醫療的發展與社會政策的關係，逐漸收進機構集中照顧，玉里榮民醫院與玉里養護所的成立，是由國家政府部門提供集中照顧的最高峰（黃嬡齡 1998: 131-150）。在歷經 50 年的社會變遷過程中，1995 年臺灣實施全民健保。全民健保是社會保險性質（楊靜莉 2009: 166），同時兼具使用者付費以及社會互助的意涵。臺灣全民健保對醫療而言具有醫療市場化的供需機制，對於使用醫療的患者而言，又具有社會互助的內涵，因此，引伸出一個非營利循環的機制。理想上醫療及照顧機構的設置不能以營利為目的，但因為國家不再提供資源給醫療及照顧機構，因此，機構必須以營利的方式經營才能維持（邱永仁 2003），所以，全民健保制度下的精神醫療照顧變成一種產業，使醫療照顧服務產業又具備了商業部門的性質。

從玉里榮民醫院的成立及改變過程，可以看到多元福利社會資源的觀點，對臺灣精神醫療發展的影響。玉里榮民醫院成立 50 年來，雖然醫院所照顧的仍然是一群失去家庭支持的慢性精神病患，但是，從社會福利制度改革過程中，早期公立醫院的公務預算時期，病患是由國家直接取代家庭的福利功能，而且此功能同時包含疾病治療與生活照顧。第二代病患的治療已經轉換成全民健保與社政委託安置，這兩者都是透過代表全民的機制購買服務供給病患使用。亦即，政府不再直接提供精神醫療的福利服務給個人，而是透過購買服務來提供。由於精神疾病的照顧除了生理疾病治

療，同時需要心理及社會網絡的支持，家庭對患者而言，提供了經濟、情感乃至整體生活的支持。因此，在購買精神醫療服務的過程中，又期待保有傳統家庭的價值與功能，因此公共部門透過各種評鑑及考核機制，要求服務的提供需要營造出「家」的感覺。

　　本文透過回顧玉里榮民醫院成立的歷史背景，與長期以來照顧慢性精神病患的過程，對照出多元福利社會經濟對臺灣精神照顧體系發展的影響，也對應了「國家」、「家庭」與「個人」在面對精神疾病長期照顧時，傳統「家」的功能，以及其在歷史與社會變遷中的轉變。在此情況下，玉里榮民醫院兼具治療與照顧的傳統「家園」觀念，與慢性精神病患追求替代性家庭功能的經驗，或許可以給那些沒有「家」的弱勢者，以及已經面臨人口老化的臺灣，重新思考「家」在現代社會面對照顧服務產業的功能與意涵。

參考書目

文化部

2009 〈籬笆變奏曲：逐漸開放、逐漸融合，在臺灣的新家園〉。外省臺灣人協會。網路資源：http://ntmvc.moc.gov.tw。

中央社

2010 〈花蓮鯉魚潭男浮屍 死因待查〉。網路資源：http://www.taiwannews.com.tw/etn/news_content.php?id=1232119。

2013 〈疑硬闖平交道 玉榮病患遭撞死〉。網路資源：http://www.cna.com.tw/News/aSOC/201306070219-1.aspx。

內政部

2007 〈精神衛生法〉。中華民國九十六年七月四日總統華總一義字第 09600085861 號令修正公布全文 63 條。全國法規資料庫。網路資源：http://law.moj.gov.tw/LawClass/LawHistory.aspx?PCode=L0020030。

2008 〈殯葬管理條例修正草案〉。網路資源：http://www.moi.gov.tw/files/civil_law_file/d_39534_5893402778.doc。

余祖吉

2009 〈他病了，他是我兄弟：退除役官兵疾病醫療管制與榮總〉。臺北榮總數位歷史館。網路資源：http://history.vghtpe.gov.tw/search.php?search_word=&page=5。

何豪毅、甯瑋瑜

2007 〈洪大俠關狗籠 31 年無人問〉。《蘋果日報》，10 月 24 日。網路資源：http://www.appledaily.com.tw/appledaily/article/headline/20071024/3926955。

考試院

1990 〈中央各機關學校事務勞力替代措施推動方案〉。全國人事法規釋例。網路資源：http://weblaw.exam.gov.tw/LawHistory.aspx?LawID=J060006007。

邱永仁

2003 〈社會福利還是社會保險？兼論健保大赦條〉。《臺灣醫界》，4 月，第 46 卷第 4 期。網路資源：http://www.tma.tw/magazine/ShowRepID.asp?rep_id=1385。

邱泯科、徐伊玲

2005 〈老人居家照顧服務員考訓現狀與工作困境之探討〉。《社區發展季刊》 110: 284-299。網路資源：http://sowf.moi.gov.tw/19/quarterly/data/110/26。

林照真

1995 《中國人的悲哀》。臺北：希代。

林顯宗

1985 《家庭社會學》。臺北：五南。

黃嬡齡

1997 《慢性精神病患社區支持性就業的行動分析》。東華大學族群關係與文化研究所碩士論文。

1998 〈探尋精神病患的治療性社區：玉里榮民醫院的經驗分享〉。《中華心理衛生學刊》11(4): 131-150。

1999 〈支持性就業與慢性精神分裂病病患協力網絡的建立〉。《中華心理衛生學刊》12(3): 47-78。

2000 〈家庭系統做為慢性精神病患照顧主體的省思：論過度使用家庭能力與建構替代性家庭功能〉。《中華心理衛生學刊》13(3): 89-122。

2001 〈回到根本之處思考：在擬象真實跟常規社會之間重建精神病患的生活結構〉。《中華心理衛生學刊》13(4): 109-130。

2006 《傾聽曠野裡的聲音：精神復健玉里模式》。臺北：記憶工程。

2008 《日久他鄉是故鄉：治療性社區玉里模式》。臺北：記憶工程。

楊靜莉

2009 〈社會保險的意義與社會福利〉。《臺灣社會福利》（電子期刊）1: 157-177。

蔡宏昭

1989 《醫療福利政策》。臺北：桂冠。

2004 《社會福利經濟分析》。臺北：楊智。

衛生署

1993 《精神疾病防治工作計劃》（核定本）。

輔導會

2012 行政院國軍退除役官兵輔導委員會全球資訊網。網路資源：http://www.vac.gov.tw/content/index.asp?pno=54。

衛惠林

1982 《社會人類學》。臺北：商務。

劉德惠

2009 〈臺灣後慈湖密境開放 反攻大陸手稿解密〉。《大紀元週刊》，第 120 期，5 月 7 日。網路資源：http://mag.epochtimes.com/b5/122/6312.htm。

〈臺灣反攻大陸的國光計畫〉。網路資源：http://www.lee-mil.site90.com/search/warPlain.doc。

總統府公報

1952 〈戡亂時期陸海空軍軍人婚姻條例〉。網路資源：http://www.
president.gov.tw/Portals/0/Bulletins/paper/PDF。

羅美麟

2011 〈康復之「家」到底是誰的家：「居住者家園」或「評鑑委員
的家」〉。《演慈、奇岩康復之家季刊》第四期。網路資源：
http://blog.xuite.net/chiyen105/blog/49118890。

Ahoobim, Oren et al.

2012 *The New Global Health Agenda: Universal Health Coverage.*
Council on Foreign Relations Press.

Bjorbekkmo, Svein et al.

2009 Decentralization Matters: Differently Organized Mental Health Serv-
ices Relationship to Staff Competence and Treatment Practice: The
VELO Study. *International Journal* of *Mental Health Systems* 3(1):
9, May 18.

Fazel, Seena et al.

2008 The Prevalence of Mental Disorders among the Homeless in Western
Countries: Systematic Review and Meta-Regression Analysis. *PLoS
Med* 5(12): e225.

Giddens, Anthony

2002 [2000]《第三條路及其批評》（*The Third Way and its Critics*），
許家豪譯。臺北：聯經。

Johnson, Norman

1987 *The Welfare State in Transition: The Theory and Practice of Welfare
Pluralism.* University of Massachusetts Press.

Kennard, David

   1983 *An Introduction to Therapeutic Community*. Rutledge & Kegan Paul Place.

Killaspy, Helen

   2006 From the Asylum to Community Care: Learning from Experience. *British Medical Bulletin* 79-80: 245-58.

Lachenmeyer, Nathaniel

   2003 《當天使穿著黑衣出現》（*The Outsider: A Journey into My Father's Struggle with Madness*），賴慈芸譯。臺北：大塊。

Leff, Julian

   2001 Why is Care in the Community Perceived as a Failure? *The British Journal of Psychiatry* 179: 381-383.

第 3 章

失序的「家」：法國亂倫性侵倖存者的家庭經驗

彭仁郁

一、普同的亂倫禁忌，文明起源？

自人類學脫離哲學成為獨立的學門開始，亂倫——或更正確地說，亂倫禁忌——便一直是人類學家關注的焦點。不同人類學者從生物本能、社群組織、文化功能等分析角度提出多種禁忌起源的假設（De Lannoy & Feyereisen 1996）。結構人類學師祖李維史陀，在《基本親屬結構》裡提出聯盟理論（théorie de l'alliance），作為亂倫禁忌跨文化普遍現象的潛在結構因素。此理論的邏輯推演建立在人的社會聯繫需求上：不同家族或氏族中佔據決策地位的男性，彼此交換氏族內的女人，以締結聯盟關係。基本親屬結構的產生，便是因著這樣的互換模式應運而生，規定著氏族內外成員之間婚姻（及性關係）組合發生的可能或不可能性。據此，李維史陀視亂倫禁忌為人類從自然存有進入文化存有的門檻，而以男性社會關係為主軸進行女人交換、締結聯盟，則是不同文化社會組織的最大公約數（Lévi-Strauss 1967 [1949] : 60）。[1]

---

1 「不得將女兒或姊妹作為性使用對象的禁令，意味著必須將她交給另一個男人作為結婚對象，然而，這個禁令同時創造出擁有該名男人的女兒或姊妹的權力。因此，禁令包含的所有負面規定其實都有正面補償。禁止等同於一種義務；而棄絕開啟了朝向索求的道路。」（Lévi-Strauss 1967 [1949] : 60）筆者的中譯。

　　此種以男性為中心、放諸四海皆準的文化理解模式，不免受到女性主義者及強調文化特異性的人類學者批評（Héritier 1994; Godelier 2007）。但這些秉持文化相對論、強調文化殊異性的批判立場，除了提醒亂倫的定義乃隨著不同文化社會而改變之外，基本上未曾否定亂倫禁忌作為社會運作基礎的重要性（Govindama 2011: 114）。

　　少數當代人類學家開始對亂倫禁忌的傳統研究取向，提出了另一種更根本的質疑：亂倫禁忌的普同性，實際上伴隨著亂倫禁忌被違犯的普同性（Dussy 2006, 2008, 2009; Dussy & Le Caisne 2007）。後者——即無論在哪一個文化，被視為文明表徵的亂倫禁忌不斷地在家庭生活裡被打破的事實——長久以來受到人類學界的忽視。人類學家慣於研究的對象——社會組織、文化建置的形成、結構或運作模式——通常是一個社群對於家庭、氏族等親緣組織中不同成員之間關係、身分位置、角色、權利義務等的應然想像。但是，自美、加等國從一九八〇年代開始展開的全國性性暴力調查，至晚近世界各國在聯合國推動下針對婦女或兒童所承受的性侵害研究，皆以驚人的統計數據，顯示家庭是婦女和兒童遭受性暴力頻率最高的場所，並揭露包括亂倫性侵在內的家庭性暴力，實際上跨越各個文化社群和社經階層，已是不容當代人類學、心理學、社會學忽視的社會真實（Cf., Finkelhor *et al* 1990; Finkelhor 1994; Gorey & Leslie 1997; Paolucci *et al*. 2001; Jaspard 2005; Bajos *et al*. 2008）。[2]

---

2 因調查方法的不同，不同研究結果之間有相當大的差異，總地來說，女性在未成年之前遭性侵的比率約在 7%~36%之間，男性則在 3%~29%之間，其中發生在 5 至 12 歲間者佔大多數，而家內性侵個案約佔了三分之二。

二、亂倫創傷主體經驗的精神分析研究

筆者在博士論文期間（2001 至 2006），曾以國際亂倫受害者協會（Association Internationale des Victimes de l'inceste, AIVI）、法國巴黎主宮醫院法醫急診室，和巴黎受害者救助協會為田野調查地點，透過談話團體的參與觀察、諮商晤談、深度訪談等融合人類學田野、實述社會學（la sociologie pragmatique）[3] 及精神分析學的跨學科研究方法，以求更細膩地捕捉亂倫性侵受害者／倖存者的主體經驗，不僅意在突顯童年期亂倫性創傷的特殊性，更試圖超越一般臨床與諮商心理學對於童年期性創傷症狀羅列式的認識取向。這部論文從亂倫倖存者與分析式心理治療的負面經驗出發，重新檢視佛洛伊德在建立精神分析學門後設心理學過程中，揚棄「誘惑理論」（*Verführungstheorie*，真實性侵害的創傷經驗）作為心理症狀病源基礎、轉而強調伊底帕斯情結的理論轉向，為當代精神分析在理論構思和臨床實踐上帶來的雙重影響。從文本的重新閱讀分析，可看出佛洛依德自己對於真實創傷的態度其實搖擺不定，然而此理論轉向的公開宣稱，的確促使某些佛氏繼承人將幼兒性欲（*Infantile Sexualität*）、原初幻想（*Urphantasien*）等概念奉為圭臬，以致於將患者童年遭受性侵的創傷記憶，嗤之為「典型伊底帕斯情結潛意識內容幻想的虛假記憶」（Freud 1984[1933]: 161-162）。[4]

---

3 法國在八〇年代，以波彤斯基（Luc Boltanski）與帖弗諾（Laurent Thévenot）為首的一群社會學、人類學、經濟學、科學哲學及現象學家，對布迪厄的批判社會學可能導致的社會決定論進行反思。在 John Dewey、William James 等人實述哲學傳統及民族誌方法學的影響下，一種企圖超越批判、揭發立場，探究不同個人或事物之間如何產生連結、對現狀提出批判、促使改變發生的「實述社會學」逐漸蔚為重要社會學流派，影響所及可謂深入歐陸人文社會科學各領域（Corcuff 2006[1995]）。

4 這是筆者根據法譯版的翻譯。中譯文可參考葉頌壽根據英文版的翻譯：「在精神分析探究史的一個有趣的插曲，它使我久久不快而未能釋懷。在這個階段時，人們的主要興趣

在根據博士論文改寫的法文專書中，我提出「遭亂倫扼殺的伊底帕斯」（*l'œdipe incestué*，暫譯）[5] 一詞，以凸顯童年期亂倫性創傷的特殊性。簡言之，伊底帕斯情境和真實的亂倫暴力不僅沒有互斥關係，反而恰是理解亂倫性創傷特殊性、受害者罪惡感、否認真相、護衛加害者，及各種與自我毀滅傾向相連之症狀的核心關鍵。精神分析必須在理論概念上就伊底帕斯欲望的潛意識象徵意涵，與真實的亂倫性創傷做出區分，才能同時把握心理真實與外在真實之間既有差異、卻互動頻仍的弔詭關係（Peng 2009）。

三、伊底帕斯：亂倫的反面

普及化以後的伊底帕斯情結理論版本，大概只剩下兒童心性發展在陽具（性器）期出現的弒父娶母的潛意識欲望主題。佛洛依德在早期文本中對於古希臘劇作家索弗克勒斯（Sophocles）神劇《伊底帕斯王》的解讀，再加上他對英國社會人類學家弗雷澤（James G. Frazer）對於法律的社會心理功能解釋的挪用（法律制定的功能在於抑制人類潛在本能驅力），使他導出潛意識亂倫欲望普同性的結論（Freud 1996[1956]: 198, 2001[1912-1913]: 48 sq）。

針對此普同性的宣稱，Bronislaw Malinowski 曾於一九二〇年代，以他對特羅布里恩群島人（the Trobianders）親子互動關係的田野觀察資料

乃朝向發現幼孩時的性創傷，幾乎我所有的女病人，皆告訴我她們曾被其父親所引誘。**直到後來我才明白，這些報告都是虛假的，並因而逐漸了解歇斯底里症，乃是從幻想的事情中造成**，而不是由於真正發生的事形成，一直到後來，**我才能夠從這被父親引誘的幻想中，明白女人之典型伊底帕斯時期……**」（佛洛伊德 1997[1933]: 545）黑體為筆者所加。

5　'incestué' 這個由 inceste（亂倫）和 tué（被殺害）二字合併成的法文新詞，難以翻譯成簡練的中文，因而無法在中文語境中使用，需另創中文詞彙。

為根據，主張在此母系社會中不存在伊底帕斯情結的跡象；理由是，相較於母親的兄弟而言，父親對孩童不具重要地位，且孩童之間的性遊戲不僅不會遭到成人斥責，反而明顯地受到鼓勵，因而他認為孩童（尤其是男童）對父親不可能懷有因爭奪關係而引發的敵意情緒。據此，Malinowski否定了伊底帕斯情結的跨文化普同性，甚而與當時捍衛佛洛依德古典學派的 Ernest Jones 引發著名激辯（Parsons 1964）。[6]

　　按照文化比較的觀點，倘若真要證成伊底帕斯的普同性，需蒐集不同文化社會的神話、夢境、情慾幻想等民族誌資料，再逐一對照精神分析賦予伊底帕斯情結概念的內涵。然而，當代文化人類學家對「文化」的定義日漸多元，當代精神分析學家對伊底帕斯也做出了豐富的再詮釋，這使得前述研究取徑的意義待商榷。特別是在殖民與全球化差異影響下，「混雜性」（'hybridity', Bhabha 1994）已成為認識文化內涵與質地不可忽視的重要框架，研究者難以再憑血統、語言、制度、風俗習慣等傳統界標，劃分邊界明確的文化社會單位。當大部分人類學家已不再把文化視為固定不變的人為建置體系，而更強調文化作為一種過程（Greenfield 1997）、實踐（Bauman 1999[1973]），或形塑身分認同的「蒙太奇」（Douville 1998）時，以族群文化為單位來描繪某一社會獨有的親子關係形態和幼兒心性發展歷程的研究取向，其所獲成果對於理解人們實際文化生活，貢獻將相對有限。筆者認為，單從田野民族誌所獲得的外部行為觀察的描述比較，或文化神話內容元素的分析應用詮釋，皆不足以令伊底帕斯情結普同性的討論獲得澄清。在此之前，需先釐清研究者所追求的普同性意涵著眼

6　即使認定伊底帕斯情結不適用於理解母系社會中個體之性／別與情慾發展，它在其他所謂非西方父系社會裡是否具有解釋力，仍值得探討。況且六十年後，宗教及心理人類學家 M. Spiro（1982）試圖為 Malinowski 的負面結論翻案，他引用特羅布里恩群島社會中關於父親的神話、夢境和新的民族誌資料，作為伊底帕斯情結在此文化中存在的「證據」。

於文化外顯形式或深層結構，亦需深究撰寫於西元前五世紀的希臘神劇為何能撼動十九世紀末一名維也納精神科醫師，催迫其追索人作為生物及文化存有所需面對的課題。

（一）伊底帕斯：從神劇、情結，到欲望主體

當代讀者既已遠離伊底帕斯希臘神話所蘊含的關於知／盲、人之意志／命運天定、罪愆／榮耀等生命根本對立面的寓意，而實證心理學將佛洛依德潛意識欲望之探究簡化為心性發展階段的表面詮釋，又往往遮蔽了主體欲望或幻想的非意識動力，及潛意識表徵的多重層次和多義性，進而使得佛洛依德筆下的亂倫欲望經常被入門讀者誤解為潛意識尋求與異性父母「性交」的字面意義。殊不知，對於佛洛依德而言，伊底帕斯（*l'œdipe*）恰好是亂倫的逃離或反面（Racamier 1995: 17），是處於幼兒性慾狀態的前主體心靈生活的組織者（Kristeva 1996: 113）。伊底帕斯情結概念所欲探討的，是文化存有者對於欲望、真理和命運的思索（ibid.: 109-113）。若從原初無特定對象的本能驅力朝向身體情慾展現受文化規約的個人發展進程，和個人意志與集體倫理規範（命運）之間總是存在辯詰張力的雙重層面來看，我們確實可以聲稱伊底帕斯概念在欲望存有層次具有普遍性，但需強調的是，精神分析並未設定任何常態化的解決之道。試釋義如下。

佛洛依德將**伊底帕斯神話（myth）**的悲劇邏輯推演至**伊底帕斯情結（complex）**概念所試圖探究的是：人作為生活在文化世界中的欲望存有——此欲望有其身體性（corporeality）作為基礎，但同時又超越了身體性——如何指認、織構自我與他者及周遭世界之間的關係，又如何在這樣的關係中協調、安置自己的身心生活（或如日常語言說的，為自己找一個位置）。這個過程的困難曲折，跟人出生時無法自主的身心狀態密切相關。無法自主移動探索世界、理解周身事件，並對世界中他者表示意願的嬰孩（*infans*，古希臘字源意即為未有語言、無法說話的存在），必須藉助他

人學習整合生命之初支離破碎的感官及情緒經驗。但這個整合能力的取
得，並非僅涉及純粹技術性的智性活動，而是深深地嵌在情感關係裡——
這是一般過度強調生理、認知進程，卻又將象徵思考能力發展與身體性的
關聯簡化至大腦神經層次的兒童發展心理學的盲點。這種感官經驗和言說
表徵相互朝向的鄰近運動，[7] 和註定無法完滿交會、抵達的失落，即克里
斯蒂娃所說的「性域」（le sexuel）與言說（le verbal）的漸進線關係
（Kristeva 1996: 51），或拉康欲望理論中象徵鏈底端斷裂的缺口。潛意
識便不斷地藉由幻想（l'Imaginaire，想像環）的生產，試圖跨越、填補、
遮掩性欲引發之焦慮（le Réel，真實環）與言說（le Symbolique，象徵
環）之間的鴻溝。

　　為了了解言說（象徵化運動）與「性」（與身體感官經驗相連的心理
感受的共稱）的聯繫如何發生，尚須回到未成為言說主體的生命階段可能
發生的事件裡去設想。心理需求無法被完全滿足（或想像中曾經抵達的滿
足感無法被複製）的失望、沮喪，乃至需求滿足提供者（客體）遭到禁
制，及自身作為滿足他者的權能被剝奪的恐懼（所謂的閹割焦慮），皆可
能造成拉康理論中的「缺」（le manque）。缺的經驗，是人朝向文化象
徵存有必須通過的「成年禮」；它既是欲望的起源，亦是令表徵作用成為
必要的推動力量——當然，前提是缺的經驗需維持在可在日後關係中獲得
修補的「自戀傷痕」（blessures narcissiques）範圍之內，而非撕裂主體立
基的創傷。[8]

　　精神分析客體關係理論相當程度補充、闡明了個體在照顧關係中成為
欲望與象徵主體的過程：幼兒學習區辨、指認、命名自身經驗、感受和需

7　Kristeva（1996）意義下的「反叛」（révolte）。

8　佛洛依德在〈超越愉悅原則〉一文中將創傷定義為「心靈防禦層的大規模破裂」（Freud
　2004[1920]: 47-128）。

求，必須先透過他者對自身狀態的命名、賦義或詮釋（Bion 2007[1967]）。然而，取得言說能力和言說位置或象徵權柄的主體化過程（subjectivation），乃在愛、恨、嫉羨、敵對、競爭等複雜情感交錯的客體關係中進行（Klein 1989[1952]）。性別認同過程在此欲望－表徵形塑過程裡佔據核心地位，但是認同的指涉對象，並非現實生活中的父母，而是潛意識主體透過身體的文化經驗所形構的母性／父性（the maternal/the paternal）或女性／男性（the female/the male）的內在客體（internal objects）。[9] 正因為成為欲望及象徵主體的過程中，人經歷了對原初客體（通常以父母為主）愛恨交織的矛盾掙扎——既與之依附、認同，又經常無法避免相互交戰、競奪——如此便使得主體化過程註定帶有悲劇意味。

總而觀之，佛洛依德挪用下的伊底帕斯，不再是希臘神話中那個無法自神諭預示的命運中翻轉、從智慧王者崇高地位墮落至卑賤處境的不幸靈魂，而成為每個個體在進入文化生活象徵秩序時皆須經歷的坎坷路途。

（二）伊底帕斯的當代意涵

以佛洛依德伊底帕斯情結概念架構為基礎，當代精神分析學者提出伊底帕斯三元結構（Oedipal triangulation）的再詮釋：個體藉由對父母（包括父性／母性潛意識原型意象及實體化身）極具張力的情感認同關係，逐漸建立一個兼具獨處及依附雙重能力、並嵌在家族或社群系譜中的自我認同的形構過程（Benjamin 1988）；或言，透過情感關係經驗在象徵秩序中尋找屬己獨特位置的主體化過程（Kristeva 1996: 101-144; Greenberg 1991; Mitchell and Black 1995）。易言之，伊底帕斯（*l'œdipe*），即每一個具有性／別身體的個人，透過對凌駕於己身之上的象徵律法（在父系社

---

9 雖然現實生活中的父母親可能成為潛意識父性／母性或男性／女性原型的化身，但前後者不可等同視之。關於精神分析內在客體與外在真實的討論可參見 Heimann（1989[1948/9]）、Frisch and Frisch-Desmarez（2010）和 Hämäläinen（2009）。

會以「父之名」為表徵）臣服與抗詰交織的認同（Lacan 2005），以追尋自身欲望困境出路的殊異歷程（Kristeva 1996: 108）。

　　需特別說明的是，在精神分析觀點中，內在心理真實（在內客體）並非外在真實（實際人物）的翻版，亦即，主體內在客體的潛意識意象與現實生活中的父母之間，不存在直接的對應關係。潛意識可能在與不同性別對象的客體關係經驗裡，擷取、形塑、想像、創造母性或父性內在客體的性質。[10] 再者，精神分析在夢境等潛意識素材中發現，內在客體意象並非具有內在一致性的完整形象，而呈現裂解、層疊的狀態，也就是說構成母性或父性內在客體的元素可能彼此矛盾對立。[11]「家」的潛意識意象亦具有類似性質；現實生活的家，[12] 與主體內在心理真實中對「家」的想像（包括實然和應然）亦存在差距。擁有社群生活的主體並非只從自身實際家庭生活經驗裡擷取「家」的潛意識意象材料，而可能藉由社群生活中的實際與想像交融的經驗中獲得。因此，即使當代社會家庭的組合方式隨著自由思潮、全球化現象等而發生轉變，並不意味著潛意識層次父母原型與家庭意象的崩毀。[13] 這是為什麼精神分析在討論伊底帕斯主體三元結構時，著重的並非實際家庭的組合形式，而是「我」如何經驗、思考自己和

---

10 換句話說，潛意識母性原型意象不見得是從現實生活中的母親，或扮演母親角色的生理女性身上擷取而得。

11 最極端的例子，要算是 Melanie Klein（1975[1928]）把佛洛依德「陽具母親」（phallic mother）概念推展至「父母結合形象」（combined parental figure）潛意識幻想的理論嘗試。Klein 根據她對精神病兒童的臨床觀察提出，在幼兒早期伊底帕斯衝突的幻想中，不僅母親同時擁有乳房及陽具，而且與父親處於交和狀態。

12 這個「家」的客觀真實毋寧是難以再現的，這點可從同一家庭兄弟姊妹對家的描繪和記憶差異看出。

13 為此，主張為了個體心理健全發展而必需維持某種特定家庭組合形式的保守觀點，是徹底忽視潛意識心理動力與主體結構的證明。當代精神分析學界中的少數保守勢力的確曾假借精神分析概念，公開發出質疑單親家庭、批評重組家庭或反對同性戀組織家庭的聲音，但筆者認為，這些學者據以發言的位置乃是捍衛傳統道德的位置，這恰恰違反了佛洛依德創立精神分析學門的原意。

賜予我生命的兩種性別個體的關係（不管我是不是跟生我的父母實際生活在一起），如何認識「我」和「他們」存在世代差異的事實，而我又該如何承接此世代差異所指涉的親緣關係、家系或世系？這些經驗、思考和疑惑，以潛在的方式不斷影響著主體欲望追尋的路徑。

透過當代精神分析學家的闡釋，我們可以清楚看到，伊底帕斯的根本意涵涉及人從被照顧者轉變為社會人的潛意識心理欲望流變，及其呈現為意識或非意識心理表徵、外顯行為的非線性路徑。在此意義下，伊底帕斯即為主體在關係經驗中形塑自身性別認同與社會象徵權力獲取的歷程。用佛洛依德自己的話來說：「自此〔青春期〕之後，個人必須努力投入脫離父母的重大任務，唯有當這項任務完成之日，他才能成為社會的成員，而不再是個孩童。」（Freud 1963[1916-1917]: 336-337）[14] 由此可見，佛洛依德心中設想的伊底帕斯，是每個孩童割捨對父母（或主要照顧者）的情感依賴、成為社會成員，在與文化規約不斷挑戰、妥協的辯證關係中尋找愛欲對象的必經歷程。[15]

（三）亂倫性侵，或伊底帕斯主體化的阻障

面對「文明」世界的伊底帕斯（孩童）至少必須通過兩個關口：情欲與權力欲的某些特定流向或施展方式將在意識層次被封鎖。前者指的是情欲對象的限制（在絕大部分文化裡父母、兄弟姊妹為不可能的對象），後者則涉及對於某個先於己、外於己的至高權柄——包括語言在內的象徵秩序和社會律法——（至少是部分）的臣服與認同。唯有接納了這兩層限制

---

14 此段引文為筆者參考英譯本之中譯。另可參見葉頌壽的中譯本，佛洛依德（1997[1916-17]：320）。

15 即使受到自身時代性別框架限制，佛洛依德在二十世紀初期即已提出超越其所處時代的性別觀點，而認為幼兒性慾中原本就同時包含了異性戀和同性戀的雙性特質（bisexuality），只不過大部分的伊底帕斯主體在社會化過程中，潛抑了同性戀傾向，而選擇異性戀作為解決潛意識衝突的出路。

和律法（缺或不完滿），伊底帕斯們之間才可能形成社會契約，共同分享權柄。正因為是共享，沒有任何人可以宣稱握有至高無上的權柄，或作為自身歷史的起始創造者，而不落入自大狂的妄想狀態。

由此觀之，亂倫性侵加害者正是拒絕接納自身缺口、承認根本限制和律法的妄想主體。正由於此類主體對象徵秩序的拒認（denial），亂倫行為完全不具有違犯傳統禁忌、以主體位置承擔違犯後果的反叛性質，最多只是原初自體性慾（autoerotism）與毀滅部分客體原初衝動的延續。

更重要的是，亂倫暴力恰好徹底否定了建構主體性的兩大根基——世代承繼（filiations, generations）、性／別化欲望（sexualization）。對於亂倫暴力的主體而言，伊底帕斯欲望與亂倫失序同時在真實生活裡發生。伊底帕斯潛意識欲望的三元結構，在亂倫家庭中尋不著原型父性或母性的實體化身，這意味著亂倫倖存者必須發展出特殊的生存法則——雖然經常是以扭曲創傷真實和自我認同為代價——才能維持自我對父母、對家系的想像認同與繫連。相較於一般相對「正常」的家庭的孩子（即，需面對一般伊底帕斯衝突的個體），亂倫暴力受害者的伊底帕斯主體化路徑，往往更為艱辛曲折。

下文中，筆者將藉由幾個法國田野研究個案生命敘事的呈現，說明欲望主體的自我建構與「家」的意象何等糾纏牽連。亂倫倖存者的自我認同長期受到家的認同箝制，如此不安的自我安置，實際阻礙了主體成家，承繼、延續象徵家系的可能性。由於參與筆者研究訪談的對象中，父親對女兒的亂倫性侵佔了非常重要的比例，本文將以這類個案為主要分析對象。

四、亂倫失序：「正常」的暴力？

亂倫性侵與陌生人性侵、甚至是成年熟識者性侵的最大差別是，其暴力性質極容易被隱匿。箇中原因，除了原本預設對立的保護者與加害者的

身分在此合而為一、不易辨認之外，對於大多數的受害者而言，家庭的失
序狀態即為伴隨她／他成長的生活秩序。這些暴力行為在當下看起來一點
都不具暴力性質，甚至是「正常」的。

（一）Isabelle：「晚上，我跟父親一起睡，當他的太太。」

接受訪談時年約四十歲的 Isabelle Aubry，[16] 她的父親從六歲開始用她
的身體摩擦自慰，並在她身上射精。自十二歲父母分居後，直到她十三歲
逃離父親掌控之前，父親與她「做愛」無數次，並利用她與他人交換性伴
侶、進行性交易。這些令人瞠目結舌的要求，對孩童時期的 Isabelle 而
言，就像爸爸叫她洗碗、倒垃圾、做功課一般「正常」。只因為要求的人
是他的父親，而從小所有的成人都教導她要聽話。[17]

在這個亂倫家庭中，倫常的失序不僅發生在父女性身體界線的踰越
上，成人的性慾亦如揮之不去的氤氳，在孩子的日常生活裡盤旋：
Isabelle 的父母經常在尚幼的她面前作愛，父親也會告訴她自己所有的獵
艷細節。但是，父母強迫孩子進入成人性世界的某種特定樣態，絕非某些
性解放主義者口中宣稱的性啟蒙，而是對孩子自身性慾與性滿足探索可能
的徹底否定。此外，Isabelle 被要求照顧父母性慾這件事，令她和父母之
間的世代區分發生了混淆，也翻轉了日常生活中一般的照顧與被照顧關
係。Isabelle 在十二歲時，母親帶著妹妹離開了父親，從此：「在家裡我
做所有的事。十二歲大的時候，是我去買菜、買家用品、記帳、下廚、
打掃、洗衣等等。然後晚上，我跟父親一起睡，當他的『太太』。」為了

---

16 Isabelle Aubry 為國際亂倫受害者協會（AIVI）會長，筆者在她的請求之下保留她的原
　名。另，本文引述之其他個案，均已更改姓名、居住地、職業等身分相關細節，以確保
　匿名性。
17 Isabelle 出生於六〇年代的法國，正值性解放運動方興未艾之時。需待九〇年代初期，保
　護兒童免於家庭暴力、性侵害防治的概念才逐漸推廣至校園。

獲得更刺激的性慾滿足，也為了填滿荷包，Isabelle 的父親開始在夜裡帶著女兒到紳士名流家裡進行性伴侶交換，或開車到一個以性交易著名的聚集點，等待對幼齡少女有興趣的客戶上前詢價。這一年，Isabelle 白天照常上學，只是每每精神不濟、瞌睡連連，經常遭老師白眼，又因打扮前衛，成為校方眼中的問題學生。

　　Isabelle 對於這失序狀態習以為「常」的認知，一直到十三歲才終於受到動搖。一回電視上正播放著一齣愛情劇，其中一幕男女親熱鏡頭對她有如當頭棒喝：「這兩個是成人，但我不過個小女孩！為什麼爸爸對我做那種事？」

（二）Nina：「對我來說，沒發生什麼事。」

　　Nina 的例子，亦道盡了亂倫暴力表面上平靜無波以致難以指認的性質。耗費多年、付出偌大代價才拼湊出童年創傷記憶的 Nina，[18] 至今無法指稱她的父親為「加害人」，原因即在於性侵過程的非暴力表象：

> 讓我倍感困擾的是，在我印象中，小時候的確一直是父親在照顧我，我幾乎可以確定都是他幫我洗澡，我半夜哭鬧時起床來看我的也是他等等……。他完全把我理想化，我必須時時保持漂亮、純潔、完美。他常說我跟他很像，是他的替身，是他最疼愛的女兒。另外，我感到有某種使命，必須取悅他。而且，他照顧我，我母親照顧我妹妹。我就如我的父親，我妹妹如同我母親，似乎本該如此。我們各自有自己的父親或母親。我想，正是這個原因，讓我很難把我父親和加害者聯想在一起。因為他同時又給我大量的愛，只是這種愛蠻不健康、蠻變態的。但是一直要等到我長大，能用成人

---

18 關於 Nina 案例的詳細描述，請見 Peng（2009）。

的眼光去看他當時的樣子，我才明白這件事。可是，在我童年的記憶⋯⋯，即使是浴室裡的那一幕，對我來說都跟創傷沒有關係，而是「正常」的。我甚至玩得蠻開心，這是最困擾我的。整個過程是相對和緩的。所以我沒有辦法怪他。我想，我就連說在我身上發生了什麼事情，都很困難，因為對我來說，沒發生什麼事！當時並沒有創傷的衝擊。

然而，當 Nina 說「當時並沒有創傷衝擊」時，聽起來較像是當時的她對於經驗事件的創傷性質毫無意識。因為這些表面上看起來一點都不暴力的性「遊戲」，卻在潛意識層次引發強烈的防禦活動，並外顯為失憶症。直到十八歲愛上第一個男人、有了「第一次」性關係為止，Nina 幾乎沒有十歲以前的童年記憶——十歲，也就是父親離開家，去跟一個比他小二十歲的年輕女人同居、隨後結婚的那一年。幾乎在每一次的性關係中，創傷記憶的片段如拍立得的影像般，斷斷續續浮上意識層——包括發生在浴室、廁所或臥房裡，手指性侵、迫使口交等畫面。起初，Nina 十分害怕和自責，她擔心自己快要瘋了，腦袋才會製造出如此污衊父親的不敬影像。

Nina 花了超過十五年的時間，才能對自己承認這些復返的記憶影像所蘊含的暴力性質，但她始終難以將父親指認為亂倫性侵加害者。換句話說，曾經被潛抑的不僅是創傷事件的視覺、觸覺、嗅覺等感官印象，也是難以名之的創傷情緒經驗。在這裡，感受自身經歷的創傷情緒，和父不父的倫理指認，成為同一件事：若我認了自己受到亂倫性侵傷害，等於是指認父親是個施暴者。這樣的指認對於孩子而言，無疑等同於失去父親。為了留住父親，小 Nina 說：「對我來說，沒發生什麼大不了的事！」

Nina 三十出頭時，一回性侵影像再度出現。這一次她不期然地聯想到自幼以來在夜裡反覆出現、內容千篇一律的難解惡夢：

> 這個惡夢有兩、三種形式，但是夢的場景大同小異：我在一個地窖
> 裡，有許多又黑又大的老鼠在我身邊竄動著，然後一隻接著一隻，
> 老鼠開始進到我嘴裡，往我的喉嚨裡鑽，每次都有一根尾巴在嘴巴
> 外面。每到這時候我都有快要窒息的感覺，然後就驚醒。這是為什
> 麼我說我反覆吞、吞、吞了三十年的老鼠！真的！我真的是吞了再
> 吞、吞了再吞……

Nina 決定用書寫的方式為自己做「精神分析」。當她把復返的影像
與惡夢內容之間的可能連結寫下的那一天起，惡夢就奇蹟似地停止出現。
至此，Nina 也才明白一直令她百思不解、無藥可治的「排泄恐懼症」
——只要房子裡有人，她就會焦慮到沒有辦法上廁所——的可能病灶。

五、指認「不正常」

Isabelle 和 Nina 從原本將亂倫性侵視為「正常」父女關係的一部分，
到理解這些要求和行徑實為性暴力的過程，可以說都與自身心性發展逐漸
成熟有關。情慾萌發的青少女從自身欲力性質的變化，開始對於自己曾經
受到的對待，有了另一層認識——佛洛依德的創傷延宕性質（*l'après-
coup*）即為了說明這個創傷浮現、成形的非線性時間性。但是，進入較成
熟的情慾階段本身，並不代表有能力命名自身經驗。即使意識到自己經歷
了「不正常」事件的受害者，往往仍需要相當長的時間，才能把這樣的經
驗和「亂倫」或「家內性侵」的字眼連在一起。

Frédérique：「媽的，是亂倫沒錯！」

從五歲起，Frédérique 被大她近十歲的大哥重複性侵達十年。步入成
年後，她刻意遺忘這段不堪回首的往事，如常人般結婚生子，精心打造人

人稱羨的家，卻打心底覺得自己像個行屍走肉（*mort-vivant*）。[19] 原以為生活可以就此平順地仰賴這個「偽自身」（false-self）[20] 繼續走下去，直到她九歲大的兒子企圖自殺。起初，她是為了兒子走進心理治療室，但敏銳的治療師察覺到，她才是該接受治療的人。經過逾一年的心理治療，亂倫的主題才首度在心理診療的會談中浮現。

> 我跟自己說，按照字典上的說法，這叫做亂倫。但是我覺得這兩個字跟我一點關係都沒有。所以我就上網找，結果居然找到一個網址！[21] 我去看了一些網友的見證，我每看一個，都跟自己說：「這真的是太卑鄙可恨了！」但是我的情況跟這些完全不相干哪！我跟我的心理師說這件事，她問：「如果不是亂倫，那是什麼？」我心想，媽的，是亂倫沒錯！

　　筆者返臺後，在尋找臺灣亂倫訪談個案的過程中，大部分受訪者跟我聯絡時的第一個反應都是：「我有意願參加研究訪談，但是我必須先澄清，我的情況應該不能叫做亂倫，因為跟報紙上報導的那些案子比起來，我的狀況沒那麼慘。」獵奇式的新聞報導的確偏愛涉及肢體暴力、脅迫的重度亂倫案件，聳動的標題經常在加害者的親屬稱謂前冠上「獸」類的貶抑性稱呼（獸父、狼叔……）。然而，如此將加害者打入非人類屬的言詞撻伐，或許滿足了一般觀眾的正義情緒，卻無法貼近受害者的實際經驗。大部分受害者都難以在這些獵奇、貶抑式的描述裡，定位自己和加害人的

---

19 法文直譯為「活死人」，亂倫受害者經常在訪談中用這個詞形容自己。

20 Winnicott（1965）提出的概念。

21 這個網址由 Isabelle Aubry 設於 2000 年，可以說是 AIVI 的前身。一開始純屬網路論壇交流性質，讓亂倫倖存者有個空間以匿名的方式分享受害經驗，彼此提供心理支持、交換訊息，比方推薦好醫師、律師、心理師等專業協助者的名單等。目前已經發展為推動改善性侵受害社會扶助修法運動，蒐集各國亂倫性侵相關法令資訊、專業書籍的開放式網站，但仍保留具隱密性的論壇功能，僅通過認證的會員能夠查看內容。

關係經驗。

六、兩種秩序的並存

電視情節、與同儕的私密談話、學校性教育等場合，讓陷入亂倫情境的孩童，對於令自己茫然、不快、厭惡、不知所措的經驗，有了外在的理解支點。但在大部分的情況裡，即使察覺到這類經驗「不正常」，受害的孩子不見得有足夠的動能或關係網絡，展開主動求救、逃脫的意圖。原因很簡單，孩童習於求救的對象，正是施予「不正常」性行為的人，或與此人有緊密情感依附關係的親密他者。除此之外，成年加害人即使自己違犯了家人之間（人與人之間）的根本倫理關係，作為父母、長輩，他或她仍然是孩子的「教育者」，要求孩子服膺禮義廉恥等道德規範，並遵守群體生活中必然存在的社會秩序規則。為了在兩種互斥秩序並存的矛盾之間存活，孩子往往發展出強大的適應彈性。白天、夜晚遵守著兩套截然不同的規則。加害成人在孩子心中的形象（內在客體）也裂解（splitted）成兩個部分：一個具親職角色的長輩，和一個懸置倫理關係的慾望動物。以精神分析的語彙來說，這樣的裂解（splitting）是一種潛意識試圖解決內在衝突的防衛機制（我不知道我知道），有別於以歇斯底里式失憶症出現的潛抑現象（repression）——如上述 Nina 的例子。

（一）Anna：「我一直都希望我的父親以我為榮。」

Anna 是來自上層社會的三十多歲女性，某法律事務所律師。她童年的家坐落在巴黎高級郊區，父親是位在其領域中備受尊敬的專業人士。她的見證說明了對父親的複雜情感，也為否認（denial）的裂解機制提供了最佳例證：

> 我一直都希望我的父親以我為榮……。十一歲那一年夏天，我們又

到經常去的度假地點。我跟他一起游泳，非常高興能跟他一起游泳，讓他看見我的進步。當我們兩個都泡在海水裡的時候，他突然對我說：「我愛上你了！」我當下就覺得爸爸不應該這樣對女兒說話，覺得他這樣說是不正常的，但是我只笑了笑，開始扯別的話題。

「伊底帕斯」情境的性質在 Anna 的見證裡清楚呈現：我希望成為讓父親感到驕傲、歡喜的女兒。父親被放置在至高他者（Other）、或尋求認同的自我理想型（Ego Ideal）的象徵位置上，自我希冀成為有能力滿足至高他者的欲望的被愛客體。只不過，Anna 期待自己能夠滿足父親的形式，是在父女關係模式裡，而不是成為父親的「充氣娃娃」。直到 Anna 十八歲上大學離家之前，她的父親經常趁著母親攜帶年幼的弟弟出門購物或遠行時，來到她的房間，把門鎖上。

> 當時的感受我記得非常清楚，就好像人不在那裡，整個人像是麻痺了一樣……。在每次口交或不管什麼動作之後，我為自己找到的快速治療法就是做功課。不管是哲學課的作文作業、數學習題，我讓自己完全專心在課業上，就像什麼事都沒有發生過。

說這些話時，Anna 的全身顫抖著，驚懼、憤怒全寫在臉上，宛如事情才剛剛發生。

在伊底帕斯三元結構中，父母親同時是潛意識自我認同（愛）和競爭（嫉羨）的對象，但父親的舉措使這個三元結構崩垮、解體：Anna 與母親的認同、競爭關係無法圍限在潛意識層次，而被硬生生捲進取消了世代區隔的現實競爭，阻礙了她藉由認同母親接納自身女體與女性特質的路徑。除此之外，亂倫性侵的恥辱與罪惡感由 Anna 一人承擔，也成為封存秘密的最佳鎖鑰。

（二）父親的律法 versus 國家法律

由於考慮到兒童在未成年之前受制於父母權柄（parental authority）的管轄，亦考慮到創傷回憶的特殊性質，法國已在 2006 年，正式將家內性侵刑事案件（非插入性侵）和重大刑事案件（插入性侵）的訴訟時限，分別從原本的成年後三年和十年，延長到成年後十年和二十年。

Anna 的案子仍在追溯期限內，但身為律師的她從未動過提告的念頭，正因為她非常清楚走上司法途徑需耗費的時間和精神代價。事發時間遙遠、蒐證困難，只剩下兩造的證詞對證詞。再者，直至兒童性侵防治與保護法令推廣已超過二十年的今天，許多檢察官、法官、被告律師總不免對受害者提出這樣的質疑：為什麼不早說？為什麼不知會母親？有機會逃的時候，為什麼不逃走？Anna 很清楚，自己擔下恥辱、賤污感、罪惡感的原因，是不想毀了這個家，讓母親和弟弟成為沒有家的人。對她而言，揭發，對她所愛的家人是個殘忍的舉措；保密，痛苦的只有她自己。

在倖存者的家庭經驗裡，彷彿亂倫行為本身並非罪行，打破沉默、揭發亂倫的行動，才是觸犯禁忌、侵害家庭既有秩序的罪魁禍首。然而，孩童的自我與這個同時滋養又毒害自我的家庭之間的複雜糾結關係，往往很難進入自詡為兒童保母的社工或執法人員的理解邏輯當中。面對已經成為自我認同一部分的家和家人（包括加害人），「我」肩負著捍衛的責任；家的動搖，一如整個生存世界的崩毀。成年後自己成為司法一環的 Anna，如絕大部分的亂倫性侵受害者一樣，選擇繼續背負存在於司法／社會規範、和亂倫非法不公事實之間的道德衝突。

七、母親的角色：同謀？矇在鼓裡？另一個受害者？

在筆者博士論文研究期間所蒐集到的五十四個法國個案裡，家內（亂倫）性侵的加害者多為父親、繼父、祖父、兄長、叔叔等男性，女性加害者佔極少數。按常理，母親是受害兒童最可能尋求保護的對象。但筆者自己的研究，和 AIVI 在網站上所進行的小規模統計調查皆指出，亂倫受害者揭露對象的選擇，母親排在同齡好友之後。且大多數母親聽到孩子揭露亂倫性侵的第一個反應，以錯愕、不知所措居多，許多甚至不相信孩子所言，斥責孩子亂說話。質言之，亂倫性侵個案中所揭示的母親，挑戰了母親擁有護子母性本能的傳統刻板印象。母親的初步反應所反映的是對加害人的依附關係，不論這樣的依附是情感的或是經濟的。

另有研究傾向將父女（父子）亂倫家庭的母親定位為共謀者，無論成為共謀的心理歷程是有意識的或無意識的（Govindama 2011: 116-117; Razon 1996: 107-112）。精神分析學者通常用與母體融合幻想（fusion fantasy）的實現，對母親的恨意投射、轉嫁在孩子身上等概念，來詮釋這些母親的視而不見、甚至主動共謀的行徑。

在筆者的研究中，母親的角色呈現出十分複雜的圖像。有些母親自己曾經是亂倫受害者，在創傷未曾被處理的情況下，任由否認機制持續運作，以致於無意識地令自己的孩子重複陷入類似的創傷困境。有的母親出自各種原因，拒絕相信孩子所說的是真的，選擇放棄孩子、維護加害者。有的母親即使相信了孩子，仍舊無法與孩子站在同一邊。另有些母親，選擇捍衛孩子的心靈和權益，卻面臨加害者及其擁護者的撻伐。

（一）復仇的母親

前面提到 Isabelle 的案例。生父在她六到十三歲之間多次性侵她，並引她涉入兒童性交易犯罪網絡。實際上，六至十二歲當中，Isabelle 的生

母仍和她與父親同住。Isabelle 無法用意識的語言向母親求救，只能透過各式各樣的「症狀」，試圖傳達無法言明的苦痛：從原因不明的病痛、翹家、逃學、抽煙，到嗑藥、割腕、引誘成年男性、搞幫派、賣淫等。但母親和學校老師們的眼睛和耳朵，看不見也聽不到 Isabelle 內心的痛，這些愈來愈嚴重的症狀，只讓她周遭的成人們愈來愈確定她是個無可救藥的壞胚子。Isabelle 自己也這樣確信著，無感於自己正承受著極大的創傷，也不知道自己使壞的毀滅力量和這創傷經驗之間存在任何關聯。[22]

母親離開一年以後，眼見 Isabelle 外型超齡、甚至日益憔悴的一位女性鄰居，開始關心起女孩的境遇。一天趁著父親未歸，Isabelle 半遮半掩地向鄰居透露父親強迫自己參與他的夜生活。驚慌失措的鄰居花了一個月的時間打聽可能的處理方式，終於和 Isabelle 的母親取得聯繫。母親現身後，帶著未成年的 Isabelle 報案。但後來證明，母親並不是真正想保護 Isabelle，而是利用這個事件進入司法程序，對前夫進行報復。[23] 因為在整個訴訟案件仍在審理中時，她的繼父開始性侵她，最後導致 Isabelle 懷孕。這次，母親並沒有報案，反而帶著她去墮胎。

（二）Marie：「簡單的路，是選擇加入另一個（加害者）的陣營。」

Isabelle 駭人的經歷，十分符合媒體酷愛報導的亂倫「獸父」、失職母親的典型驚悚案例，但有更多案件，其實發生在看起來功能運作「正常」的家庭裡。比方 Marie 女兒的例子。

---

22 筆者再次強調，Isabelle 的案子發生在法國七〇年代中期。在今天的法國和臺灣，經過多年的童年性受害實況的宣導之後，已經有更多的社工、教育者、心理師、醫生了解到，難以啟齒訴說創傷經歷的孩子，選擇用各式瘖啞的症狀，對身旁的大人、同儕發出求救訊號。但在這些訊號抵達這些專業工作者之前，孩子的各種症狀行為，往往可能已經令她／他被教育體制等成人世界標籤為問題學生（從前的「不良少年」）。

23 這個案例提醒我們，即使確有少數母親企圖以性侵案利用司法報復前夫，但並非所有以報復為出發點的訴訟案，都是假的性侵案。

　　六十歲的 Marie 是 AIVI 針對亂倫受害者及家屬籌辦的談話團體開辦三年以來，第一位以受害者母親名義報名參加的成員。她第一次參加 AIVI 的談話團體時，剛與丈夫離婚、失去主管的工作、身無分文。她向大家描述自己如何從天堂跌落地獄的歷程。

> 我的女兒打電話來向我報喜訊、告訴我她懷孕的時候，我正在辦公室裡忙。電話說著說著，她說必須告訴我一件重要的事。然後，她跟我說，她小時候接連好幾年，忍受她父親的性侵。她說她再也受不了這個秘密的折磨了！……剛開始，我以為她想逼我離婚才故意跟我說這些。我完全無法相信！因為對我來說，她的童年是多麼的幸福快樂、無憂無慮。

　　在這個布爾喬亞階級傳統的家庭裡，每逢家中成員的生日，素懷文藝詩才的母親便會寫首小詩，由頗具音樂造詣的父親譜曲，全體家庭成員便在生日宴會上唱給諸親友嘉賓們聆賞。

> 我女兒跟其他人一起唱，就連她父親的生日也是如此，完全沒有任何異樣。我做夢也沒有想到他們兩個之間會發生這種事！……二十九年的婚姻，這消息從天上掉下來，我什麼都沒有察覺，我從天上被狠狠地摔下來。……這麼多年來，我女兒完全受到她父親的操控。大家都欣賞她的父親，也就是我的丈夫。他對我女兒施加龐大的威脅：「如果你說出來，你母親會自殺，不然就是把我殺掉，而且沒有人會相信你。」……

　　感到世界正在崩解、驚惶得不知所措的 Marie，向往來甚密的丈夫的兄弟姊妹們求助。挨家挨戶拜訪的過程中，一個四十歲的侄子透露了一個驚人的消息：他在三歲時遭到 Marie 丈夫性侵，十八歲時終於鼓起勇氣向自己的父母揭露，父母卻做出息事寧人的選擇。Marie 得到的說明是：

「當時，我們不想破壞你們的伴侶關係。」此後，大家庭中的其他甥侄，外加朋友的孩子，總共三十餘位，陸陸續續打破沉默，訴說童年被性侵的創傷事件。「自從我女兒終於說出來以後，其他親戚朋友的小孩也都一個一個跳出來，他們一直以來都以為自己是唯一的受害人！」

除了因多年來任女兒飽受折磨而感到沈重的罪疚感，對於知情卻隱匿的夫家親戚，Marie 感到強烈的憤怒，覺得自己被整個家族操弄了：「他們利用我讓他看起來像個正常人，像個有太太孩子的家庭的好父親。」Marie 立刻聲請離婚，但這個決定讓她遭到親友的孤立，經濟狀況也陷入危機：

> 人們開始質疑我。連我自己的朋友也一個個退避三舍。因為這種事讓人窘迫不堪，他們應該不會相信，怎麼可能同住一屋簷下的我，竟然什麼都沒有察覺……簡單的路，是選擇加入另一個陣營。如果今天我選擇了容易的路，我就會繼續跟他在一起，有家庭、一起共度週末、一起渡假等等，但是那樣我就會失去我的女兒。

Marie 的話讓我們看到所有亂倫家庭裡非加害人母親的掙扎。選擇支持受害者，意味著被逐出加害者——經常是家族中握有權柄的那一方——的陣營。Marie 在電話中獲知那個可怕秘密的當下，旋即向公司請了長假處理家務。她那一天離開辦公室之後，便再也回不去了。六十歲的她，面臨失業且無退休俸的困境。此外，當 Marie 的丈夫得知妻子預備聲請離婚時，先一步將兩人共同持有的戶頭——也是 Marie 唯一的戶頭——裡的存款提空。

八、告發＝家的撕裂，錯置的罪惡感

上述摘選的案例片段，幫助我們了解到，亂倫暴力不一定需要使用

「威脅、身體箝制、驚嚇」等刑法條文中使「強暴」罪行得以成立的手段。親屬關係內存的權力結構，足以令受害者及其他相對弱勢的成員遵從、噤聲，不惜任何代價維護這個「家」，甚至在加害者遭到法院判決後，仍拒絕承認性侵的真實性，譴責受害者蓄意破壞家庭。

大多數亂倫倖存者揭露亂倫的目的，都不是為了藉由司法程序令加害人被判刑入獄，而是脫離亂倫的地獄。此外，當她們決定舉發加害人時，動機往往不是為了自己，而是出自保護家族中其他更年幼的孩童（這個和我類似又不同於我的他者，是令亂倫事實可能開始由外部被觀看、進入表徵的支點）。當然，也有少數受害者希望和加害人對簿公堂，冀求象徵公平正義的司法權柄，能以更高的權力位置迫使加害人認罪、道歉。然而，不同於告發陌生被害人，揭發亂倫性侵案不是單純的法律或司法問題。當被害人提出告訴時，她「攻擊」的對象是自己的親人，是整個家庭、甚至是家族，也包括她以家庭為基礎的自我認同；換句話說，她攻擊、甚至可能摧毀的也是自己。

（一）告發家人=自我攻擊

習於善惡分明、非黑即白思維模式的執法人員，多半難以理解亂倫性侵受害者對於加害人的愛和保護，更無法想像舉發亂倫性侵罪行對於受害者而言無異於施加於己身的象徵暴力。再者，強調證據、追求重建真相的司法實證邏輯，經常令涉入偵查過程的法警、檢調人員和法官，採取有距離、甚至是質疑的態度，以防範任何情感涉入可能左右司法的公正中立。但執法人員往往忽略了他眼前的告訴人可能是受到加害人不同程度及形式威嚇的受害者。對於傷痕累累、求助無門、身心俱疲的受害者而言，當她好不容易鼓起勇氣進入司法程序時，期待的是協助自己脫離箝制壓迫的有力權威，但在許多受害人提告的經驗中，司法經常是將告訴人及被告人一視同仁的冷漠機器；在無罪推定原則下，受害者／告訴人的證詞所受到的

質疑甚至超過被告人。在司法人員眼中審慎合理、公正不阿的偵查態度和原則，在受害人這方的感受卻是「在法庭之前，好像我才是真正的罪犯！」

（二）「司法不等於正義」

Isabelle 是在母親強迫之下「被捲入」司法程序，歷經兩年異常煎熬的偵訊、審判過程，她對司法程序的心得是：「我了解到原來司法（*la justice*）的功能是在維護社會秩序與民眾安全，而不是為了保護被害人，更不是為了伸張正義（*la Justice*）。」做筆錄時，警察的提問意不在詢問受害者的主體創傷經驗，而是為了求取確切的相關人、事、地、物等細節，包括準確的案發時間（x 點 x 分），案發地點場景中物件的位置、顏色、形狀等特徵，兩人分別的實際位置及姿勢，性侵動作的順序（用哪個部位、摸哪裡、摸多久），性侵持續時間長短，加害人的陰莖特徵、長度等。Isabelle 的經驗亦說明了司法體制對於被告的無罪推定原則，如何被檢調單位詮釋為告訴人（被害者）的有罪（誹謗罪）推定：檢察官在偵訊 Isabelle 的過程中，不時加入「陷阱」問題，以測試她是否說謊。因此，身為國際亂倫受害者協會會長的 Isabelle 時常勸告打算提告的受害者：「除非你覺得你的心理狀態已經足夠強壯到可以應付司法的質疑、他人的異樣眼光和親人的攻擊，否則我奉勸各位還是避免走上司法一途。」

筆者研究訪談的個案中，舉凡進入司法程序者，大多都提到整個家族切割成兩個對峙的陣營，被害者那一方的陣營幾乎沒有例外的總是較為勢單力薄，而支持加害人的那一方用來反擊的論點，令人意外地千篇一律：「她有說謊癖」、「她神經有問題」、「她不過是想引人注目」、「根本是她自己愛幻想」、「她自己才是個花痴」、「她不過是想趁機撈一筆」等。否認性侵真實的陣營總有意無意地貶抑受害者的人格，同時舉證擔保加害人的人格高尚，彷彿揭發亂倫暴力等同一場污辱加害人人格的卑鄙戰

爭，試圖竄用司法利器獲取個人私利。提告人若是不幸地因成長過程中各種社會適應不良的情況而導致處於社經劣勢，更容易引發這類聯想（如下例）。

（三）Carole：「我總覺得我做了什麼對不起我母親的事。」

　　三十初頭的 Carole，除了在三到十歲被父親性侵的創傷之外，更累積了不同求助對象否認性侵真實的二度創傷：從母親、配偶、家族，到心理師和司法體制。大約七、八歲的時候，Carole 曾經試著跟母親提到爸爸對她做了「奇怪的事」，母親的「無反應」讓她至今印象鮮明：「我記得很清楚，我們兩人在廚房裡，我對她說這些話以後，她面無表情地轉過身去，背對著我……。」母親沉默地背過身去的景象，這麼多年來 Carole 都理解成是對她的譴責和否定。「雖然我知道父親這樣做不對，感到羞恥、有罪惡感的人應該是他，但是在我小女孩的腦袋裡，我總覺得做了什麼對不起我母親的事，彷彿我篡奪了她的位置。」

　　十八歲那一年，她第一次走進心理診療室，但她搞不清楚這個「psy」[24] 究竟是精神科醫師、心理治療師，還是精神分析師。由於性侵的時間拉得很長、次數很多，Carole 的創傷記憶並不明確，因而連她自己有時都懷疑自己記憶的真實性。她試著把拼湊的記憶片段說給心理師聽，期待這個專業人士能夠協助自己釐清曖昧複雜的記憶和情緒。

> 聽完我的描述，我的 psy 跟我說「所以呢？」彷彿我壓在心底這麼多年、好不容易才吐露的秘密沒有任何重要性。看見我困惑的表情，試圖安慰我的心理師，補了一句讓我崩潰的話：「就算爸爸愛你的方式不對，但這些事都已經過去了，你應該要向前看。」

---

24 法語對「心理醫師」的俗稱。

一九八〇年代末的法國社會仍然受到六〇、七〇年代性解放運動反家庭傾向的影響，許多左派人士（包括許多精神分析師）將家庭視為箝制主體的傳統文化建置之一，鼓勵個人拋開傳統家庭結構中對於關係常規的「束縛」或「壓迫」。Carole 的第一位心理師不清楚的是，這種「解放」觀點無法取消主體對於某種父女情感關係樣態的期待，即使個別的期待表面上看來恰好落入約定俗成的關係樣態中，不代表這樣的期待是傳統規約「箝制」、「異化」主體的結果。心理師自以為授權解放的宣稱（你可以與父親有性關係），事實上是對亂倫創傷的視而不見。此外，「向前看」、試圖掩埋過去本來正是 Carole 一貫的存活策略，但她付出的代價是不斷地消抹自己任何可能取得地位的機會。有繪畫天分的 Carole 考進了篩選嚴格的藝術學院，許多老師鼓勵她開個人展，但是一直以來畏懼人群的她未曾參加過任何具有重要性的展覽。她把畫作藏在自己公寓的一個房間裡，只有熟識的朋友才能有幸一睹她的心靈風景。初識她時，她在一家連鎖店擔任總機的工作。幾年前，她決定對父親提出控訴，主要原因是無法繼續忍受獨自一人承擔過重的罪惡感負荷；但另一個導火線，是得知父親強暴了一個同父異母的妹妹。

決定提告前，她去見了童年遭父親性侵那段時間唯一可能的人證：跟她一起長大的哥哥。她隱約記得有一天晚上因為怕爸爸來房間找她，央求哥哥陪她一起睡。那天晚上，兩人一起躲在被窩裡，半睡半醒間，棉被猛然被掀開，只見惱怒的爸爸大聲斥責他們。因憂鬱症接受長年心理分析的哥哥，確認了 Carole 的童年記憶，也成為家族中唯一的支持者。

> 家族裡面的人其實都知道我父親跟我那半個妹妹有什麼，因為他拖著她參加所有的聚會、宴會，就像是他的女人一樣。……這個妹妹在人前非常安靜、面無表情，像個活死人，很明顯完全受到父親的操控。或許對家族的人來說，男人生性好色、愛吃嫩草，大家就睜

一隻眼閉一隻眼吧，沒有半個人覺得有問題、跳出來替這個妹妹說話！……自從我在家族間揭發亂倫這件事，大家都說 Carole 瘋了！反正她從小就怪怪的。…我去找父親對質的時候，他跟我說是我自己對他有性幻想……

Carole 的提告，半年後便以證據不足不起訴作結。過程中，反對提告的丈夫與她多次發生口語、肢體衝突。我完成論文後與 Carole 聯絡時，兩人已分居、準備離婚。

（四）Isabelle：「對他來說……錯的人還是我。」

與 Carole 相較，Isabelle 的亂倫創傷最後獲得了司法的認定，她的父親在歷時兩年的刑事訴訟案結束時被判刑十二年，並需支付精神賠償費。但父親服刑六年以後假釋出獄，違反保護令搬到距離 Isabelle 家不到一公里的地方、多番騷擾她，並拒絕支付任何精神賠償費。二十多年來，Isabelle 自費嘗試過各式各樣的心理治療，不見果效，我認識她時，她仍在服用抗憂鬱劑。

我父親出獄後，我跟他見了面，我想，我心裡終究還是希望有個父親吧。但是對他來說，即使法官對他判刑定罪，錯的人還是我，他到現在仍然覺得自己才是受害者。……現在回頭看，**我發現在這麼多年自我重建過程中最困難的部分，其實是接納我沒有父母的事實**……。我常跟自己說：「我寧可自己是個孤兒，這樣的話，至少我就不會心存任何妄想。」

對絕大部分的亂倫受害者而言，脫離亂倫深淵與脫離家庭是同一件事。這正是這些主體面臨的最大困境。常民生活裡將家庭視為自我據以拓展關係網絡的基點，提供物質、心理照顧的空間，此預設在亂倫家庭情境裡，以矛盾的方式實踐著：唯有接納主體（自我意識）被摧毀，個體才能

保住家人的身分、維繫家人關係並獲得某種程度的「照顧」，雖然世代照顧角色倒反在亂倫家庭中是常見的現象，即往往是受害者被要求擔任父母的照顧者。因而，當受害者拒絕繼續照顧加害家人時，這個違背亂倫家庭既定秩序的舉措，立即被指認為失職、犯錯。

九、斬斷原生家系：一種療癒？

法律史學者暨精神分析師 Pierre Legendre（1990）強調家系（filiation）是令主體得以樹立自身為言說主體的根基。家系的象徵建置提供了主體一個可與之認同的「奠基第三者」（Tiers fondateur, Legendre 1990: 17）——例如姓氏或「父名」的繼承——以將自己銘印在更廣大的、具有延續性的社會群體當中，並藉此與社會中的他者形成繫連。Legendre 將亂倫定義為「對家系秩序的侵害」（1988: 130），後果可能導致主體脫離自我認同據為根基的人類系譜，被驅逐至心靈死亡的孤絕境域。

然而，揭露亂倫暴力、試圖脫離亂倫家庭的受害者，從力求護守家庭的成員那裡得到的譴責，亦是對亂倫家庭既存「秩序」的侵害。即使此「非秩序」（non-ordre）如 Legendre 指出的，危害著言說主體的立基，卻是受害主體與他者發生連結的主要場所；即使這個場所在外人眼中宛如心靈廢墟，卻是主體據以建立自我的基地。因此，如何能斬斷與亂倫家庭的糾結繫連，而不發生另一次自我斲傷，是倖存者最大的考驗。底下略述倖存者對於亂倫家系延續的恐懼和存活策略。

（一）創造無父之子：飄忽的位子與身分認同

在我的研究中，多位加害人為父親（或擁有父性形象的男性家族成員）的女性倖存者，有意識或不自覺地選擇建立一個沒有父親的家。上文

提到的 Isabelle 和 Nina，都在二十歲前後，有計劃地與仍不確定伴侶關係的男性友人發生性關係、懷了孕，且決定不告知對方，獨自撫養孩子長大。「我刻意建造了一個沒有父親的家，證明孩子沒有父親也能活得很好。」多年後，Isabelle 如此坦承道。在分析式心理治療過程裡，她意識到自己某種程度把這個小孩當成「藥兒」（bébé-médicament），[25] 透過在真實和想像層次讓孩子（自己的替身）與迫害的父親隔離，治療自己童年的創傷。

但是這樣的「替身修復」策略不見得能讓自己真正進入母親的位置、開啟新的家系，或更廣泛地說，讓自己獲得在世界立身的位置。自我認同和家系傳承的議題並沒有因為孩子的誕生、擔任母職而獲得解決。Nina 在訪談中透露：「一直以來，我有種奇怪的感覺，覺得自己的存在像空氣一般不明確，在又不在。我不知道怎麼說明這種感覺。比方說，當我的女兒喚我媽媽的時候，我總覺得她不是在叫我，雖然我的腦袋知道她的確在叫我。」換句話說，這個無父之子作為「我」的延續／替身，也繼承了「我」在家系中位置的倒錯，其身分同樣無法銘印在家系歷史當中；母女關係的飄忽感即反映了這樣的錯置與斷裂狀態。

進行訪談時，Nina 接受了約八個月的心理分析，逐漸意識到唯有與父親徹底切斷聯繫，拒絕延續三十年來對亂倫非秩序的默認，才有可能賦予自身主體位置，並開啟另一個家系。訪談前不久，Nina 寫了一封長信告訴她的父親，她決定從今以後不再跟他見面，信中述及所有復返的童年創傷記憶。原本不知是否該相信 Nina 對父親的指控的妹妹，答應替姊姊做信差，把信當面交給父親，並花了數小時跟他對質。父親一開始全盤否

---

25 這個法文詞彙的英文直譯是 medicine baby，正確的譯法應是 savior sibling，原本是用來指稱第一胎嬰兒出生後發現患有某些可藉由造血幹細胞移植來治療的疾病，便用試管培育第二胎嬰兒以提供造血幹細胞的特殊療法。在法語語境裡亦作隱喻用，意指懷孕生子被用來當成解決孤立苦境或修補兒時創傷的手段。

認，接著推托給自己的一個朋友，意指 Nina 記錯人。直到最後才鬆口說：「我都不記得了，如果 Nina 說是真的，或許就是真的吧……我想不起來，可能是我得了失憶症，那你叫 Nina 幫我找個催眠師，看看我記憶會不會回來吧。」面對父親又一次情感勒贖的呼召，Nina 堅決不再做任何回應。

（二）代代相傳的亂倫：詛咒？

由於亂倫經常不只發生在一個世代，而有「代代相傳」的現象。一位參加 AIVI 談話團體的成員說：「我們父系家族的男性，從第一個到最後一個都是亂倫加害者！」追溯起來，部分加害者（以男性居多）的確曾經是亂倫性侵的被害者。一個在二十一世紀之初、在法國引發軒然大波的著名多重亂倫性侵案件「Outreau 案」，便是另一個典型案例。主要涉案者為 TD、TD 的妻子和一對鄰居伴侶，共同至少性侵了 TD 的四個小孩。後來證實 TD 自己從八歲起遭到父親多次性侵，檢警單位啟動調查不久後，TD 的父親上吊自殺。當記者訪問 TD 的母親時，她的回應是：「這種事不能對家人說、更不能對外人說。再說，我們不應該說死人的壞話，他已經無法為自己辯護。……他們家的人本來就是這樣，在他之前還有其他人做了同樣的事。」（Aubenas 2005: 76）

部分亂倫倖存者十分擔憂自己可能「繼承」亂倫的血統，便選擇以決斷的方式，企圖「一勞永逸」地根絕亂倫的問題。決定一輩子不結婚也不生小孩的 Laure 說：「當年我們在電視上聽到太多關於受虐兒會複製暴力的訊息，對我來說，絕對不可以在自己孩子的身上重複這個錯誤，所以就絕對不可以有小孩。」

這種「繼承」亂倫傾向的恐懼，有時以身體、血緣，甚至是基因被「污染」的想像形式出現，尤其在女性倖存者懷孕、分娩，或孩子患有原因不明的疾病時，污染的想像更受到強化。一位有兩個可愛女兒的倖存者

表示，她每次得知自己懷孕時，都陷入極度龐大的恐懼，擔心自己肚子裡懷著死胎或怪物。尤其產檢得知自己懷的是女胎時，她痛苦異常，猶豫著要不要再讓一個生命到這個世界來受苦。一直要到妊娠中、後期，清楚地感到胎動時，恐懼和疑慮才逐漸消失。但每回生產時，她都要求醫師剖腹產，「因為對我來說，像嬰兒這麼純潔的東西，不應該從那麼髒的地方出來。」

上文提及的律師 Anna，亦無法免除自己身上帶著恐怖血緣的想像：「我有兩個兒子，分別是六歲和七歲，非常可愛。但天不從人願，我的老大被診斷為自閉症。對我來說，是我的問題。為什麼？因為他是我兒子，而我是我父親的女兒，一個低賤的人，我繼承了腐爛的基因鏈，我是這樣覺得。」

（三）家系的斷裂與更新

在我的研究個案裡，幾乎沒有例外地，不僅亂倫被揭發或試圖揭發時，絕大部分的家族成員用或軟或硬的方式，要求受害者保持緘默、忍耐，維護家庭關係、保全家族名聲，受害者自己亦緊緊抓住家和父母的意象，設法在心靈層次進行修補，維持有家的「幻覺」。設法將倒錯的關係「正常化」，符應受害者的自戀需求，以維繫父母的愛。實際上，當原本應該提供保護的家長變成加害者的時候，孩子經常成為加害成人的照顧者，甚至是治療者（Ferenczi 1932: 133）。一旦試圖逃脫被亂倫家庭的關係動力所指定的位置，孩子則成為沒有資格活下來的遊魂。

亂倫性侵加害者將子代身體化約為無生命之物（「吹氣娃娃」）、或其自戀情慾模式下「自我的延伸物」，[26] 一舉抹除了家長的角色，也如同

---

26 Carole 如此形容自己對父親的意義：「對他而言，我連個東西都不是，我只是我父親的延伸物。」（« Pour lui, je ne suis même pas un objet, je suis le prolongement de mon père »）

執行一場對主體的「心靈謀殺」（Shengold 1989），逼迫孩子進入一個無以名之的曖昧位置，或沒有位置的位置，亦即令孩子成為實質的孤兒。倖存者被迫在依附空有虛殼的家系（但獲得有家的幻象）或者脫離家系、成為孤魂的兩難之間抉擇。但無論選擇前者或後者，皆可能引領主體朝向心靈的死亡。活命的關鍵？在斬斷與「毒性父母」（"toxic parents", Forward & Buck 1989）或毒性家庭（toxic family）的心理依附的同時，尋求另一個允許主體銘印發生的象徵家系。

正是為了斬斷亂倫的「遺傳鏈」，AIVI 的會長 Isabelle 決定更改姓氏，新的姓氏為她自己所選，在工作場合、親密朋友圈等私生活領域，她便是以新的姓氏出現；[27] 而在社會運動、為亂倫受害者爭取權益的公共場合，則使用她生父的姓。Isabelle 和其他倖存者共同組成的國際亂倫受害者協會，某種程度建構了一個象徵的「家」，允許進入的倖存者藉著這個相對安全的、連結私密與公共場域的所在，銘印自身經驗、開展另外一段歷史的可能。這個並非基於血緣關係而形成的微社群，藉著傾聽彼此相近又殊異的創傷經驗，令受傷的言說主體獲得修復的機會。許多核心成員會以「家」來命名協會成員間形成的情感關係空間，裡面包含了一般家庭成員之間可能存在的正負向情感流動，不斷上演著相愛、扶持、嫉妒、衝突、和解等相對「正常」的人生場景。

十、結語：亂倫創傷反照出「家」與在家感的區隔

當代精神分析創傷研究理解到主體生命史中與他者關係、社會繫連（social link）的斷裂乃是理解創傷的關鍵（Davoine & Gaudillère 2004; Felman & Laub 1992; Sklar 2011）。亂倫創傷主體的生命經驗敘事，更幫

---

27 在此保密。

助心理臨床理論家和實踐者認識到，主體的形構如何深深地嵌在家族史和社會史當中。亂倫家庭的失序所導致的主體失序（disorders）同時呈顯了個體對「家」（*maison, famille*; home）與「在家感」（*chez-soi, chez-moi*; my place, feeling "at home"）的渴求，也指出兩者之間的不必然連結。家庭實體的存在——以父母兒女等親屬稱謂呼喚彼此，並按照某種共享或默許的秩序、法則（隨成員間權力關係而調整），共居在特定生活和心理空間中的某些個體——不一定能確保在家感的產生，提供主體生成所需的情感依附場域。

精神分析師與人類學家 Olivier Douville（2007）在中非從事多年的童兵創傷研究，為「家」與「在家感」的差異提供了概念思考工具。他發現這些自幼被徵召、訓練為殺人機器的孩童，如何在被拯救、歸返家園時，仍舊無法在心靈層次上返「家」，與他人發生繫連。Douville 將這些孩童、青少年在心理層次失家或無家可歸的狀態稱為「飄零」（wandering），並強調此種孤絕狀態，與「遊牧」（nomadism）——逐水草而居、流動遷徙的家——和「流浪」（vagrancy）——四處為家、遊蕩倦了仍有家可歸——之間的根本差異。童兵創傷和亂倫（家的失序）創傷的兩個例子皆由反面映照出一種「在家」（at home）的狀態：可以完全卸除武裝的、自在的、安定的、不需為自己的存在尋找理由的狀態。在一般人生活經驗中，「家」被預設為是有能力提供「在家感」的身體及心理空間場域，也是允許從依附關係中逐漸發展出有能力獨處之人（Winnicott 1958），可以與他者產生關係的參照原點。但在亂倫暴力倖存者漫長的復原路程上，我們看到他們以各式各樣曲折的路徑，嘗試尋找可能提供「在家感」的心靈空間（藝術、劇場、書寫、教會、社會運動……），開創足以取代血緣家系、但不需以犧牲邏輯來交換存在位置的象徵系譜。

參考書目

席格蒙・佛洛伊德

　　1997 [1916-17, 1933] 《精神分析引論・精神分析新論》，葉頌壽譯。
　　臺北：志文出版社。

Aubenas, Florence

　　2005 *La méprise: l'affaire d'Outreau*. Paris: Seuil.

Bajos, Nathalie, Michel Bozon, and Nathalie Beltzer

　　2008 *Enquête sur la sexualité en France: Pratiques, genre et santé*. Paris:
　　La Découverte.

Bauman, Zygmunt

　　1999 [1973] *Culture as Praxis*. London; Thousand Oaks, Calif.: SAGE.

Benjamin, Jessica

　　1988 *The Bonds of Love: Psychoanalysis, Feminism, and the Problem of
　　Domination*. New York: Pantheon.

Bhabha, Homi K.

　　1994 *The Location of Culture*. London; New York: Routledge.

Bion, Wilfred R.

　　2007 [1967] *Second Thoughts: Selected Papers on Psychoanalysis*.
　　London: Karnac.

Corcuff, Philippe

　　2006 [1995] *Les Nouvelles sociologies : entre le collectif et l'individuel*.
　　Paris, Armand Colin, 2e éd.

De Lannoy, Jacques-Dominique & Pierre Feyereisen (ed.)

　　1996 *L'inceste, un siècle d'interprétations*. Lausanne: Delachaux et
　　Niestlé.

Davoine, Francoise and Jean-Max Gaudillère

2004 *History Beyond Trauma*. New York: Other Press.

Douville, Olivier

1998 "L'"identité/altérité", fractures et montages: essai d'anthropologie Clinique", in René Kaës (éd), *Différence culturelle et souffrances de l'identité*. Paris: Dunod, p. 21-44.

2007 *De l'adolescence errante: Variations sur les non-lieux de nos modernités*. Nantes: Editions Pleins Feux.

Dussy, Dorothée

2006 "L'inceste versus l'interdit de l'inceste, lectures croisées", *Journal International de Victimologie*. 2006, 1.

2008 "Père et fille à l'épreuve d'un procès pour inceste", *Cahiers internationaux de sociologie*, printemps 2008, vol. 124, pp. 161-171.

2009 "Inceste, la contagion épidémique du silence", *Anthropologie et Société,* vol.33, n°1, pp. 123-140.

Dussy, Dorothée, and Léonore Le Caisne

2007 "Des maux pour le taire. De l'impensé de l'inceste à sa revelation", *Terrain* n° 48, mars 2007, pp. 13-30.

Felman, Shoshana and Dori Laub

1992 *Testimony: Crises of Witnessing in Literature, Psychoanalysis and History*. New York and London : Routledge.

Ferenczi, Sándor

1932 "Confusion de langue entre les adultes et l'enfant", in *Psychanalyse IV. OEuvre complètes* (1927-1933), trad. par l'équipe du Coq-Héron. Paris : Payot, 1982, p125-135.

Finkelhor David

1994 "The international epidemiology of child sexual abuse", in *Child Abuse and Neglect*, vol. 18, no 5, p. 409-417.

Finkelhor David, Hotaling Gerald, I. A. Lewis & Smith Christine

1990 "Sexual Abuse in a National Survey of Adult Men and Women: Prevalence, Characteristics and Risk Factors", in *Child Abuse and Neglect*, 1990, vol. 14, n°1, p. 19-28.

Forward, Susan and Craig Buck

1989 *Toxic Parents: Overcoming Their Hurtful Legacy and Reclaiming Your Life*. New York: Bantam Books.（《父母會傷人》，楊淑智譯。臺北：張老師文化，2003。）

Freud, Sigmund

1963 [1916-1917]. *Introductory Lectures on Psycho-analysis*. Standard Edition, vol. 16. London: Hogarth Press.

1984 [1933] *Nouvelles conférences d'introduction à la psychanalyse*. trad. De l'allemand par Rose-Marie Zeitlin. Paris : Gallimard.

1996 [1956] Lettres à Wilhelm Fliess, n° 71, le 15-10-1897, in *La naissance de la psychanalyse*. Paris: PUF. P. 196-199.

2001 [1912-1913]. *Totem et tabou*. Paris: Éditions Payot & Rivages.

2004 [1920] "Au-delà du principe de plaisir", in *Essais de psychanalyse*, p. 47-128.

Frisch, Serge and Christine Frisch-Desmarez

2010 "Some Thoughts On The Concept Of The Internal Parental Couple", in *The International Journal of Psychoanalysis*, Vol. 91, Issue 2, p. 325-342.

Godelier, Maurice

2007 *Au fondement des sociétés humaines: ce que nous apprend l'anthropologie.* Paris: Albin Michel.

Gorey, K. M. & D. R. Leslie

1997 "The prevalence of child sexual abuse: Integrative review adjustment for potential response and measurement biases". In *Child Abuse & Neglect*, 21(4), 391-398.

Govindama, Yolande

2011 "Haine maternelle et l'inceste père-fille", *in Figures de la psychanalyse*, N° 22, "Jouissance de la mère". Toulouse : Érès, p. 113-126.

Greenberg, Jay R.

1991 *Oedipus and Beyond: A Clinical Theory.* Cambridge, Mass.: Harvard University Press.

Greenfield, P. M.

1997 "Culture as a process: Empirical methods for cultural psychology", in J. W. Berry, Y. H. Poortinga, & J. Pandey (Eds.), *Handbook of cross-cultural psychology*, Vol.1, p301-356.

Hämäläinen, Olavi

2009 "The Relationship Of The Inner And The Outer In Psychoanalysis", in *The International Journal of Psychoanaly*sis, Vol. 90, Issue 6, p. 1277–1297.

Heimann, Paula

1989 [1948/9] "Some Notes On The Psycho-Analytic Concept Of Introjected Objects (1948/9)", in *About Children And Children-No-Longer: Collected Papers* 1942-80. London: Routledge, p. 61-72.

Héritier, Françoise

1994 *Deux sœurs et leur mère: Anthropologie de l'inceste*. Paris: Odile Jacob.

Jaspard, Maryse

2005 *Les violences contre les femmes*. Paris : La découverte, 2005.

Klein, Melanie

1975 [1928] "Early Stages of The Oedipus Conflict", in *Love, Guilt and Reparation and Other Works 1921-1945 (The Writings of Melanie Klein*, Vol. 1). London: Hogarth, p. 186-198.

2001 [1957] *Envy and Gratitude: A Study of Unconscious Sources*. London: Routledge.

Klein, Melanie et al.

1989 [1952]. *Developments in Psychoanalysis*. London : Karnac.

Kristeva, Julia

1996 *Sens et non-sens de la révolt*e. Paris: Fayard/Livre de poche.

Lacan, Jacques

2005 *Des Noms-du-Père*. Paris: Seuil.

Legendre, Pierre

1988 *Le dossier occidental de la parenté*. Paris : Fayard.

1990 *Filiation: Fondement généalogique de la psychanalyse*. Paris: Fayard.

Lévi-Strauss, Claude

1967 [1949] *Les structures élémentaires de la parenté*. Paris: Mouton, 2ᵉ edition.

Malinowski, Bronislaw K.

1927 *Sex and Repression in Savage Society*. London: Routledge and Kegan

Paul.

Miller, Alice

1998 *Thou Shall not be Aware: Society's Betrayal of the Child.* Hildegarde and Hunter Hannum, trans. New York: Farrar, Straus and Giroux.

Mitchell, Stephen A. and Margaret J Black

1995 *Freud And Beyond: A History Of Modern Psychoanalytic Thought.* New York: BasicBooks.

Paolucci, E. O., M. L. Genuis & C. Violato

2001 "A meta-analysis of the published research on the effects of child sexual abuse", in *Journal of Psychology*, 135: 17-36.

Parsons, Anne

1964 "Is the Oedipus Complex Universal? The Jones-Malinowski Debate Re-visited and a South Italian "Nuclear Complex", in *Psychoanalytic Study of Society*, vol. 3, p. 278-328.

Peng, Jenyu

2009 *À l'épreuve de l'inceste.* Paris: Presses Universitaires de France.

Racamier, Paul-Claude

1995 *L'inceste et l'incestuel.* Paris: Les editions du collège.

Razon, Laure

1996 *Énigme de l'inceste: du fantasme à la réalité.* Paris: Denoël.

Shengold, Leonard

1989 *Soul Murder: The Effects of Childhood Abuse and Deprivation.* New Haven: Yale University Press.

Sklar, Jonathan

2011 *Landscapes of the Dark: History, Trauma, Psychoanalysis.* London: Karnac.

Spiro, Melford E.

    1982 *Oedipus in the Trobriands*. Chicago: University of Chicago Press.

Winnicott, Donald W.

    1958 "The Capacity to be Alone," in *International Journal of Psycho-Analysis*, 39: 416-420.

    1965 "Ego distortion in terms of true and false self, " in *The Maturational Process and the Facilitating Environment: Studies in the Theory of Emotional Development*.

第 4 章

跨性別者的成家之道

林文玲

一、前言

　　親屬是人們基於血源或婚姻而來的社會連結關係（Stone 1997: 5）。
這個關於「親屬」一詞條理清晰的標準解釋，面對當代社會，家的組成與
形式的多元多樣，繼父母關係以及新的生殖科技，或者收養案例的層出不
窮（Strathern 1992; Modell 1994; Franklin 1997, 2003），已經變得不再只
是一套既定的行為規則，反而比較是生活中一連串的經歷、抉擇與實作過
程（Hicks 2006: 763）。這些親屬—實踐從當事人各自的情境狀態，通過
血親的連結與／或法律上的認定，去分辨自家人與別人，從中界定人我彼
此之間的遠近親疏以及附帶的權利義務。這些界定與實作的內涵很大一部
分專注在親密關係的建立，並經由「成為伴侶」（partnering）與「為人
父母」（parenting）兩個生命主題呈現出來。這些生命實作的具體凝結，
可以從家或家戶的落實成形，觀察得到。

　　「親屬」實作、實踐的當代特性，由於全球語境與社會體系之間的交
疊、共作或相互牽引之下，其實是座落在各種關於性別（構想、角色）、
親屬規範、「家」（的概念與想像）以及法權制度之各種源流、脈絡交織
的介面當中運作與實施，而且受到政治、經濟與社會及其演變的影響。以
目前已成為人類社會普遍的婚姻制度的核心家庭（nuclear family）為例，

由於它立基在一夫一妻的設想與制度上，使得結為配偶的兩人基本上從（Giddens 意義的）純粹關係出發，攜手邁向一種相當浪漫化（或強化）核心成員情感連結（以愛為基礎）的家庭想像。這樣一種家的「想像」並非空中閣樓，它實際上有相當完備的物質基礎並與社會的法規制度緊密地鑲嵌在一起，指導人們對人生進行規劃並召喚（interpellation）著人們對（特定形態的）幸福完滿的感知與感受。

「親屬關係」的實踐者，身處錯綜複雜的社會機制當中，因為動機、想望與位置、處境的不同，也基於對各種不同技術、知識（系統、管理）的掌握、判斷與解讀，發展出相當多樣的親屬連結與家的建立。在跨性別者身上，家的建立通過親屬關係的呈現與實行，並在各種訊息流通與科技條件之下，有了一些不同於傳統面對面社會發展出來的連結或樣態。對於親屬相關資訊或知識的取用或掌握，相當程度也為本文所聚焦的性別（認同）、親密關係以及家的想像與構築，產生影響、投下複雜變因。而「親屬」知識的取用，對跨性別者而言不在於「往回看」的時間向度上（譬如追溯祖先的來源或系出哪個門第），反而著眼在性別轉換的親屬（再）連結以及生育養育後代（未來）可能的知識上。這些知識支撐製造親緣的起心動念，包括民法、戶政、戶籍法，變性手術、取卵、取精手術、冷凍儲存技術，與人工生殖科技的相關資訊；以及這些相關技術科技在何種法令的規範之下，能夠實施。另外這些資訊與知識的可及與可用性，與傳播途徑的多元管道有著密切的關聯，同時凸顯跨性別者的不同社會位置與各自擁有的資源狀態。

跨性別者對於親屬相關知識的取用，總會在他的行動與實際作為當中，顯露其意向、展現其主體能動性以及慾望的質地與樣態。「實踐」一詞因此一方面指出跨性別主體的性別打造，是交錯在「知（道／識）」與「行（動）」之間，一種來回往返的多樣化產物；並且這樣一種性別的實行與做出，總是涉及特別而又專業的技術介入與策略的運用。跨性別者在

這些「知（識）」的基礎上，生產及改變世界與他們自己，從中展露跨性別認同並推出跨性別者性別化的身體。跨性別者自我打造的性別，將在人際互動與關係的建立或協商當中，書寫、延展其意義並朝向各自圈畫出來的人生藍圖邁開腳步。本文將探索跨性別者在自己的性別（轉換）狀態之下，轉進到變換著或變換後的身體與性別，如何被引入伴侶或親子關係的建立或協商，以進行家的建造與親屬關係的連結。而家的建造過程中跨性別主體對於（結為）親屬的相關知識的創造性使用，一種關於本地親屬（關係）的識讀能力與技藝介入的社會使用以及體現的關係，也將是本文關注的另一個重要面向。

二、研究背景

在臺灣不管身處社會互動、醫療地點或論述語境之不同場域當中，跨性別（transgenderism）一詞時常被等同於變性（transsexualism）來看待，而對變性的理解也必然導引至變性手術（sex reassignment surgery, SRS）的實施這一條路。跨性別—變性—變性手術一體不分（辨）的想像、認知並不完全符合現實生活中多元多樣的跨性別主體。從跨性別團體與諸多跨性別、變性主體自不同管道、界面與場合所發出的聲音，得知跨性別、變性主體彼此間有所差異的性別想像、身體規劃與走出來各有分殊的性別路徑。

跨性別（transgenderism）一詞於本文，意指一群生活於既定性別規範系統之外或邊緣的人，以及他們的生活表達與經驗歷程（Gagne et al. 1997: 481）。這些個體包括跨性別者（TG: transgender）、變性者（TS: transgsexual）、變裝者（CD: cross dresser）、扮裝皇后／國王（drag queen/king）等，而其中的變性者又區分為變性手術前、變性手術後與不變性的變性者。本文基本上將「跨性別」視為一種性別多樣的聚合或連續

體，跨性別者具差異的身分表達與互為主體的情境狀態，主要源於所在的資源、環境與生活各種場域的可能與條件，彼此互動、相互交織而形成。

變性（transsexualism）從精神醫學的角度來看，是指一個人在心理上無法認同自己與生俱來的性別（一般來說指生理性別及引申而來的各項標籤），而認為自己應該屬於另一種性別。[1] 這是一種「性別認同障礙」（Gender Identity Disorder, GID），是一種精神醫學上的分類定義。[2] 性別認同障礙是一個由心理學家與醫師所定義的精神醫學用語，通常是用來解釋與變性、跨性別或變裝者相關的情況。性別認同障礙也是最常應用在變性者的醫學診斷上。而性別認同障礙最主要的症狀是「性別焦慮」（gender dysphoria），是指對於自己本身的性別持續地感到非常不舒服、無法適應的狀態。[3] 由於許多文化並無法接受跨性別的行為，對自身性別無法認同的感覺往往為當事人及其家人、朋友帶來許多問題。

但是從跨性別者的生命經歷與性別實作，則可以看到「跨性別」作為身分或認同的一項標識，反而提供兩性之外的另一個選擇。在這個選項當中，不單只是反對二元論下所劃分的顯明且互補的性別角色，以及兩性必定相互吸引的異性戀法則之外；同時也常常對同性戀側重的性傾向（sexual orientation）以及所隱含的同性關係（不分辨生理性別與社會性別），起了顛覆的作用。跨性別者的情慾實踐可能是「同性戀」、「異性戀」、「雙性戀」或「無性的」（asexual），也就是說性別認同與性傾向

1 請參考世界衛生組織（World Health Organization）2007 年第十版的國際疾病分類（The International Classification of Diseases 10th Revision，ICD-10）。http://www.icd10data.com/ICD10CM/Codes/F01-F99/F60-F69/F64-/F64.1 。2013 年 4 月 5 日瀏覽。

2 線上 DSM-IV-TR http://www.behavenet.com/capsules/disorders/dsm4TRclassification.htm，2013 年 4 月 5 日瀏覽。

3 請參考 ICD-10 http://www.icd10data.com/ICD10CM/Codes/F01-F99/F60-F69/F64-/F64.1；以及線上 DSM-IV-TR http://www.behavenet.com/capsules/disorders/dsm4TRclassification.htm 關於 GID 的定義說明。2013 年 4 月 5 日瀏覽。

在此並沒有一定的邏輯推論關係。跨性別與同性戀有所不同的性別向度，造成彼此在運動、政治或者理論上的差異與分殊。跨性別運動者或理論家將 transgendered 定義為反對性別區分（gendering）的戰士（Feinberg 1996; Zimmerman 2000），尤其那些透過性與性別的劃分，配合男女二元所規劃、展現的區分，正是跨性別者時時刻刻感受到的無形枷鎖。跨性別者通常對生理性別（sex）與社會性別（gender）之間的「無縫隙般」的接合，有著程度不一的不自然或無所適從的主觀感受。在此，跨性別者經由親密關係的建立或維護，於性、性別以及性傾向上所呈現的歧出或踰越狀態，對應某些人類學或性別研究稍微僵固的性別二元之分析架構，提供對話可能或思考空間。

　　跨性別於生理性別與社會性別上的「不一致」、「無法接合」，清楚呈現在精神醫學對跨性別或變性者所依據的性別認同障礙之診斷標準。根據國際性別焦慮協會（Harry Benjamin International Gender Dysphoria Association）於 2001 年 2 月在其最新版的《性身分障礙診療標準》（*Sexual and Gender Identity Disorders*）第四版（參見 Diagnostic and Statistical Manual of Mental Disorders, DSM-IV）[4] 診斷「性別認同障礙」必須達到五項條件：（一）必須要有證據顯示有強烈且持續的跨性別認同感。（二）跨性別認同感不可以是因為認為另一種性別在文化上有更多優勢而產生的。（三）同時也必須要有證據顯示對於天生的性別有持續性的不適應感，或是無法適應自己所屬性別的性別角色。（四）當事人不可同時擁有身體上的跨性別狀態（例如睪脂酮不敏症候族或先天性腎上腺增生症）。（五）必須要有臨床上的證據能顯示當事人在社交、工作或其他重要領域上遭遇顯著的挫折或傷害。

4　同註 2，線上 DSM-IV-TR http://www.behavenet.com/capsules/disorders/dsm4TRclassification. htm。2013 年 4 月 5 日瀏覽。

對跨性別與變性者的醫療處置到目前為止尚無完全統一的意見。一般採用心理治療與／或結合外科手術治療的診療模式。手術治療就是利用醫學外科與整形手術，切除其原有的外生殖器改成異性的結構並且切除性腺，或同時進行表形重塑，以符合其自我性別的認定，消除其性別身分識別障礙，使之心理平衡。DSM-IV 中提出：「在任何意義上，性別重塑手術都不是一個『試驗性、研究性、選擇性、美容性』的手術。它對變性者以及有著嚴重性身分障礙的個體，是一項非常有效而且適當的治療方法。」[5]

目前臺灣的變性醫療主要參考國外的做法，並遵循醫學模式（medical model）進行診斷、治療、干預或不治療。許多醫療上的相關規定以此延伸出來，是以「生理治療」為主的見解成為醫界之共識，例如精神科對於性別認同障礙的醫療協助，最終手段幾乎都藉助手術來解決當事人的性別困境。因此大部分的精神科評估會著重在判斷當事人的症狀是否符合 DSM-IV 的診斷標準，並要求當事人自備足夠的支持系統（如家人支持）。這樣一種相對簡化的病理化視角，無法深入理解當事人的性別慾望及其需求，也無法協助當事人處理所面對的文化、道德規範或社會壓力。但因為醫療所具備的專家、專業色彩，所提出的見解與看法，成為「性別變更登記」於親屬、婚姻、戶籍、戶政與相關民法制定的依據。

有關戶政機關受理性別變更登記之認定要件，到目前為止都是依據內政部於 2008 年底所發布的規定，處理提出申請的個案。申請女變男者之變性者，須經二位精神科專科醫師評估鑑定之診斷書及合格醫療機構開具已摘除女性性器官，包括乳房、子宮、卵巢之手術完成診斷書（依內政部97 年 11 月 3 日內授中戶字第 0970066240 號令）。男變女者，經二位精

---

5 同註 2，線上 DSM-IV-TR http://www.behavenet.com/capsules/disorders/dsm4TRclassification. htm。2013 年 4 月 5 日瀏覽。

神科專科醫師評估鑑定之診斷書及合格醫療機構開具已摘除男性性器官，包括陰莖及睪丸之手術完成診斷書（依內政部 97 年 11 月 3 日內授中戶字第 0970066240 號令）。這項立基在變性醫療之專業見解與處置的行政命令，相當程度反映社會主流意識形態對性、性別與性傾向可以如何組合的特定模式。延伸來看則深刻關係著跨性別者的生育權、親權、婚姻權與伴侶之各項權利之「明文」規定。

因應性別變更之相關規定，各別跨性別者於各自的情境狀態而尋索可能的出路。他們從各自的身體改造計劃及其對身體的感覺、知覺、身體形象、性別化的身體出發，在既存的性別想像、社會體制、醫療系統以及社會保險之中，推展各自的身體─性別計劃。在這些不同經驗歷程當中，可以看到性別角色的謀合、協商與反抗中所貫穿的社會特性與性別意識形態。每位跨性別者的身體─性別計劃的推動同時在公、私領域引發關係改變，各別主體發展出來的調適方案以及生存策略，描繪出個人與社會的具體互動。這些生命經驗與生活情境的敘說與呈現，都由職業選擇、社會連帶、情感關係、婚姻、生養小孩的主題所貫穿。以下將透過跨性別朋友們的經驗歷程，於臺灣特定的社會文化、政治經濟與性別環境，所經歷、建立、維繫或創造的親密關係之樣態或家的組合。這些不同的「家」及其想像，嶄露的是跨性別者的生命方案（project），同時也是他或她對未來（可能）具能動的投射。[6]

對於跨性別朋友於親密關係與家的組合之認識與描繪，將借助 Janet Carsten（1995, 2000, 2004, 2007, 2011）所提出「關係」（relatedness）一詞來取代親屬關係（kinship）這個概念。對 Carsten 而言，「關係」的形成並非天生命定的，而是文化建構和建立在日常生活的實踐過程中。關係

---

6 想像具有某種投射性（projective）的意義，因此想像能成為行動的能量（參考 Appadurai 2009: 12）。

是一個動態的形成「親屬」（kin）的過程，而這些關係的連結有其社會文化的特性在其中。本文所描述的跨性別者之親屬連結與家庭網絡，這些做法常常遵循與／或挑戰了傳統家庭生活的期望以及形成的方式。但這些關於「成家」的作為來自於對「家」的想像，也都直指某些既存的「秩序」（order）並進行回應，如 David Schneider（1972）所言的「自然秩序」（order of nature）與「法律秩序」（order of law），以及 Mary Weismantel（1995）從前述兩概念所延伸出來的「分享的秩序」（order of sharing）和「認可的秩序」（order of ratification）。

上面提到跨性別者的「家」是植基於對家的某些想像與意象，應對著這些想像與意象，於特定的環境、資源脈絡，落實為跨性別者的個別生命方案，以及向著未來、投射其生命的規畫、進程或可能。換句話說，想像與意象所映射出來的視域，使得想像與意象成為某種可以論辯、能夠產生對話的空間、場域。而且，這樣一種空間、場域將不僅僅是關於意義或言說相互競逐的場域，而是類近於 Walter Benjamin 所提出的辯證意象（dialectical image）的概念，一種關於經驗（experience）、覺知（awakening）與闡述（illumination）的動態過程，以及（這個辯證意象）來自於行動並且它本身就是一種行動。引申 Benjamin 的辯證意象，可以導出想像與意象所夾帶的動能，將是人們對其生活世界帶來新秩序的關鍵要素（參考 Appadurai 2009: 45）。

本文從家的場域進行探討，使得「跨性別」一詞不單是描述一個人的性別身分，它更指涉一種長期的關係性（relationality）：在親密關係，於家庭生活或親屬網絡中的來回往返以及對（彼此）關係之肯認過程。這樣一種關係性涉及日常生活的人際互動、交流、協商以及對彼此關係（屬性）之體會或認定，相當程度呼應 Sahlins（2011a, 2011b）對「親屬（有否）關聯」所提出的「存有的相互性」（mutuality of being）所蘊含的，一個合乎（解釋）邏輯且有意義（logic-meaningful）的理解框架（Sahlins

2011b: 230）。但，「關係」是在不同的條件與處境當中，被理解、陳述或接受。Marilyn Strathern（2005: 11）提出「發現」（discovery，顯露既已存在的某種共涉／隱含〔co-implication〕的關係）與「創造」（invention，創發某種具意義的新關係）兩種關係建立的模式，有助於我們認識或分辨，各別跨性別者的成家之道，透過那樣的「關係建立」模式，帶入或動用（何種）認識、解釋、或知識甚至想像在其中，進而將其生命規劃／方案具體投射並落實成形。

三、跨性別者的人生大事

　　成為伴侶與為人父母兩種不同形式的親密關係，因應跨性別者的性別打造計畫，在性別的轉換、跨性別身體的顯現、出場以及性別位置的覺知與擺置，都讓他們的關係經歷創造與再創造以及協商或再協商的過程。這些經驗歷程與實踐相當大的程度都在尋索、安置前述「伴侶／配偶」或「父母小孩」這兩種親屬型式的親密關係，進而展現為家的意涵及其轉化。

（一）結婚：浪漫愛情的眾人見證

　　一群朋友一起參加一個晶鑽級大飯店的結婚慶典。婚禮的舉行依循所有當前婚禮經紀公司的整套流程，從收禮金、新人入場、香檳塔、新人偕同雙方主婚人登上主舞台、重要來賓致新婚賀詞、播放新人（成長、交往以及感恩）MV、新人逐桌敬酒、抽新娘捧花、歡送賓客。這個尋常不過的婚禮，是一位有著專業形象、事業有成，完成變性手術並變更了性別身分 FTM 朋友 David 的婚禮。三十多歲的 David 循著一條「自然」不過的路徑，完成他的人生大事。這一場看似平常不過、相當有質感的婚禮，卻經歷一個不是太平常的過程而來。David 自青春期開始持續感受到自身性

別的不適感。從那個時候起 David 花了近二十年的時間，透過心理諮商、精神科以及變性醫療的整套制度，理解自己的性別狀態，尋索並完成自己想要的「性別」。這一過程漫長而艱辛，卻也讓 David 越來越接近他所想望的生活樣態，而「結婚」開啟的新一頁生命即是其中一項。

變性之前與之後，David 身邊一直不乏女朋友，這次選擇與交往近三年的 Amie 走入婚姻，就他的說法，一是因為「碰到對的對象」：Amie 參與 David 變動性別的生命關鍵時刻，並且陪伴 David 經歷性別轉換的歷程。二是因為 David 覺得自己一直以來浪蕩不拘的生活態度，應該安定下來，當一個有家室的負責男人，以回饋 Amie 給予他的全力支持。David 的婚事具現了一則浪漫愛情故事的開花結果，不過增添 David 婚禮的儀式性與對純粹關係的見證與加持，首先在於對天生性別的人為、技術的介入，並將介入所產出的結果，焊接到社會文化的某些節點，讓之前因人為介入而被干擾或切斷的某些不連續性，重新縫合至某種次序當中，尤其通過婚姻連接上的法律秩序（參考 Schneider 1972）。

關於婚姻的相關規定於中華民國民法親屬篇第二節第一項條文（第 980 條）有如下規定：「男未滿十八歲，女未滿十六歲者，不得結婚。」婚姻在我國清楚以男女兩性之結合為唯一合法。因此，我們社會公開舉行的婚禮不僅慶祝異性戀，也意味著不是異性結合的人將被阻隔門外。另外，婚禮的舉行也清楚地將我們社會賦予異性戀婚姻的各種特權表達出來。也就是說，這些因為異性戀體制所帶來的「好處」並不是所有想成為伴侶的人都能享有，只有符合社會規範的配對組合才有資格近用這些權利。因此隨著「結婚」而來的特權是與異性戀體制相互共構而產生，承載著深刻的社會權力及其分配，包括法律、金融、宗教的特權與利益。而婚禮儀式過程中的社會互動，隱含對個人行為、選擇符合社會常規的贊同與認可，明顯表達對二元性別以及異性結合的深刻期許。

再者，當前人們對家的構築與想像，多半沿著核心家庭的概念，從純

粹關係出發（Giddens 1992），也就是一種浪漫化核心家庭的想像。當人們在不斷的建立與實踐這個家的同時，是夾帶著一種願景，就是一個夢，而那個夢就是浪漫化核心家庭的形象。這個浪漫化的家的形象在當代社會由於媒介、訊息以及經濟、消費的交織與共構，有了一種「商品化」的現象。從某一層次而言，浪漫化的核心家庭靠著某些商品形象來維持，現在婚禮的舉行在專門結婚用的大飯店並由婚禮經紀公司一手籌辦，展現這樣一種「商品化」的特性。[7]

如同許多人一樣，David 選用了當下流行的婚禮「商品化」的規格模式，在婚禮經紀公司提供的完善套裝活動，有一個完美婚禮的展現。如果婚禮是親密關係與家的構築在物質、資源，人際互動、親緣關係以及象徵意涵的呈現的一個重要環節，那麼這些東西的經營在跨性別者身上就更為深沉。因為在我們的社會，「結婚」常被認為是成家的第一步。而跨性別朋友如若要組織一個社會與法律承認的家庭，需整備好婚姻的基本要件，得先確定自己要結成的伴侶是一男一女的組合。從這個角度來看，中壯年的 David 與一般成家立業者的故事情節相仿，有一種順理成章，水到渠成的味道。但，David 卻清楚表示，「如果沒有去動變性手術，變更性別身分，我不覺得我會走到結婚這條路。……〔如果〕沒有去手術，我每天應付的都會是我的性別〔狀態、處境〕，結婚的念頭根本不可能出現。」

一位已過「知天命」年歲的 FTM 朋友強尼的故事，回應 David 指認「變性」這件事在他婚姻這一條路上所扮演的關鍵性角色。參加 David 的婚禮後，強尼回憶年輕時的感情事件。強尼是一位早年在女同志圈「混」

---

7 這場婚禮雖然依照經紀公司所安排的整套節目，但介紹新人成長與戀愛過程的 MV 當中，David 的身形影像相對而言比較少，若有出現都是與新娘的合照。David 自小到大的影像或素材全數「留白」。婚禮 MV 的蒙太奇／剪接手法，「悄悄地」排除一些生命片段卻又不動聲色地將可以「出現」的畫面或故事，配合悅耳典雅的背景音樂、流暢而動人地呈現出來。

的跨性 T，[8]國高中開始就與女生交往，大學畢業時已有一位交往七年的女朋友。研究所畢業後強尼與女朋友分別前往不同國家深造，不久女朋友有了異國男朋友。經過越洋長途電話的你來我往，事情終於明朗化。強尼回憶說，「那時我一直覺得她一定會去結這個婚，雖然她一直說對方並非她所愛，也說結婚不一定要跟喜歡的人……。」強尼補充道：「我們一起生活了這麼多年，但生活中一直有一個揮之不去、無法解決的缺憾，一種〔共同〕生活上的一種名正言順的缺憾。她自己講的，她後來要結婚，她說她要〔解決〕名正言順〔的缺憾〕。」強尼的故事也是許多有著同性伴侶關係的人的故事，「名正言順」意味著相互承諾的可長可久需要「社會承認」這項背書。強尼接著若有所思地說，「那個年代只知道女生跟女生不能在一起，即使內心深處一直想望有朝一日是個男生，但外在環境真的一點都沒有這樣的訊息、資源（意指跨性別、變性以及性別變更）」，[9]能夠啟動這樣一種的性別／可能之想像。[10]

　　反觀較強尼年輕十五歲的 David 所走的路是通過性別的轉換，也就是更動解剖學意義的生理性別以符合自我性別認同，社會認可的性與性別的組合狀態，以及延伸而來的性關係與家戶及繁衍的通關驗證。更確切地說，經歷性別轉換過程得出一個社會承認的「性別」，指的是通過合格醫

8　跨性 T 於本文的用法，指的是有著相當男性化氣質與認同的性別主體，其性別之日常表達與實踐，相當踰越原生生理女性的規範，但卻（還）沒有去進行或啟動變性的程序。

9　跨性別主體的出現在臺灣隨著九〇年代前後性別運動與論述的推進，逐漸浮出地表。跨性別團體與支持網絡的集結與成形，使得「跨性別」作為生活、生命的路徑，以及作為一項身分認同的選擇成為可能。關於臺灣跨性別主體出現於性別運動的場域、性別研究論述或論文著述之中的描繪與討論，請參考何春蕤 2003 年集結出版的《跨性別》一書。

10　這樣一種「可能」蘊含著想像以及跨性別者彼此之間的經驗傳承。而這個「跨性別想像」相當是一種現代性的想像：生活於各個地方的個人能夠突破時空的限制，藉由各種新舊媒體的中介或連結，想像某種「共有共享」的生活圖像，而這個圖像將透過個人的資源狀態與社會條件與位置，落實其選擇；一旦有人有了如此的「落實」將進而形成認同，並指出可能性。這樣的現代性想像因此具有展望未來的能動力量。

院的診療程序，包括精神醫師評估可以動手術的診斷證明書，以及外科醫師所實施而開具的完成變性手術之證明，然後當事人攜帶這張證明到戶政事務所辦理性別變更登記。由於變性手術在臺灣並非健保給付的範圍，變性手術所需的費用相當龐大，不少跨性別朋友工作多年，存夠了錢之後，才去動手術。準備手術的階段，有些朋友花了相當的時間精力，收集各種資訊，包括哪家醫院或診所、醫師的專長與優劣、服務的項目，以及價格比較等。這期間有些朋友透過各自的人際網絡或經由跨性別團體的中介，向已做了變性手術的「前輩」們打聽消息，並經由過來人的經驗分享，調整或再確認自己進行中的性別轉變方案的步驟、流程或細節。

變性醫療過程為跨性別者提供的前置作業，為了讓當事人備妥進入婚姻與自組合法家庭的必要「入門」條件，並經戶政機關的驗證之後，得以通關而循序展開。通關的前置作業常常耗費跨性別朋友好幾年的時間（費用之籌措、循序的醫療環節以及心理準備過程等）。這期間跨性別朋友需要在生活、工作相對穩定的狀況下，才能持續推動各自的性別計畫。但，這期間有些跨性別朋友等不及「冗長」的醫療過程，已然在外表或行為舉止上邁出性別挪移的各種腳步。有一些朋友因為性別「踰矩」狀態而導致生活上的困擾或衝突（譬如遭到解雇或找不到工作），使得他或她的性別打造計畫因此延宕或遭到擱置。換言之，跨性別者邁向主流社會的性別路途，走入的地形圖是交織著經濟整體環境、生計可能、社會慣習以及性別階序與互動的日常生活場域。有的跨性別朋友於天時、地利與人和的共生共作而順利通關。有些朋友則徵集了相關資訊（譬如將戶籍遷到熟習性別變更登記的戶政事務所，避免「驚動」一些不明就裡的戶政人員）與知識（有些朋友先進行了手術，再去精神科門診請求醫師體察變性之「既定」事實，協助開立精神評估診斷書），並在相當有限的資源條件之下走過性別變更的程序。

但，通過變性手術成為有社會認可的男性身分的 FTM，並不是每個

人都有條件進入或經營一男一女的伴侶關係。沒有去參加婚禮的 FTM 翔笙，大學畢業之後累積一些零星工作經驗，由於個子比較小隻，雖年近三十歲，還常被陌生人稱呼為小弟。翔笙在 David 婚禮之後的一次團體聚會，對「成家立業」這一人生課題發表感言，他說：「還沒變性之前有女朋友並不難，〔尤其〕臺灣同志能見度那麼高，別人一看到我就知道我是什麼〔被看成 T 或陽剛女同志〕。不過動完手術〔指變性手術〕到現在快四年了，我一個女朋友都交不到。」翔笙剖析了這樣的轉變，他說變性之後，自己在找交往的對象時，變得更小心、更謹慎。由於擔心自己會被想要追求的對象發現自己不是「男的」，所以自己在態度與行事作為上相形之下就顯得「顧前瞻後」、躡手躡腳。中高等身材又有專業形象加持的 David 在旁註解說：「這樣追女生就展現不出男人該有的氣勢。」

　　David 的上述言論表達了某種性別刻板印象，以及由此而來的男女之合宜行為、規範標準以及從中創造的社會資本。David 在跨性別朋友圈中成就一種「成功男人」的形象。對此，David 強調最大要素在於「事在人為」。他說，「目標要很確定，然後要把條件一個一個建立起來。身體要好、態度要積極，要有工作把基礎打好。才能在男人世界把別人比下來。」David 的婚禮一方面具體呈顯他對男性優勢以及如何可以達致的洞察，再一方面婚宴的舉辦明顯化資源條件的有無、累加或擴大連結的可能，這其中包括各類資本的相互加乘，並進到一定的評比系統（譬如對男性「高富帥」對應「窮矮醜」的社會評價）中展開競逐。婚禮細膩經營的浪漫化純粹關係，通過專業化流程構築了結婚這件事的儀式性氛圍，強化了「異」性結合的社會意識；親戚朋友的在場，集體見證（結婚登記舊制規定如下：「共聞共見認識其為結婚者，即具效力」）了這串婚事。婚禮的儀式性意義於 David 身上，還在於性別的成功轉換以及向親朋好友「現身」、「過渡」為有實質意涵的社會男性（位置）。

　　如果說人們買下結婚這一「商品」之後，才能取得經營一個家的「鑰

匙」。但去買這個商品之前，在進入這一個社會主流價值所在的慣常習俗的人生目標的「商品」／機制之前，跨性別者先要取得邁進這個「夢」的一個入門資格，一個適切、可以進入這一個社會機制的性別（非男即女）。換句話說，跨性別者通常需要先經過性別轉換過程，得出一個社會認可的性別狀態之後，才能啟動逐夢的腳步。而進入社會主流的價值次序及其系統，也意味著參與者需要持續投入，以維持並運作這項選擇。或許如同跨性別表演藝術家與行動主義者 Kate Bornstein 所言：「一旦你買了一個性別，你就不得不買任何需要的東西，來保持、維護這個性別」（Spade and Valentine 2011: 223）。

（二）成家之道的曲與直

如果 Kate Bornstein 所言為真：「一旦你買了一個性別，你就不得不買任何需要的東西，來保持、維護這個性別」，那麼（還）無法或沒有要去取得通行證、入門關卡的人有其他可能嗎？或者，人們有可能在主導的性別、親密關係與（理想的）家的意識形態與圖像之下，創造並維持生活的替代方式，甚至經營某種另類生活方式？David 進入的次序系統並不是一個大家一致的標準程序，與這一次序系統有著若即若離關係的跨性別者，尤其需要因應各自的情境、狀態以及資源、環境，並從各自的年齡、性別、社會位置，開啟自己能夠擁有的「伴侶關係」或「生養小孩」的生命可能。

1. 沒有血緣、姻緣，卻有照顧與陪伴

在花蓮一個八月天的午後，與一位朋友見面。這位朋友是身手俐落、外表看起來比實際年齡小很多的四十多歲中年有形跨性 T 二哥。閒聊一陣，二哥忽然提起前幾天，他收到他的伴怡心 16 歲女兒給他的一張卡片，上面寫著感謝我這位朋友十多年來對她的養育與付出。二哥語氣平靜

娓娓道來的事情，原來是一張爸爸節感恩卡的故事。二哥與怡心已經在一起生活 12、13 年，當年市場擺攤的二哥，經營小本生意而認識結婚兩年多、女兒剛出生不久的少婦怡心。怡心那時因婚姻生活不美滿，來買東西的時候總是眉頭深鎖、心情鬱悶，二哥看到她就態度幽默地將他賣的木瓜、鳳梨或芒果大大誇張地形容一番，並藉故與怡心多聊一下。時間久了，兩人變得比較是朋友而不只是顧客與商家的關係。因此，怡心在一次丈夫家暴之後，毅然帶著小女兒離開丈夫，投靠二哥。而那時只有 3 歲的小女孩恩恩如今已經是青少年了。

恩恩與二哥沒有血緣關係也沒有姻親的正式連帶，但多年來恩恩、怡心與二哥住在同一個屋簷之下，二哥是家中的經濟支柱，三人共食共飲，一起分擔家務，形成家戶。當年 3 歲的恩恩與二哥這位不是自己血緣父親也不是母親的人一起過生活，感受到照顧、養育與陪伴的實質生活互動與關係維持，因此形成彼此之間認定的親人關係與建立的家人情感。恩恩提起一件幼稚園時的小事，說明二哥與母親給她的是一個家的整體感。她說有次幼稚園老師交代小朋友隔天要帶手帕來學校，老師會檢查每個小朋友。恩恩一回家就向怡心請求幫她準備手帕（以免去學校受罰），但天色已晚，她的媽媽一直沒有出去幫她張羅的意思。不過早上醒來她要的手帕赫然就在那裡，原來是二哥晚上出門去弄來的。恩恩的小小卡片難以將這些生活點滴一一表述，但尋常感恩文字，因為連繫了「不尋常」關係的兩端人而顯得意味深長。

送卡片的女孩將沒有去異動生理性別的跨性 T 視為「父親」，表達養育之恩，這是互動雙方於社會／性別／角色的相互理解與體認上的主觀生發，給出的意義框架，釋出它的闡釋邏輯（參考 Sahlins 2011b: 230），以及隨之而來的相互肯認。這之中有一部分來自於二哥的勞動所得貢獻給這個家（家戶）；以及家中成員間情感的相互支持（家）。而二哥他們所建立的家的確與一般的家（庭）稍有不同。基本上，他們的家或家戶的形

成不是以生殖、繁衍概念為核心而組構起來，並且伴侶（一般稱為「配偶」）雙方並非由一男一女的對立性別組合而來。這個家庭的女兒對跨性T爸爸的稱呼與認知，實踐、做出了某種親屬意涵的關係（relatedness）認定，並將複雜的社會聯繫含納進來。但這個親屬連結關係，顯然違背實際的親緣規則（Rubin 1975: 169）與操作方式，反而從性別（分工、角色與期待）的體認與互動而來。將性別不是「男性」的人視為父親，又將這位不是自己親生的人視為母親的「先生」、自己的「爸爸」。這些尋常不過的稱謂有了它不同卻豐富的意涵，並將親屬的意義、家人的關係另闢蹊徑，作了轉化。

　　雖然，跨性T爸爸（以及其他跨性別者）為人父母，讓男女的二元整齊劃分有了極大的擾亂與破壞。但，這個對既有性別規劃的擾動將不僅僅在性別的越界以及角色的扮演上，還在於日常生活的互動與相互關係的維護與經營。就讀女校的恩恩有一位學校好友常受邀來二哥的家裡玩，這位好友對恩恩送「爸爸卡」這件事有一些不同的見解。她說：「妳這位『爸爸』會聽妳講心事，上次妳失戀難過哭泣，他一邊安撫妳又一直講笑話想逗妳開心。雖然來妳家我叫他『阿叔』，但我覺得他超像『媽媽』……，〔因為〕『爸爸』才不會那麼體貼！」女孩們的對話點出了（對）家庭生活與功能運作的想像，（通常是）鑲嵌在深刻的性別「構想」以及理想化的親密關係版本當中，一種「男女（分立卻又）互補」的傳統家庭想像。不過，跨性別者進入家庭或為人父母，除了可能肩負起另一種性別的角色與責任之外，在許多情況原來（男性化或女性化的）性別養成，依舊會滲入家庭關係的每日互動當中並發揮效用。[11] 跨性別者的性

---

11 MTF的姊妹會說我要當的女人不是你們（長在FTM兄弟身上的「女人」心態）那種，遇到事情，我會據理力爭，大聲講話，才不會像你們這些「男人」（FTM）總是隱忍、退讓、畏畏縮縮。

別越界於家的形構當中，或許開展某種「偏離」一般常規的互動模式。這項互動模式對既有的僵化性別規範及其體制，看似微小卻起著實質作用，也將是一種（對諸如性別刻板印象）具相當顛覆力量的日常生活實踐。[12]

此外，二哥他們的「成家之道」並不「理所當然」，他們的家是聚合了各種作為與許多努力而獲致的。這些行事作為包括了分擔家務勞動、照顧陪伴家人與小孩、肩負生計活動、提供所得、分享並承擔家中成員彼此的情緒與情感。這些行事作為也就是一般意義的「為人父母」之工作內容，包括父母角色以及與子女間關係的落實。二哥家裡的「父母」角色的實踐與它的內容，雖然是沿著社會主流意識之性別分工與角色定義而來，也獲得家中成員的相互理解與彼此肯認，但這個家的性別分工並非來自於生理性別的劃分。因此「男人」（社會性別）與對「父親」角色的認知與認定，在這個家就顯得複雜而曲折。一方面二哥未去更動的生理性別於每日深具性別分工意涵的生活實踐中，與「男人」這一社會性別進行接軌。另一方面，二哥以他的性別樣態為本，建立並持續維繫他跟恩恩與怡心的家人的關係。而就是在如此的關係過程中，衍生出二哥身為「丈夫」與作為「爸爸」的理解、認知與實現。

二哥的家可以說是從不斷努力與持續付出的過程中「做」出來的，二哥「跨性 T 爸爸」的某種性別樣態是這個「家」所產出／成果的其中一樣。這個結果來自於家中成員的長期互動，以及互動中對彼此的自我意識、身分認同、以及性別觀想的覺察、體會與認識而來。所以，「跨性別」在此不僅僅描述一個人的性別身分，它更指涉一種長期的關係性：在親密關係，於家庭中或社區生活中的來回往返以及對（相互）關係之肯認

---

12 一些國外研究顯示，不符常規的性別主體及其所建立的親密關係，於性別分工和性別角色的扮演，以及（性別）平等關係的協商上，有較多的互動可能與空間可以超越傳統對兩性性別的假設與期待。

過程。或許，有人會覺得以「爸爸」、「阿叔」來稱呼二哥，是就著「異性戀」規範下的理解所進行表述。但不可諱言，這裡的「爸爸」、「阿叔」所座落的關係脈絡與具體互動下所投注的「認識」，讓這兩個深刻植基在異性戀框架下的詞彙別有況味，透露著某種「歧出意涵」在其中。

二哥家裡面被動用的親屬稱謂，在明示義（denotation）以及隱含義（connotation）兩個層面都有所鬆動並產生轉化。首先這些親屬稱謂指向的人並非約定俗成的男性，而更深層的意涵還在於這些稱謂被使用時所夾帶的主體能動，以及給予的關於關係質地的理解與回應。而這樣一種對關係質地的闡釋所透露的解釋框架，反映了一種對家的組成及其想像：父母、子女以及物質與情感的分享與彼此連帶。這個家的組成與落實從某一層次而言，並非構築在 Schneider（1972）意義的法律秩序之上，呈現為一種外在而清楚的關係界定；反而比較接近 Weismantel（1995）所言，非經法律過程而來的一種對家、家人關係、質地與想像之經驗、覺知以及闡釋的過程，[13] 及其展現出來的認可秩序。這樣的一種成家的過程夾帶了一些可能，一方面讓完全沒有血親或姻親之人，透過詞彙的象徵連結成為一家人，創造一種親屬形式以及家的組合（相當類似 Marilyn Strathern 所說的「創發某種具意義的新關係」）。而二哥他們有些另類的家同時隱含著轉換的機制，讓生活其中的二哥的性別跨越樣態，在社會文化「既定」的性別框架與構想之下，得以伸展並存活下來。

2. 有人的「爸爸」是女人？

這句話是挪威一位年輕的紀錄片工作者，對著鏡頭前面他那位年近五十歲有著變裝與變性慾的父親，所發出的強烈質疑與痛苦的嘶喊（請參考《父親的衣櫃》）。的確，現今多數社會「父親」只能是生理男性。男變

---

13 貼近 Walter Benjamin 對「辯證意象」的說法。

女（MTF）或是（沒有更動性別身分的）跨性 T 們應該都不能或不會是「爸爸」。跨性別父母的出現破壞整齊的男女二分的性別樣態，影響或衝擊原有的家庭生活。MTF 的小喵專科技職學校一畢業就與自己交往多年的女朋友結婚，婚後生活、工作、家居循序進行、一切上軌道。過了兩三年，小喵身體中一直以來的某種聲響逐漸浮出，一種想當「女生」的慾求聲音。小喵開始正面應對這樣一種來自於自己的「訴求」，於是與自己的妻子、父母、所屬教會牧師展開討論、尋求支持，以處理這件棘手的事情。

小喵的太太不能理解與諒解這位內外都相當「稱職」的外子，為何想當女生，而且積極地去看精神科門診，計畫進行變性手術。由於雙方對性別變動沒有共識，妻子強調自己只愛男生，心理、身體上都無法接受「同性」關係，因此兩人決定訴請離婚。處理離婚的同時，小喵也進了手術房，以外科方式更動自己的生理性別。順利完成變性手術，正於術後休養的小喵卻「震驚」地聽到妻子懷了身孕的消息，但不確定是與現任男友或是與小喵而來的結果。小喵當時心情複雜而忐忑，心想才成功地變性，身心狀態都調適得相當良好，正要開始「正港」女人的生涯。沒想到變成「道道地地」的女人，卻得知自己可能要當爸爸，而且是一個「女一爸爸」，就覺得人生怎會如此這般「戲劇化」？！小喵於是推演著如何因應即將來臨的事件。

小喵說她當時被將要誕生的寶寶弄得腦袋一片混亂，擱置性別變更登記，也暫緩辦理離婚手續。小喵作了幾項「假設」，如果小孩是妻子男友的，事情應該單純許多。而又如果妻子最後與她的男友結婚，小孩「裡裡外外的」父親當然都是這位男士。但，小孩若是小喵的「種」，那麼事情就變得複雜而嚴肅，因為到底在這種情況之下，已變了性的小喵要如何建立與小孩的關係，以及能夠怎樣合乎邏輯的解釋或說明她跟小孩的親子關係呢？由於生小孩這件事「總是在一定的社會框架下進行，孩子也是在這

框架下被養育成社會群體的一員。這些社會群體的成員在發展對自身意義重大的關係的過程中總要遵循著特定的實踐」（Rapport and Overing 2000: 224）。所以生養小孩這件事不會只是個人的行事作為而已，它深刻牽連著我們的生活世界，並鑲嵌在我們與他人互動時的有邏輯、可理解的意義框架之中（Sahlins 2011b: 230）。尤其，當核心家庭成為目前社會的主要建制以及人群最基本的組合單位時，「一個或兩個成人（就只有他們兩個而已）獨自扶養小孩……，已逐漸成為常態」（Lassiter 2010: 178）。家內成員（配偶、小孩）的關係因此變得密不可分，命運時常是綁在一起的。

　　基於核心家庭的當代生活型態，以及家內成員於經濟、教養及情感各個層面的緊密相關彼此之間的責任義務，使得小喵試圖釐清誰是小孩的父親這件事變得異常重要。核心家庭的親密關係想像，雖然立基在一夫一妻的設想與制度上，但它實際上卻與整個現代社會的法權制度緊密地聯結在一起。而小喵自組的小家庭原本只要依循法律程序就可以解除，而小孩的歸屬問題也可經由基因檢測，鑑定彼此的親子關係。但小喵進行的性別轉換，使得對前述問題的考慮以及處理，還需納入臺灣對變性的規定。由於內政部對變性的（唯一明文）規定：

> 有關戶政機關受理性別變更登記之認定要件，重新規定如下，自即日起生效：
> 一、申請女變男之變性者，須持經二位精神專科醫師評估鑑定之診斷書及合格醫療機構開具已摘除女性性器官，包括乳房、子宮、卵巢之手術完成診斷書。
> 二、男變女者，須持經二位精神科專科醫師評估鑑定之診斷書及合格醫療機構開具已摘除男性性器官，包括陰莖及睪丸之手術完成診斷書。（內政部 97 年 11 月 3 日內授中戶字第 0970066240 號令）

　　因此男變女的小喵遵照「正規的」MTF 變性手術，摘除男性性器官與性腺，因此從任何角度來看（生物學或社會意涵上），小喵已不可能是一位「父親」，而生理上已不是男性的「父親」對小孩的成長、教養以及繼承權等將造成深遠影響。小喵「苦惱」的父親是誰與親子關係的問題包括幾個層次，她提到「小孩是誰的」，主要著眼點在於兩人之間是否有血緣關係。如果是她血源上的小孩，小喵認為這樣影響的層面最大。因為，如果她是小孩的生父，則小孩在她與太太沒有離婚的情況之下，自然成為她的婚生子女。但，問題將會是小喵經歷變性手術的性腺與男性生殖器官的摘除，從生理上來看已不再是「男的」。那麼她與太太之間如若保持婚姻關係，則意謂兩人的關係是兩個「女性」的婚姻關係。而如果小喵在這樣的婚姻狀態之下去啟動、完成她的性別變更登記，如此兩人的關係將成為名符其實的同性婚。如果是前述情況則顯然與本國現有法律對婚姻雙方當事人的性別之規定產生牴觸。

　　另外一種情況是，小喵與太太最終以離婚收場，小孩與小喵的關係雖因父母兩人離異，但還保有自然血親關係，因此小喵負有一定的扶養責任。小喵對於如果是這種情況，她比較擔心的是她於小孩往後成長過程當中，以何種身分、樣貌出現在小孩面前會比較妥當？女性化的男人（施用荷爾蒙讓小喵有一副相當完美的女人曲線）、女人還是其他？小喵說，「不管以何種樣貌出現，都很擔心小孩受到影響。如果又不能跟小孩講明自己的〔性別〕狀況，彼此的關係會覺得有一層東西在中間卡著。」這種情況所帶來的困境比較在於倫常的面向，以及「親子」關係的建立和如何經營與維繫。而如果離婚的妻子與她的男友結婚組成家庭，男方如將小孩視為親生子女，則小喵將從此與小孩沒有關連，也沒有機會或藉口有所聯絡與進行接觸。這種情況小孩將被隱瞞生父是誰這件事。

　　對於能夠如何想像並以符合社會規範的方式落實「親子關係」，在小喵的例子除了需要分辨「文化所認定生殖上的父親」（genitor）與社會父

親（pater），以及承擔由此而來的法律上的責任與義務之外，還須面對生理性別以及社會性別於我們社會中對稱而連貫發展的構想。而順著這項構想所發展出來的性別，不言自明地與「父親」這項深刻烙印性別分割的社會位置與角色直接連通。於是，如果小喵的太太再婚而男方又願意將小孩視為親生，這樣的情勢發展對小喵卻相當不利。小喵深刻知道自己違反常規的性與性別的連結關係，以及由此顯現的不對稱，將使得自己如果要爭取與小孩關係的某種認定，都將因為缺乏社會能夠理解的認知框架，而難以提出支撐自己立場的說法。置身如此性別二元的社會建制，以及隱含的生理性別、社會性別與性取向的連貫對應關係，讓小喵於此情境企圖尋索適切的應對之道時面臨極大困境。同時凸顯原本的「自然秩序」因性別更動，造成斷裂，而無法與「法律秩序」順利連接起來，[14] 而讓原本難以動搖的血緣關係，有了人為介入的解釋空間。

小喵沙盤推演她與即將出生小孩之間的諸多可能與假設，反映了她對本地親子關係的構想與認定上的掌握、判斷與解讀。而當她企圖從法律與社會各層面的因素，考慮不同情況對小孩或自己的影響，並思索妥善的解決之道時，特別關注生活其中的個人所在的社會環境，清楚揭示了自己「飽含動能的道德主體」（energetic moral agents）及其特別質地（Williams 2004: 42）。

回到男變女（MTF）或是跨性 T 們不能或不該是「爸爸」這件令人困擾的事，非洲地方所施行的「女—丈夫」或許可為我們稍稍解惑與解套。西非有些地方女人很會賺錢，積累了相當的財富，不想嫁為人婦，將勞動辛苦所得奉獻給夫家，於是便帶著一筆聘金去到別人家提親，談成之

---

14 對此小喵曾經懷疑自己是否違逆、逾越了上帝創造男與女這兩種「自然」，因而遭到「懲罰」。違悖「上帝創造男女這兩種『自然』」的說法，是教會長老當初對小喵想要去變性時，所提出的勸阻理由之一。

後將這個家的年輕女兒娶了進來，當自己的「妻子」，自己成為妻子的「丈夫」，享有一定的丈夫權利，成為一位女—丈夫。不過女—丈夫與妻子如果沒有藉由現代人工生殖技術的輔助，如何能夠有後代，以傳下姓氏、名諱或繼承家產？

Edward Evan-Pritchard（1951）的研究就發現了在 Nuer 人的社會，一個女人如果不能有小孩，可能會去迎娶一個女人當妻子。這個被迎娶的女人與男人發生性關係來懷孕。生下的小孩稱娶妻的那位女人為「父親」，並且通過這位「父親」的父系世系繼承財產。由於小孩通常不能通過女人繼承財產，娶妻的那位女人，因小孩的出生成為社會父親的當下，轉變成「社會男人」，也讓父親到兒子實質的繼承得以進行。「女—丈夫」、「女—父親」這樣一種相當歧出於我們對性別二分與對立互補的秩序（想望）與社會布署，如果能夠援引至我們對於跨性別者的家庭組成以及親權認可之論辯與思考上，或許稍稍可以解除如同小喵這樣的當事人所面臨的壓力與掙扎。

雖然對人類學家來說，親屬制度不是一個生物親屬名稱，它是個常常與實際的遺傳關係相矛盾的有關類別與地位的體系。人類學提供的民族誌案例，讓我們知悉許多社會界定的親屬地位優先於生物界定的親屬地位。但，對於生活於既定社會文化架構與制度、價值觀的一般民眾，幾乎沒有什麼機會親近這樣的知識與跨文化的性別視野。不過無論小喵是否是將出生小孩的「親生」爸爸，當事人如何面對（或因應法律或社會），提出看法或作為，都關係著人與人的連結，或能否成為一家人的真實作為與努力。

（三）拆了又裝起來的家

凱莉的（跨）性別生命方案，讓她的家拆了之後又重新組構起來。這樣一種曲折過程並不尋常，更不容易；卻是一位跨性別者以及她的家人一

同走過的生命經歷。多年前剛認識凱莉的時候，她的身分是已婚狀態，與妻子、三個小孩、父母親以及弟弟，一起住在兩戶打通的三層樓的房舍中，過著八口人的大家庭日常起居。凱莉與她的妻子都算是對方的初戀情人，兩人感情一路順遂，沒有經歷大風大浪，也沒有發生「兵變」事件。大學畢業，凱莉服完兵役之後，兩人都在公務機關找到正式工作。生活穩定，小孩也一一出生，成為家中的新成員，完備了她們兩人自組的繁衍家庭。這一個按部就班的幸福小家庭，卻因為凱莉的（跨）性別議題而逐漸起了變化。凱莉與她的妻子從男女朋友時期就是彼此談心的好對象，兩人既是情人，更像親密的知心好友。進入婚姻之後，兩人分享彼此心事的互動模式依然延續，是以當凱莉啟動她長年以來對自己性別的感受與想望時，她的妻子亦步亦趨，一直都在旁邊，也都知曉凱莉的心境與轉折。

　　凱莉的太太說她們開始交往之後，她隱約覺得凱莉不太像一般男生，但又說不清楚不一樣的地方是些什麼。直到婚後多年凱莉開始向妻子吐露自己性別跨越的慾望時，她的太太才若有所悟地說道，「*原來不同之處，原因在此。*」凱莉的太太也坦承是凱莉身上那份「非典型」男性氣質與行為舉止，讓她覺得自在、舒服、可親近以及彼此有契合的感覺。只是，她沒有料到這份彼此的自在感與信任，卻讓凱莉走向性別轉換之途。凱莉所走的跨性別路徑是一條漫長而和緩的路程，在這路程上與家人（尤其跟太太）經歷很多次的懇談、衝突、尋求支持、理解以及相互「退讓」的來回往返的過程。與這過程並行的具體家內互動，則從「淡出的陽剛，退隱的父親」開始顯現出來。當凱莉開始服用荷爾蒙，並在外表衣著上更為女性化的同時，隨著社會性別（gender）的移位挪動，凱莉與太太的關係（包括性關係）也產生變化。由於凱莉的妻子並不想成為女同志，所以兩人從異性戀夫妻的關係游離出來，卻變不成女同志親密伴侶。

　　凱莉面對自己的性別生命方案採取一種謹慎而深思熟慮的因應態度。對於性別的醫療與診療的程序瞭若指掌，多方收集資訊並聽取跨性別團體

成員的過來人經驗，統整為自己具體可行的進行步驟，包括何時、何處以及給某位醫師執行手術等等都經過通盤考量、周詳的推演以及費用（交通、醫院、住院天數、餐飲以及特別醫療項目的選擇）的估算等。對家中成員的關係轉變也積極面對，試圖從每一次的溝通當中，尋索、勾勒這個家未來可以有的樣子。凱莉轉述她的父親在得知她的狀況之後，長長嘆了一口氣，然後說：「你們長大了，自己要處理這樣。」雖然與父親並無法通過言語直接談這件事，但凱莉的父親有自己的面對方式。凱莉變性手術的費用，準確地說是父親的錢。凱莉說，她的父親分家產給兄弟姊妹時，多分了三十多萬給凱莉，「因為他們那時候沒有把我〔凱莉〕生好，他們認為應該要一開始的時候就要給一個好條件。」即使父母（尤其父親）對性別改換這件事不能瞭解，但於實際的行動奧援以及（情感、情緒上的）支持卻都是積極而相當有溫度的。

凱莉與太太從夫妻關係轉變為既是親人也是好朋友的關係，但一般家庭的男女主人究竟在這家庭如何呈現與維繫下去呢？凱莉已記不是很清楚當初如何讓太太與弟弟成為一對。推究原因有些是因為長期感情關係的厚實基礎，凱莉與太太並不想因為性別轉換這件事而讓彼此不再是一家人。再者，凱莉一家人也考慮到小孩成長以及學校和社會交往的場合，一定會有父母雙親是誰的問題需要因應，弟弟是這個家戶的另一個成年男子，與太太的互動本來也相當和諧。因此，提議兩人「在一起」成為一項可以嘗試的方向。後來，凱莉的太太與弟弟的小孩也出生了。小孩的出世，隱約也讓這個原本走入「岔路」的家庭，逐漸邁出另一種步伐並趨於穩定發展，一個大家庭的樣態也更為清晰可見。凱莉努力回憶從過往的情感、情緒與紛雜的思緒中重新整理，忽然心中的圖像明晰浮現，她說：「我們這樣子走，可能對家庭的衝擊是最少的，因為人員的改變最少這樣……。」

凱莉歸結出來的整理，雖說是「人員的改變最小」，但其中的意義卻是深遠的。首先這個家庭突破了一夫一妻以及與他們親生小孩組成家庭的

既定格局，這個家裡面的小孩有兩位以上的父母，而且他們一起生活在同一個家戶當中，共同分擔家計與家用支出。而「兄」弟兩人的手足關係因為加入了妻子以及三個同母異父的小孩，而有另外一層的連結關係以及血緣之意義。從某一個角度來說，三個小孩之間的實質連帶以及「血的連續體」的存在樣態，支撐起一種家的想像也使得這個「不典型」的大家庭成為可能，聯繫起不同位置的各個家人，讓這個家經歷拆解而重新組構起來。這個家的想像是凱莉他們全家一起共同參與以及投入而形成，雖然「家中成員變動最小」，但對家的想像、實踐與生發出來的意義卻最大。

無庸置疑，血的意義及其指涉被這家人發現並重新創發它的連帶關係。血的連帶的物質意涵以及它的社會深藏性，是讓這個家能夠存續下來的一個關鍵要素。但除了血緣而來的維繫力量，家中成員對家的變動所採取的態度以及投注的心力，則是讓這個家庭每日生活能夠持續運作的動因。凱莉與太太的關係從伴侶、家人與朋友，轉而成為家人以及朋友的關係。凱莉前去醫院動變性手術，是由太太以及大女兒在病房全程照料與陪伴。凱莉的太太回溯這段歷程，直言道，「一開始我很排斥這件事〔指凱莉性別徵候將有所變化〕，也反對她〔凱莉〕往這個方向走。這樣走傷害我跟她的關係，也失去家該有的樣子。」經歷掙扎、困惑與沮喪，凱莉的太太在情感與對這個家的依戀與維護，最終以支持的態度，陪伴凱莉走過變性的路程。凱莉的太太對她們家目前的組成安排算是滿意。但她有一個比較大的擔憂是關於凱莉交往親密朋友這件事。太太覺得年近半百的凱莉似乎沒有什麼機會在她的生活圈當中，找到適合的對象或真心對待的人。

雖然凱莉與太太不再是夫妻的關係，但這位前妻太太依循之前的習慣，還是會幫凱莉準備工作日的中午便當。而凱莉則相當珍惜目前的家庭生活，也努力參與這個家的運作，滿足家中成員的需要。她會不時注意前妻太太支付日常生活所需的信用卡帳號裡面的錢，如果帳戶錢不多時，會自動匯入一筆金額。若看見家裡日常用品短缺時會主動添補、購買。而弟

弟雖然話不多，卻跟凱莉一樣提供所得支付家裡的花費，也負責任地以實際行動扛起家中成員衣食住行的各種照顧。也就是說，這個家的生活所需由三個有工作的大人共同分擔，不過小孩的費用諸如學費、住宿、生活費或旅費則由親生「父親」各自負責。從家戶運作的角度來看，凱莉的家應該算是一個大家庭。但，從親子關係所延伸的撫育責任之歸屬，則看到這個家又區分出兩個家庭小體系。

　　至於這個家的小孩是如何面對家的種種變化？針對小孩，凱莉家裡的大人從一開始就決定採取坦白與溝通的方式，向小孩解釋凱莉的性別轉變以及家的重組。凱莉舉了一個例子來說明，她說前不久家中最小的子女小學畢業，即將進入中學就讀。由於這所中學裡的教職員以及有些家長對凱莉有所聽聞，也知道凱莉改換性別的事。為了防範小孩在學校措手不及地在同學面前，或大庭廣眾之下被迫回應凱莉性別那件事。於是家中大人將小孩集合起來，再一次解釋「曾經發生的那件事」（凱莉自己的用語），並提醒小孩家中走過的轉變。凱莉家的大人認為，讓小孩知道這個家所經歷過的事情以及它的來龍去脈，將有助於小孩更有能力去應付外面世界突如其來的「言語」攻擊、惡意的訕笑或作弄。

　　關於這個家的意涵的體認與轉化，從小孩對家中父母們的互動與稱呼，感受到小孩對凱利性別轉換以及家的轉變的敏銳與體察。凱莉覺得小孩對她的改變（尤其最近這五、六年來性別外顯進入明顯轉換時期）好像經歷調適的過程，但真正回想卻又覺得應該沒有所謂的「適應期」。因為小孩與她的互動其實一切如常，還是覺得這位「家長」跟他們很親，又有點三八愛講笑話娛樂大家。所以小孩也沒有覺得變換著身形外表以及穿著打扮的凱利是另外一個「不同」的人。不過對外小孩卻相當敏銳地展現了對這件事的「知道」。凱莉舉例說有次小孩班上同學談論起附近公家機關聽說有一個人怎樣……，這時「小孩就跟著聽，就是扮演一個聽的、好像是聽八卦那樣的角色這樣子」。另外，小孩會視場合來稱呼凱莉，凱莉

說小孩的轉換是很快的，「比方說他們在這個場域，這個場域的人他們會去觀察這個場域裡面的人物，如果其中有人不知道的，他們就會用符合社會主流的那種稱呼去稱呼〔譬如用「姑姑」稱呼凱莉，來表示凱莉與家中男主人的手足關係〕，那如果他們看到這場域的這些人都是知道的，他們就會再用另一種稱呼〔我〕。」

　　現代社會中，親屬稱謂通常是由核心家庭中父母、子女這些基本類別推演出來的，我們根據婚姻、血緣與代間關係來稱呼不同的人，通常使用的名稱都十分明確而具體。凱莉家中的小孩在不同生活場景以及互動脈絡當中，快速地推斷哪樣的表態或稱謂符合「常規」，化解可能的「尷尬」，讓它順暢過去。在家內對三位父母的稱呼同樣呈現小孩的敏感細緻以及對凱莉的情感與認同，凱莉為我解釋說「就一個媽媽〔太太〕，一個媽咪〔凱莉〕，一個爸爸〔弟弟〕，就這樣子啊！所以你用專有名詞還是有區分的啊！」。小孩以「媽媽」、「爸爸」的正式稱謂，來表達他們對這個家的母親與父親是誰的認知，而這一認知符合社會對性別二分的想像與規劃。而「媽咪」的稱呼則指出他們將凱莉從「媽媽」與「爸爸」的概念區辨出來，卻又以貼近凱莉性別意識與想望的方式來稱呼她。「媽媽」、「媽咪」與「爸爸」三個名詞，具體而微地將凱莉的家所經歷的起伏與轉折點描出來，從不同距離親近將看到這個家的紛沓色彩以及飽和的情感色度。

　　小孩對家中父母的稱謂相當吻合他們目前的法律身分。幾年前，凱莉為避免變性路途節外生枝，所以在啟動性別轉換的腳步不久，即與太太辦理離婚，但當時家居生活一切如常，鄰居同事也都不知道他們已離婚這件事。而目前太太與弟弟已登記為夫妻（凱莉說他們兩人現在是一國），相形之下凱莉在「家中有國」的情境之下顯得有些「孤單」，與太太的情感親密性也稍有變化。關於性別變更與婚姻的疑義，跨性別團體曾經請婦女新知許秀雯律師於 2008 年底的人權會議上，幫忙提出修正「變性得先離

婚」的規定，當時內政部隨即以公文回覆如下：

> 有關性別變更登記之規範：依「戶籍法」第 21 條規定，戶籍登記
> 事項有變更時，應為變更之登記。民眾辦理性別變更登記，可依內
> 政部 2008 年 11 月 3 日內授中戶字第 0970066240 號令規定：持憑
> 經二位精神科專科醫師評估鑑定之診斷書及合格醫療機構開具已摘
> 除女（男）性性器官，**包括乳房、子宮、卵巢（陰莖及睪丸）之手
> 術完成診斷書**，至戶政事務所辦理，實務上並無窒礙難行之處。**異
> 性戀婚姻存續中，配偶完成變性手術，尚無庸辦理離婚登記**，即可
> 依上開規定辦理性別變更登記。[15]

換句話說，2008 年底變更性別身分有新的規定，已婚者可在婚姻續
存的狀態下辦理變更性別的程序，意思是說**不需要離婚也可以變性！**目前
單身卻渴望有親密情感依附的凱莉調侃地說，「當時真是自以為聰明，先
去辦了離婚……如果那時沒離婚，搞不好現在是臺灣首宗合法的『同性婚
姻』。」

四、結語

本文以四位跨性別者的成家或者成不了家的經驗歷程，觀察到他們的
性／別「跨越」的不同觸角，以及由此伸展開來的路徑，使他或她的親
屬連帶關係，原生家庭與／或繁衍家庭的生活想像與實際互動發生了變
化。David 以他優越的條件，經歷性別變更的過程，取得進到異性戀體制
合法而正式的入場券。而 David 的婚禮投射他對男性優勢的社會體制以及
如何可以達致的洞察。婚宴的公開形式則指向性別化的社會連結以及社會

---

15 黑體字為作者所加。

資本的累加以及擴大的可能。跨性 T 二哥在沒有更動他的生理性別的情形之下，無法經由法律以及社會承認的途徑，標示他跟怡心以及恩恩是一家人的事實。但，二哥性別化的勞動所得，成就了這個家，讓自己的生理女與「男人」這項社會性別有所連通，進而強化了二哥在這個家身為「丈夫」與作為「爸爸」的理解、認知與落實。

小喵的故事則主要在於親子關係的社會文化的理解、法律認定以及對親子關係進行具倫理意涵的思辨與分析。而小喵的各種沙盤推演展現了她對「文化所認定生殖上的父親」與「社會父親」的分辨與掌握，並且反映出她對親子關係的法律與社會文化的理解與判斷。血的物質性連結顯然是將凱莉一家人「繫」在一起的強力黏著劑。在此，我們看到凱莉跟她的家人發現了「血緣」對存在關係提供新的線索，體察血緣連帶的物質意涵以及它的社會文化之深藏性。這個家的成員能夠在一個屋簷下生活，除了「血」帶來的維繫力量，家中每個人對家的變動所採取的參與態度以及投注的心力，則是讓這個有些另類的大家庭能夠持續運作的重要因素。

四位跨性別者的成家之道在各種變化的折衝、協商與／或磨合當中，觀察到他們的伴侶與親子這兩類親密關係的轉變，是與性別二元的社會文化構想緊密關連。性別的二元構想與配置限制或開啟當事人彼此關係，是否能夠重整或連結在一起。而跨性別伴侶關係的重新配置，出現的非典型的性別互動模式，常常使得愛人與朋友之間的區隔變得模糊（參考 Roseneil and Budgeon 2004），從中開創親密關係的新可能。而在處理與面對自身的性別轉換所引發的家庭「議題」時，跨性別朋友於協商以及尋求支持的同時，多半相當顧及對家庭或工作的承諾，考慮家人的觀點與需求，並慎重衡量自己的行為所可能帶來的影響與後果，具體展現自已為「飽含動能的道德主體」（Williams 2004: 42）。

本文從「家」的場域進行探討，更清楚知道「跨性別」一詞不單是描述一個人的性別身分，它更指涉一種長期的關係性（relationality）：在親

密關係，於家庭生活或親屬網絡中的來回往返以及對（彼此）關係之肯認過程。從不同跨性別者的成家過程，看到他或她們在創造有意義的親屬以及家庭網絡時，有時遵循著社會的常理或規範，有時卻挑戰傳統家庭的生活期望。這些家的組合所呈現的不同樣態，是經由參與其中的人們對「家」的藍圖或想像的涉入、互動以及相互修正、調整而來。此外，有些跨性別者的家違逆了親屬連帶的「常理」，但這些「不倫」之處通過家人從各自位置所付出的努力（包括知識、經驗與想像之援用與動用），而讓彼此可以是一家人。跨性別者的家有的順應、有的擾動了本地婚姻制度與家庭組成（如法令以及行政命令所提出的解釋）。這些「干擾」現象凸顯了跨性別生命於性別二元的既定框架所產生的某種「斷裂」或「不同調」，從中也觀察到本地文化對性別與婚姻的規劃與設置，所隱含的價值以及植入的特定看法。

參考書目

何春蕤

　　2003 《跨性別》。桃園中壢：中央大學性／別研究室。

Appadurai, Arjun

　　2009 《消失的現代性：全球化的文化向度》，鄭義愷譯。臺北：群
　　　　 學。

Carsten, Janet

　　1995 The Substance of Kinship and the Heat of the Hearth: Feeding,
　　　　 Personhood and Relatedness among Malays in Pulau Langkawi.
　　　　 American Ethnologist 22 (2): 223-41.

　　2000 *Cultures of Relatedness: New Approaches to the Study of Kinship*
　　　　 (edited). Cambridge University Press.

　　2004 *After Kinship*. Cambridge University Press.

　　2007 Constitutive Knowledge: Tracing Trajectories of Information in New
　　　　 Contexts of Relatedness. *Anthropological Quarterly* 80 (2): 403-426.

　　2011 Substance and Relationality: Blood in Contexts. *Annual Review of
　　　　 Anthropology* 40: 19-35.

Evan-Pritchard, Edward

　　1951 *Kinship and Marriage among the Nuer*. London: Oxford University
　　　　 Press.

Feinberg, Leslie

　　1996 *Transgender Warriors: Making History from Joan of Arc to Dennis
　　　　 Rodman*. Boston: Beacon Press

Franklin, Sarah

　　1997 *Embodied Progress: A Cultural Account of Assisted Conception*.

London and New York: Routledge.

2003 Re-Thinking Nature-Culture: Anthropology and the New Genetics. *Anthropological Theory* 3(1): 65-85.

Gagne, Patricia, Richard Tewksbury, and Deanna McGaughey

1997 Coming out and Crossing Over: Identity Formation and Proclamation in the Transgender Community. *Gender & Society* 11(4): 478-508.

Giddens, Anthony

1992 *The Transformation of Intimacy*. Stanford, CA: Stanford University Press.

Hicks, Stephen

2006 Genealogy's Desire: Practices of Kinship Amongst Lesbian and Gay Foster-Carers and Adopters. *British Journal of Social Work* 36: 761-776.

Lassiter, Luke Eric

2010 《歡迎光臨人類學》。郭禎麟等譯。臺北：群學。

Modell, Judith

1994 *Kinship with Strangers: Adoption and Interpretation of Kinship in American Culture*. Berkeley: University of California Press.

Rapport, Nigel, and Joanna Overing

2000 *Social and Cultural Anthropology: The key Concepts*. London: Routledge.

Roseneil, Sasha and Shelley Budgeon

2004 Culture of Intimacy and Care Beyond the Family: Person Life and Social Change in the early Twenty-First Century. *Current Sociology* 52(2): 135-159.

Rubin, Gayle

　　1975 The Traffic in Women: Notes on the "Political Economy" of Sex. In *Toward an Anthropology of Women*. Rayna R. Reiter, ed. New York and London: Monthly Review Press.

Sahlins, Marshall

　　2011a What Kinship Is (Part One). *Journal of the Royal Anthropological Institute* 17(1): 2-19.

　　2011b What Kinship Is (Part Two). *Journal of the Royal Anthropological Institute* 17(2): 227-242.

Schneider, David M.

　　1972 What is Kinship All about? In *Kinship Studies in the Morgan Centennial Year*. Priscilla Reining, ed. Washington, D. C.: The Anthropological Society of Washington.

Spade, Joan Z. and Catherine G. Valentine

　　2011 Buying and Selling Gender. In *The Kaleidoscope of Gender: Prisms, Patterns, and Possibilities*. 3rd. Joan Z. Spade and Catherine G. Valentine, eds. Sage.

Stone, Linda

　　1997 *Kinship and Gender: An introduction*. Boulder: Westview Press.

Strathern, Marilyn

　　1992 *Reproducing the Future: Anthropology, Kinship, and the New Reproductive Technologies*. Manchester: Manchester University Press.

　　2005 *Kinship, Law and the Unexpected Relatives Are Always a Surprise*. Cambridge University Press.

Weismantel, Mary

　　1995 Making Kin: Kinship Theory and Zumbagua Adoption. *American Ethnologist* 22(4): 685-709.

Williams, Fiona

　　2004 *Rethinking Families*. London: Calouste Gulbenkian Foundation.

Zimmerman, Bonnie (ed.)

　　2000 *The Encyclopedia of Lesbian and Gay Histories and Cultures Volume I: Lesbian Histories and Cultures: An Encyclopedia*. New York and London: Garland Publishing.

第 5 章

「比兄弟姊妹咯卡親」：
移民、都市神壇與新類型的家*

林瑋嬪

一、前言

（一）漢人移民與親屬的研究

移民與親屬的關係在漢人研究中向來受到重視。過去大部分的文獻探討了移民原鄉的宗族、父系繼嗣、與地緣關係如何幫助他們在移居地適應與定著。例如，葛伯納夫婦（Gallin and Gallin 1974）以彰化縣埔鹽鄉的新興村與其他鄰近村落外移到臺北為例，說明原鄉的親屬、地緣關係如何幫助來到臺北打天下的移民找到工作、在異地定居下來。新興村的村民從 1945 年就陸續遷移到臺北，他們剛到都市，多半成為勞力工人，其中有相當高的比例在臺北中央市場 （Taipei Central Market）工作。在都市

* 本文研究經費由國科會資助。田野工作受到桃園八德市景明宮（匿名）成員與信徒多方的協助，非常感謝他們的接納與關懷。本文的初稿曾於中央研究院民族學研究所發表，感謝會議主辦人黃應貴教授、評論人丁仁傑教授、以及與會者提供的意見。改寫過程中，曾與鄭依憶女士多次討論，在此謹致誠摯謝意。最後，感謝兩位匿名審查人細心地閱讀本文，並提出許多寶貴的修改建議。這些意見使得筆者能重新思考並修正文章內容，使一些隱含的論點能有更清晰的論述。本文製圖由彭佳鴻同學協助繪製。文章內容若有不全之處，文責自負。

中，他們非常仰賴傳統的親屬與地緣關係來協助各樣生活所需。所以移民
們也都集中住在臺北舊城的城中區與雙園區附近。從這個角度來看，葛氏
夫婦認為原鄉的親屬與地緣關係在移居地仍具有相當重要的影響力。

　　華琛關於香港新田文姓氏族移居到倫敦的著作，則更強調傳統宗族力
量在移民過程與新居地的重要性（Watson 1974, 1975, 1977）。新田文姓
透過宗族力量引領，來到倫敦中國餐廳工作。宗族成員在倫敦生活中互相
幫助、經濟上一起合夥出資、經營餐館。等到他們經濟上穩定後，便回鄉
興修故居、贊助宗祠、廟宇的修建、以及民俗活動的舉行。華琛因此認
為：移民甚至鞏固了故鄉宗族與文化的傳承。

　　至於東南亞的海外華人研究，宗族如何在異域中提供結構性的力量更
是過去研究探討的重心（Crissman 1967; Freedman 1957; 葉春榮 1993），
無論在經濟或政治上都成為華人社會的重要支柱。由於海外華人研究多半
強調原鄉的宗族與地緣關係如何在移居地中繼續發揮重要影響力，因此我
們也可看到相當多的研究分析海外華人與僑鄉的關係（陳志明、丁毓玲、
王連茂 2006; Kuah 2000），或探討祖先崇拜如何在僑居地延續（如曾
玲、莊英章 2000）。這些移民的研究強調原鄉血緣或地緣如何在新居地
持續具有影響力，著重在探討移民與原鄉的關係。移民們在新居地的生活
經驗，特別是他們在移居地逐漸發展出來的親屬樣貌則少有深入的分
析。[1]

（二）移民與臺灣都市神壇

　　有關臺灣島內城鄉移民的分析中，有些都市神壇的研究已觸及了移民
在都市生活適應的問題，因此相當值得注意。我們可從兩個方向來討論都

1　近來中國有關流動人口的研究，有不少在探討中國特殊戶口制度所造成集居於大都市邊
　緣之「浙江村」、「河南村」的現象（Zhang 2001; 項飆 2000）。但是這些研究探討的主
　題與親屬沒有直接的關連。

市神壇，首先，有些研究關注分香子廟與祖廟的關係。例如，張珣認為移民將原鄉的香火分靈到都市，不但維持了他們與家鄉的關係，移民本身也透過這個方式建立了自我認同（張珣 1996: 100-1, 2003: 167）。另一個都市神壇研究的方向則集中在教義變遷的探討（丁仁傑 2004, 2009; 陳杏枝2005a）。他們討論了教義與制度面的改變、也與社會經濟變遷連結。例如丁仁傑之會靈山一文，就指出會靈山如何以民間宗教形式為基礎，並結合都市生活型態而發展（2009: 124）。陳杏枝對於臺北加蚋神壇的研究則注意到神壇與移民的關係。她指出都市神壇在 1970 年代中晚期開始激增，而且神壇增長較快的地區往往是外來移民較多的地區（陳杏枝 2003: 105，也見宋光宇 1995: 100）。她從臺北西南角加蚋地區神壇來分析神壇與社區的關係，她觀察到此社區的神壇主持多半是社會中較為弱勢的人：他們「工作不穩定，生活壓力大，常會面臨各種危機」（同上引：120），參與神壇讓他們可以建立新的網絡。她寫著：

> 信眾會來宮壇走動，一開始是因健康事業不順或家庭不和等問題，經親友介紹到宮壇請示神佛幫忙……然而，「問事」只是接觸宮壇的一個開端而已，大部分常來的信眾不見得是來問事，而是在結束一天的辛勞工作後，利用晚上閒餘來宮壇泡茶聊天交友。待久了，就會幫忙廟務的運作。（陳杏枝 2003: 120）

陳杏枝之文已碰觸到神壇與移民生活密切的關係，本文希望能夠進一步探討這個問題。不過，神壇今日已遍存於臺灣都市生活中，在都市地景佔有重要的位置。以筆者自身住家為例，樓下就有一個小型的壇，隔壁巷子則有更具規模的神壇，每個禮拜固定幾日有乩童為信徒服務、「辦事」。再往東走兩百公尺，街角有一個相當有名的泰國四面佛壇，香火十分鼎盛。因此，神壇無論對移民或都市生活，都有其重要的面向，亟待我們進一步理解。然而，現有的文獻都相當缺乏關於神壇信眾，或神壇如何

影響都市人們生活的研究（也見陳杏枝 1999: 192, 2005b: 184）。本文將以筆者長期研究的萬年村為例，探討他們的下一代在遷移到北臺灣謀生後面對了什麼新的情境？為何要設立神壇？以及神壇的設立如何改變他們的生活？其中，將特別著重在新的親屬關係如何被創造出來的探討。

二、移民的原鄉

　　筆者的研究對象──一群在桃園八德市的移民──其原鄉萬年村位於臺南縣鹽水鎮。[2] 它由三個主要姓氏──高、李、王──加上一些後來零星遷入的人家組合而成。目前村內約有七十戶。萬年村沒有文獻清楚記載其聚落形成的歷史，不過當地卻流傳著這樣一個關於村落形成的故事：據說最早來到萬年村開墾的人是李姓人家，村中目前奉祀的韓府老爺就是李姓的祖佛。之後有兩個住在紅瓦厝（現臺南縣歸仁鄉）的高姓兄弟帶著他們的祖佛大道公北上尋找耕地時，路過萬年村。由於兩兄弟在休息後無法抬起所攜帶之神像，於是便在萬年村留下來當苦力，入贅至該村李姓人家。最後，他們反而發展成村中最大的姓氏。

　　這個傳說故事提供了我們重要的線索來理解萬年村的形成。的確，位於今日村內中心的屋舍大多由李姓村民所有。高姓宗族則集中在聚落的南方，是村中最大的姓氏。村裡的第三大姓──王姓──則由萬年村南邊的大港村王姓第四房遷移而來，他們聚集在聚落的東方，也是最接近急水溪，屬於較容易遭水患的角落。

　　萬年村由於緊濱急水溪，日據時期日本政府將堤防建在聚落的北方，因此整個萬年村當時都被畫在溪流堤防內。由於嘉南大圳灌溉系統沒有延伸至堤防內，因此萬年村從過去至今從無系統性的灌溉水源支持，一向只

---

2 本文提到的村名與人名皆為匿名，以保護被研究者的隱私。

能「靠天吃飯」。早期村民以栽種甘蔗為主，所生產的甘蔗由新營糖廠統一收購。

戰後新營紙廠重新營運，適逢國際糖價上揚，糖廠需要大批的人工搬運造紙原料蔗渣。萬年村民因此曾經一度有了另一重要經濟收入。然而，自從 1960 年糖價逐年下跌後，村中也開始面臨了經濟上的困境。村民在 1960 年初有 8 戶相繼賣掉家產，搬到屏東縣老埤鄉另尋開墾地點，即為當時萬年村收入低微的寫照。1963 年後臺灣工業化開始，萬年村更有大批人口移出到高雄或桃園地區，每戶只留下一或兩個兄弟在家耕作。後來，萬年村雖曾因引入蘆筍栽種而帶來幾年的榮景，但是外銷市場在 1980 年逐漸被其他國家取代後，蘆筍栽培也逐漸沒落。現在留在萬年村的農戶以栽種由政府補助收購的高粱與玉米為主。由於政府收購經費不足以維持農戶生活所需，有的農民以到外地做散工貼補不足。村裡年輕人已經很少以農為主，他們主要在附近的工廠工作或外出做生意維生。

本文探討的的神壇即為上述之陸續外移、遷往桃園八德的萬年村移民所設立。那麼，他們為何會移往該地呢？

三、來到桃園八德

萬年村人如何來到八德呢？這要從乩童的六叔高國榮講起。他是這麼說的：

> 我年輕的時候四處去，去高雄、屏東，後來在恆春時認識了一個朋友在臺南紡織廠工作。他告訴我桃園綿益紡織廠有一個水電缺，我就來了，那時才民國五十九年（1970）。

來到桃園不久後，高國榮接著帶了他的弟弟（高國欽）、姪子（高森合）、姪女（高秋雲）、姪女婿（廖宗寶）、遠親（高福財）、鄰居、還

有村子裡很多女人到綿益工廠工作。他們又再引介自己的親人來桃園。例如，高森合陸陸續續安排他的堂弟高逢喜、妹夫李金文、李金武等人來桃園。高逢喜又帶他的表弟陳文仁來桃園，高森明也來幫姊姊（高秋雲）照顧小孩（圖 1）。他們有的在工廠工作，有的自己學習其他職能，如裝潢、黏磁磚、土木工等。這個移民過程一般稱為 chained migration，在漢人移民研究中相當常見（林瑋嬪 2009: 317-8; Gallin and Gallin 1974: 343; Murphy 2002: 19）。

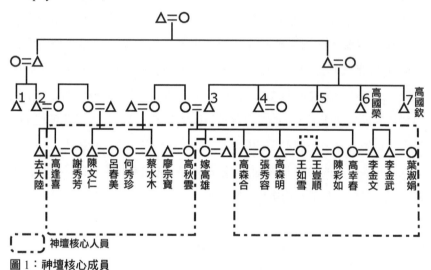

圖 1：神壇核心成員

那麼，當時的桃園八德究竟是一個什麼地方？為何能容納如此多的移民？首先，從桃園地區整體來看，桃園縣是臺灣北部重要工業與製造業重鎮。這裡聚集了北臺灣重要的工業區，在臺灣工業化早期吸引了臺灣各地鄉村人口至此謀生。之後，則有外籍勞工緊接著被引入，以致今日桃園火車後站充滿東南亞商店，呈現一種多國混雜的商街景緻（王志弘 2006）。其次，本研究的地點桃園縣八德市舊稱為「八塊厝」，光復後改為八德鄉，早期是一個以農業為主的地方（廖志龍 2008: 105）。然而在1970 年代，由於桃園開始廣設工業區（林麗櫻 2007: 112），八德鄉也開

始設立了許多工廠。到了 1976 年，八德的二級產業已經超越一級產業。1988 年，從事二級產業已接近總人口的 60%，其中以機械設備、電子零件製造與紡織業為三大產業（廖志龍 2008: 110-1）。如此蓬勃的工業發展帶來了許多就業機會，吸引眾多人口進駐。人口急遽增加的結果是：在1995 年，八德由於人口增長快速，直接由「鄉」（跳過「鎮」），升格為「市」（圖 2）。

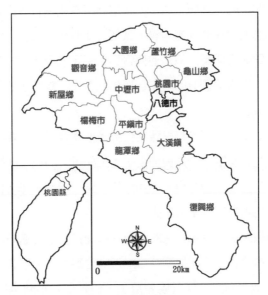

圖 2：八德市位置圖

那麼，這些由南部來的移民如何適應異地生活？我們看到他們不但一起在工廠工作，也一起分租房子以減少開銷。例如，高森明說：

> 以前剛來時，我們一起租在桃園大明街那裡。我哥哥〔高森合〕一家與姊夫〔廖宗寶〕一家合租一樓。我、逢喜、文仁那時都還單身，因此一起擠在二樓的一間房間。其他房間還有福財、阿全等人……我跟文仁本來不熟，但是合租在一個房間後，「親上加

親」，大家就變得無所不談了。從那時候開始，我們就「攏做夥」
（都在一起）了。

陳文仁也說：

那時候白天一起做裝潢，晚上回來住在同一個地方。我們簡直就是
每天二十四個小時都在一起！

可見大明街的「同居生活」，讓這群原本或許有些許親屬關係，但是
並不真正熟悉的移民們逐漸培養出默契。即使後來當初「同居」的成員各
自買房子，離開大明街，但是他們當初共同居住所培養的情誼使得他們一
直保持聯繫。後來他們有的一起合作生意至今。當然，他們也都成為後來
神壇重要的成員。

離開大明街後，高逢喜與陳文仁另找他處合租。高森明不久結婚，但
是由於經濟能力有限，於是與他妻子（王如雪）的小學同學陳彩如、以及
她的先生（王豈順，同時也是王如雪的堂兄）兩家一起合租房子。等錢存
夠了，他們再各自買房子搬出去。

高森明後來在哥哥森合住的大元社區裡找到了合適的房子，價錢大概
七十多萬。高逢喜看森明搬到森合附近，也很想在這裡買房子，跟大家住
一起。因此他不斷來大元社區看房子，但是他說那時房價都在「八十五
萬」以上，對當時的他「負擔不起」，因此才沒有搬進來。過一陣子後，
在桃園市買房子的王豈順與他的太太陳彩如，也把剛買不久的房子賣了，
搬過來大元社區。我問陳彩如為什麼要把剛買不久的房子賣掉，大費周章
地搬過來，她回答說：「因為想要住在一起，而且『神明也在這裡』。」
因此，在幾次遷移後，最後有八戶在八德市東部落腳，他們居住的位置如
圖 3：

圖 3：八戶在八德市分佈圖

四、移民在不同時代面臨的挑戰

這群來到八德的南部移民，大部分是從事勞力方面的工作，他們的工作不但不太穩定，而且具有某種危險性。例如，最近李金文在黏大樓磁磚時從鷹架上摔下來，一拐一拐地跛行一陣子。早期高森明也因操作裝潢機具不慎，曾被電鋸切斷三隻手指。雖然送醫後已即時縫合，但是今日他的手指仍呈向外彎曲樣貌。

的確，在他們這群由南部到北部奮鬥打拼的農村移民身上，常常可以看到工作帶來的傷痕。過去，他們的傷害來自傳統製造業的惡劣環境。現在，情形又有轉變：他們要迎戰的是新世代電腦科技發展後帶來的競爭。我們可以用高逢喜、陳文仁、與高森明三人為例來說明。他們三人來到桃園後，一個接一個都學了室內裝潢的功夫。由於早期在異地的同居情誼使

得他們對彼此相當信任，因此後來便共組一個工作團隊，一起包工程。有的管帳，有的負責對外接洽。他們說一起做可以省下更多的錢來購買更好的材料與機具，以面對市場競爭。但是，當二十世紀末，電腦時代來臨後，他們這些傳統技術工人又面對另一種困難：也就是，他們不會電腦技術，無法以 3D 繪圖軟體為客人的房子繪製精美的立體空間圖。他們能做的就是將過去的成品照相後，裝訂成冊給客人看，或直接帶客人去現場，看他們過去的成品。在無法如現代裝潢公司使用繪圖軟體為客人量身製作的情形下，他們不但爭取不到年輕世代的客人，也因拿不出設計圖，無法爭取到公家單位的工程。因此，在網路普及化後，他們的競爭力也隨之下降。

至於在工廠工作者，雖然表面上看起來較為穩定，但事實上，過去他們要面對工廠可能惡性倒閉、隨時歇業的問題。現在則因在新自由主義情境下，資本家可以更自由地跨國移動，不受到國家的管控。因此工人們現在要面對的是老闆隨時跑掉，拿不到薪資的問題。這以在工廠工作的李金武與王豈順的遭遇最能呈現。李金武說：

> 來桃園以前，森合就幫我安排去工廠工作，做一年就離開，……工作換來換去，有時離開又進去。可能當時年輕吧，工作「做不住」。後來去不織布工廠，工廠不久移去大陸……有一陣子我沒工作，來宮裡幫忙。豈順告訴我他的工廠倉庫缺人，可介紹我進去做，一直到今天。

停了一會兒，他繼續說：

> 李：後來這個工廠又惡性倒閉，我中間有兩個月沒工作。工廠接下來又改一個名字，繼續營業，我又回去做……沒辦法！（長嘆）中年失業能做什麼？豈順比我「咯卡綏」（更倒楣），工

廠在他退休前幾天倒掉了，也不知道是預謀還是巧合？他幾百萬的退休金全沒了！現在工廠再改一個名字，又重新營運了。領不到退休金的他，只好再回去繼續做。

林：政府拿這些老闆們沒辦法嗎？

李：有什麼辦法？政府根本管不了他們。這個公司股票上市時，總統還有來剪綵，後來老闆還不是跑掉。

萬年村移民們在桃園所面對的問題，呼應了大衛‧哈維的觀察：

> 在這種彈性勞動力市場和短期合同，週期性工作不穩定，缺乏社會保障，經常令勞工疲憊不堪的世界裡，任由擺佈的工人如何在社會上和情感上生存下來──畢竟他們已經沒有曾經給予其些許尊嚴和支持的集體制度？（Harvey 2005: 170）

哈維因此預測：在新自由主義不斷改變勞動力以及地方群體結構關係的威嚇下，各種「彌補社會空隙的替代性社會形式」，如宗教、以及各類底層組織將會不斷地出現或擴張，以重建被破壞的社會網絡（同上：171）。

哈維的預測，也就是「彌補社會空隙的替代性社會形式」的出現，以及它如何重建社會網絡是本文透過桃園八德神壇的例子希望探討的面向。在本文更深入探討這些議題前，在此先做一個小結。從上面的討論，我們看到這群由萬年村移到桃園的移民，首先，在居住上，他們一起租屋以減少開銷。大家不但一起工作、而且也住在一起，他們之間的特殊情誼使得他們後來買房子時傾向買在附近的地方。最後聚居到八德的大元社區附近。其次，他們互相介紹工作，幫助彼此度過難關，如王豈順與李金武。不過，以上的討論也呈現了他們從過去到現在，一直在面對不同的挑戰，尤其在網路時代來臨與新自由主義進一步發展後，他們更遭遇了不同的困

難。因此接下來，本文將繼續探討他們如何透過神壇的設立來面對這些難題？並思考神壇設立後如何改變了他們彼此的關係？

五、原鄉信仰的延續與改造

（一）延續

　　搬遷到桃園的移民當時將家鄉的神明分靈到移居地，與高森明（也就是後來的乩童）當時的身體狀況有直接的關係。高森明說，還未回鄉請萬年村的神明分身到八德時，他的精神很不好，看醫生也沒有起色。高森明很崇敬家鄉的神明，早期萬年村還未建廟時，沒有製作神明分身讓人「請」時，森明還夢想回去請一支「令旗」（神明的兵馬）來桃園家裡「鎮宅」。後來萬年村建廟，同時也為神明製作分身後，高森明約在1991 年就回去請保生大帝的分身來家中供奉。1992 年，請保生大帝的「腳力」虎爺來桃園。1993 年請保生二大帝。一直到 1996 年，保生大帝已有意要成宮，於是高森明將萬年村所有神明都分靈來八德。1997 年「景明宮」成立。

　　問起當初成宮的緣由，其他神壇成員也都提到當初一開始是因為森明身體很不好，大家認為請神明來應該對他會有幫助。但是他們也認為有故鄉的神明來此保護，更能讓這裡的人生活平安順利。

　　自從 1991 年保生大帝來到八德之後，大家也遵守家鄉酬神的方式，每月開始按時舉行「犒賞兵將」儀式，白天一起拜拜，晚上請廚師為大家辦酒席。平時，晚上下班後，大家有空就會到森明家坐，文仁說：

> 大家常常聚在這裡：男人們喝酒聊天、女人談家裡的事情、小孩子玩在一起。

　　因此，景明宮成立後，「更凝聚大家了」。換言之，景明宮成為移民

生活、聚會的中心。前面提到的八戶也因景明宮的成立有了更多的互動。

（二）改造

原鄉的信仰來到了都市後，也開始產生了一些改變。乩童說：「八德這裡，環境不同，面對的問題也不一樣」、「不改變跟不上潮流，與信徒現代的需求」。然而，乩童究竟如何改造萬年村的信仰，以及民間信仰今日在八德的面貌等問題，牽涉的層面較廣，無法在文中一一處理，因此筆者將另文探討。[3] 本文只著重在分析信仰與親屬的部分。

傳統民間宗教中，與神明溝通有三種方式（見 Lin 2012）。首先是擲筊（或稱卜杯）：擲筊或卜杯運用得很廣泛，主要在個人請示時使用。筊由半月形，一面突起，另一面平坦的兩片木頭組合而成。擲落在地有三種可能：第一種是「允杯」（又稱聖杯），表示神明應允信徒的祈求。第二種是「蓋杯」，表示神明不允。最後是「笑杯」，表示神明笑而不語，此時信徒需重擬問題，或等待一些時日再來請示。第二種溝通方式是使用手轎（二人手執）或四轎（四人扛抬）。請示時，神明的靈可降臨在手轎或四轎上，扶轎者以轎子的一支把手寫字，傳遞神意。手轎平時頗為常見，四轎通常使用在比較重要的場合。第三個溝通方式是神明選擇自己的乩童，透過乩童說話的能力傳遞神意。若有信徒要請示神明，神明會在乩童入睡時，給乩童「夢境」，乩童必須靠他的「悟力」體會神明之意，並在公開的場合讓神明附身，說出神意。透過乩童傳遞神意過去被視為最直接，也是最理想的人神溝通形式（林會承 1996: 123）。[4]

這三種與神明溝通的方式在村落中都相當常見。不過，在桃園八德，

---

3 筆者曾於 2011 年 6 月 4 日在民族所的工作坊以口頭方式報告關於桃園神壇、乩童、與宗教變遷的議題，該文目前仍在撰寫中。

4 雖然乩童也可能扭曲神意，見林瑋嬪關於乩童的討論（2005; Lin 2009, 2012）。

傳統人神溝通方式有了新的發展。在這裡，得到神意的主要方式是以乩童結合卜杯同時進行（圖4）。

圖4：乩童結合卜杯

乩童說：

> 在誦經或打座時，神明會給我「思想」（「想法」），我會有「靈感」。打座完，我馬上「卜杯」，靈感或想法在卜杯時就「衝口而出」！

　　從他的敘述我們可以觀察到：都市乩童不再靠傳統的「夢境」與「悟力」體會神意。神明的思想直接進入乩童的腦中，快速地轉化為乩童的言語，乩童透過卜杯與神明對話。卜杯成為瞭解、確認神意的機制。

　　在乩童改變傳統與神明溝通方式，將乩童與卜杯結合後，有事請教神明可以快速地得到答案。一般而言，「今日『奉香』，最晚明日神明就會指示。」乩童說。以 2011 年 11 月 27 日一天為例，乩童的筆記本上記載著來請示的人將近二十人（圖5）。

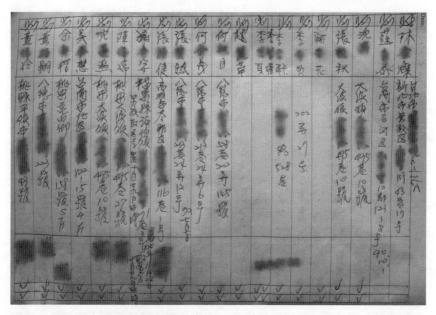

圖 5：2011/11/27 一日請示的病患

這二十人在隔日就得到了回應，宮裡也按照乩童（神明）的指示很快地為他們舉行祭解儀式。這個結合卜杯的方式使得乩童能夠配合都會生活快速的節奏，提供信徒更即時的協助，服務更多的民眾。

乩童結合卜杯，更進一步來說，也深化了核心成員之間與神（壇）密切的關係。乩童說：

> 我在為信徒卜杯時，如果一直遇到「蓋杯」，可能就是有什麼特別的事神明要交代。因此我會停下來，問神明是不是有什麼事要交代？先問是公事還是私事？公事就是關於宮裡的事，如果不是，就是私事，那麼我會先問是不是關於我自己，或我的家人？如果不是，我就會八戶逐戶問，同樣的，先問家長，再問家裡的成員。

這個說明讓我們清楚地看到乩童結合卜杯的方式如何將八戶的成員緊

緊與景明宮結合起來。八戶中，每個家庭的生活，以及個人的學業或事業，都透過這個方式與神壇緊密結合。例如，前述李金文從鷹架上摔下來的事，其實李金文的腿已經痛很久了，常常來請教乩童。高森明也在李金文摔下來的前一天卜杯得知李金文隔日會有不好的事情發生，因此已預先通知他不要去工作。但是，由於工程在趕工，李金文已應允工頭要去上班，在無法拒絕的情形下只好仍然硬著頭皮去工作。事情發生後，大家都體會到神蹟，也都更加肯定景明宮的神明真的有看顧他們每個人、每一家。

事實上，神壇成員不但每一個人幾乎都有一個屬於自己與神明、乩童的故事，八戶之間更因協助乩童與神壇各樣儀式的進行（見下一節討論），因而共同經歷、親眼目睹了一些奇妙的神蹟。如，「治好精神恍惚太太」、與「清朝藍家女魂申冤案」的故事等等。每當提起這些故事時，他們總是七嘴八舌、講得口沫橫飛。這些故事也透過每個人的講述，輪廓才得以清楚的拼湊出來。換言之，共同的信仰、神蹟、與神壇活動將八戶之間更加緊密地勾連起來。以下將仔細地討論景明宮各式各樣的宗教活動與其分工情形。

六、景明宮宗教活動的分工

景明宮的宗教活動主要包括以下幾類：

1. 平日的「問事」、「祭解」。
2. 每月的聚會「賞兵」。
3. 年度定期舉行的「進香」活動、以及在神明生日當天為信徒舉行的「煮油」除穢儀式等。

在這些儀式活動中，男、女、以及年輕人各有不同的工作，提供我們理解神壇活動的意義，以下將分別討論。

（一）男人

在宮裡，男人是儀式的主要執行者。尤其是乩童過去每個星期約要起乩四、五次，因此這八戶的男人晚上幾乎都要過來幫忙。[5] 他們的分工大致如下：

乩童：高森明　　　　　　棹頭：高森合

執手轎：高逢喜、李金武　協助乩童：陳文仁、王豈順、廖宗寶

準備祭解材料：李金文

到了每月一次聚會的的前一晚上，男人更要一起協力在景明宮前搭帆布棚。早期帆布棚是用租的，後來成員覺得帆布棚要經常使用，就由成員中手藝最精巧的陳文仁設計合乎他們需求的帆布棚，再請鐵工製作。搭建帆布棚需要男人們同心協力（圖 6-1），約一個小時可完成。搭好後男人們會在棚內擺張桌子休息、小酌、與聊天（圖 6-2）。

圖 6-1：搭鐵架鋪帆布棚圖

圖 6-2：完成後的小酌

隔日的聚會，男人的工作從傍晚才開始。這時乩童會「起駕」，「上桌」交代神明旨意（圖 7-1）。自從乩童從去年開始平日不上身之後（詳

5　現在乩童已經改為每月在月聚會時才起乩，其原因與景明宮最近的發展相關。由於原因複雜，將另文討論。

述見後），當晚乩童也會出大量的符，作為該月祭解使用。景明宮每年在保生大帝生日前都要回到萬年村進香。男人在每年舉行的儀式中扮演重要角色。在進香陣頭中常常可以看到他們賣力的表演，炒熱現場的氣氛（圖7-2）

圖 7-1：乩童、棹頭、與協助的男人　　圖 7-2：男人在進香陣頭中的表演

　　神明生日當天，要舉行煮油除穢儀式為信徒們潔淨身體，這時信徒都會聚過來油鍋四周「烘火氣」除穢。這個儀式中，男人負責起火（圖8-1）、噴酒入油鍋（圖8-2）、潔淨信徒等重要工作。

圖 8-1：起火準備「煮油」　　　　　　圖 8-2：噴酒入油鍋

（二）女人

　　女人在聚會中也有她們一定的工作。她們除了準備自家的祭品，在每月聚會時拿到神壇前來拜拜外，她們還負責準備烹煮集體祭拜神明的食物、煮中飯、以及下午的點心給當天來參加聚會的人享用。她們的分工大致如下：

採買：王如雪　　　　　　　烹調：高秋雲、呂春美、何秀珍

煮大鍋飯：高幸春、陳彩如　　打雜：其他人

　　聚會當天，常常會看到她們一起揀菜（圖 9-1）、切菜、煮菜（圖 9-2），東南西北地聊天。

圖 9-1：一同挑菜　　　　　　　圖 9-2：一同煮菜

　　過了中午後，女人們會煮點心、茶或咖啡給大家。接下來她們會圍在一起，一邊聊天、一邊摺紙錢，準備祭解儀式材料（圖 10-1）。如果旁邊給神明祝壽的布袋戲班要灑平安糖了，女人會帶著她們的小孩在戲臺前，高興地等待。糖果灑出來的那一剎那，會聽到大家發出興奮的「阿！」一聲，糖果立刻被搶光光（圖 10-2）！

圖 10-1：準備儀式用品

圖 10-2：戲臺前搶平安糖

（三）年輕人與神壇

　　要瞭解當代年輕人與神壇的關係，網路提供了絕佳的管道。乩童的女兒很早的時候就在奇摩家族 po 景明宮與八戶平時出遊活動的照片。2008年開始使用部落格（blog.yam.com），記載景明宮的活動，那時大家也會在上面做一些簡單的對話。後來，發現臉書更可以有充分的交流後，她便於 2011 年 3 月在臉書上以宮名註冊帳號。現在，如果我們進入景明宮臉書帳號，就會看到不少互動。尤其是年輕人相當積極 po 文，他們與信仰的親近度令人訝異！我們可從一些 po 文進一步瞭解年輕人在景明宮的主要活動，以及他們心中對這些活動或信仰的感受。

　　首先，先從男孩談起，我們可以從他們在臉書上關於打鼓的一段對話來看。年輕男生以網路語言，如「怕購」為「打鼓」，「黑阿」為「是阿」，寫下他們的對話內容（圖 11）。其中，一開始景明宮乩童的女兒以宮名發言，告訴大家要進香了，叫大家要準備動起來了。然後一個男孩就回應說要「起鼓」了，男孩的臉書朋友「×董」可能不知道要去哪裡進香，看到男孩的 po 文就來詢問進香與打鼓的事。男孩相當熱情地回應、並且邀請他一起去。我們可以看到男孩的熱忱：他相當投入於神壇活動。

圖 11：2012 年去進香前的對話

此外，打鼓是男孩們重要的工作。男孩從小的時候大人就會給他們鼓，讓他們咚咚的敲著、玩著。這個打鼓的傳承也清楚地呈現在以下臉書的照片與對話中（圖 12）。這張照片下方由左至右，序列著中年人、年輕人、到小孩子練鼓的樣子，中間則並置年輕人與小孩同時打鼓的樣貌。圖片右側則為網友的回應，如，「那 2 隻小的在努力學習」、「下一次要打鼓的小小孩」，傳遞出信徒對鼓藝世代傳承的期待。

圖 12：打鼓的傳承[6]

　　景明宮的打鼓節奏傳承自萬年村，在桃園由陳文仁主授。男孩約在國小五、六年級或國中的時候就會開始學習。他們在進香前兩個禮拜每天晚上會到宮裡密集的練習。進香當天，他們負責鼓陣：他們輪流擊鼓，敲鑼或鈸。在進香行列中是很突出的一群。讓我們看看以下照片 2012 年進香行列中擊鼓的男孩，他們看起來沒有照片後方懸掛的「考試」與「學測」帶來的憂愁：他們的微笑讓我們看到年輕人的自信與風采（圖 13）。

圖 13：打鼓少年的微笑與自信

6　http://0rz.tw/1dRof（2012/4/6 上線）

　　除了打鼓外，年輕男孩近年來也開始到神壇來幫忙，為信徒進行祭解儀式。他們在臉書上寫下心中對於能夠來神壇幫忙的想法。例如，下圖中呱呱寫著：「能替神明做事是很驕傲的事」，因為「可以幫助別人」、「看到病人好起來心裡很高興」。他的弟弟阿凱也說：「這樣很充實」，因為他「有幫助別人」（圖 14）。

　　同時，臉書上也呈現留話者的共同用語：例如，「擊呼走」！它的意思，根據景明宮年輕人的解釋，為「加油、一起做、衝阿！」之意。在臉書的對話中，「擊呼走」、「一起做」幾乎成為他們的口號，每一個 po 文最後都以此為結束，透過這個口號網友為彼此加油，互相打氣！

圖 14：臉書上關於祭解的書寫

　　其次，女孩方面：年輕的女孩們在神壇較無明顯的工作任務。不過，她們下了課還是會趕過來神壇。我常常看她們穿著制服在神壇走動。當我問她們在神壇會做什麼事時，有的回答：「來看哥哥姊姊」（圖 15-1）、有的說：「來幫忙端菜」（圖 15-2）。也就是說，她們來神壇後，會幫媽媽把祭拜神明後的祭品端到屋子的大桌上，讓大家一起吃。不過，大部分時間她們就是純粹來與親人、哥哥姊姊們聊天。

圖 15-1：聊天兼照顧嬰兒的女孩們　　　　　**圖 15-2：幫忙端菜**

　　不過，男孩與女孩也常常一起協助大人或神壇的活動。如圖 16 中男孩與女孩正在一起合作將乩童剛敕好的符令一張張拆卸下來。

圖 16：年輕人一起整理乩童敕好的符令

　　最後是小朋友：宮裡的小孩與一般小朋友沒兩樣，在宮裡他們受到很多長輩們的疼愛，大部分時間是在玩樂或給大人找麻煩。比較不同的是，他們的玩具中有鼓、有鑼。有時更會拿起地上的四腳塑膠矮凳，當作大人們的手轎來玩。兩個小朋友各自握著板凳的兩隻腳，模仿大人們執手轎四

處奔跑的樣子令人發噱。當乩童起乩時，小朋友也會好奇的湊過去看（圖17-1）。他們的好奇得到大人的鼓勵，因此之後也會學乩童起乩的模樣，拿棒子當七星劍敲自己的額頭或後背（圖17-2）。他們天真可愛的樣子娛樂了工作中的大人。大人們總是高聲唱和、鼓掌叫好，小孩子也越學越有架勢。

圖 17-1：小朋友凝視乩童

圖 17-2：小朋友模仿乩童腳步

　　總之，我們看到在這個神壇中，不同性別、年齡的人，各有各的角色與工作。在神壇中大家一起做事、共同參與、「撆呼走」！這個強調大家共同參與精神可從早期成員——高福財——離開神壇的例子得到進一步的理解。前面曾提到高福財，他是「六叔」高國欽從萬年村帶來桃園的高姓宗族成員。早期他也曾與高森合、森明兄弟一起租房子在大明街上。筆者在 1997 年景明宮成立時，看到他全家都來參加儀式，他同時也是宮的委員。但是這幾年他已退出。問起他為何離開的理由，神壇成員給了不同的理由。有的人說：「他愛喝酒」、「喝酒就鬧事」、「實在真無法度」。高森合提供較仔細的說明，他說：

> 福財喝了酒就常常抱怨，說他沒有「權」，來這裡不能談有沒有權。大家來這裡就是「做代誌」，誰在計較有沒有權？

　　從他們對福財離開的解釋，可以看到神壇核心成員強調共同參與、一

起做事、也就是「擊呼走」的精神。我們可知：正是這些頻繁的宗教活動以及八戶的投入將他們逐漸緊密地連結在一起。八戶在這些宗教活動的實踐過程中，經歷了神蹟、鞏固了信仰、並建立起彼此相互依賴的情感。

七、新類型的家：由親屬與宗教共同交織的新連結

由以上的探討可知，八戶的成員一開始可能有著某些親屬或地緣關連，但是他們來到移居地後，因一起工作、「同居」，以及景明宮的宗教活動，進一步培養出彼此之間緊密的情誼。本節將說明八戶如何共同度過生命儀禮、歲時節慶、共享生活休閒時光，以致最後幾乎取代傳統的親屬成員，培養出超越血緣親屬的情誼。

（一）生命儀禮

八戶成員當被問及在婚喪喜慶場合如何幫忙彼此時，他們幾乎異口同聲都說：「就是把它當成自己的事情在忙。」也就是說，他們之間不分彼此、大小，有空的就去幫忙。以婚禮為例，萬年村的親戚雖然也會早幾天就到八德來「逗熱鬧」，不過重要的前置作業還是由八戶來承擔。準備過程中，男人們安排禮車、桌次、綁禮車的竹子。女人們一起搓湯圓，準備當天各樣的點心。年輕人也幫忙做會場佈置，如接水管、灌汽球等。到了晚上宴客時，大人忙著招待親友。年輕女孩就成為收禮金的「美少女」，男孩們則個個穿著筆挺的襯衫打著領帶，負責帶位，他們是婚宴中的「帥哥團」。

等到新人生小孩了，大家一定都去醫院探望。高森明的女兒如此描述他們到醫院探視的景況：

> 八戶有新生兒誕生的話，當天醫院病房的護士小姐都會很困擾，因
> 為實在是太多人去探望了……一群接著又一群……到最後，護理站

的人〔看到我們一群人去〕都不用查哪間病房、也不用跟他們講名字，就會直接告訴我們去哪一間了……哈哈哈！！

我問她家戶之間會不會送禮物？她說：

送禮？會耶。大家都很關心：給嬰兒用的、吃的、穿的都會有。給大人〔母親〕補的、喝的、吃的也都會準備。滿月後，主家也會有所表示、油飯、彌月蛋糕禮盒、辦桌，都會請大家一起分享喜悅。

　　然而，八戶對於各家親人在面對人生最後關口時的付出，也就是把他們即將離世的至親當做自己親人般來關懷與照顧，才是其中最令人感動的。例如，幾年前李金文與金武住在萬年村的母親不幸罹患癌症。由於她健在的時候常到八德來看她的兒女與孫兒，也會時而來景明宮走動，因此與八戶之間有相當程度的熟識。當她患病後，在她人生旅程最後那些日子，無論住院、出院、或回家休養，八戶都分別回萬年村去探望。當她病情惡化到無法離開病榻時、八戶更是大大小小輪流回去陪伴、安慰。在她即將離開人間的最後幾天，景明宮神明還（透過乩童）不斷提醒金文家人儘早回鄉，隨侍在側。此外，乩童太太的母親過世時，八戶也都特地到高雄送她最後一程。雖然八戶與她較為不熟，不過大家還是特地一起到景明宮裡摺了很多蓮花與元寶帶回高雄，表達他們哀悼之意。

（二）歲時節慶、日常生活、與都會休閒活動

　　至於歲時節慶，八戶也是一同度過。例如，清明節大家常常一起包潤餅，當天的支出就由參與的家戶平均分擔費用。端午節時，那些特別會包粽子的媽媽們會多包一些分送給大家。中秋節則有另外的準備：在農曆八月十四日，大家會先一起在宮裡拜拜，祭拜結束後會特別將帆布架留下一部分，做為隔日中秋節晚上大家在宮前烤肉用。每年的父親節與母親節，大家也會聚在一起吃飯慶祝。過年時，八戶有的回去萬年村，有的回去屏

東、臺南。但是後者也都會找時間到萬年村拜年。甚至其他住在桃園八德的景明宮廟委在年節時，也會到萬年村來，給大家拜年。

至於年輕人，則會一起「跨年」。他們第一次一起跨年便是騎摩托車呼嘯到淡水八里左岸放煙火。另外，到臺北 101 大樓一起瘋跨年，截至 2013 年為止已經四次了。年輕人中如果有人要去當兵，或是當兵放假回來，大家都會相約去聚餐。

在景明宮聚會中，也常會看到年輕人帶著他們的男女朋友一起來參加。他們說把自己喜歡的對象帶來宮裡給大家認識，「讓對方知道我們這個『大家庭』的型態。」不過，他們也強調：「帶給大家認識，是尊重長輩，並不是帶來獲得長輩的同意的。」換言之，都市的年輕人因為對八戶長輩的尊重，會將自己的約會對象帶到聚會中介紹給他們認識，但並不會受他們的想法制約。

一般生活中，特別是晚上沒有工作時，大家常會聚集到景明宮來。一到假日，八戶更成為戶外休閒團體。他們常常一起出遊。神壇是他們集合與解散的地點。女人採買食物後，男人便開車載著鍋碗瓢盆與瓦斯一起出發。八戶中如果有人要搬家，其他七戶的車子都會去幫忙搬運。年輕一輩的在當兵時，八戶還曾一起租一台遊覽車去探親。聽聞哪裡開了一家新餐廳，他們也會找機會結伴去試新口味。他們去吃飯時，特別喜歡坐在大圓桌一起聊天。有一次他們去千葉餐廳吃火鍋，由於那裡的座位以較小型的方形桌椅為主，如此使得各家必須分開來坐。這些家庭的年輕人們在聚會中有拍照留念的習慣，後來，其中一個年輕人回家後看到自己所拍的照片都是一個個坐在方桌的家庭，因此就用電腦軟體將當天拍的各家做了一些剪輯，將他們合成、放進同一張照片中（圖 18）。這張照片是她自己私人的收藏，不是給大家看的，然而如此更能顯示她內心中對各家能夠「在一起」的渴望。此外，在這張照片中，她並沒有把自己的父母放在主要的版面，相反的，他們只被擺置在相片下方的一角。問她為什麼這麼做，她

回答說哪家放在中間並不重要，她真正想呈現的是「大家一起去吃」的感覺，這才是她製作這張照片的心情寫照。

圖 18：千葉餐廳聚餐八戶合成照片

從以上的討論我們可以看到八戶並不只是將這些生命儀禮或歲時節慶視為親屬義務的實踐。對比早期我對漢人農村親屬概念與生命儀禮的研究（林瑋嬪 2001），就可看出都市的這些生命儀禮、歲時節慶、與休閒聚會對八戶成員如何具有不同的意義。也就是說，這些生命儀式與節慶聚會，對他們而言，更重要的是具有培養並表達彼此情感，並使得八戶體會到彼此做為一體的方式。

那麼，我們要問：這八戶究竟是一個宗教或親屬團體？連結他們的究竟是宗教或親屬關係？這些問題事實上已很難回答，因為在他們之間，宗教與親屬已經無法清楚區辨。相反的，正因它們的相互結合，使得八戶緊密連結成為一種「新類型的家」。這個家的「親密性」可從以下春美與秀珍的口述更清楚地呈現出來。

（三）春美的例子：比父母還要親

　　呂春美算是八戶裡面最「龜毛」、事事都最講究的人。她總是選最好的水果來敬神，她將水果擺置在「謝籃」敬神的方式也是所有人公認最漂亮的。她常常告訴我她去菜市場買菜只買擺在「籃面」的水果，因為那些雖然最貴，但也最美。她很會煮菜，每次來神壇煮菜總是自備菜刀。她這種龜毛的性格，卻讓我看到了神壇成員之間獨特的關係。我們可以從她在生活中如何使用器皿來看。有一天，春美一邊泡茶一邊說：

> 我去陌生人的家裡，從不敢喝人家的水。用別人的杯子……我覺得怪怪的……除非他們給我保特瓶。喝保特瓶的水，我還要聽到打開瓶蓋時的那個特別的「卡」一聲，我才敢把水喝下去。但是，到我們八戶的家裡，我什麼都敢喝、都敢吃，他們是「自己厝內的人」。

她停了一下，然後繼續說：

> 春美：我們「比親人咯卡親」……其實，我跟他們比自己親生父母都親。
>
> 林瑋嬪：（面露訝異狀！）
>
> 春美：我十七歲來桃園，之前跟父母在一起大概才十六年，其中「不知道事情」（懵懂無知）的時期有四、五年，所以真正跟父母相處也才十二、三年。但是從十七歲到現在，認識她們都三十幾年了……我們就像「厝內人」。

　　春美的敘述說明了她為何將八戶視為自己最親近的「厝內人」。他們是她情感的歸屬，與她的關係比父母都親近。

（四）「第九戶」的出現：比兄弟還要親

2011 年 9 月，有了「第九戶」的加入。何秀珍的先生（蔡水木）的母親與凸童母親是姊妹，神壇成立後秀珍與他的先生每月會來參加景明宮的聚會。但是他們原來住在泰山，來桃園路途較遠，因此無法參與八戶所有的活動。不過，由於長期參與神壇每月聚會，與八戶也漸漸培養出深厚的情感。2011 年秀珍在大元社區裡買了一棟房子，從泰山搬過來住。問她為什麼要搬來，她常會提到在都市生活中不容易交到真心的朋友。她提到她在很多社區活動中真心付出，但往往最後只得到朋友的出賣與背叛。然而，她認為景明宮這裡的人就是不一樣。她說：

> 宮裡這裡的人其實是我先生的，不是我的姨表兄弟姊妹。但是我們每個月都會來拜拜〔求家裡平安〕，幾年下來，我跟他們就是有「講不出來的親情」，「比兄弟姊妹咯卡親」！現在，我若要來這裡，我都會跟我泰山的朋友說：「我要回去『我桃園』」，她們一開始還以為桃園這裡是我的娘家！別人要跟我約見面，我也要先查一下桃園這邊有沒有事，這裡對我來說都是「排第一」！
>
> 「為什麼他們這麼重要？」我問。
>
> 我開刀，八戶的人來看，我生小孩他們先到。我因子宮肌瘤住院，我大伯（先生的兄弟）他們都沒來看我。但是，「大姊」（指高秋雲）不但來看我，還在床邊跟我說：「你哪住卡近，我一定來嘎你顧」，聽得我眼淚都快要掉下來。所以我那時心中就決定：有一天我一定要搬過這裡跟他們一起住。

從秀珍的敘述中，我們可以感受到她與夫家親屬的疏離，以及在都會生活人際關係中的挫敗感，然而八戶成員卻讓她得到心靈與情感的支持。因此，去年她一聽到大元社區這裡有房子要賣，不顧先生反對，馬上把房子買了，搬過來住。那時候由於先生的人脈（生意與朋友）都還在泰山，

因此早先還不肯隨她搬過來。後來即使勉強搬來，週末還是回去找他原來的朋友。那時候，神壇這邊的男人週間晚上都輪流去他家，陪他喝酒聊天，撫慰他剛到異地的失落。秀珍說：

> 那一陣子我先生臉很臭，晚上睡不著覺，我問乩童怎麼回事，才知道他「犯到外方」。趕快請宮裡的人給他祭解，他才比較好。

2012 年農曆八月二日秀珍「入厝」，八戶的人一起幫她搬到八德的新家。秀珍開心地說：「我終於完成了我的心願！」秀珍的加入讓我們看到原本她與神壇的人只有淡薄的親屬關係，然而這個關係卻因為秀珍夫婦持續地參與神壇活動，以及神壇的人給她的關心與照顧，使他們成為她情感上的依賴與心理的歸屬。後來甚至決心搬到這個地方來。

從以上的探討，我們可知神壇成員因親屬介紹，前後來到桃園討生活。同為移民，在異地一起工作、一同居住後，逐漸培養出特殊的情誼。等到神壇建立後，共同的信仰以及神壇的活動進一步將他們逐漸聚合起來。乩童改良傳統問事，結合卜杯的方式更深化了成員與神壇、以及成員彼此的關係。八或九戶成員共享著乩童所行的神蹟，並且在生活面向上，成為一個重要的社會與行動單位。因此，他們之間的關係不僅由親屬或地緣所連結，在疊合了宗教信仰，以及共同參與神壇活動後，他們逐漸培養出對彼此相互依賴的情感。神壇的成員們不只是親人、鄉親、或教友，他們之間已由超越血緣的情感所聯繫；他們之間甚至「比兄弟姊妹咯卡親」。

八、神壇成員與外面世界的關係

從以上的討論，我們可以看到九戶為神壇的中堅，他們共同協助乩童為前來尋求協助的人提供宗教服務。然而，景明宮很特別的同時也在它不

但接受所有人的請託，而且所有的宗教服務都免費。它的開支主要依賴一年一次保生大帝生日當天信徒的捐獻。因此，它具有對外開放的性質，與萬年村聚落型態的信仰有了不同。怎麼說呢？

萬年村的信仰區分村內與村外的信徒。由於村廟由聚落內各家所支持，乩童為村內各家的服務被視為應盡的義務（Lin 2012）。若是到村外「辦事」，由於這是私下的請託，通常乩童也會接受信徒的贈禮。然而，在景明宮，我們看到過去區分村內與村外的方式有了改變。無論為信徒請示或作法，乩童從來不向信徒索費。在他的日記中，他記述著他用什麼心為神明效勞（為信徒服務）：

1. 恭請神尊供奉，即有此義務。
2. 身為其尊神乩身，就有此義務。
3. 以感恩的心。感恩定義深淺不一，由每個人親身體驗感受。個人感謝保生大帝列位尊神，來到弟子家中已有二十年了，對家中大小事總是無微不至的關心。……對家人上至雙親，下至孫兒無微不至的關心、費心等，有如再造父母般的恩情，是以感恩的心來效勞。
4. 為信眾服務以慈悲為懷的心，堅持義務、熱忱的原則。為信眾解開疑難雜症，居中協調。

從他的敘述中，我們看到當他思考他與神明的關係時，除了傳統的神像與乩童因素外，另外同時存在的是他對神明關照家人的感激，呈現他與家人間的親密性與情感連結。這種心情使得他願意將類似的關懷向外擴展到一般人身上。

問及核心成員在神壇的服務，他們多半回答他們是「為神明做代誌」，但更強調「大家做夥做」的精神。我們可以說：景明宮無償的宗教服務是乩童與核心成員們表達他們對世人的關懷與憐憫的方式。這種慈悲

為懷從成員之間對彼此的關心與深刻的情感延展而來。

因此，移民看待世界的方式已與過去農村時代的世界觀有所不同，他們透過神壇與都市的人建立新的連結。目前他們的委員已不止這九戶，還包括附近的菜販、做樓梯扶手的生意人、甚至也有補習班的老師加入，委員已擴大到十六人。此外，也有不在委員名單，但也是宮裡很活躍的人，如社區賣米阿桑，阿菊姐。阿菊的先生曾經罹患癌症，在醫師宣告無法醫治後，竟然在景明宮根據神明的指示找到中醫最後治癒。之後她的一家大小都託付在這個神壇。她由於騎車四處賣米，因此也將神壇的神蹟四處傳播。每年進香時，她招攬一百多個香客一同進香。因此，景明宮已從村落性的信仰轉型：它超越移民本身，其成員成為一群有行動力的慈善團體。

九、沒有宗教成分的聚會

我們可以進一步從這一兩年出現在八戶之間，沒有宗教成分的聚會來理解他們的關係。從 2011 年 2 月開始，乩童得到了神明的啟示要前往臺灣三座大廟——臺南首廟天壇、宜蘭三清宮、與雲林武德宮（財神廟）拜會。天庭同時將景明宮升格為「玉敕」景明宮，並將於未來賜下一座廟宇。從那時開始，乩童與其妻子便開始每日奔波於位在北、東、南臺灣的這三座廟宇間。由於大部分時間乩童都不在宮裡，因此他將景明宮一般的卜杯、「辦事」交給他的兒子執行。與此相關的是本來一週八戶會因「辦事」的需要而聚集三、四次的機會也隨之停止（雖然每月的酬神祭典仍照常舉行）。乩童也只有在每月一次的酬神時「起駕」，敕下「備用符令」，以供神壇整個月使用。

然而，隨著乩童不再於平日起駕為信徒辦事，八戶成員也逐漸失去了平日聚會的機會。久而久之，他們逐漸感到晚上待在家中看電視的生活很無聊，因此也開始在其他成員家中聚會。特別是週末的時候，他們會前往

有較寬敞空間成員家裡。在這些新的聚會場所，同樣的，男人會聚在一起小酌，女人則一起煮飯、話家常。但是，由於不像在神壇，沒有特別的「任務」要完成，因此男人們逐漸地酒越喝越多，女人們久了也開始賭小錢。剛開始大家只是玩玩，賭錢也只以五元、十元微小數目為單位，但是慢慢地大家會賭到沒有時間煮飯，甚至叫外賣來吃，好像聚會的目的是為了打牌賭錢一樣。一兩年下來，八、九戶中開始有人不願意參加這些聚會。其中有人甚至賭氣地說：

以後不用再召集八戶了，讓那些想賭錢的人自己賭好了。

如此下來，甚至影響了他們平時在重要節慶的固定團聚、以及一起歡度節日的興致與節奏。例如，2012 年父親節時，以往遇到這種節日大家一定是很早就開始籌劃、商量要去哪裡吃飯一起過。但是這一次一直到八月八日前幾天大部分的人還是悶不吭聲。私底下只有住在乩童家隔壁的陳彩如問她的好朋友，也就是乩童的太太：「大家到底要不要一起過？」乩童太太打電話問乩童哥哥高森合。森合也不太確定地回答說：

嘸知影咧！大家攏嘸麥講……

那時乩童才瞭解他在四處拜會大廟的這一兩年，八戶之間的聚會已經產生了一些問題。後來他趕緊召集大家一起慶祝，並且決定只要沒有外出要盡量跟大家約在神壇聚會。

從這個事件中，我們可以看到：當八戶之間的聚會沒有宗教（神壇）做為支撐而成為一般世俗性的社交活動時，他們原來透過宗教活動所建立的親密性就逐漸消失。八戶之間即使原來有親屬關係，但是光是靠親屬並不足以形成今日他們之間緊密的關係。他們在桃園事實上更透過神壇活動來建立彼此親密的互依關係。他們在神壇，「大家做夥做代誌」：男人問事、女人招呼信徒、年輕人幫忙舉行祭解儀式，每個人都有自己分內的工

作。然而，大家在做自己事情的同時，也都在照顧別人的需要，乩童也可能隨時停下為信徒卜杯，開始關懷八戶成員的生活細節。然而在沒有宗教的聚會中，相反的，喝酒的喝酒、賭錢的賭錢，一群群人各自分開，彼此缺乏共同交集與投入。這個事件的發生讓我們看到宗教（神壇）如何形塑桃園移民之間的關係。對於這個「比兄弟姊妹咯卡親」的「大家庭」而言，缺乏了神壇，馬上面對的是關係崩解的可能。

十、結論

本文從親屬的角度分析神壇，提出了一個與過去都市神壇研究（丁仁傑 2004, 2009；陳杏枝 2003, 2005a, 2005b）不同的視角。這個桃園神壇與移民的研究更與過去華人或漢人移民研究中，強調宗族或地緣持續運作（Crissman 1967; Freedman 1957; Gallin and Gallin 1974; Watson 1974, 1975, 1977; 葉春榮 1993），有了不同的圖像。

然而，桃園八德的例子更重要的是讓我們看到由鄉村到都市謀生的移民，在一個臺灣北部的工業重鎮、缺乏傳統宗族與地緣關係支持的都市中，面對網路時代的來臨以及新自由主義經濟（Harvey 2005）的嚴峻考驗時，如何透過宗教創造出新的親屬關係。過去的人類學文獻相當豐富地記載了人們如何透過巫術、靈媒、與各種地方信仰來面對不穩定的市場經濟與資本主義的例子，如早期著名的研究 Taussig（1980）、Comaroff（1985）、與 Ong（1987）。1990 年代後更有 Comaroff and Comaroff（1999）、Moore and Sanders（2001）、West and Sanders（2003）、與 Kendall（2009）等等相關論述。在臺灣也有 Weller（1994）探討資本主義發展與民間信仰的關係。

與這些研究較為不同的是：本文進一步分析在新的社會經濟脈絡中，移民如何重疊宗教與親屬創造出新類型的「家」，以面對新時代所帶來的

問題。筆者早期在一篇關於親屬的論文中，曾經探討漢人親屬概念如何在血緣關係之外，同時具有實踐，也就是透過生命過程中逐步完成的面向（林瑋嬪 2001）。本文所探討的景明宮信徒親屬關係，及其在都市中所創造出來的新意涵，也相當類似地呈現這個特質：核心九戶在不同親人的引介下來到桃園或大臺北地區，原本淡薄的親屬關係經過一同工作、一起居住後，逐漸加強。然而，他們之間的情感連結要等到神壇的設立後，才真正的建立起來。這是因為：一方面，乩童結合卜杯的新的問事方式，不但使得信仰深入八戶中的每一家、每個人，另一方面，神壇的成立更為八戶創造出新的活動類別，建立共同的生活節奏。使得他們無論在平日或儀式期間，在神壇活動中密切合作、相互依賴、並共同經歷了神明的神蹟奇事。因此，他們原來的關係——無論是早先血緣或同鄉情誼、來到異地因一同工作與居住所產生的默契——都因為神壇（宗教）而更為深化，彼此結合地更為緊密。神壇核心成員最後取代了傳統親屬成員，在生命儀禮、歲時節慶、與休閒生活中，不斷互動。這些生命儀式與節慶在他們現在的認識中並不只是一種親屬義務的實踐，八戶透過這些儀式更重要的反而是在培養與傳遞他們對彼此的情感。因此，這個個案無疑提供了一個獨特的視角，讓我們看到在桃園的都市生活情境中，宗教與親屬如何已無法清楚區辨。桃園八德景明宮是一種在都市情境中發展出來之「新類型的家」，其成員之間的關係建立在「比兄弟姊妹咯卡親」的情感上。

此外，我們也看到核心成員對彼此的情感與關懷如何透過神壇而向外延伸。神壇所提供的宗教服務一律免費，他們沒有鄉村地方信仰明顯的地方性。這裡強調對信徒「不分貧富貴賤」，鼓勵成員「做夥做」、「為神明做代誌」。因此，神壇的宗教服務是成員們將自己對彼此的情感與關心向外延展，表達對一般人在遭遇困境時的關懷與憐憫的方式。

整體來說，八德移民的例子讓我們看到臺灣社會無論在宗教或親屬層面朝向情感與心理的轉向。如此的發展，不可諱言的，與臺灣社會因新自

由主義化，導致個人主義更加發展、以及人際關係更為疏離非常相關。在本文中，親屬與宗教關係的交互重疊也與新自由主義的發展密不可分。Comaroff 夫婦關於族群與文化商品化的探討（2009）、以及黃應貴的布農族研究（2012）已經告訴我們新自由主義如何使得文化、政治、與經濟原本的界限逐漸模糊化，越來越無法清楚區分的趨勢。

最後，桃園神壇的發展以傳統民間宗教為基礎，但是，經過了移民的改造後，已呈現出與聚落性民間宗教不同的面貌。在本文的討論中，我們看到女人與年輕人在神壇中的重要性。這與傳統宗教的聚落活動由成年男性主持、女人負責家裡的祭祀（林瑋嬪 2010: 165-7）、以及年輕人直到結婚有小孩才開始涉入聚落宗教事務的方式，已有明顯的不同。八德乩童結合卜杯的請示神明方式也使得都市民間宗教信仰的發展更能配合都會生活節奏，快速地解答眾多信徒問題，這些都會神壇的宗教性是未來研究要繼續探討的問題。

參考書目

丁仁傑

2004 《社會分化與宗教制度變遷：當代臺灣新興宗教現象的社會學考察》。臺北：聯經。

2009 《當代漢人民眾宗教研究：論述、認同歸屬與社會再生產》。臺北：聯經。

王志弘

2006 〈移／置認同與空間政治：桃園火車站週邊消費族裔地景研究〉。《臺灣社會研究季刊》61: 149-205。

宋光宇

1995 〈神壇的形成：高雄市神壇調查資料的初步分析〉。刊於《寺廟與民間文化研討會論文集》，漢學研究中心編，頁 97-127。臺北：行政院文化建設委員會。

林會承

1996 〈聚落單元：兼論澎湖的地方自治〉。《中央研究院民族學研究所集刊》81: 53-132。

林瑋嬪

2001 〈漢人「親屬」概念重探：以一個臺灣西南農村為例〉。《中央研究院民族學研究所集刊》90: 1-38。

2002 〈血緣或地緣？臺灣漢人的家、聚落與大陸的故鄉〉。刊於《「社群」研究的省思》，陳文德、黃應貴主編，頁 93-151。臺北：中央研究院民族學研究所。

2005 〈臺灣廟宇的發展：從一個地方庄廟的神明信仰、企業化經營以及國家文化政策談起〉。《國立臺灣大學考古人類學刊》62: 56-92。

2009 〈「風水寶地」的出現：移民與地方再造〉。刊於《空間與文
化場域：空間之意象、實踐與社會的生產》，黃應貴主編，頁
299-334。臺北：漢學研究中心。

2010 〈人類學與道教研究的對話：以「煮油」除穢儀式為例〉。
《考古人類學刊》73: 149-174。

林麗櫻

2007 《桃園工業發展與桃園社會變遷：一九六六年～一九九六年》。
國立中央大學歷史研究所碩士論文。（未出版）

黃應貴

2012 《「文明」之路》。臺北：中央研究院民族學研究所。

陳杏枝

1999 〈臺灣宗教社會學研究之回顧〉。《臺灣社會學刊》22: 173-
210。

2003 〈臺北市加納地區的宮壇神廟〉。《臺灣社會學刊》31: 93-
152。

2005a 〈新神佛降臨救世：一個本土新興宗教團體的研究〉。《臺灣
宗教研究》3(2): 125-64。

2005b 〈都市化、省籍和代間信仰流動之研究〉。《臺灣社會學刊》
35: 181-222。

陳志明、丁毓玲、王連茂

2006 《跨國網絡與華南僑鄉：文化、認同和社會變遷》。香港：中
文大學。

張珣

1996 〈分香與進香：媽祖信仰與人群的整合〉。《思與言》33(4):
83-105。

2003 《文化媽祖：臺灣媽祖信仰研究論文集》。臺北：中央研究院

民族學研究所。

曾玲、莊英章

2000 《新加坡華人的祖先崇拜與宗鄉社群整合：以戰後三十年廣惠肇碧山亭為例》。臺北：唐山。

項飆

2000 《跨越邊界的社區：北京「浙江村」的生活史》。北京：三聯書店。

葉春榮

1993 〈人類學的海外華人研究：兼論一個新的方向〉。《中央研究院民族學研究所集刊》75: 171-201。

廖志龍

2008 《桃園縣八德市聚落發展之研究》。國立新竹教育大學人力資源教育處教師在職進修區域人文社會學系社會學習領域教學碩士班碩士論文。（未出版）

Comaroff, Jean

1985 *Body of Power, Spirit of Resistance: the Culture and History of a South African People*. Chicago: Chicago University Press.

Comaroff, John and Jean Comaroff

1999 Occult Economies and the Violence of Abstraction: Notes from the South African Postcolony. *American Ethnologist* 26(2): 279-303.

2009 *Ethnicity, Inc.* Chicago: Chicago University Press.

Crissman, Lawrence W.

1967 The Segmentary Structure of Urban Overseas Chinese Communities. *Man* 2: 185-204.

Freedman, Maurice

> 1957 *Chinese Family and Marriage in Singapore*. London: Her Majesty's Stationary Office.

Gallin, Bernard and Rita Gallin

> 1974 The Integration of Village Migrants in Taipei. In *The Chinese City between Two Worlds*. Mark Elvin and William Skinner, eds., pp. 331-58. Stanford: Stanford University Press.

Harvey, David

> 2005 *A Brief History of Neoliberalism*. Oxford: Oxford University Press.

Kendall, Laurel

> 2009 *Shamans, Nostalgias, and the IMF: South Korean Popular Religion in Motion*. Honolulu: University of Hawaii Press.

Kuah, Khun Eng

> 2000 *Rebuilding the Ancestral Village: Singaporeans in China*. Brookfield: Ashgate.

Lin, Wei-Ping

> 2009 Local History through Popular Religion: Place, People and Their Narratives in Taiwan. *Asian Anthropology* 8: 1-30.

> 2012 Son of Man or Son of God? Spirit Medium in Chinese Popular Religion. In *Affiliation and Transmission in Daoism*. Florian C. Reiter, ed. *Abhandlungen für die Kunde des Morgenlandes* Vol. 78. Germany: Harrassowitz Verlag.

Moore, Henrietta and Todd Sanders

> 2001 *Magical Interpretations, Material Realities: Modernity, Witchcraft, and the Occult in Postcolonial Africa*. London: Routledge.

Murphy, Rachel

　　2002 *How Migrant Labor is Changing Rural China*. Cambridge: Cambridge University Press.

Ong, Aihwa

　　1987 *Spirits of Resistance and Capitalist Discipline: Factory Women in Malaysia*. Albany: State University of New York Press.

Taussig, Michael

　　1980 *The Devil and Commodity Fetishism in South America*. Chapel Hill: University of North Carolina Press.

Watson, James

　　1974 Restaurants and Remittances: Chinese Emigrant Workers in London. In *Anthropologists in Cities*. George Foster and Robert Kemper, eds., pp. 201-22. Boston: Little, Brown.

　　1975 *Emigration and the Chinese Lineage: the Mans in Hong Kong and London*. Berkeley: University of California Press.

　　1977 The Chinese: Hong Kong Villagers in the British Catering Trade. In *Between Two Cultures: Migrants and Minorities in Britain*. James Watson, ed., pp. 181-213. Oxford: Basil Blackwell.

Weller, Robert

　　1994 Capitalism, Community, and the Rise of Amoral Cults in Taiwan. In *Asian Visions of Authority: Religion and the Modern States of East and Southeast Asia*. Charles F. Keyes, Laurel Kendall and Helen Hardacre, eds. Honolulu: University of Hawaii Press.

West, Harry and Todd Sanders

　　2003 *Transparency and Conspiracy: Ethnographies of Suspicion in the New World Order*. Duke: Duke University Press.

Zhang, Li

　　2001 *Strangers in the City: Reconfigurations of Space, Power, and Social Networks within China's Floating Population*. Stanford: Stanford University Press.

第 6 章

「人的感情像流動的水」：太魯閣人的家與情感[*]

王梅霞

Mlungan/mskuhun（心／情感）*sejiq*（人）*ga. Ndka*（像）*qsiya yayung*（溪流的水）*msupu qluli*（合在一起）. *Wada*（如果）*mstrung*（碰到）*paru*（大）*btux*（石頭）*duri*（再）*ga. Wada*（被）*mswayay*（分開）*ka elu*（路；痕跡）*qnliyan*（流過的水）*da ha*（他們）*duri*（又再）. *Wada msupu*（在一起）*ka elu daha duri.*

「人的感情像兩條河流一樣流下來，有時候會合在一起，但是碰到大石頭可能會被分開，有時候又會再匯合。」

本文首先討論「情緒」這個議題如何開展人類學研究新的視野；接著回顧與太魯閣族、泰雅族、賽德克族相關研究，凸顯不同歷史脈絡之下當

---

* 本研究為國科會補助計畫案的部分成果，計畫名稱分別為「歷史、文化與實踐：泰雅族、太魯閣族與賽德克族的研究」（NSC 99-2410-H-002-012）和「經濟與文化：賽德克族資本主義的轉化過程」（NSC 101-2410-H-002-081）。本文初稿曾發表於中央研究院民族學研究所於 2012 年 7 月 3-5 日舉辦之「什麼是家？」研討會，感謝評論人黃宣衛先生，與黃應貴老師、陳文德、張珣、鄭依憶等與會同仁，以及兩位匿名審查者的寶貴意見。這篇論文的完成，更要感謝太魯閣族人的支持與鼓勵，以及助理顧芸協助整理田野資料。還有，台灣大學人類學系曾振名及胡家瑜兩位老師於 1995、1996 年帶領臺大學生於該地區進行「文化田野實習課程」，當時所蒐集之戶籍資料提供筆者比較不同時期家戶組成之參考，特此致謝。

地社會文化不同的實踐過程與轉化方式；接下來之章節則論述太魯閣社會特殊的歷史脈絡、「家」的多義性在社會變遷過程中如何被凸顯、如何從「情緒」的轉化過程探討家的整合與分裂等面向。

本文田野地點立霧部落[1] 位於花蓮縣秀林鄉，大多數成員屬於太魯閣族，1927 年開始陸續從山上不同部落遷移到平地，也開始經歷變遷不斷的情境，尤其以 1971 年亞洲水泥在當地建廠影響最鉅，亞泥建廠一方面造成當地人土地資源流失，一方面促使部落成員投入建廠時綁鋼筋之工作，也因此開始投入建築業而足跡遍及臺灣各都會，甚至海外。

在快速的社會變遷過程中，「家」的多義性也被強調。關於泰雅族與太魯閣族「家」的性質之討論，筆者過去研究曾經指出：「家」在泰雅族是可變動、具有彈性的單位，「一家人」乃透過「同居共食」的實踐而來。相關研究也討論過「家」的多義性包括血緣的家、實踐 *gaya* 的家（共負罪責的家）。立霧部落的「家」除了具有這些特色，更特別的是具有收養關係或寄居者的家比例相當高，還有不少離婚後再婚的家庭。

面對相當具有流動性的家庭關係，筆者嘗試從個人情緒的能動性出發，探討人與人之間如何透過情緒的互動或分享來建立社會關係。人與人之間如何「透過生活上的互動與分享而相互同情、憐憫（*mgalu*）」是太魯閣人社會關係的重要基礎，包括夫妻之間、父母子女之間、兄弟姊妹之間、朋友之間，都必須透過 *mgalu* 來維繫彼此的關係；當西方教會傳入立霧部落，當地人也以 *mgalu* 來理解神對人的愛。如果兩個人無法發展出 *mgalu*（同情、憐憫），*mngungu*（恐懼）或 *hmkrig*（忌妒）油然而生，繼而產生 *pahung*（憤怒）與 *mkkan*（衝突），也因此造成家庭關係的緊張或分裂。透過上述情緒轉化的模式，可以更深刻地詮釋太魯閣人家庭關係流動或分裂的過程。

1　此部落名稱為化名。

一、「情緒」作為新的研究視野

近年來關於情緒人類學的研究，重新思考傳統人類學對於社會文化性質及個人主體性的假設。傳統結構功能論者假設社會是一個理性的系統，社會制度具有維繫社會存續的功能；但是被批評忽略了當地人的主觀理解、及社會秩序變遷的可能性。象徵論者強調象徵秩序的獨立自主性，以及個人對於象徵秩序可以有不同的詮釋；但是對於個人主體性及象徵秩序變遷的討論仍然不足。實踐理論強調個人如何經由儀式、時間、空間等實踐過程來理解社會文化結構原則，並且透過實踐過程而有改變社會文化秩序的可能性。這些理論都透過社會文化結構原則來掌握社會秩序，但是對於一個流動性高的社會，上述理論都面對解釋上的限制；於是情緒人類學嘗試從個人的主體性出發，透過個人情緒的轉化過程來理解人與人關係的分裂或整合過程。

情緒人類學這個新的研究視野，被充分應用在探討東南亞及南美等強調個人能力的社會。例如菲律賓低地的 Bicol 社會，經歷過 200 年的西班牙殖民及天主教的洗禮，戰後又受到美國文化的影響，過去許多研究均認為其傳統文化已經消失，但是 Cannell（1999）卻從其情緒意理來探討當地文化的延續。Cannell 從當地人對於婚姻的論述方式、及治病儀式的過程爬梳出 Bicol 人的情緒意理（idioms of emotion），是從被壓迫（oppression）轉化到同情（pity）及愛（love）的情緒邏輯與過程，這樣的情緒轉化過程表現在夫妻之間、巫醫與其靈伴（spirit companion）之間、人與精靈之間、巫醫與病人之間、人與人之間等各個層面，成為當地人在劇烈的社會變遷過程中不變的文化質素。但是他的討論並未觸及衝突、憤怒等情緒。

對於愛與憤怒等情緒的轉化，以亞馬遜地區的研究最為突出。Ales（2000）對於亞馬遜盆地 Yanomami 人的討論指出，以往被人類學者描述

為狂暴、好戰的 Yanomami 人，其暴力來自於對於愛、照顧、健康不成而有的反應。同樣的，Santos-Granero（2000）對於 Yanesha 人的研究指出，對於愛、友情、信任、慷慨有強烈感覺的 Yanesha 人，在面對和諧被打破而導致衝突時，會形成極強的憤怒、羞恥。Belaunde（2000）也討論 Airo-Pai 對於歡樂（conviviality）的強調，因此對於憤怒的恐懼、及避免憤怒成為其日常生活的重心。

二、太魯閣族相關研究的回顧

在日本殖民政府時期被歸類為「泰雅族」的太魯閣族與賽德克族，分別在 2004 年、2008 年從泰雅族獨立出來，成為新的族群。對於族群這個議題，筆者曾經討論日本殖民政府如何為了統治需要而建立一套有關泰雅族的客觀知識，包括「泰雅族」作為一個「族群」的建構過程，以及殖民政府逐步建構起來的統治制度如何改變當地「社會」的性質（王梅霞 2006, 2009）。此外，筆者也曾討論「太魯閣族」正名運動的發展過程，以及運動領導者所提出來的「族群」界定標準，這些標準反映了當代社會對於「族群」的界定方式，也因此造成內部若干爭議；另一方面，族群正名運動必須放在當代國家等政治經濟脈絡之下加以理解（王梅霞 2008）。

除了對於「族群」這個議題的討論，筆者的基本關懷在於探討泰雅族、太魯閣族、賽德克族在不同的歷史脈絡之下，其文化核心觀念如何被重新界定與實踐；以及在西方宗教、資本主義的衝擊下，當地人主觀上如何理解外來的變遷，以及當地社會文化性質的轉化過程。透過泰雅族、賽德克族與太魯閣族的比較研究，更能凸顯社會變遷過程中當地人的主體性，以及文化再創造的過程。

（一）泰雅族的 *gaga*、太魯閣族的 *gaya*、及賽德克族的 *waya/gaya*

以泰雅族與太魯閣族兩個基本文化概念——*gaga*（泰雅族稱為 *gaga*，太魯閣族稱為 *gaya*）及 *utux*（泛稱所有超自然存在，並無神、鬼、祖先之別）為例，泰雅族 *gaga* 的字面意義是「祖先流傳下來的話」，透過儀式及日常生活的實踐，它也成為泰雅人重要的文化觀念與社會範疇。*Gaga* 包含了戒律、儀式的規則及禁忌、個人內在能力或好運等多重意涵，每個人可以從不同來源交換、分享或學習到不同的 *gaga*，在這過程中建立了社會性的人觀（sociality），不同於西方「個人主義」的觀念（王梅霞 2003）。相對於西部泰雅族，太魯閣部落受到日本人遷村影響甚大，原部落被打散分到各地，現今部落由許多不同來源組成，部落的整體性尚未建立，*gaya* 也未制度化，當地人以 *gaya* 指涉人和 *utux*、人和人互動過程中一種狀況、個人的內在狀態，更以 *gaya* 指稱人的行為處於不潔、罪責（曹秋琴 1998；張藝鴻 2001；邱韻芳 2004；王梅霞 2008）。

和太魯閣族一樣，賽德克族也受到日本殖民政府遷村、部落重組的影響，不過，在賽德克部落的經濟變遷過程中，土地、勞力、產品均未完全脫離個人或家，因此不同於資本主義社會的「異化」現象，反而呈現了當地社會文化與資本主義之間相互結合及轉化的過程。例如，在當地種植小米、水稻、香菇、梅子和李子、茶葉等不同作物期間，「家戶生產模式」在傳統社會及經濟變遷過程中均扮演重要角色，尤其茶葉種植需要龐大的資金、勞力需求，以及新的知識、技術，在面對這些新的情境時，「家」仍然作為當地人適應變遷及發展新的產業的重要機制，尤其透過女性所建立的姻親關係提供採茶時期主要人力。此外，賽德克人的 *waya*（泰雅族的 *gaga*，賽德克族稱為 *waya* 或 *gaya*）不僅指涉和諧的社會關係，當地人更強調「每個人的 *waya* 都不一樣」，包括每個人有自己的獵區，而且每

個人所傳承的獵咒袋（*lbuwy*）不同，因此狩獵過程中遵守的禁忌、夢占（*sepi*）的內容及詮釋、放第一個陷阱時的儀式及咒語等與狩獵息息相關的 *waya* 也是每個人都不一樣，甚至每個人從其傳承者身上所傳承的狩獵能力（*beyax*，可以指涉狩獵能力或工作能力）也不一樣；因此，賽德克族 *waya* 所強調的「個人能力」與資本主義文化中的「個人主義」之間，具有相互轉化的面向（王梅霞 2011, 2014）。

　　當代賽德克族織布產業的蓬勃發展，也見證了資本主義與當地社會文化相互結合或衝突的過程。臺灣從 1995 年開始推動文化產業，一方面呼應了當代資本主義的特色，資本並不僅限於過去的工業資本、商業資本、社會資本，更包括了文化資本與虛幻資本，「經濟」具有宰制地位的方式，是透過以各種不同的面貌運作，尤其是與文化相結合；另一方面，「經濟」以「文化」的形式呈現，但是文化也被重新建構，而且往往被標準化、客體化為儀式、節慶、運動、服飾或食物等，在這過程中，文化被拆解、重組，以新的面貌再現。在賽德克社會，織布是女性實踐 *waya*、以及與 *utux* 溝通的場域，或許可以被視為女性的儀式，女性透過織布而參與了宇宙秩序的再生產；此外，不同工作坊對於織布圖紋的多元解釋，是一個正在進行中的文化再創造過程，尤其「布」作為「纏繞的物」（entangled objects），具有多重意象（image），在不同情境下可以和新的意義結合在一起；另一方面，「文化產業」作為當代資本主義的一環，人與人的競爭、及人與物的物化也不可避免地進行著（王梅霞 2012a）。

　　賽德克族「個人化」的面向也呈現在轉宗的過程，筆者從儀式語言、觀念與意象這三個面向，探討轉宗這個複雜過程中各人有不同的方式來結合傳統與現代，也有新的概念重新建構中，呈現出社會文化變遷過程中多種詮釋的可能性。首先，當傳統「精靈」遇上基督教的「神」，力量相遇的過程中，可能有融合、吸納、並置、競爭等各種不同的力量展現方式，並無絕對的高低之別。其次，賽德克族人對於 *utux*、*waya*、*lnlungan*

（「心」）等概念的論述結合了傳統信仰與基督宗教，相對於泰雅族與太魯閣族，賽德克族強調 *waya* 與「心」的結合，以及修正、轉化自己的「心」來跟隨 *waya*；不過，在西方宗教的影響下，對於「心」的論述更顯示個人意識內化的過程。最後，對於當代靈恩運動中聖靈充滿、方言禱告、異象、異夢等宗教經驗的討論，則凸顯宗教經驗的個人性，以及意義被創造的過程。當部落年輕人面對更加變動的社會情境，不僅結合了不同教派（如靈糧堂）的敬拜讚美方式，也與平地教會或國外教會有更多交流，他們見「異象」或做「異夢」等意象具有更多的詮釋空間，安置或合理化不同的生命經驗，或者開展出新的「宗教」經驗，如他們所強調「每個人的身體都是一個教會」（王梅霞 2012b）。

（二）「家」的多重意涵

　　結構主義者 Levi-Strauss 認為「家屋」是一個了解社會文化秩序的重要切入點。Levi-Strauss 提出：「家屋」（house）是一種結構類型，介於基本結構及複雜結構之間。「家屋」是一個法人團體，擁有物質及非物質的財產，可以整合父系及母系、從夫居及從妻居、內婚及外婚、繼嗣及聯姻等二元對立的結構原則。MacDonald（1987）則認為 Levi-Strauss 所界定的「家屋」僅適用於階層化社會，大部分的南島社會並不符合 Levi-Strauss 所界定的「家屋社會」（house societies）。南島民族的「家」凸顯了理論及區域研究的特色而具有其獨特面貌。在南島社會，家屋的空間可以呈現文化及宇宙秩序，因此「家」成為一個文化範疇，可以指稱不同的社會群體；個人也透過實踐的過程建立其自我認同，而且隨著成長而經歷了不同的空間，進而改變其自我認同；進而，空間是多義的，提供個人選擇及創造的能動性，例如 Iban 的家屋儀式呈現出空間的多重意涵、及個人實踐過程改變意義的可能性（Sather 1993）。「家」的議題也提供性別研究不同的視野，南島社會的女性作為家的中心，可以經由家戶的活動

來實踐、維繫、傳遞著一套宇宙秩序，甚至可能帶入新的文化概念或是新的宇宙觀（Fox 1993）。

本文對於太魯閣族「家」的研究，一方面呼應南島研究所呈現「家」的多重意涵，另一方面則以清水昭俊的架構凸顯「家」的研究如何做為瞭解社會文化秩序的基礎。清水昭俊以日本人的 *ie*、Yap 人 *tabinau* 為例，強調「家戶團體」（domestic group）應該作為親屬研究的切入點，「家戶團體」是個人社會化的主要場域，涵蓋了多元的社會關係與功能，而且提供了「建構各種親屬關係」所需的社會文化脈絡，因此以家戶團體作為分析對象可以呈現親屬的多義性，包括不同的建構方式。親屬關係包括三個層次：首先是由生殖而產生的親屬關係（kinship by procreation），每個文化皆有一套獨特關於人之生殖的論述，此論述的語言、感知（perception）邏輯也與另外兩個層面的論述息息相關（Shimizu 1991: 395）；第二個層次是後天建構而成的親屬關係（kinship by construction），是透過社會或法律之手段將不具生殖關係之「外來者」轉化為「親屬」，經常與一系列生命儀禮相結合；在這過程中，涉及不同轉化階段的不同關係，以及個人與照顧者（caretaker）之間透過精靈的（spiritual）及物質的（substantial）連帶所形成後天的認同（同上引：395-396）；第三個層次是與思想體系有關的親屬（ideological kinship），是簡約與抽象的親屬關係，在這個層次之下親屬的邏輯可以做為了解文化系統的基礎（同上引：397-398）。

對於泰雅族、賽德克族、太魯閣族「家」的討論也可以從生殖的、後天建構的親屬關係、意識形態或文化秩序等三個層面加以討論。[2]

首先，關於泰雅族及賽德克族「生殖」的論述，山路勝彥透過異性同

---

2 此處同時回顧泰雅族、賽德克族、太魯閣族相關討論，在於這三個族群仍具有難以完全區分之社會文化特質，如前述 *gaga*、*waya*、*gaya* 的研究所呈現。

胞之禁忌、同輩姻親稱謂、生產污穢及禳祓等面向之討論，論述異性同胞之間及姻兄弟之間的緊張關係，這些關係裡更重要的意義就是孩子出生時，對於孩子的認定，需要母舅的參與，以淨化生產時影響及於母舅們的不淨；進而，山路勝彥提出，親屬關係的深層意涵具有宗教層面之象徵意義，對於賽德克族人而言，即淨／不淨的觀念（山路勝彥 1986: 621）。其他研究者也在這個基礎之下，進一步論述泰雅族異性同胞關係與夫妻關係之轉化（Wang 2001；戴蕾 2005）。對於生殖的論述，還牽涉父母與子女之間透過「血」的連帶所傳承的特質，山路勝彥所研究的泰雅族汶水群以 *loheng*（接連）一詞強調親子之間所傳承的關係，例如 *loheng ni yaba*（接連・的・父）或 *loheng ni yaya*（接連・的・母）指涉臉、體格、性格等類似雙親（山路勝彥 1987: 16-19）；筆者從事田野工作的泰雅族北勢群、及賽考列克群，則以 *wuvei*（血脈、連結、系統）一詞指稱父母及孩子之間外表及內在的神似，一個人血管中的血液、個人特質與性情均透過生殖過程而從父母雙方傳承下來（Wang 2001；戴蕾 2005）。此乃清水昭俊所提出的第一層次的親屬關係。

　　除了因生殖所產生的親屬關係，泰雅族人尚有透過同居共食所建構的親屬關係；尤其「家」作為同居共食的場域，是泰雅人透過日常活動建構不同類型親屬關係的主要場合，即清水昭俊所提出的第二層次的親屬關係，如下述。

　　日治時期的調查報告已指出「家」的象徵意涵、及家庭成員包括無血緣關係者。首先，家屋中的灰、爐灶、入口（內與外的分別）以及家中共食的活動皆可以表示「家」，如小島由道記載：「本族之住家一般只有一個入口（*lihon*）、一個爐竈（*hka'*），因此又稱一家『*qutux lihon*』或『*qutux hka'*』」；值得注意的是，家亦為共食單位，故也可稱「*qutux niqan*」（臺灣總督府臨時臺灣舊慣調查會 1996[1915]: 157-161）。其次，關於「家」的成員，佐山融吉對於泰雅族的調查報告已指出「家」並

不完全透過血緣關係來界定，例如：「（南澳蕃）家族係由父母、子女、奴婢以及同居人組成。繼承者端視父母與孩子的情感而定」；「（溪頭蕃）家庭是由父母及其子女組成，但也有兄弟及其眷屬或養子與之同居者」（臺灣總督府臨時臺灣舊慣調查會 2012[1918]: 209）。但是這些調查報告並未進一步討論「家」透過什麼機制整合無血緣關係者。

關於泰雅族「家」的重要性，也有研究指出：泰雅族「親族系統組織甚為鬆懈；家族是最基本的親族群體，也是唯一的親族群體，因為較家族範圍為大的親族，已沒有具體的群體存在了」（李亦園等 1963: 115）。但是「以個人為中心可以區分成三種不同的範圍，以決定家族以外各種親屬的行為規則」，包括同高祖父系親屬、雙系禁婚群、及共食親屬群；其中之「共食親屬群」是以個人為中心，包括自己所有的血親與姻親，因此除了同父母的未婚兄弟姐妹之外，沒有一個人的共食群體是一樣的」（同上引：115-119）。此研究已經指出「共食」對於界定親屬關係的重要性，但是未深入討論「共食」與「家」的關係。

山路勝彥的研究則進一步討論「家」的多義性。泰雅語對「家」的稱呼不盡相同，山路勝彥所研究的汶水群稱「家」為 *imowaŋ*（山路勝彥 1987: 14），北勢群稱「家」為 *sali*，亦有地區稱「家」為 *nasan* 或 *ngasal* 者。山路勝彥指出以下兩點「家」的意涵：一、「居住在同一個房屋的人們。房屋內設有爐灶，近親者圍繞著它煮飯，過著日常生活，集合的指這樣的人們而言。」二、（家）作為親族詞彙，可追溯親族上具有系譜關係的人們，因為「現在雖是遠親的關係，但若是追溯系譜就會追溯到曾經同住在一塊兒的兄弟、姊妹。換言之，他們認為若追溯系譜，最後就互相成了 *qotox yaba*（一個・父），*qotox yaya*（一個・母），或是說 *qotox nabakis*（一個・上位世代者）[3] 的關係」（同上引：14-15）。在此具有彈性的親族觀念之下，「親族結合帶有重要性是在日常生活中，例如插秧、收穫、山林的採伐燒墾等，需要相當勞力的交換勞動，多透過網狀的親族

關係，雙方關係在如此日常的互助協同之際被動用，因此 *qotox tso imo*（一個‧家）或 *qotox tso ruma*（一個‧家屋）的重要性被浮雕出來」（同上引：40）。

　　這些研究均強調泰雅族人透過同居、共食、共作所建立的「家」，筆者也曾經討論泰雅族社群的性質，不但以 *gaga* 貫穿泰雅族家與社群間的關係，亦特別強調泰雅族家「實踐」的面向：「家」在泰雅族是可變動、具有彈性的單位，「一家人」乃透過「同居共食」的實踐而來。首先，泰雅人常說：「一個家，一個 *gaga*」，透過實踐「家」這個層次的 *gaga* 界定一家人，包括家中的生活習慣、作息，以及儀式時共食、共守禁忌的範疇等；而且，在實踐過程中「家」所指涉的範圍是很有彈性的。[4] 其次，

3　筆者研究也指出：泰雅語 *utux gamin* 的字面意義為「一個根」，*utux nəkis*（相當於山路勝彥所稱之 *qotox nabakis*）的字面意義為「一個祖先」；二者比較之下，前者較後者往上追溯至更遠的祖先。但是當地人對於 *utux gamin* 和 *utux nəkis* 的用法都很有彈性，而前者通常比較少使用到。他們並不確定 *utux gamin* 可以追溯到多遠的祖先，所以 *utux gamin* 有時指涉所有的泰雅人，有時指涉同一個部落的成員，有時當地人又區分部落內有五、六個 *utux gamin*。至於比較常用的字眼是 *utux nəkis*，一般指涉向上追溯五、六代共同祖先的後代。有時，整個部落也可以稱為 *utux nəkis*；有時，一個部落又被分為六、七個不同祖先的後代，各從不同地方遷移過來；其中有兩個 *utux nəkis* 有時被稱為同一個 *utux nəkis*，因為他們在五、六代以前屬於同一個祖先（當他們被認為是兩個不同的 *utux nəkis* 時，仍然是同一個 *utux gamin*，所以此時部落內 *utux nəkis* 的數目較 *utux gamin* 的數目還多一個）。甚至，有時當地人在非泰雅族部落遇到非直系的親戚也稱之為 *utux nəkis*。上述 *utux gamin* 和 *utux nəkis* 的不同用法往往因情境而異，特別是在「相對於什麼人」的情況下尤然（王梅霞 2006: 56-57）。這種論述親屬關係的方式也出現在許多對於南島社會的討論：相對於非洲對於繼嗣原則的強調，南島民族強調「起源」，起源的論述是多元而具有競爭性的。「起源」的觀念以植物作為隱喻，「起源」相當於樹根或樹幹，發展的過程是從樹的底部到樹尖。這種植物性的隱喻不僅用來描述家屋柱子的「栽種」（planting），也指涉親屬關係（Fox 1996）。

4　屬於澤敖列系統的北勢群泰雅人透過實踐 *gaga* 以及共食關係來界定一家人，而且分家是一個連續的過程（Wang 2001）。分家時，頭目召集部落會議宣布某家要進行分家，由要分出去的那一家宴請部落成員喝酒吃肉。民國四十六年以後，播種和收穫儀式是以家戶為單位，分家以後的家戶就必須各自舉行儀式，儀式之後也各自打黏糕塗在自己家屋火爐的三個角。不過，「家」所指涉的範圍還是很有彈性的，通常是指一個家戶，但是也

泰雅人尚透過日常的共食，界定一家人，筆者以田野經驗為例，指出養子女即使不是泰雅人，與家人間沒有先天的血緣關係，只要從小與家人一起吃飯，死後也會成為泰雅的 *utux*（Wang 2001: 127-128；王梅霞 2006）。筆者的研究一方面著重泰雅人如何透過實踐將「非血緣」者納入家中，成為家中的一員；另一方面則強調泰雅族的「家」與文化秩序 *gaga* 之間的關係，如清水昭俊所提出的第三層次的親屬關係。

關於泰雅族「家」的性質的討論，也有助於探討太魯閣族的「家」。太魯閣族的「家」也具有多重及實踐的面向。太魯閣人親屬關係語彙包括：以 *Pusu lutuc*（*Pusu* 為「根」之意）指涉「從最前面第一代祖先開始所有的親戚」，範圍相當廣，可以包括並無清楚系譜關係者；以 *Lutuc* 指涉「親戚」，包括一代至五代之間，祖先有兄弟姐妹或姻親關係者。此外，*Sapa*（家）具有多重意涵，可以指涉家屋，或居住在同一個房屋的人、同居共食者，或共同實踐 *gaya* 者。

而且如同泰雅人透過實踐 *gaga* 的過程來界定「家」，太魯閣人「家」的多重意涵也與 *gaya* 罪責範圍息息相關。如前文所述，對於太魯閣族 *gaya* 的討論，相關研究均強調：*gaya* 不止形容人的行為遵守 *gaya* 的規範，更用來指稱人的行為處於不潔、罪責，甚至當地人在談論時會偏重後者（曹秋琴 1998；張藝鴻 2001；邱韻芳 2004；王梅霞 2008）。至於實踐 *gaya* 規範、或共負 *gaya* 罪責的社會範疇，基本上有四類型，第一型是建立在血緣及共同居住同一個家屋為根基，人的關連性發生於生殖關係上，父母的 *gaya* 罪責、不潔會經由生殖繁衍的過程遺傳給下一代的子女。第二型 *gaya* 關係的基礎在於血緣相同及分食的關係上，因此，具有

有報導人認為他和他哥哥的孩子（雙方並不住在一起）是屬於同一個 *sali*（家）。另外還有一個例子是，三兄弟已經分財產並分開居住了，但是在戶口名簿上卻尚未分開登記，當事人認為他們還沒有分家，但旁人卻認為他們實際上已經分家了（王梅霞 2006: 55）。

相同血緣關係的同胞兄弟姊妹，即使不住在同一屋簷下，都具有 *gaya* 的
關連性。第三型的 *gaya* 關係，是不具血緣關係但有同居共食之事實的家
人，此種型態的 *gaya* 關連性，是因為在居住空間的接觸、互動而發生
gaya 關連。第四種 *gaya* 的型態，人與人之間經由祭祀分食的過程而實踐
共食、共做的生活，*gaya*（不潔、罪責）的發生是經由人與人之間的接
觸、互動而產生（曹秋琴 1998: 85-90）。這四種類型實踐 *gaya* 規範或共
負 *gaya* 罪責的社會關係，包括父母子女、兄弟姊妹、同居共食者、或透
過共食共做等互動過程所建立的關係，也與第四節「家的多重形貌」、
「互動過程中的家」中所論述之不同層次的 *sapa*（家）相互呼應，凸顯
當地人如何透過實踐過程來界定親屬關係。

（三）新的方向：從「情緒」看 *gaya* 與「家」

「情緒」或「情感」面向在太魯閣族社會生活中所扮演的角色，在過
去民族誌中已經有所呈現。關於情緒的語彙，在《太魯閣族語簡易字典》
中列出：*kuxul*（歡欣的心，愛上），*malu na balay*（愛上），*pahung*（勇
氣與憤怒），*ngungu*（懼怕），*rahang*（吃醋），*qaras*（喜樂），
mqaras（快樂），*qaras lnglungan*（歡欣的心）；*qnaras*（感恩），
qrasun bi ka Yisu（讚美耶穌）等。與太魯閣族同語系的賽德克族也在《賽
德克民族族語圖解辭典》中出現相關之情緒語彙，如 *kuxul/kuxun/kuxul*
（喜歡、情緒、心情），[5] *smkuxul/smkuxun/smkuxul*（喜歡，喜愛），
ppwalu/pggaalu/pgealu（彼此相愛），*pkmalu/mkkmalu/mtmalu*（彼此和
好），*mpahung*（兇悍、堅強、意志力堅定），*mngungu*（害怕），*snhur/*
snhuun/snhuun（忌妒），*mqaras*（高興）等。也有研究者從 *inlungan*

---

5 賽德克族又包括都達、德固達雅、德魯固三個亞族，語言略有不同，在辭典中均加以記
載。

（心）的概念出發，討論泰雅族的情緒概念（葉郁婷 2002），例如 *blag inlungan*（字面意義為「好‧心」）指涉「快樂」，*yaqeh inlungan*（字面意義為「壞‧心」）指涉「恐懼」、憤怒（同上引：38）。筆者過去研究也討論過泰雅人與太魯閣人以「心」（*inlungan*）指涉人的心思、意念、情感（王梅霞 2010: 411）。在泰雅社會，「同心」（*misutux inlungan*）這個概念特別被強調，在不同的場合，*inlungan* 有不同型式的交換（或互動），包括物質的（例如殺豬分肉、日常食物的分享）、言語的、身體態式的表達以及在氛圍中情緒的感染，也因此凝聚了不同社會範疇的成員（許資宜 2003；戴蕾 2005；蕾娃‧慕秋 2005；王梅霞 2010: 410-414）。受到教會的影響，太魯閣人對於「心」的論述也愈發多元而細緻，尤其是女性在缺乏獵首或狩獵的實踐場域下，更傾向透過「心」的論述來呈現個人的特質（王梅霞 2010: 414）。

　　早期調查報告也紀錄了「情感」或「情緒」如何表現在男女交往或婚姻生活中，如《蕃族調查報告書‧第五冊‧泰雅族前篇》中所記載：「男子遇見心儀女子，以唱歌或吹奏口簧琴表達心意」（臺灣總督府臨時臺灣舊慣調查會 2012[1918]: 194）。《蕃族調查報告書‧第四冊‧賽德克族與太魯閣族》中也記載：「社內交往則較自由……一女擁有兩名情夫，屢次與同一男子分分合合，生下私生子者也不少」（臺灣總督府臨時臺灣舊慣調查會 2011[1917]: 71）。「每晚青年們吃過晚餐，就像尋覓花香的蝴蝶般前往待嫁少女家中遊玩，男女若情投意合，則由男方找媒人向女方父母提親……男女相愛，但雙方親戚利慾薰心爭論聘禮價值，導致婚事難成時，多數男女會躲進耕地等父母允婚才回家，這段期間就仰賴朋友偷偷地送來食物維生」（同上引：67-68）。報告書中所記錄之婚姻實例也呈現了「情感」或「情緒」的面向，例如：某男愛慕某女，但因家貧無法張羅聘禮，但又無法斷絕思慕之情，因此夜夜前往女方家獻殷勤，少女母親因此答應婚事；但是妻子的心未敞開，男子無法忍受長久以來所受之侮辱，

夫妻就此吵起架來，丈夫怒打妻子，因此離婚，需殺豬向社人謝罪（同上引：69）。又例如：父子打獵受傷，兒子數日後身亡；媳婦回娘家後招贅，但是第二任及第三任丈夫都在出草中身亡。此女人命運之所以如此坎坷，源於她隱瞞私通罪行之故。而她最初的情夫，因毫不隱瞞地向社人謝罪，所以娶妻後平安無恙地生活著（同上引：69）。這些例子同時凸顯了情感及 *gaya* 的重要性。

　　如筆者過去研究所討論，除了透過實踐 *gaya* 規範、或共負 *gaya* 罪責來界定不同的社會關係；太魯閣族人更以 *gaya* 指涉人和 *utux*、人和人互動過程中一種狀況，甚至是個人的內在狀態，如當地人所說「只要做了什麼違背良心的事，或者也可能講了讓人不高興的話，別人心裡有怨恨在，就會影響到自己和家人」，因此當地人會說：「*gaya* 就是在心裡面的」；如果有人觸犯 *gaya* 規範，不潔的狀態（也稱為 *gaya*）在人和 *utux*、人和人、人的內心逐漸累積，等到有家人出事時被確認，必須舉行 *poda* 儀式來禳祓不淨（王梅霞 2008）。[6]

　　本文更嘗試深入探討：太魯閣人對於 *gaya* 的論述、及 *poda* 儀式的深層意涵，更進一步涉及了「情緒」的面向。若有人觸犯 *gaya*，人和 *utux* 之間、人和人之間、人的內心中會產生憤怒、忌妒、恐懼等情緒，甚至會引發衝突；舉行 *poda* 儀式的目的在於，一方面向對方賠罪，一方面是請 *utux* 原諒，以豬祭祀 *utux*，「消掉人心裡、人與人之間、人與神之間的問題、震怒、生氣、不禮貌的想法。」因此，*poda* 儀式的深層意涵為 *pstuq gaya*（*pstuq* 意為「切斷」）、或 *msalu gaya*（*msalu* 意為「擺平、整修、修補高低不平的」）。*Pstuq gaya* 意指「不要一直想不好的現象和祖靈的

6　關於 *gaga*、*waya*、*gaya* 與「心」的關係，過去研究已有相關討論，例如：「在人與人的互動過程中，個人的 *inlungan* 扮演著關鍵性的角色，它也影響個人是否遵守 *gaga*」，「*waya* 最重要是 *lnlungan*，不是外表的形式而已」（王梅霞 2012a: 264-269）。不過這些研究尚未聚焦在情緒的轉化過程。

懲罰，斷掉人和人、人和祖靈之間不好的氣」；*msalu gaya* 意指「用豬（或雞、牛）賠罪，用話商量好，看大家有誠意，切斷不好的、邪的東西」。透過這些過程，太魯閣人轉化了人和 *utux* 之間、人和人之間、人的內心中存在的憤怒、忌妒、恐懼等情緒，重新建立 *mgalu*（同情、憐憫）情感，或恢復 *mgaras* 或 *tkgaras*（喜樂）之關係。

因此，透過實踐 *gaya*、或舉行 *poda* 儀式、或各種處理衝突的機制，太魯閣人強調人與人之間建立 *mgalu*（同情、憐憫）情感；進而，太魯閣人最理想的人與人關係、人與 *utux*、人與神的關係為：*mgaras* 或 *tkgaras*（歡樂、喜樂），也就是「大家在一起很快樂，內在、外在還是都包在一起」。

與 *gaya* 內涵息息相關之同情、憐憫、憤怒、忌妒、恐懼等情緒的轉化過程將在本文第五節「情緒轉化作為家整合或分裂之基礎」中進一步論述。實踐 *gaya* 過程、及形塑「家」的過程所涉及的情緒轉化方式，不僅呈現在人與 *utux* 之間，也涉及了人與人之間的關係界定方式，這些面向凸顯了太魯閣人的 *gaya* 與「家」更底層的情緒內涵。

三、歷史脈絡之下的太魯閣族：以立霧部落為例

上一章節對於泰雅族、太魯閣族與賽德克族的討論，強調地方社會在其歷史脈絡之下社會文化的轉化過程。接下來的章節將進一步論述太魯閣族特殊的歷史脈絡、社會變遷中「家」的多重形貌、如何透過「情緒轉化過程」探討家的整合或分裂，凸顯本文嘗試透過「情緒」這個面向來探討一個社會變遷過程中流動性高的地方社會。

（一）部落組成

根據 2012 年的田野資料，現今立霧部落有 131 戶。立霧部落內的成員，除了幾戶於戰後隨軍隊自中國撤退，由退輔會、林務局安排而至當地

工作並與當地人通婚、或為依附前者的外省人，幾戶分別於 1960 年左右因募工、與 1990 年初因依親而移居的阿美族人（Psnawan），以及幾戶於 1940 年代因宗教因素而自宜蘭南澳鄉碧侯村遷居的泰雅人（Pgala）外，其餘多為太魯閣人（Truku）。[7]

立霧部落的成員來自於許多不同的原居部落，廖守臣（1977: 146-147）說明立霧部落複雜的組成：

> 部落成立之初，原係為卡魯給（Klugi）、蘇瓦沙魯（Swasan）、西奇良（Sklinan）、托莫灣（Tmowan）、荖西（Laus）與普洛灣（Pulowan）等六個部落……本社分三段，東端為卡魯給社人與西奇良社人的住區，中端為荖西社人與普洛灣社人的住區，西端為蘇瓦沙魯社人的住區。霧社事件後，巴達幹社（Btakan）下山遷來，一部分住於外玻士岸，一部分遷本社西端南側與蘇瓦沙魯社人同住；此外，原住於托賽溪中游的托賽群（Tuda，或 Tausai）人，如魯多侯社、莫可伊希社人亦被迫下山遷徙，大部分遷至米卡薩（三笠山），一部分遷來本社，住於本社西端社區道路西北側。同時原住外太魯閣地區的托莫灣社人遷至本社西端北側，與托賽群人毗鄰而居。至臺灣光復後第 4 年南澳鄉比亞豪社（Piahaw）中有 3-4 戶信真耶穌教者，因與部落內其他人失和，乃與碧侯村之真耶穌教徒遷來住於富世真耶穌教會（舊址）以東之地。之後，沙卡亨社 1 戶及托博閣社（Tbuko）2 戶亦遷來，因此本社構成多元部落的社區。

首先至此處定居的是 Klugi 的成員，Klugi 下遷時，幾乎是以整個部

---

7 由於太魯閣族正名運動中產生若干爭議及衝突，故部落中若干成員的族群登記為賽德克族，而非太魯閣族（王梅霞 2008）。

落為單位遷移，而成為立霧部落最大的勢力。其下遷的時期約在 1927 年，即太魯閣戰役結束後，霧社事件、日治政府強制執行集團移住政策之前。此期日治政府是由勸誘的手段使原住民「集團遷移」。Sklinan、Tmowan、Pulowan 與 Laus 下遷的時間也大約與 Klugi 同期，但其並非整個部落同時下遷，而是分批且遷居至許多不同部落。不過其中 Laus 遷移至此處的人口與戶數約近 Klugi 人。

大約也是 1927 年左右，Swasan 和 Tausai 人也自原部落下遷，部分定居於今富世公墓地區，而霧社事件後，Btakan 人則被日治政府強迫遷至今富世村辦公室上方自成一聚落（Alang Batakan），至 1946 年左右，其中又有部分成員往水源處遷移而與 Swasan 與 Tausai 人同住，1953 年，Swasan、Tausai 與 Btakan 合組的部落因颱風時立霧溪暴漲使居住地流失而解體，其中部分人遷至立霧部落。

1947 年前後，南澳鄉碧侯村的部分 Pgala（泰雅）人，因為信仰真耶穌教會不見容於當地居民，而南遷至立霧部落，多數在之後返回南澳鄉，一部分則留下與 Klugi 人通婚並定居在此。1950 年左右，幾戶民有部落的 Tbuko 人也因宗教信仰或依親而遷至立霧部落（張藝鴻 2001；劉以霖、賴逸嵐 2007）。

（二）農業與土地

早期立霧人以農業耕作為主要經濟來源，由於立霧部落早期農地灌溉水源不足，根據 1936 年研海支廳農田面積與戶口調查顯示，總農田數 75% 為旱田，25% 是水田，作物以粟、旱稻、甘藷等旱作為主，其中又以粟的產量最高。當地也種植經濟作物——甘蔗，佔研海支廳所有農產量第一名，因殖民政府鼓勵太魯閣人種植甘蔗，吸引許多外來人口來此，製糖業是當時當地主要的經濟活動（林恩顯 1991: 30-41；曾振名 1995: 30；張玲玲 2004: 64-65）。至 1969 年左右灌溉渠道建築完成後，才有水稻的耕

作，但農委會自 1997 年 7 月起推動「水旱田利用調整後續計畫」，輔導農民使用輪種休耕的方式，縮減水稻、雜糧及甘蔗等作物生產規模（孫鈺峰 2001），立霧部落的農業比重就下降了。今日立霧農田大多屬於休耕狀態。

目前立霧居民擁有的土地，除了部落中自住房屋為建地，其餘均是原住民保留地，買賣、開發都限制重重。原住民保留地大致又分為四個部分：一、立霧南側往新城方向至北迴鐵路間的農地。二、富世村上方高地，現在由亞泥承租來開採水泥礦，族人暫無法運用。三、國家公園境內的原居舊部落的祖居地，再靠農用搬運車往返住處，或乾脆在田裡蓋工寮當作臨時棲身之所。四、最後一塊土地則是位於部落西側道路入口處與下方台地，零星種了雜糧、玉米、山蘇野菜，但因收購價格不好，又被中間商剝削，除了老人家依然在田裡耕作，大部分土地都處於休耕狀態（張玲玲 2004: 67）。

1966 年國民政府依照新修訂的土地管理辦法對保留地重新分配，但參與分配的原住民菁英忽略傳統土地制度和權利，造成地方耆老的不滿。邱寶琳（2000: 191-192）引用一段花蓮太魯閣族耆老的話：

> 我們真正 Truku 的人不會任意侵犯族人的土地，gaya 要求尊重，沒有這樣子。很遺憾，這些部落的菁英份子進到鄉公所、議會之後，學習外來政權的作法，利用法令，認為先登記別人沒有登記的土地、領到權狀，土地就是他的了。但是，他們根本上侵犯族人土地，已不堅持傳統 gaya，很多都是將土地轉賣給企業財團或是國家公園機關拿去使用，換得補償金，變得富有了，不是真的愛惜土地。Truku 菁英學會這些之後就很會拿別人的土地。

（三）其他產業發展

　　除了農業外，在 1940 年左右立霧溪的砂金產業[8] 也是立霧人的現金來源。但 1949 年國民政府遷臺後，砂金產業逐漸落後。1956 至 1960 年中橫公路的開拓及 1973 至 1980 年北迴鐵路的建設，使大量的外來人口（主要是榮民）移入這個地區及整個東臺灣。

　　1971 年亞洲水泥的建廠，大量承收或承租原住民保留地，使太魯閣人土地資源流失（張玲玲 2004: 66）。當時亞泥偕同政府相關單位召開協調會，告知 66 位於 1968、1969 年依據當時之「山地保留地管理辦法」合法取得耕作權登記的太魯閣原住民：亞泥將補償其土地上之作物，請他們拋棄耕作權（陳竹上 2010: 104）。近年來當地向亞泥發動還我土地運動，但是亞泥也透過提供當地人就業機會來爭取支持，如警衛、作業員、挖礦工、卡車司機、生態解說員等等。

　　1971 年起許多的立霧壯年都投入亞泥建廠時綁鋼筋之工作，因而陸續投入建築業而遠征臺灣各都會，甚至渡洋至新加坡、約旦等處。同時間也有部分立霧人從事遠洋漁貨業或其他勞力產業，直到 1990 年代中期以後才停止。在 1986 年太魯閣國家公園成立後，部落居民開始嘗試進入觀光服務業，並接觸巡山員、販賣部工作人員、清潔員、布洛灣織布工藝表演者等工作。在 1990 年代末臺灣經濟發展逐漸走下坡後，許多原先外移的人口都因失業而回到部落內（石珮琪 2005）。

四、社會變遷過程中「家」的多重形貌

　　太魯閣「家」的多重意涵，在社會文化變遷過程中更加被凸顯，例如

8　太魯閣國家公園網 http://www.taroko.gov.tw/zhTW/Content.aspx?tm=4&mm=2&sm=5&page=2。

收養和寄居的家庭比例相當高，如當地人的解釋：國民政府開始，因為生活改變，無法工作，又生很多孩子，沒有飯吃；如果有人無法撫養小孩，會有人主動收養。田野中有許多例子（例如下述 HUNGYM 之例）是無法生育者在收養小孩之後自己也生育了；但是也有例子是收養後小孩不好養（生病）就還回去，或者有被虐待的情況小孩會跑走。因此「收養」能否成功還是要看「心」（*lnlungan*）合不合。

接著分別從收養、共食或寄居、離婚及再婚等例子論述太魯閣人家的多重意涵、及實踐過程的重要性。

（一）收養子女（*tnkoli lakai Sejek* 收養・別人）的家

筆者在田野工作期間統計 131 個家戶，其中有收養關係者（包括終止、遷出者）共 28 人，17 戶，約每 7.7 戶有 1 戶收養關係。收養 1 人者，共 9 戶。收養 2 人者，共 5 戶。收養 3 人者，共 3 戶。收養已終止：共 2 戶，各 1 人。

表一　立霧部落收養統計數據

收養人數	1 人	2 人	3 人	0 人	總數
戶數	9	5	3	114	131
收養戶數占總戶數比例	6.87%	3.82%	2.29%	87.02%	100.00%

以下敘述一個收養家庭的例子：HUNGYM，女性，38 年次，64 歲。HUNGYM 的父親收養兩個小孩，她自己收養三個女兒，後來也「感染了別人生小孩的能力」（太魯閣語為：*Mreru*〔感染〕*Piyax*〔能力〕*tujing*〔生、掉〕*laqi*〔小孩〕）而生了一個兒子；她和三個女兒親疏關係都不一樣，大女兒和生父母與養父母都維持很密切的關係；HUNGYM 還照顧一個孫女，卻有母女一樣的感情。

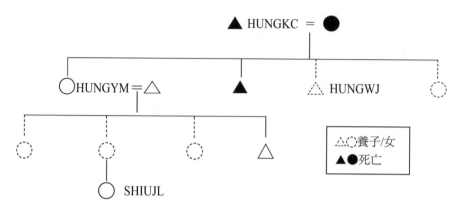

詳述如下：

　　HUNGYM 媽媽生了一女一男，但是男孩很早就過世了。HUNGYM
結婚後不能生育，父親 HUNGKC 於是收養了一男一女。養子 HUNGWJ
的父母和 HUNGKC 有親戚關係，以前比較窮，所以把 HUNGWJ 給
HUNGKC 收養。HUNGYM 和父母收養的小孩小時候感情好，長大後變
得比較疏遠，但見面還是會打招呼，弟弟和妹妹有時也會到部落來拜訪
HUNGYM。

　　HUNGYM 的先生家裡很窮，且 HUNGYM 是唯一的孩子，所以先生
入贅到 HUNGYM 家。婚禮過程男方有送一頭豬，辦幾桌，但聘禮少一
些。婚後先生住到 HUNGYM 家，但是小孩子仍從父姓。HUNGYM 收養
三個女兒，她說：收養小孩之後，「感染別人生小孩的能力」，之後自己
也會生育了，結婚 27 年後才生一個兒子。

　　HUNGYM 先生擔任公家機關的司機，所以有能力培養小孩子讀書，
大女兒大學畢業，二女兒、三女兒高中畢業。大女兒（現年 34 歲）是親
戚 TIANKB 的女兒，收養時才三、四個月，HUNGYM 說：「收養後好像
親生的，養收養和親生的都一樣。」當時因 TIANKB 老婆容易生病，
HUNGYM 常常幫忙照顧他們的小孩，後來就正式收養。TIANKB 考到公
路局的工作後搬到臺北，老大稱呼搬到臺北的生父母為「臺北爸爸媽

媽」、住在部落的養父母為「爸爸媽媽」。老大到臺北念大學時，親生父親 TIANKB 在臺北公路局工作，她就借住親生父親家。老大婚後住秀林，有三個孩子，念幼稚園時都由 HUNGYM 照顧三個孫子，後來搬到北埔，還是每個月回來，會照顧養父母。老大說：「生很容易，養很難。」

　　二女兒的親生母親是西林部落人，在茶室工作，先被賣給崇德部落人，又被帶到金門軍中樂園，⁹ 未婚生女後，女兒被販賣人口者交給 HUNGYM 收養。二女兒目前 33 歲，高中畢業後到臺北，和一個平地人在一起，未婚生女後和男友分開，二女兒的女兒（SHIUJL）現在讀國小五年級，交給 HUNGYM 照顧。孫女 SHIUJL 小時候會說「人家小孩子都有爸爸」，現在會說「我雖然沒有爸爸，但是有阿公阿嬤就好」。二女兒今年嫁到臺南，HUNGYM 問孫女「你有一個叔叔，你要去嗎？」，孫女回答「我不習慣」，HUNGYM 也捨不得孫女，就對女兒說「結婚後這孩子不能帶去」。所以即使二女兒夫家想扶養孫女，二女兒告訴夫家「我媽媽不會給我這個小孩」。HUNGYM 說「這孩子很乖，不會亂跑，她知道阿公阿嬤很辛苦，所以很懂事，很乖，自己會想，不用教，會煮飯，自己洗澡」，「我們有像母女一樣的感情」。HUNGYM 的兒子和這個孫女就「像兄妹一樣」，「兒子和她很合作，吃喝完後，一起掃地洗碗」。

　　HUNGYM 本來有一間房子幾百萬，登記在老二名下（因為老大嫁了，老三尚小），但是老二買車刷卡，後來把房子賣了。HUNGYM 兒子覺得不公平，HUNGYM 說「這是命」。不過現在二女兒過得不錯，會買手機、電腦給弟弟，「會回饋」。

　　三女兒的生父 TIANKF 是部落成員，有六、七個小孩，無力負擔，就將三個小孩送人收養。¹⁰ 三女兒現在 23 歲，高中畢業就和現在男友住

---

9 民國 60-70 年販賣人口者多，有些人回到部落結婚生子，但是也出現許多適應問題。
10 這三個送養的小孩中，有一個和養父母不和就自己跑掉。

在一起，只有過年才回來。偶爾碰到，老三還是會叫 TIANKF 爸爸。

　　談到為什麼當初收養的都是女生？HUNGYM 首先說「因為找不到男的」，後來才說「女孩子比較孝順」，並提到對太魯閣人來說，男孩子不一定比女孩子好，沒有一定要生男生。

（二）共食或寄居的家

　　在部落經常聽聞「某某曾經是我爸爸或媽媽照顧的」，其數量遠多於戶籍上有寄居關係者。筆者田野期間，統計戶籍上有寄居關係者（包括遷出者）共 30 人，10 戶，約每 13.1 戶有 1 戶寄居關係。寄居 1 人者，共 5 戶。寄居 2 人者，共 2 戶。寄居 3 人者，共 1 戶。寄居 5 人者，共 1 戶。寄居 13 人者，共 1 戶。

表二　立霧部落寄居統計數據

寄居人數	1 人	2 人	3 人	5 人	13 人	0 人	總數
戶數	5	2	1	1	1	121	131
寄居人數占總戶數比例	3.82%	1.53%	0.76%	0.76%	0.76%	92.37%	100.00%

　　以下敘述一個共食或寄居家庭的例子：TSAIHY，女性，25 年次，77 歲。TSAIHY 的弟弟和母親曾經寄居在她家；弟弟過世後她又照顧弟弟的女兒，所以弟弟的女兒稱她為「媽媽」；弟弟女兒的小孩也是她照顧，也稱呼她「媽媽」；姊姊的外孫也常到她家躲避父親家暴，父親過世後又常到她家吃飯，所以也稱 TSAIHY 為「媽媽」；她的例子顯示了當地人如何透過實踐過程來界定親屬關係。目前她和未婚兒子、離婚女兒住在一棟兩層樓房子，他們之間有時被界定為「一個家」，有時則被界定為「三個家」，呈現了太魯閣人「家」的彈性，可以按照不同標準而有不同界定方式。

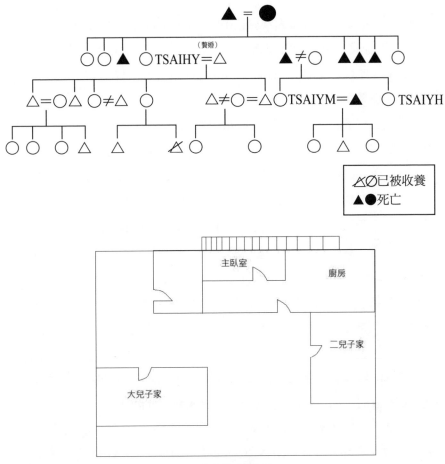

一樓家屋空間圖

詳述如下：

　　TSAIHY 母親生四女五男，三姊妹在部落，TSAIHY 是第四個女兒。父母是鄰近部落 Tbuko 人，TSAIHY 曾經將母親和弟弟接到立霧部落同住，大家一起吃飯，所以算一個 *sapa*（家）。TSAIHY 先生兄弟會和 TSAIHY 弟弟換工。寄居者一起吃飯也是一個 *sapa*，但寄居者在部落成員結婚分肉時不會分到豬肉。

　　TSAIHY 弟弟過世後，弟弟兩個女兒由 TSAIHY 撫養，弟弟女兒都叫

TSAIHY「媽媽」。弟弟大女兒結婚時，TSAIHY 殺了六頭豬，分給第一、二代親戚。弟弟大女兒有三個小孩，也是 TSAIHY 照顧，會到 TSAIHY 家吃飯，並叫她 *Vuvu*（太魯閣語，媽媽），叫她先生 *Tama*（太魯閣語，爸爸）。

目前家屋是二兒子住一樓，TSAIHY 夫妻住旁邊，離婚的女兒住在二樓。二兒子出錢買菜，女兒煮飯，和 TSAIHY 夫妻一起吃飯，TSAIHY 強調：「因為一起吃飯，所以還是一家（*kigan sapa*），如果不一起吃飯就算三家。」但是部落中有人結婚分肉時，會分三份給他們：一份給住樓上的女兒，一份給住樓下的大兒子，還有一份給 TSAIHY 和先生。不過分一份或三份肉還是有彈性，TSAIHY 說：「如果是第一、二代的親戚分肉，會分三份，他們也會包三份紅包；第三代的親戚不一定分幾份肉、或包幾份紅包；第四代就只算一份。」不過也有部落成員說：「要看住在哪裡，如果親戚是住外縣市，算一份就好；如果是住在鄰近部落，就算三份。」

TSAIHY 家屋旁邊有大兒子獨立家屋，已經分戶、分開吃飯，所以算是一個獨立的 *sapa*，有人結婚分肉時也會收到一份豬肉。

筆者與 TSAIHY 家人聊天時，有一個男子 YUYK 走過來，他的工作是綁鋼筋，他經常到 TSAIHY 家前聊天，他也叫 TSAIHY「媽媽」。YUYK 的外婆（媽媽的媽媽）和 TSAIHY 是姊妹，YUYK 父親很會工作，但是喝酒時會家暴，YUYK 就跑到 TSAIHY 家尋求保護，YUYK 父親喝酒過世後，也經常到 TSAIHY 家裡吃飯，所以他也叫 TSAIHY「媽媽」。

照片：TSAIHY 家屋空間

（三）離婚後再婚的家

表三 立霧部落 20 歲以上離婚統計數據

離婚次數	1 次	2 次	3 次	0 次	總人數
離婚人數	74	10	3	370	457
離婚人數佔總人口數比例	16.19%	2.19%	0.66%	80.96%	100.00%

在社會變遷過程中，離婚率也增高，以下例子嘗試呈現當地人如何面對離婚後再婚的情境。LIAZ（女性，60年次，42歲）並無自己親生子女，但是對於兩任丈夫的兒女都視如己出，努力賺錢供養他們讀書，也會共同從事許多活動來建立親密關係，例如一起購物、一起幫小狗洗澡。她們之間透過互動過程及情感交流建立了親密的母女關係。不過她再婚前，卻因為第一次婚姻家暴陰影所造成的恐懼而遲遲不敢再婚，和現任先生同居了四年才結婚。

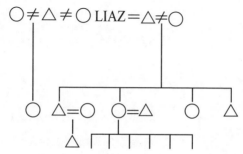

詳述如下：

LIAZ的第一次婚姻是在民國80幾年結婚，90幾年離婚。她民國80幾年改名LIAZ，改名過程充滿隨性與偶然，與她強調「在社會情境中界定自我」的特質相呼應。當時她一直不順利，想改名李安，希望平平安安，但那一年導演李安很出名，她不想和李安同名；到鄉公所時看到報紙上「澤」這個字，就用了這個字，改名為LIAZ，她認為這個名字讓她「雖然辛苦，但是很樂觀」。

她因為心臟病的關係，體質不易懷孕，因此沒有生小孩。第一次婚姻中養育先生與其前妻的女兒，LIAZ說：「我有養一個大女兒，是我第一個先生的女兒，我第一個先生不會工作，孩子學費都是我供給的，我當作是自己的女兒，才養她啊！」但是，先生不但沒工作，而且對LIAZ家暴，她只好離婚，離婚後這個女兒還與她保持聯絡，開始工作後也會拿錢給她，可是她不要拿，要女兒存錢買房子。女兒民國99年結婚時，也有

分一份豬肉給 LIAZ。

LIAZ 民國 90 幾年離婚後很偶然地遇到現在的先生（他們原本就相識），當時後者也剛因太太外遇而離婚，她和先生先殺豬後就住在一起，[11] 四年後才正式結婚，她說「因為前一段婚姻家暴讓我很害怕，不敢馬上結婚」。結婚後隨現任丈夫遷至立霧部落一起生活。現任丈夫與前妻育有二女二男，LIAZ 和丈夫、丈夫的小兒子和小女兒住在一起。LIAZ 和其丈夫前妻的孩子相處模式亦母亦友，會一起購物、一起幫狗洗澡，對於小女兒的未來，也盡力栽培她唸書。她強調：「我把兩任婚姻中丈夫和前妻的小孩都視如己出，養育並教導她們，我們相處得相當融洽且親密。」她很明顯的是將這些子女當作是自己的小孩，而這些子女也都會把她當作母親來看待。因此，透過情感的交流來界定其親屬關係。

她認為現在教養小孩子的困難，主要是：現在小孩子的感情沒有持久性。雖然小孩子不是她親生的，她還是會感應到小孩子會發生的事情。[12] 有時會作夢，[13] 知道小孩會叛逆，果然一、兩個星期後家裡就會出事。但是即使感應到，也只能順其自然。

（四）小結：互動過程中的「家」

上述收養子女的家、共食或寄居的家、離婚後再婚的家均經常出現在立霧部落，各種不同型態的家均凸顯了太魯閣族「家」的多義性、及當地

---

11 LIAZ 強調：婚前性行為一定要殺豬，否則家人（只限自己家裡）會受影響。她舉了丈夫兄弟家的例子來證明。

12 LIAZ 姑母是巫醫，曾經學過治病儀式，正式拜師前拜家門前的樹頭，樹頭代表歷代傳承者。她有靈異體質，會看到靈異形體，信仰真耶穌教會以前會害怕，信仰之後就不怕了。剛信仰教會的一、兩年魔鬼一直附身，最嚴重。因為魔鬼怕她去教會。她曾經開過兩次刀，第一次開刀還好，第二次開刀有神蹟：因為醫生開錯刀，導致大出血，住加護病房。靈魂出竅，看到旁邊有人在禱告，上面有光，有兩個天使伸手（手心朝上），她以為是天使要來接她，伸出手去，但天使推她回去，醒來後就唱聖歌，身體不會痛。

13 LIAZ 說：夢到好的，實際是不好。

人如何透過實踐過程界定不同範疇的「家」。

第一個例子 HUNGYM 所收養的大女兒和小女兒均同時認知血緣關係的家、及收養關係的家；而收養關係能否成功運作成為一個家，還必須看彼此的「心」合不合，部落中不乏有小孩子被收養後又被送回原生家庭之例、或小孩子被收養後和養父母不合而自己跑掉之例。而 LIAZ 的例子更顯示了沒有血緣關係的父母子女間如何透過互動過程中的情感交流而凝聚成一個家。

第二個例子 TSAIHY 的情況更是經常出現在立霧部落，即：幫忙照顧兄弟姊妹及其小孩，並且成為「一家人」；部落成員都認為只要有親屬關係者均可透過「同居共食」成為一家人，也「共負 gaya 罪責」，只要其中有人觸犯 gaya 就會影響到家人而必須舉行 poda 儀式禳除不潔。但是，對於沒有親屬關係者是否能夠透過「同居共食」而成為「一家人」，部落成員則有不同的詮釋，有人強調只要「同居共食」就是一家人，就會「傳染 gaya」（mreru gaya）；也有人認為沒有親戚關係者住在一起只是「寄居者」，不算「一家人」；不過 TIANGF 以其父親 TIANSD 的例子強調「沒有親戚關係的寄居者也是一家人」，因此他稱呼寄居者為 kigan ruwan saba（一個・裡面・家）。（TIANSD 的例子在下一節會再討論。）

除了對於「同居共食者是否為一家人」有不同的認定方式，甚至也有人認為只要「一起工作、一起打獵」的就是「一家人」，只要有人觸犯 gaya 也會影響到經常一起互動的人。雖然對於「共作共獵者是否為一家人」的界定相當分歧，但是持贊同意見者 GUOZY 的理由是「彼此同心，在一起很快樂就好像一家人」。

這些例子顯示了太魯閣人「家」的多重意涵，或者說「家」是一個連續體，父母子女之間、兄弟姊妹之間、同居共食者、共作共獵者等按照關係的遠近而被界定為不同層次的家，也依序而具有「傳染 gaya」的關係

而成為共負罪責的社會範疇。進而，「家」的意義除了透過血緣、同居共食、共作共獵等關係而「共負 gaya 罪責」之外，當地人強調的是「透過互動過程或情感交流而發展出來的認同關係」，尤其當地人對於寄居者、共作者是否為一家人有不同詮釋，牽涉各人實際經驗過程中與寄居者、共作者所發展出來的關係各有不同，也影響其對於這些關係的界定方式；這些對於「家」的不同詮釋更凸顯了家的彈性，以及實踐過程的重要性。

五、「情緒轉化」作為「家」整合或分裂之基礎

太魯閣人「家」的多義性提供當地人透過實踐過程來重新界定「家」的可能性，收養及寄居家庭在社會變遷過程中更加凸顯，離婚後再婚的家庭比例也提高了；但是收養、寄居、再婚等社會關係能否成功運作，仍然依賴人和人之間如何透過社會互動過程發展出情感的交流與分享，因此，如何從當地人情緒的主動性出發，來探討社會關係的建立或分裂，乃理解太魯閣人流動性的社會關係的重要切入點。

人與人之間的「愛」、「同情」、「憐憫」之太魯閣語為 *mgalu*，是夫妻關係、父母子女關係、朋友關係的重要基礎；治病儀式中也有祖先對於子孫的「愛憐」導致子孫生病而必須請巫醫治療（王梅霞 2010）；西方宗教傳入之後，當地人也以 *mgalu* 指涉「神對人的愛」。正因為當地人對於「愛」的強調，當其無法建立相互同情與愛憐時，會有恐懼、憤怒等情緒產生，也造成了社會關係的緊張或破裂。

下文將首先討論太魯閣人的夫妻關係。太魯閣人有兩個詞彙稱呼「夫妻」：一是 *mstalong*[14]，字面意義是「碰在一起」，意指「結合」，通常指剛結婚的夫妻。*mgdungus* 所指稱的「夫妻」關係則更深刻，指搭配在

---

14 *Mstalong ta inu* 譯為「我們曾在那裡碰面」。

一起、搭配得很理想，尤其兩人「心是合的」、兩廂情願。「夫妻」關係必須經過結婚儀式，受到族人認同；否則只是 *msupu*（譯為「男女在一起」，指「同居」），如果男女未婚在一起，家裡老人家上山會受傷，必須舉行 *poda* 儀式，殺豬，讓「豬帶走人的罪，豬代替人死」。

　　夫妻關係牽涉幾種不同的情緒轉化過程，老人家最常描述他們如何從 *ini skuhun*（不願意）透過生活上的互動與分享而彼此 *mgalu*（同情、憐憫），然後「日久生情」，又從內心產生 *kuhun*（喜歡、愛），並發展出 *mskuhun*（互相喜歡、互相相愛）。但是也有人堅持要先有 *kuhun*（愛，火花），再透過溝通相互尊重、「合在一起」，亦即由 *kuhun* 發展出 *mgalu*；過去老人家也有這種情況，只是在當代這種情感的轉化方式更被強調。此外，也有報導人認為 *mgalu* 和 *kuhun* 的內涵及表現方式在傳統及現代已經有所不同：以前的 *mgalu* 是「實實在在的關心」，現在常常只是表面的關心；以前的 *kuhun* 情感是放在心裡，現在年輕人則是「有 *kuhun* 就要在一起」。

　　如果兩個人無法發展出 *mgalu*（同情、憐憫）的情感，*mngungu*（恐懼）或 *hmkrig*（忌妒）油然而生，繼而產生 *pahung*（憤怒）與 *mkkan*（衝突）。雖然「恐懼」或「憤怒」等是過去與當代的人都必須面對的情緒，但是內涵或處理方式也有所不同。過去的太魯閣人「恐懼」的對象是自然環境（例如颱風）及 *utux*，人與人之間不會恐懼；但是當代太魯閣人會敘述對於別人的害怕、或者自我內在的恐懼。*Pahung* 在過去具有正面的意涵，指人很有膽量，或者努力工作，而且男女皆有 *pahung*，也尊重老人家有 *pahung*；現在 *pahung* 多指稱「憤怒」。

　　過去社會有一套預防或處理衝突的方式：*msluluy*（吵架）時要請老人家 *pruri*（調解），之後要 *kmalu*（和好）。*Pruri* 字面意義為「順從」、「學習樣子或榜樣」，引申為「調解」。*Pruri kari rudan*（*kari* 字義為「話」，*rudan* 字義為「老人」），意指「聽老人的話，順從老人的

意思」；*Pruri uda na*（*uda* 字義為「走過的路」），意指「學習他走過的路」；*Pruri lnlungan na*（*lnlungan* 字義為「心」），意指「學習心態、學好」。

　　當地人強調「要和解，必須有動機、必須有表示」。所以經過第三人勸導及講好話之後，可能視情節輕重再決定一起吃飯、或殺豬。經過上述過程，則 *msupu kmalu*（*msupu* 字義為「互相」，*kmalu* 字義為「和好」），意指「和解」。這套機制在當代社會面對挑戰，也造成當代社會衝突不斷。

　　透過「和解」，當地人的目標是人與人、人與 *utux* 共享「歡樂」（*mqaras*）。達到歡樂的方式為：對於小事情用講的，對於大事情則殺豬、殺雞、殺羊，大家快樂解決，最終目標是不會產生仇恨（*mkaljako*）、憤怒（*pahung*）、衝突（*mkkan*）。「歡樂」是太魯閣人對於人與人之間，人和 *utux* 之間理想的關係。結婚時殺豬祭拜祖先，也是達到歡樂的方式，當地人稱為 *Psqaras ta utux rudan*（*Psqaras* 字義為「分享歡樂」，*utux rudan* 指稱「祖先」），意指「和祖先一起歡樂」。

　　上述人與人之間的 *mgalu*（同情、憐憫）、*mngungu*（恐懼）、*hmkrig*（忌妒）、*pahung*（憤怒）、*mkkan*（衝突）等情緒，也同樣展現在人與 *utux*（泛稱所有超自然存在）的關係（王梅霞 2010）。

　　接著詳細討論太魯閣人幾種情緒轉化的方式。

（一）從 *Ini skuhun*（不願意）到 *Mgalu*（同情、憐憫）[15]，再發展出 *Mskuhun*（互相喜歡、互相相愛）[16]

　　Mgalu 是太魯閣人建立社會關係的重要基礎，意指「同情、憐憫」，當地人強調原住民有「同情心」，也是用 *mgalu* 一詞；*msgalu* 進一步指稱「互相同情、互相憐憫、互相幫忙」。*Mgalu* 和 *Msgalu* 適用於父母子女之間、男女朋友或夫妻之間、朋友之間的關係。

　　接著將以夫妻關係為例，討論 *mgalu* 與其他情感的轉化過程。許多老人家在回憶其婚姻生活時，都提到剛開始並不願意接受這一段婚姻，但是夫妻之間朝夕相處而逐漸產生 *mgalu*，再發展出 *mskuhun*，他們稱這段過程為「日久生情」。例如 SHIUYS（女性，22 年次，80 歲）回憶說：我15 歲結婚，是由母親安排，母親說「這個男生很乖，個性好，會聽太太的話」。我一開始不喜歡先生，那時候喜歡另一個男生。母親知道後，說「如果你不愛你先生，我們去自殺」。因為我「愛」媽媽，所以嫁給現任先生。因為先生個性好、孝順、聽太太的話，後來也開始愛先生。另一個例子 TIANSY（女性，33 年次，69 歲）也描述她的婚姻過程：我十七歲時由父母決定婚事，我當時反抗父母安排的婚姻，跑到紅葉部落兩年幫忙姑姑工作，先生當兵前把我接回立霧部落，但是又兩年沒見面。先生擔任農會理事後，常常帶我去玩，曾經花 33 萬去世界各地玩，我現在很懷念先生帶我去玩過這麼多地方。GUOZY（男性，19 年次，83 歲）補充說：過去的夫妻關係是「日久生情」，是從 *mgalu* 發展出 *mskuhun*；相對而言，現在小孩是自己找對象，是先有 *kuhun* 再發展關係。

---

15 *Mgalu* 指「不勉強、甘心的、主動的愛（愛小孩、朋友、先生、太太）」。當代教會也以 *mgalu* 來詮釋「神對人的愛」、「無條件的愛」，*Utux baraw mgalu Sejiqgon* 指「神愛眾人」。太魯閣人也稱呼教會為「神的家」（*Sapa utux baraw*）。

16 *Kuhun* 意指「喜歡」；*Mskuhun* 意指「互相喜歡、互相相愛」，通常指男女之間的感情。*Mskuhun nanaq*（*nanaq* 指「他們」）意指「他們互相喜歡、自由戀愛，按照自己的意思」。

　　以下第一個例子更進一步描述夫妻之間如何透過生活互動與相互照顧的過程培養出 *mgalu* 情感；報導人對於親屬稱謂的使用也依實踐中的關係來界定。雖然此處以夫妻關係為例，但是也有例子描述父母子女之間如何透過從事共同活動等實踐過程而發展出 *mgalu* 的情感，例如前一節 LIAZ 的例子，她和現任丈夫與前妻所生的女兒一起幫狗洗澡、逛街購物而培養出親密的關係。其他例子則分別聚焦在祖孫之間、同胞之間、同居共食者、共作共獵者等在日常生活互動中之情感交流如何形塑「家」之多重形式與內涵。[17]

例一：HUSC（女性，66 年次，36 歲）

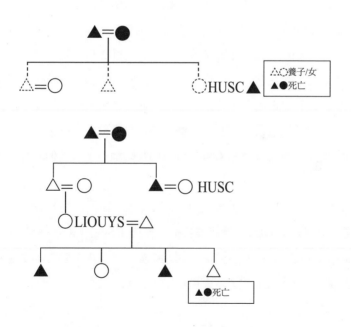

<hr />

17 情感面向對於家的組成與財產繼承的重要性在過去文獻中也有提及，例如「即使兒子很多，家庭親子感情和睦者是不分家的。所以，一家內有三對以上夫妻共處的並不稀奇」；「繼承者端視父母與孩子的情感而定」（臺灣總督府臨時臺灣舊慣調查會 2012[1918]: 208-209）。

　　HUSC 從小被領養，養父母過去領養過三個兄姐，都跟養父姓，只有最小的她跟養母姓。她 18 歲時在家長的決定下嫁給了年長 33 歲的丈夫（丈夫 33 年次）。她的丈夫是 LIOUYS 的叔叔，因養母和 LIOUYS 媽媽有親戚關係而撮合他們。嫁給這麼年長的丈夫一開始很不習慣，但是她一直說她的丈夫很疼老婆，婚後一直照顧她，後來丈夫眼睛不好時就由她來照顧，帶他去醫院看病。HUSC 常常回憶先生會帶她去七星潭和國家公園玩，雖然他不願意逗留很久，可是至少他特地帶她去，這讓她很感動。HUSC 會煮飯，可是不會煮菜，以前都是丈夫煮給她吃。她的丈夫以前在亞泥工作，81 年去做鋼筋，90 年到臺北 4 個多月，賺到的錢都會拿來買鞋子、衣服和名牌香水給她。HUSC 雖然沒有駕照但也買了臺車來騎，通常只在附近騎車代步，需要去醫院才會騎比較遠。民國 98-99 年她丈夫眼睛開始不好，加上高血壓和肺結核，100 年 6 月 2 日（她很快就把確切日期說出來）便病重去世。她一直想念丈夫，堅持不會再改嫁（鄰居和親戚因她年紀輕而勸她改嫁），也很擔心下一個對象會打她。她先生後來眼睛不好時，他們會訂醫院的便當，大概下午三點多他丈夫就會在路邊開始抽煙兼等便當來。她現在常常看著先生等便當的地方，想著他的身影，很懷念先生。

　　她的丈夫在 100 年過世後，HUSC 因無人照顧就住到 LIOUYS 家樓下的房間，平時替 LIOUYS 看店兼打掃，輩分上她是 LIOUYS 的嬸嬸，但是她稱呼 LIOUYS 為「婆婆」，因為她覺得 LIOUYS 就好像她婆婆一樣；她和先生原來住的房子現在租給別人，但是房租由 LIOUYS 收。

例二：LINGY（31 年次，71 歲）

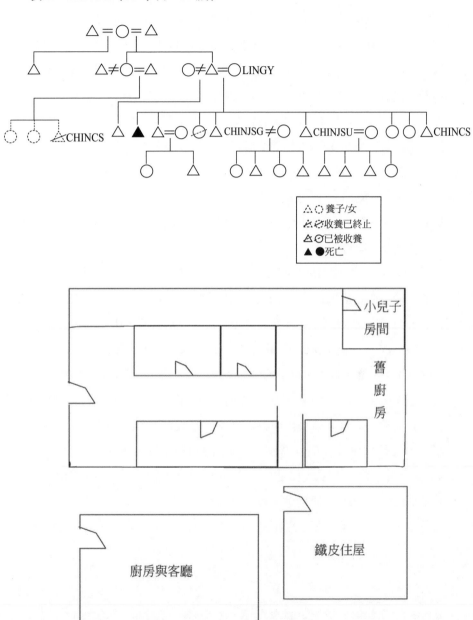

　　這是一個流動性較頻繁的家。2009 年二月時組成分子有母親 LINGY、三兒子 CHINJSG 一家人、四兒子 CHINJSU 一家人、和小兒子 CHINCS。CHINJSG 有四個小孩，他們和 LINGY 和 CHINCS 住在大房子裡；CHINJSG 在宜蘭當警察，只有休假會回家。CHINJSU 有三個兒子，他們住在廚房後面的鐵皮屋。這個家讓筆者印象深刻的是有三個煮飯的地方，LINGY 說：「因為 CHINJSG 的太太不作家事，CHINCS 與她處不好，所以 CHINCS 和母親在房子裡面煮飯，CHINJSG 一家就在大房子的門口煮飯；CHINJSU 則在另一個獨立的廚房煮飯。因為住在一起，所以是一個 *sapa*（家）；但是又分開吃飯，也可以說是三個 *sapa*（家）。」此處再一次呈現「家」如何依照不同標準而有不同界定方式，而且情感好壞影響其共食與否。

　　2009 年七月，CHINJSG 一家人搬到秀林村。2010 年，LINGY 因為身體不適，搬到新竹的女兒家休養。同年底，CHINJSU 一家人搬到崇德村。2011 年，CHINJSG 因妻子外遇而離婚，帶著四個小孩回到立霧部落，LINGY 就回到部落幫忙照顧孫子。LINGY 年輕時照顧八個孩子，老了又幫忙兒子照顧孫子，日子過得很辛苦，而且常與筆者聊到她照顧孫子孫女面臨的無力感，[18] 所以考慮將他們送到新竹女兒家；但是她又覺得小孩子很可憐，因為同情小孩而讓她更加堅定地認為「靠自己的努力就好了」。其實 LINGY 和孫子孫女一樣無法理解孩子母親為何離開，剛開始彼此都不願意接受現狀，但是在同居共食及相互照顧的過程中，憐憫之情也油然而生。2012 年筆者參加教會母親節活動時，LINGY 的孫子很窩心的幫她別上康乃馨，並且送她花、禮物和卡片，上面寫著：「謝謝你照顧

---

18 兩個孫女在念國中，或許心理上受到母親離家的影響，經常晚歸，又常頂嘴，所以讓 LINGY 非常擔心。

我們，你就是我們的媽媽！」[19]

例三：TIANSW（67 年次，35 歲）

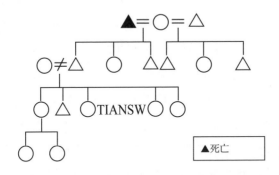

TIANSW 的父母婚姻不是很順利，在她學生時代的時候，父母就離異。她曾經恐懼、憤怒，「抱怨這些事情為什麼發生在我身上」，也曾經迷惘過，痛苦過；但是信仰成為支撐她的力量，她說「有神的幫忙，一切都可以過去」。現在 TIANSW 的心中充滿「喜樂」，除了幫助自己的家人，也希望有餘力能夠幫助更多的人。

她的母親離家後，大姊也離家，但是未婚懷孕，就帶著兩個女兒搬回家裡住。因為姊姊患有憂鬱症，因此兩個女兒從小都是 TIANSW 和她大妹在照顧，「就好像是媽媽帶小孩那種感覺，雖然不是親生的，但是母親的感覺都經歷過了。」TIANSW 對於家人充滿了愛憐，她強調「生活那麼久了，你可以感受到家人的情感是真的不需要多言語，像我爸爸不擅於表達，可是一個眼神或是一句話，你就知道了，我就是知道他愛我們」；「可是或許也因為爸爸太內斂，媽媽可能想要的是另外一種關愛呵護[20]才

---

19 太魯閣社會經常看到祖母輩分者照顧孫輩、扮演如同母親的角色而被稱為 *Vuvu*（母親），超越了實際血緣的輩分關係；可見實踐過程的重要性。
20 應該較接近下一段落所言之 *Kuhun*（喜歡、愛）情感。

會離開；我們以前不懂得表達愛，可是當我們懂事的時候就覺得要適時的說『愛』，所以我會對爸爸、妹妹、姪女說『我愛你』，在電話中或 facebook 上都會講，小妹或姪女他們也都會講」；「而且因為爸爸沒有媽媽照顧，所以我們就會心疼爸爸，我和妹妹就會多擔一些責任」。

TIANSW 常常回憶小時候全家出遊的情景，也凸顯太魯閣人透過日常生活實踐建立關係與情感的重要性：她國小、國中時爸爸喜歡拍照，照了很多相片，都是爸爸媽媽帶她們出去玩，而且媽媽也穿很漂亮的衣服，然後就幫小朋友打扮得很漂亮。有時候她們也沒有特別去玩，可能就是去黃昏市場，她媽媽喜歡去那市場買東西，她這樣就很開心了，或者是去家樂福買東西，她媽媽也很開心。可是不知道從什麼時候開始，大概她高中的時候就感覺一切都變了，總覺得有哪裡不對勁，然後就變得很少出去玩了，然後家裡發生很多問題，媽媽、姊姊相繼離家，她說：「剛開始會很不諒解，會埋怨，甚至會有一種很討厭的感覺，可是隨著年齡增大，就不會計較那麼多了，對爸爸跟媽媽的感情沒有變，反而越來越深厚。」

TIANSW 媽媽離開 10 多年後又回到花蓮，TIANSW 並沒有減少對她的關心，時常到媽媽的住處去照顧她，也一直希望媽媽搬回來住。「但是爸爸和媽媽對於婚姻都仍然有『恐懼』，沒辦法回到過去。」有時候她媽媽會到立霧部落的家，全家就會一起看電視、吃水果，有時候她媽媽會煮飯、或者幫忙整理爸爸的衣服，「爸爸他心裡面是很感謝媽媽的，其實他有感受到，可是他不知道該怎麼表達，因為一方面是有受過傷，然後再來就是很怕又會受傷，然後不知道該怎麼去相處了」，所以有時候他們全家坐在一起，卻真的沒有什麼話可以聊，就偶爾會講一點母語，可是那個互動卻沒有很好。媽媽會對 TIANSW 說爸爸好像不喜歡她，TIANSW 就跟媽媽說：「爸爸感情本來就很內斂，可是他很愛你，他就只有你一個，他從來沒有改變，他那麼認真的辛苦的工作，就是為了這個家裡，他也從來沒有去找過女人，爸爸就是對你這麼專情，他不會表達，可是他很感謝

你，他都跟我們講說他很謝謝媽媽。」然後她就聽到媽媽在那一頭哭。
TIANSW 認為媽媽一方面怕別人講話所以不好意思回來，一方面則擔心
他們負擔太重才寧願自己一個人在外面吃苦；但是她也承認「其實我們到
現在還是不知道媽媽要追求什麼」，父母之間似乎也很難在互動過程中重
新建起 *mskuhun*（相愛）之情感。

　　筆者在 TIANSW 家也經常看到她的表兄弟（媽媽兄弟的小孩）去吃
飯聊天。她和妹妹喜歡接待他們，「因為成長過程讓我們很感恩」，他妹
妹會準備吐司或炸一些點心招待大家，「把家裡廚房營造得感覺像點心
吧，大家都很喜歡來我們家。」平日教會晚禱結束後，表兄弟們會到
TIANSW 家共享食物與交流情感，傳道強調「共食的不只是食物，而是
愛憐」，在這情境之下大家也凝聚出家人般的情感。

例四：TIANSD 的例子

　　TIANSD 在日治時期將真耶穌會帶入可樂部落，國民政府時期擔任縣
議員，土地登記時登記了 2、3 甲的土地。因為土地很多，家裡有 4、5 個
寄居者幫忙工作，還有幾個幫忙者並未與 TIANSD 同住，他教導他們如
何耕作直到後者有能力自立。TIANSD 大兒子 TIANGF 回憶說：「我父
母將寄居者及幫忙工作者均視為一家人，以 XIEDS 為例，他住在自己的
家，但是長期幫忙工作，雖然沒有住在一起，我父母還是覺得他像自己的
小孩。」所以 XIEDS 要結婚時，議婚的過程由 TIANSD 家人出面，所有
聘金和家具也是 TIANSD 幫忙的，還給了一頭牛；TIANSD 不僅幫助他
們娶妻，也照顧他們的小孩，例如 XIEDS 生子時 TIANSD 給了一頭豬，
甚至幫忙 XIEDS 的兒子娶妻，因此 XIEDS 的孩子稱呼 TIANSD 為 *Tama*
（太魯閣語，爸爸）。

　　後來 XIEDS 經濟獨立了，筆者還經常在 TIANGF 家裡遇到他去幫忙
泥作等工作，也會像一家人一樣留下來用餐。TIANGF 強調「忠心的話就

算一家人」，至於何謂「忠心」，主要還是在於雙方透過互動過程而發展出相互照顧、同情、憐憫的關係。

（二）*Kuhun*（喜歡、愛）到 *Msgalu*（互相同情、憐憫）

夫妻之間除了前述從 *mgalu* 發展 *mskuhun* 的例子，也有例子是從 *kuhun* 發展出 *msgalu*。*Kuhun* 意為「喜歡、愛、火花」，[21] 是由「心」（*lnlungan*）發出來的，不過會受對方漂亮與否、是否順眼、有沒有能力做事所影響。外貌、個性均是產生火花的原因，當地人說「眼睛舒服，心也鬆」。「心很鬆」的太魯閣語為：*Mhnuk bi lnlungan na*（*mhnuk* 意為「柔和、謙卑」，*lnlungan* 指涉「心」）。

不過火花碰在一起之後，要再用溝通方式慢慢「合在一起」（太魯閣語「*mndka lnlungan*」；*mndka* 意為「一樣」，*lnlungan* 指「心」），也就是要有「共識」。「心合在一起」的方式是要「互相」（*maduk*），尤其「心柔軟」（太魯閣語「*malu lnlungan*」；*malu* 意為「好」）的人能夠互相配合。當地人描述：不是每天晴天，有很多苦難（貧窮、生病）會影響夫妻相處，男生要了解女生辛苦、女生也要讓；此外，太魯閣人也強調女性的能力，「女生自己有條件，到人家家裡會被尊重。」

接著兩個例子都描述夫妻之間從 *kuhun*（喜歡、愛）發展出 *msgalu*（互相同情、憐憫）的過程，目前都是夫妻一起合作發展。第一個例子因母親的嚴厲而一直拒絕先生的追求，但是先生寫情書窮追不捨，所以交往三個月後就瞞著媽媽到臺北公證結婚，婚後一起從事文化工作。第二個例子描述自己的生命歷程為「苦盡甘來」，第一任先生是母親強迫她嫁的，婚姻中她曾經對其他人動心過，但是從事教會工作的力量使她克制下來；

---

21 關於男女之間的情感，文獻中也提及若干例子，參見臺灣總督府臨時臺灣舊慣調查會 2011[1918]: 68-70。

不過先生還是傷心而經常飲酒，她看到先生的樣子而開始產生愛憐（*mgalu*），但是先生卻因肝病去世；再婚之後，她和現任先生相互欣賞又能力互補。

例一：JANCG（女性，38 年次，64 歲）

有個受日本教育而且嚴厲的母親。母親過去曾改嫁三次。JANCG 是長女，JANCG 爸爸因受到「同村的女人誘拐」而在她六個月時離開母親。後來她母親改嫁給第二個爸爸，但第二個爸爸在她五、六歲時，因帶兩頭牛經過日本時代的吊橋而摔下河，意外過世。第一個爸爸在事後曾想回頭照顧 JANCG 的母親，卻被母親嚴詞拒絕：「已經搞大人家肚子就不要回來了。」母親守寡了七年才因為教會促成而改嫁第三個爸爸，第三個爸爸也曾有過婚姻，因此兩家結合共有六個孩子，後來還生了兩個。她強調：「因母親嚴厲，丈夫也很佩服她的能力，孩子們相處都沒有問題。」現在 JANCG 小妹（第三個爸爸所生，從事社會局居家照顧工作）一家人就住在 JANCG 先生 TIANGF 的房子。

JANCG 國中畢業時，TIANGF 高中畢業，TIANGF 到臺中幫二姊夫耕作（TIANGF 二姊嫁到臺中，TIANGF 二姊夫是 JANCG 表哥，兩家換工），認識 JANCG。。TIANGF 年輕的時候一直被 JANCG 媽媽罵，說他很花。教會有規則，認為男女有清楚的界限，發現男女關係複雜就會被除名。JANCG 媽媽認為不信教的人就是魔鬼，認為「他們會被魔鬼附身，會做不對的事情」。

JANCG 念屏東師專時，TIANGF 在南投當兵，TIANGF 送花蓮薯到屏東師專，JANCG 不敢吃，怕 TIANGF 誤會她有意思，就分給同學吃，同學說：「又不是吃他，沒關係。」三年級時，TIANGF 去找她看電影，JANCG 叫 TIANGF 帶她同學去，她自己不敢去。她五年級畢業旅行途中，開始收到 TIANGF 的情書。

JANCG 到臺中教書時，TIANGF 兩天一封情書。JANCG 說：「三個月後，我經不起 TIANGF 糾纏，兩人就到臺北公證結婚，是 TIANGF 的姊姊 TIANCC 帶我們去的，TIANCC 強調『現在是自由戀愛時代』。」兩人公證結婚這件事讓 JANCG 媽媽非常生氣，JANCG 媽媽那時掐著她的脖子想同歸於盡，但最後被她的異父大哥阻止。

TIANGF 解釋當時的情境：「我認為 JANCG 是適合做老婆的人，她聽媽媽的話，很乖，不像其他女生輕易接受約會，所以才對她窮追不捨。」現在 TIANGF 忙著做協會的工作，接了許多計畫，帳務都由 JANCG 管理，有時候太忙，兩個人會鬥嘴，JANCG 說「TIANGF 屬狗的，每天都一直叫（命令人做東做西）」，但是也時常流露出對 TIANGF 的依賴：「我以前根本不知道什麼是原住民的文化，結婚以後和他一起做協會的工作才慢慢暸解文化，要保存我們的文化，我們兩個人把退休金都花在這上面了。」

例二：LINYS（女性，40 年次，62 歲）

LINYS 家裡有權力的是媽媽，媽媽是有個性的女人，爸爸很安靜、很溫柔。爸爸和媽媽年輕時自由戀愛，他們是日本時代的男女青年隊長。但是祖父喜歡溫柔的媳婦、不喜歡兒子選的對象。她爸爸卻不聽祖父的話，娶了她媽媽，所以她爸爸沒有分到財產，祖父將十多頭牛和地分給爸爸的妹妹。父母兩個人一起經營這個家，兩個人個性互補，感情很好，生了七個小孩。但是生活很苦，她爸爸吃苦過來，編籃子和打獵用的網子，小孩子沒錢唸書、從小要工作。最後她爸爸積勞成疾、吐血而死。

LINYS 在 18 歲時就讀花蓮初中部，當時喜歡一個男子，很憨厚，做教會工作，有能力、又好看。但是當時有兩組人到家中求婚，南投來求婚的人一面求婚一面禱告，一個星期後訂婚，贈豬頭和酒。訂婚時男方給了兩萬，媽媽花了一萬，因為當時 LINYS 二嫂懷孕，需要用錢。未婚夫邀

請 LINYS 去花蓮看電影，被她罵，又邀請她去花蓮買手錶，她對他說：「我不喜歡你，不會嫁給你，你為什麼賴在這裡。」結果她被媽媽打，媽媽強迫她要嫁。

LINYS 對母親表達抗議：「妳很不公平，你是自由戀愛結婚的，卻逼我要嫁給我不喜歡的人。」母親卻以死相逼，先在水壩旁邊將 LINYS 推向急流，說「我們兩個一起死」，接著又在廚房上吊、吃農藥等等。她最後順從母命、嫁到南投。但是她對先生說：「我不是心甘情願和你在一起，你什麼都要聽我的。」

20 歲生女兒，婚後出來讀書，在埔里愛蘭醫院工作，又去學裁縫。28 歲到仁愛鄉部落，做社工（烹飪班、農業講習班、織布班），又做展望會的工作。她的婆婆是織匠，因為她幫婆婆做洋裁，所以婆媳關係變好了。

LINYS 曾經對一個牧師「動心」（*mlglug lnlungan*，字面意義為「動・心」），該牧師對她說：「你在這裡不快樂，我們到國外住。」她掙扎兩年，因為想到女兒、教會而決定放棄，就寫信到中會建議將該牧師調職。她說：「人心會軟弱，但是我有毅力。」她也因為這件事對先生產生愛憐（*mgalu*）而回到先生身旁，但是這過程中她先生一直喝酒，說「為什麼這種事會發生在我身上」，先生沒辦法照顧家。

LINYS 在展望會工作 16 年後，開始去做生意。因為女兒嫁到臺南，所以在高雄 SOGO 工作很久，供應二兒子讀書。二兒子高中畢業時 LINYS 的先生過世，LINYS 失落感很重，她說：「沒有他，就沒有我。」兒女帶她去臺南、日本散心，回來後她決定要再去讀書。先生過世大約半年後，有一些朋友介紹她 DAIMS，DAIMS 的太太也剛過世不久，朋友覺得他們很匹配。

介紹認識後，DAIMS 要 LINYS「來看我的孩子」，LINYS 到了花蓮，但第一印象普通，LINYS 說「DAIMS 開貨車，又遲到，還有肚子微

凸」，可見外貌、個性均是產生火花的原因，呼應前文所言：「眼睛舒服，心也鬆。」LINYS 在花蓮女兒的住處住八個月，到天祥銷售織布，又在晶華酒店工作，和 DAIMS 互動多，兩個人交往了三年才結婚。

見面機會多，慢慢認識 DAIMS，LINYS 認為他「活在 *gaya* 中」：很會做事，心裡一張白紙、很善良、很認真，很愛招待別人，保持原住民好客精神，很有責任感，孩子很尊重他，重視「身教」，所有薪水給孩子讀書，很節省、很有愛心，會和孩子互動、會聊天；還有，信仰很乾淨，有較親密的動作也感覺「在得罪神，向神禱告」。

DAIMS 則說：LINYS 很漂亮、很能幹、很健談，人際關係很好；不過來這裡之後較低調，不要搶這裡人的工作，但工作坊的訂單仍然很多。「被神訓練」，比別人有膽識。因為兩人各有所長，兩個人能力都強，沒有誰比誰強，所以家裡沒有負擔。兩個人會在一起是「神的旨意」。

四年前，DAIMS 生病，DAIMS 女兒和 LINYS 女兒吵過架，DAIMS女兒埋怨 LINYS，LINYS 女兒對 DAIMS 女兒說：「我媽媽照顧你爸爸。你爸爸生日時、父親節時，你們在哪裡？」雙方吵了一架後學會互相尊重，從去年開始，雙方小孩一起吃飯。這些過程也凸顯了太魯閣人「在互動過程中確認關係」的特質。

（三）從 *Mngungu*（很害怕、恐懼）到 *Pahung*（憤怒）

太魯閣人強調人與人之間透過互動過程發展出同情、憐憫（*mgalu*）的情感，但是如果無法建立相互同情憐憫的關係，當代太魯閣人面對了由「恐懼」（*mngungu*）到「憤怒」（*pahung*）的情緒轉化過程。

「恐懼」與「憤怒」在過去和現代的內涵及處理方式並不相同：過去的太魯閣人「恐懼」的對象是自然環境（例如颱風）及 *utux*，人與人之間不會恐懼；但是當代太魯閣人會敘述「對於別人的害怕、或者自我內在的恐懼」，「現在的人很沒安全感，漢人也一樣。」「不安全感」的太魯閣

語彙即「*ini mgalu lnlungan*」，字譯為「沒有‧憐憫‧心」。如前文 LIAZ 之例和下述例子所呈現：夫妻之間、父母子女之間若未能發展出同情、憐憫（*mgalu*）的關係，當事人內在所產生的「恐懼」，甚至有時會轉變成憤怒或暴力的行為。

Pahung 在過去具有正面的意涵，指人很有膽量，或者努力工作，而且男女皆有 *pahung*，也尊重老人家有 *pahung*；現在 *pahung* 多指稱「憤怒」。過去社會對於人和人之間因憤怒而引發的衝突也有一套處理機制，當代社會則面臨此機制弱化而衝突不斷之情境。

接著以 PANCM（男性，71 年次，31 歲）的例子呈現當代社會下的「恐懼」、「憤怒」，以及當事人之間透過發展出 *mgalu*（「同情、憐憫」）所帶來的轉化。PANCM 在 92 年（21 歲）結婚，結婚時太太懷孕六個月。他的母親考慮兩個年輕人都還在念書，就問他們「你們考慮是否要結婚，或者只要殺豬就好」，但是女方家長以為在騙他們，雙方只好結婚。結婚時 PANCM 不願意，他說「我的朋友都還沒有人結婚」，甚至結婚當天還失蹤。生下大女兒後，PANCM 恐懼，會摔女兒，無法處理因恐懼而產生的憤怒。連生六個小孩，其中三個小孩送養，期間 PANCM 還有交女朋友。

PANCM 說「以前脾氣不好，無法接受自己是爸爸，自己會怕（恐懼），大女兒心裡也會怕（恐懼）」。大女兒對父親的恐懼也導致她有一些強迫性行為，她會亂翻人家包包，是小時候住親戚家而從親戚小孩那邊學來的習慣，無法控制自己。

PANCM 本來住在南投仁愛鄉部落，受雇去砍高麗菜、背高麗菜，一個月有八萬薪資，但是「沒有安全感」，每天和朋友吃吃喝喝。母親 LINYS 改嫁到花蓮，他剛開始不好意思到花蓮，後來還是到花蓮由母親幫忙照顧孩子。PANCM 改變的關鍵是：看到繼父 DAIMS 願意為他們付出，他感覺「在 DAIMS 身上看到耶穌形象」。二、三年前 PANCM 太太

得甲狀腺癌，他開始會擔心太太和孩子，彼此之間的同情與憐憫轉化了原有的恐懼。這幾年 PANCM 考上重型機械執照，在亞泥上班，一個月四萬多。太太在太魯閣國家公園上班，一個月收入約一萬八（日薪一天八百元），被送養的孩子仍然會和他們聚會。

（四）從 *Hmkrig*（嫉妒）到 *Mkkan*（衝突）

人與人之間若未能建立同情、憐憫的關係，也可能導致嫉妒（*hmkrig*），例如嫉妒別人有自己沒有的東西，或者男女關係之間會吃醋。治病儀式中也有許多例子是 *utux* 忌妒人而導致人生病（王梅霞 2010, 2012a）

嫉妒是衝突（*mkkan*）的來源。過去對於衝突的處理方式是請老人家調解（*pruri*）、和好（*kmalu*）。透過老人家調解，雙方「和解」（太魯閣語「*Msupu kmalu*」。*msupu* 指「互相」，*kmalu* 指「和好」）。和解方式：要和解，必須有動機，必須有表示。包括：第三人勸導及講好話，一起吃飯，大事則需殺豬。過去若發生違反 *gaya* 之事（尤其觸犯男女關係之禁忌時）必須「殺豬」，一方面向對方賠罪，一方面是請 *utux* 原諒，消掉人心裡、人與人之間、人與神之間的問題、震怒、生氣、不禮貌的想法。*Pstuq gaya*（*pstuq* 意為「切斷」）意指：不要一直想不好的現象和祖靈的懲罰，斷掉人和人、人和祖靈之間不好的氣。*Msalu gaya*（*msalu* 意為「擺平、整修、修補高低不平的」）意指：用豬（或雞、牛）賠罪，用話商量好，看大家有誠意，切斷不好的、邪的東西。

但是過去的處理衝突機制在當代無法運作，如當地人所說「現在小孩子根本不聽老人家的話」，再加上當代社會因環境關係與生活經驗所造成的不安全感，因此衝突有時擴大成暴力或殺人事件。筆者在田野期間，部

落剛好發生一件殺人事件：[22]FANGSC（40-50 幾歲）和 MAMN 這對夫妻都曾經離婚後再婚。FANGSC 爸爸結過四次婚，造成他很沒有安全感；MAMN 前夫沒有責任感，兒子結婚時，前夫拿走兒子結婚禮金，又不給喜宴錢。FANGSC 和 MAMN 商議離婚的過程中，MAMN 和男友回家拿衣服，FANGSC 回家看到外面停了一台車，拿刀去刺 MAMN 及其男友，但反被刺死（表面上看 FANGSC 是自殺，但當地人認為是被殺，因為刀的方向不像自殺）。當地人的解釋是：環境關係和生活經驗造成「沒有安全感」（*ini mgalu lnlungan*），因此產生了嫉妒與衝突。

（五）小結：*Mgaras* 或 *Tkgaras*（歡樂、喜樂）作為理想的關係

前述例子涉及幾種不同的情緒轉化方式，也觸及太魯閣人建立社會關係的重要基礎為 *mgalu*（同情、憐憫），夫妻之間、父母子女、朋友之間均以 *mgalu* 為基礎；若未能發展出 *mgalu* 的情感，可能導致忌妒、衝突，但是過去處理衝突的機制也避免暴力行為的發生。透過前述情緒轉化過程之討論，可以呈現太魯閣人社會關係的流動性，當地人透過社會互動、及情緒交換或分享的過程建立社會關係，若未能建立情緒的交流或分享則會導致人際關係的斷裂，透過「情緒轉化」這個視野更能夠凸顯人際關係整合或分裂的機制，也提供不同於傳統人類學對於「社會秩序」假設的另一種可能。

透過建立 *mgalu* 情感、及各種處理衝突的機制，太魯閣人最理想的人與人關係、人與神關係為：*mgaras* 或 *tkgaras*（意譯為「歡樂」、「喜樂」），也就是「大家在一起很快樂，內在、外在還是都包在一起」。對於西方宗教，當地人也強調其「喜樂」的面向。*Mgaras* 指「很高興」，

---

22 受限於筆者田野過程並未參與到這類衝突事件，雖然聽聞很多，但是只以此例作為代表。

tkgaras 指「腳步順利、日子好過、整天高興、心裡輕鬆、釋懷、心裡沒疙瘩、釋放」。當地人強調：「心」的出發點很重要，「就是看很開啦，心裡很釋放，心中沒有疙瘩，不要難過過日子，不要很痛苦過日子，你很釋懷過日子的話就好辦。」*Mgaras* 的相反詞是 *nakax kuhun*，指「難過，悲傷」（*nakax* 指「不好」，*kuhun* 指「愛」，在心裡面的「愛」），或者說「心裡面有不好的感覺」。

當地人有幾種交換方式，都可以建立情緒的分流，包括 *pqqaras mkan*，指「共食」（*pqqaras*「分享歡樂」之意，*mkan*「吃」之意）；*sbanux* 指「換工」、勞力的分享；*pqqaras lnlungan* 指「心的分享」。不僅是人和人之間，人和 *utux* 之間也可以分享歡樂，*Psqaras ta utux rudan* 指「和祖先一起歡樂」。當地人強調透過共食、換工等社會互動的過程所建立的情緒交換。筆者幾次參加教會聚會之後的聚餐，傳道強調「共食的不是食物本身，而是愛憐（*mgalu*）」，透過共食與共享情感，教會也是一個「家」（*Sapa utux baraw*，「神的家」），「在上帝的家中，信徒彼此都是兄弟姐妹。」

在當代社會情境之下，男女之間經常一起工作、一起喝酒，容易產生感情，也就是會「動心」。「動心」的太魯閣語為 *mlglug lnlungan*（*mlglug*「動」之意，*lnlungan*「心」之意），但是這個詞彙也包含正面的意涵，「好的動心才有動力」。當地人以一個鄰近部落的例子深刻地詮釋「人的感情像流水」，很自然：以前相愛的男女各自婚嫁，兩對夫妻一起工作時發現對方配偶是其過去情人，所以一起商量各自離婚後再跟對方配偶結婚，回到夢想的女人／男人身邊。[23] 牧師的解釋是：他們有共識就好（「共識」的太魯閣語為「*mndka lnlungan*」，*mndka* 指「一樣」，

---

23 *priyux kuyuh/priyux snaw* 字面意義為「換妻／換夫」（*priyux* 指「交換」，*kuyuh* 指「女人」，*snaw* 指「男人」）。

lnlungan 指「心」），這不是犯罪，而且他們沒有小孩，教會的規定「不能離婚」並不是絕對的，要看情況而定。太魯閣人強調的是「喜樂」（*mqaras/tqaras*），心裡解放，平安、自然很重要。

六、結論

人類學對於「親屬」這個議題的討論，隱含著不同理論對於社會文化實體（reality）及個人主體性有不同假設。早期以非洲民族誌發展出來的繼嗣理論強調系譜關係的重要性（Evans-Prichard 1940），但是其背後所隱含的結構功能論已經受到許多挑戰，包括：南亞聯姻理論對於社會變遷的討論（Leach 1954）；美拉尼西亞民族誌所呈現「繼嗣」這個概念的多義性、以及當地人如何透過社會活動來界定之（Barnes 1962; A. Strathern 1972, 1982）；以及「南島民族」（Austronesian）親屬關係的研究所強調南島民族的社會認同具有流動性，不同於非洲模式（African model）由世系群先天結構位置所賦予的固定社會認同（Fox 1993, 1996），例如馬來人的「關係」既透過生育活動，也透過同居共食的過程來完成，「關係」是一個連續體（Carsten 1995）。

美拉尼西亞研究更深入探討當地人如何透過「交換」活動來界定個人認同及社會關係，並且進一步發展出「社會性人觀」的視野，反省西方「個人主義」的觀念（Wagner 1991; M. Strathern 1988, 1991）；對於當地人而言，交換物具有人的特質，人們交換的不只是物，而且是彼此的特質，因此個人認同中也具有他人的特質，個人本身就是社會關係的縮影；而且在不同社會中人和物的關係不同，因而建立了不同的親屬制度，如 Hagen 和 Wiru 的例子（M. Strathern 1987）。人類學者在不同區域的研究更進一步指出，「交換」行為涉及的不一定是人的特質的交換，而是情緒的交換或情感的共享；如本文所討論的太魯閣社會，類似東南亞及南美等

強調個人能力的社會，親屬關係的建立在情緒的交換、分享或轉化過程。如同當代親屬研究強調親屬觀念的核心在於「存在的相互性」，其中牽涉不同形式及不同程度的「相互性」，包括在身體、感覺或經驗上所建立的相互關係（Carsten 2000, 2004; Sahlins 2011; Shapiro 2008）。

　　透過情緒的轉化過程，更能深入理解太魯閣人「家」整合或分裂的動力。清水昭俊提出「家戶團體」作為親屬研究的主要切入點，在於「家戶團體」是個人社會化的主要場所，提供了「建構各種親屬關係」所需的社會文化脈絡，「家」的意涵更反映了文化象徵秩序。「家」這個議題也是人類學理論與南島區域研究聚焦的場域，結構主義者分析「家」的機制如何整合二元對立的結構原則，實踐論者強調個人透過在家屋空間的實踐活動來理解並且重新詮釋社會文化。許多南島社會的研究指出：南島社會中「家」作為一個文化範疇，可以指涉不同的社會單位，也是延續社會文化的重要場域；家屋空間也建構了一套有秩序的儀式結構，這一套結構也是宇宙秩序的表徵，因此，家屋「具體化」（embody）抽象的社會文化價值。對於太魯閣人而言，「親屬」或「家」具有多重意涵，尤其「透過實踐過程來界定家」的性質更在社會變遷過程中被強調，提供了當地人適應變遷的重要機制。

　　本文首先回顧太魯閣社會文化性質的相關研究，聚焦在泰雅族 *gaga*、太魯閣族 *gaya*、及賽德克族 *waya* 或 *gaya* 此一文化核心概念，在不同歷史脈絡下如何具有不同內涵及實踐方式，尤其太魯閣族的 *gaya* 不僅指涉個人心理、人與人之間、人與 *utux* 之間的狀態，更經常被用以指涉一種不潔的狀態。進而，*gaya* 的罪責範圍大致區分為父母子女之間、兄弟姊妹之間、同居共食者、及共食共作者等不同範疇，這些社會範疇也與太魯閣人對於「家」的界定方式相互呼應。過去已有研究討論泰雅族「家」的多重意涵、以及「家」如何透過實踐 *gaga* 的過程而被界定；本文更進一步討論這些「家」的特性如何在太魯閣社會變遷過程中被凸顯，

尤其人和人的互動過程中所建立的情感交流更成為太魯閣人形塑「家」的重要面向。

接下來的章節則分別論述歷史脈絡下的太魯閣社會、社會變遷過程中「家」的多義性被凸顯、情緒轉化作為「家」整合或分裂的基礎。太魯閣社會經歷了急遽的社會變遷，日治時期的集團移住政策造成立霧部落成員來自於大約 10 個不同的部落；國民政府於 1966 年開始實施的保留地分配政策，更引發了部落成員之間的衝突；1971 年亞洲水泥廠透過政府徵收立霧部落土地、雇用當地人從事亞泥廠的建廠工程，當地人成為薪資勞工，並且因應工作之需要而經常遷移。這些歷史過程造成了當今部落之複雜化、個人化及流動性。

在一個社會變遷如此快速、流動性高的社會，「家」呈現了多元複雜的形貌。在立霧部落，收養子女的家、共食或寄居的家、離婚後再婚的家等各種不同型態的家均凸顯了了太魯閣族「家」的多義性、及當地人如何透過實踐過程界定不同範疇的「家」。對於太魯閣人而言，「家」是一個連續體，父母子女之間、兄弟姊妹之間、同居共食者、共作共獵者等按照關係的遠近而被界定為不同層次的家，也依序而具有「傳染 *gaya*」的關係而成為共負罪責的社會範疇。進而，「家」的意義除了透過血緣、同居共食、共作共獵等關係而「共負 *gaya* 罪責」之外，當地人強調的是「透過互動過程或情感交流而發展出來的認同關係」，尤其當地人對於寄居者、共作者是否為一家人有不同詮釋，牽涉各人實際經驗過程中與寄居者、共作者所發展出來的關係各有不同，也影響其對於這些關係的界定方式；這些對於「家」的不同詮釋更凸顯了家的彈性，以及實踐過程的重要性。

更重要的是，收養、寄居、再婚等社會關係能否成功運作成「一個家」，仍然依賴人和人之間如何透過社會互動過程發展出情感的交流與分享，因此，如何從當地人情緒的主動性出發，探討社會關係的建立或分裂

過程，乃理解太魯閣人流動性社會關係的重要切入點。太魯閣人強調人與
人之間的「愛」、「同情」、「憐憫」（*mgalu*），是夫妻關係、父母子
女關係、兄弟姊妹關係、朋友關係的重要基礎；西方宗教傳入之後，當地
人也以 *mgalu* 指涉「神對人的愛」。正因為當地人對於「愛」的強調，當
其無法建立相互同情與愛憐時，會有恐懼、憤怒等情緒產生，也造成了社
會關係的緊張或破裂。*Mgalu*（同情、憐憫）、*kuhun*（愛，火花）、
mngungu（恐懼）、*pahung*（憤怒）等情緒在過去與當代的太魯閣社會生
活中均有其重要性，但情緒的內涵及表現方式在過去和現在已有所改變；
尤其，過去社會對於人和人之間因憤怒而引發的衝突有一套處理機制，當
代社會則面臨此機制弱化而衝突不斷之情境。

太魯閣人透過實踐 *gaya*、或舉行 *poda* 儀式、或各種處理衝突的機
制，轉化了人和 *utux* 之間、人和人之間、人的內心中存在的憤怒、忌
妒、恐懼等情緒，重新建立 *mgalu*（同情、憐憫）情感，或恢復 *mgaras*
或 *tkgaras*（歡樂、喜樂）之關係。實踐 *gaya* 過程、及形塑「家」的過程
所涉及的情緒轉化方式，不僅呈現在人與 *utux* 之間，也涉及了人與人之
間的關係界定方式，這些面向凸顯了太魯閣人的 *gaya* 與「家」更底層的
情緒內涵。

參考書目

山路勝彥

1986 〈臺灣泰雅賽德克族姻兄弟和己身孩子關係的認定〉。刊於《臺灣土著社會文化研究論文集》，黃應貴主編，頁 599-623。臺北：聯經。

1987 《泰雅族的親族觀念》，林瑞壁譯。臺北：中央研究院民族學研究所。

王梅霞

2003 〈從 gaga 的多義性看泰雅族的社會性質〉。《臺灣人類學刊》1(1): 77-104。

2005 〈「性別」如何作為一套文化表徵：試論性別人類學的幾個發展方向〉。《考古人類學刊》64: 30-58。

2006 《泰雅族》。臺北：三民。

2008 The Reinvention of Ethnicity and Culture: A Comparative Study on the Atayal and the Truku in Taiwan.《考古人類學刊》68: 1-44。

2009 〈從「交換」看族群互動與文化再創造：日治初期苗栗地區泰雅族的研究〉。《考古人類學刊》71: 93-144。

2010 〈從治病儀式看泰雅族與太魯閣族的情緒展演〉。刊於《臺灣原住民巫師與儀式展演論文集》，胡台麗、劉璧榛主編，頁 383-429。臺北：中央研究院民族學研究所。

2011 〈從小米到茶葉：賽德克族的經濟發展〉。發表於「第三屆族群、歷史與地域社會」。中央研究院臺灣史研究所，2011 年 9 月 23-24 日。臺北：中央研究院。

2012a 〈「文化動起來」：賽德克族文化產業的研究〉。《民俗曲藝》176: 233-86。

2012b〈儀式語言、觀念與意象：賽德克族的宗教變遷〉。發表於「第一屆臺灣研究世界大會」，2012 年 4 月 26-28 日。臺北：中央研究院。

2014〈從 waya 看資本主義的轉化過程：一個賽德克部落的經濟變遷〉。《考古人類學刊》80: 53-102。

太魯閣國家公園網

http: //www.taroko.gov.tw/zhTW/Content.aspx?tm=4&mm=2&sm=5&page=2，2012 年 6 月上線。

石珮琪

2005《由社區聯繫力探討原住民社區對觀光發展之認知：以可樂部落為例》。世新大學觀光學研究所碩士論文。

瓦旦吉洛（Watan Diro）、伊婉貝林、詹素娥、郭明政（編）

2009《賽德克民族族語圖解辭典》。南投：南投縣原民局。

李亦園、徐人仁、宋龍生、吳燕和

1963《南澳的泰雅人》（上冊）。臺北：中央研究院民族學研究所。

1964《南澳的泰雅人》（下冊）。臺北：中央研究院民族學研究所。

邱韻芳

2004《祖靈、上帝與傳統：基督長老教會與 Truku 人的宗教變遷》。國立臺灣大學人類學研究所博士論文。

邱寶琳

2000《原住民族土地權之探討：以花蓮太魯閣族為例》。東華大學民族發展研究所碩士論文。

林恩顯

1991《太魯閣國家公園人口變遷與經濟活動研究報告》。太魯閣國

家公園管理處。

陳竹上

2010 〈他們在自己的土地上無家可歸？〉。《臺灣社會研究季刊》
77: 97-134。

許資宜

2003 《原住民部落的「社區結合」：以一個泰雅部落為例》。國立
臺灣大學人類學系學士論文。

曹秋琴

1998 《gaya：祭祀分食與太魯閣人的親屬關係》。國立東華大學族
群關係與文化研究所碩士論文。

孫鈺峰

2011 〈環保補貼休耕政策的成長效果〉。當前財政與稅務研討會。
臺中市。http://proj3.sinica.edu.tw/~tea/images/stories/file/WP0062.
pdf，2012 年 6 月上線。

張玲玲

2004 《原住民部落發展旅遊之探討：以可樂部落為例》。東華大學
民族學研究所碩士論文。

張藝鴻

2001 《utux、gaya 與真耶穌教會：可樂部落太魯閣人的「宗教生
活」》。臺灣大學人類學研究所碩士論文。

曾振名

1995 《太魯閣群泰雅人之社會變遷與文化發展》。太魯閣國家公園
管理處。

黃長興、高順益、許通益、吳金成、田信德、金清山（編）

2006 《太魯閣族語簡易字典》。花蓮：秀林鄉公所。

葉郁婷

　　2002 《泰雅語 Squliq 方言情緒概念之結構》。臺灣大學語言學研究
　　　　所碩士論文。

臺灣總督府臨時臺灣舊慣調查會

　　1996 [1915]《蕃族慣習調查報告書・第一卷・泰雅族》，中央研究院
　　　　民族學研究所編譯。臺北：中央研究院民族學研究所。

　　2011 [1917]《蕃族調查報告書・第四冊・賽德克族與太魯閣族》，中
　　　　央研究院民族學研究所編譯。臺北：中央研究院民族學研究
　　　　所。

　　2012 [1918]《蕃族調查報告書・第五冊・泰雅族前篇》，中央研究院
　　　　民族學研究所編譯。臺北：中央研究院民族學研究所。

廖守臣

　　1977 〈泰雅族東賽德克群的部落遷徙與分佈（下）〉。《中央研究
　　　　院民族學研究所集刊》45: 81-212。

蕾娃・慕秋

　　2005 《Lnlungan 是泰雅人的自我認同及文化實踐的動力》（未出版
　　　　手稿）。

劉以霖、賴逸嵐

　　2007 〈村落領袖與社會文化變遷：太魯閣可樂部落的例子〉。《國
　　　　立臺灣大學 96 學年度文化田野實習報告太魯閣族》，頁 36-
　　　　38。臺北：臺大人類學系。

戴蕾

　　2005 《泰雅人的家：共食與餵養》。國立臺灣大學人類學研究所碩
　　　　士論文。

Ales, C.

    2000 Anger as a Marker: The Ethics of Conviviality among the Yanomami. In *The Anthropology of Love and Anger: The Aesthetics of Conviviality in Native Amazonia*. J. Overing & A. Passes eds., pp. 133-151. London: Routledge.

Belaunde, L. E.

    2000 The Convivial Self and the Fear of Anger amongst the Airo-Pai of Amazonian Peru. In *The Anthropology of Love and Anger: The Aesthetics of Conviviality in Native Amazonia*. J. Overing & A. Passes eds., pp. 209-220. London: Routledge.

Barnes, J. A.

    1962 African Models in the New Guinea Highlands. *Man* 2: 5-9.

Cannell, F.

    1999 *Power and Intimacy in the Christian Philippines*. Cambridge: Cambridge University Press.

Carsten, Janet

    1995 The Substance of Kinship and the Heat of the Hearth: Feeding, Personhood and Relatedness among the Malays in Pulau Langkawi. *American Ethnologist* 22(2): 223-241.

    2004 *After Kinship*. Cambridge: Cambridge University Press.

Carsten, Janet (ed.)

    2000 *Cultures of Relatedness: New Approaches to the Study of Kinship*. Cambridge: Cambridge University Press.

Evans-Prichard, E. E.

    1940 *The Nuer: A Description of the Modes of Livelihood and Political Institutions of a Nilotic People*. Oxford: Oxford University Press.

Fox, James J.

  1993 Comparative Perspectives on Austronesian Houses: An Introductory Essay. In *Inside Austronesian Houses: Perspectives on Domestic Design for Living*. James J. Fox, ed., pp. 1-28. Canberra: Australian National University Press.

  1996 The Transformation of Progenitor Lines of Origin: Patterns of Precedence in Eastern Indonesia. In *Origins, Ancestry and Alliance: Explorations in Austronesian Ethnography*. James J. Fox and C. Sather, eds., pp. 130-153. Canberra: Australian National University.

Leach, E.

  1954 *Political Systems of Highland Burma: A Study of Kachin Social Structure*. Cambridge: Harvard University Press.

MacDonald, C. (ed.)

  1987 *De la Hutte au Palais*. Paris: CNRS.

Overing, J. & A. Passes

  2000 Introduction: Conviviality and the Opening up of Amazonian Anthropology. In *The Anthropology of Love and Anger: The Aesthetics of Conviviality in Native Amazonia*. J. Overing & A. Passes eds., pp. 1-30. London: Routledge.

Rosaldo, M. Z.

  1980 *Knowledge and Passion: Ilongot Notions of Self & Social Life*. Cambridge: Cambridge University Press.

Sahlins, M.

  2011 What Kinship Is (Part 1). *Journal of the Royal Anthropological Institute* (N.S.) 17: 2-19.

  2011 What Kinship Is (Part 2). *Journal of the Royal Anthropological*

Institute (N.S.) 17: 227-242.

Santos-Granero, F.

2000 The Sisyphus Syndrome, or the Struggle for Conviviality in Native Amazonia. In *The Anthropology of Love and Anger: The Aesthetics of Conviviality in Native Amazonia*. J. Overing & A. Passes eds., pp. 268-287. London: Routledge.

Sather, C.

1993 Posts, Hearths and Thresholds: the Iban Longhouse as a Ritual Structure. In *Inside Austronesian Houses: Perspectives on Domestic Design for Living*. James J. Fox, ed., pp. 1-28. Canberra: Australian National University Press.

Schneider, D.

1984 *A Critique of the Study of Kinship*. Ann Arbor: University of Michigan Press

Shapiro, W.

2008 What Human Kinship is Primarily About: Toward a Critique of the New Kinship Studies. *Social Anthropology* 16(2): 37-153.

Shimizu, A.

1991 On the Notion of Kinship. *Man* (N. S.) 26: 377-403.

Strathern, A.

1972 *One Father, One Blood: Descent and Group Structure among the Melpa People*. London: Tavistock Publications.

1982 Two Waves of African Models in the New Guinea Highland. In *Inequality in New Guinea Highlands Societies*. A. Strathern ed. Cambridge University Press.

Strathern, M.

1987 Producing Difference: Connections and Disconnections in Two New Guinea Highland Kinship Systems. In *Gender and Kinship: Essays Toward a Unified Analysis*. J. F. Collier & S. J. Yanagisako, eds. Stanford: Stanford University Press.

1988 *The Gender of the Gift*. Berkeley: University of California Press.

1991 One Man and Many Men. In *Big Men & Great Men: Personifications of Power in Melanesia*. M. Godelier & M. Strathern, eds. Cambridge: Cambridge University Press.

Wagner, R.

1991 The Fractal Person. In *Big Men & Great Men: Personifications of Power in Melanesia*. M. Godelier & M. Strathern, eds. Cambridge: Cambridge University Press.

Wang, Mei-hsia

2001 *Community and Identity in a Dayan Village, Taiwan*. Ph.D. dissertation, University of Cambridge.

第 7 章

父／母缺席時的家庭圖像：以泰雅部落為例[*]

潘恩伶

一、研究緣起

近半世紀以來，臺灣經歷快速的人口結構的轉型、經濟的發展、政治的民主化、和社會變遷，其中家庭結構的變遷，單親家戶的增加即是一明顯可見的社會現象，而增加的主因是離婚率的上升（薛承泰 2002）。圖一顯示自 2002 年至 2012 年 15 歲以上人口離婚和喪偶的趨勢，不論是原住民或全體人口，離婚的比例逐年增加，而且歷年原住民離婚和喪偶比例皆高於全體人口。就 2012 年婚姻狀況分析，原住民人口總數為 527,250人，扣除 0 歲至 14 歲幼年人口，以 15 歲以上人口計算，離婚人口約 10.68％；喪偶人口較少約為 6.94％（行政院原住民委員會 2013）。若與 15 歲以上全體人口比較，原住民離婚人口比例約高於全體人口（6.40％）將近 4 個百分比，而喪偶人口比例亦略高於全體人口（5.86％）（內政部戶政司 2013）。

---

[*] 筆者感謝研究田野泰雅部落的接納和協助，尤其感念 jutas 和 jaki 的照顧，直到現在還是常常想到參與研究的家庭，真的由衷感謝願意讓我們跟在身旁觀察和回答各式的問題。本研究為國科會補助的專題研究計畫，非常感謝計畫共同主持人賴淑娟教授和研究助理協助田野工作與資料整理。本文初稿曾發表於中央研究院民族學研究所「什麼是家？」研討會，感謝黃應貴教授、評論人章英華教授和與會同仁的提問和修改意見。最後，感謝兩位匿名審查者所提供的寶貴修改建議。

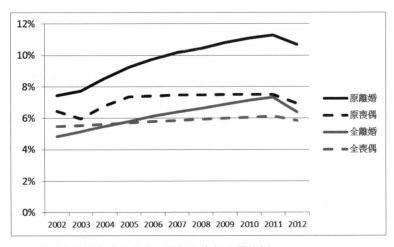

圖一　15歲以上全體和原住民人口離婚和喪偶分配比例
資料來源：行政院原住民委員會（2013）《101年度原住民族人口婚姻狀況統計年報》、內政部戶政司（2013）《人口婚姻狀況》

　　臺灣近年來由於離婚率的增加，越來越多的研究者投入單親家庭的研究，研究發現是與西方的發現一致的：單親家庭的小孩在生活適應、心理健康和行為的表現也較雙親家庭的子女差一些（鄭麗珍 2001；吳齊殷 2000）。雖然原住民單親家庭比例較高，國內研究卻較少探究原住民單親家庭。早期有關原住民家庭的研究多以人類學的角度探討家族世系、繼承制度、親屬制度（如衛惠林 1963；王崧興 1986；山路勝彥 1986）。近年來漸多研究者以「原住民為主體」的角度出發，亦即關注原住民置身的歷史情境、社會文化變遷、經濟結構的脈絡中所形塑的意識型態與行為，例如家庭婚姻模式、婦女經濟生產活動、從娼行為（如賴淑娟 2006, 2008；黃淑玲 2000）。

　　本研究以位於臺灣北部的泰雅族部落為研究田野，試圖探究部落的經濟發展、傳統文化、和親屬關係對父／母缺席的家庭的影響，並更進一步討論家庭的主要照顧者如何作家庭（doing family）、實踐親職的角色、和主要照顧者和單親父母角色界線衝突。

二、經濟結構、傳統文化與現在的部落

（一）經濟結構

　　早期臺灣部落社會以採集、漁獵、飼養、農作為主要的經濟活動（李亦園等 1964），隨著與漢人接觸頻繁和國家的介入，部落漸漸無法主導經濟的發展。部落的經濟發展可粗分為三個階段：日治時代之前由於山川的屏障，原住民各族仍保有與漢人、平埔族人的界線，並擁有對自己部落政治和經濟活動的主控權；然而，隨著日本殖民時代的開始，日本殖民政府有系統的部落遷移、強勢治理和開墾，原漢活動領域的界線逐漸模糊，而原住民部落對自身的政治、經濟、文化的掌控也逐漸衰微（孫大川 2000；賴淑娟 2006）；而後歷經國民政府以政治力強勢介入、經濟政策的引導，原漢經濟活動的界線已全然消失。原住民部落置於漢人的經濟體系中，其經濟活動逐漸被邊緣化。原住民部落的經濟條件形成一種「推」的力量，而都市地區的工作機會則形成「拉」的力量，迫使原住民離開部落到外地工作（傅仰止 2001）。原住民只能隨著漢人的經濟活動和政策作因應，例如，1990 年政府開放雇主可雇用外籍勞工，致使許多原在都市從事勞力工作的原住民失業，而被迫回到沒有足夠工作機會的部落（朱柔若 2001）。

　　本研究的泰雅部落靠近市區、距離約 30 分鐘的車程，2012 年部落約有 300 多戶、1000 多位居民。根據政府歷年人口統計資料，部落戶數和總人口數直至 2010 年是呈現正成長趨勢，但在 2011 年總人口數略微減少。就男女比例而言，部落男性人口比例高於女性（53% vs. 47%）。在人口異動方面，2011 年出生人數多於死亡人數，遷出人數大於遷入人數，移出部落是人口負成長的主要因素。自 2004 年至 2011 年，除了2007 年離婚對數攀升，其他年間結婚對數皆多於離婚對數。若與全體人

口統計相比，該部落自 2005 年至 2011 年其粗離婚率[1] 皆高於全體人口的粗離婚率，尤其是 2007 年全體人口的粗離婚率為千分之 2.55，然而該部落的粗離婚率高達千分之 7.39。

部落並沒有專屬的經濟產業，部落的經濟條件迫使居民必須到鄰近市區或北部都市地區工作。除了部分居民從事公教工作外，多數男性從事開大卡車載運砂石或大理石，或到北部、西部都會地區從事建築的板模工作，也有居民會跟隨部落工頭所延攬的工程工作，是屬於臨時工的性質。而女性多到都市從事房務員或服務業，也有擔任工廠的臨時工或木材行的捆綁工。部落居民雖仍有種植農作物和從事狩獵，但產量不大，且多是自家食用、分給鄰里、或賣給山產店，並不是部落的主要經濟來源。這樣的產業結構使得部落的居民為維持生計必須離開部落工作，此現象也體現先前學者所主張原住民失去部落經濟的主控權，只能調整自身以順應漢人的經濟活動、政策和工作邏輯（孫大川 2000；傅仰止 2001；賴淑娟 2006）。同時，此種經濟結構使得父母因為離家工作，較難時時關注子女的日常生活和發展，而部落居民也無法以經濟產業凝聚共同的意識。

（二）泰雅傳統文化與現在的部落

根據李亦園等（1963）的研究，在泰雅族傳統的信仰觀念中，*rutux* 原義是指靈魂、超自然存在的全體，人在世時 *rutux* 與肉體同在，去世時 *rutux* 即離開軀體，直到軀體腐爛之前 *rutux* 都會留在村落中，等到軀體腐爛後 *rutux* 才會離開人世到靈界。*rutux* 有善惡之分，善靈是在正常情形下死亡的靈魂，惡靈是死於非命的靈魂。對泰雅族人而言，善靈才是與他們生活息息相關的，而祖先的靈魂是屬於這一範疇的超自然存在。祖靈 *rutux* 是為子孫的保佑者，但子孫需遵行祖先所定的制度規定（*gaga*），

---

1 指某一特定期間之離婚對數對同一期間之期中總人口數的比率。

否則責以處罰，例如疾病、農作欠收，若觸犯禁律也可以以贖罪的方式改變祖靈的責罰。因此，泰雅族對 *rutux* 的基本信仰是「無條件地遵守、服從神靈的意旨，以求得神靈的喜悅而賜予安樂幸福，可是當他們違背神靈意指之時，惟恐遭受災禍，亦可供奉，犧牲以慰解神怒」（267）。

　　gaga 是普遍存在泰雅族的社會組織和制度之中，由於泰雅族分佈廣闊，各部落 *gaga* 的意涵呈現多樣化。基本上，*gaga* 是泰雅族社會組織的最基本單位泛血族祭團（衛惠林 1963）；*gaga* 亦具有文化意涵，即風俗習慣、法律、道德、規範、禁忌、禮俗、祭祀儀式等。*gaga* 具有四項功能：在治安方面，由於傳統泰雅族沒有最後的制裁機構，因此以超自然力量威脅人們遵守 *gaga*，來維持部落的秩序和安寧；在經濟利益方面，泰雅族以農業為主，狩獵為副，農作物和獵物皆是由祖靈所賜，因此需遵行 *gaga* 並舉行祭祀以獲得豐收；在宗教方面，全 *gaga* 成員需負有「共負罪責」的責任與義務，因此透過共祭、共守禁忌、分食祭肉等宗教儀式，祖靈以施予靈力後，全 *gaga* 成員才可安心工作；在社會規範，*gaga* 成員嚴禁違反祖靈禁忌，若違反者需貢獻牲祭、財物分給其他成員，其目的在維繫社會道德倫理（廖守臣 1998）。

　　早年基督教、天主教隨著宣教士進入原住民部落，現今多數的原住民為基督教或天主教的信徒。人類學家謝世忠（2001）以太魯閣部落為研究對象指出教會活動主導居民大部分的生活，然而是以形式上為主，傳統的信仰仍直接影響部落居民在婚姻、喪葬、生育、身家安全等各面向的處理方式。新宗教和傳統的 *rutux* 信仰、*gaga* 實踐形成辯證競爭的過程。

　　本研究的泰雅部落祖先原居住在南澳西南和大濁水溪北溪流域一帶，屬於賽考列克和澤敖列系統的泰雅亞族，約於日本統治初期因日本統治者說服或以強制方式陸續遷居到現址。部落的耆老說明部落原來的信仰：

　　　我們的 *gaga* 嘛，兩戶以上才是一族，一族裡面有族長。像我們的

gaga，不一定有血統，親戚朋友合起來就變為一個。*gaga* 有 *gaga* 的規範，不能強姦人家，不能隨便偷東西，還有不能亂罵人，不可以打架……如果做這些壞事，我們後代也會不好……還要種小米要拜拜……還有，看到你背了東西，背了肉類，這個是比較好吃的東西，在路上碰到朋友的話就要跟他們分享……這是一個傳統的習慣，那個時候大部分是打獵，每一個人都有打野獸的機會，你背了野獸然後碰到朋友，因為一個社區都是集中在一起，是認識嘛，只要是朋友來了……好，我給你。給他一份，你要給多少這個不限。所以以前的原住民很團結，就是為了這個規範，不錯了，規範是一個習慣性。但是最嚴重的，不能侵佔人家的女人啦、男人啦……（如果侵佔的話）他們要賠償，按照 *gaga* 的族長，你要什麼就什麼，你拿一隻雞表示贖罪或是拿酒，你去買一打酒去賠對方的 *gaga*。

在部落裡這些傳統的文化隨著日本殖民統治、基督教信仰和漢人文化的影響已漸消逝或轉化。由於部落靠近都市，為了管理和補給，在日治時代是日本武官和警官的駐紮所在地，因此日本統治者更加嚴格施行皇民化，部落的長者大多會說日語也有日本名字，而在部落所通行的語言是泰雅語與日語交雜而成。曾有居民表示語言是加速泰雅傳統文化消逝的原因之一。在部落牧師所提供的文史資料中，牧師分享他對日本統治對泰雅部落影響的看法：

日本 1895 年至 1945 年殖民統治臺灣，去泰雅化、去泰雅生活的 *gaga* 化，如此的結果，終會將這個民族陷於消失和滅絕，對泰雅族基本社會組織、歲時祭儀、生命禮俗、部落生活生態、族人內心的歷史記憶、族人的文化核心價值，有絕對和巨大的傷害和壓抑，難怪我們如今的族人對歷史記憶是那麼地不清楚，那麼地模糊、那

麼地脆弱。

　　根據部落耆老的口述部落歷史，日治時代，日本鼓勵居民到神社拜拜，並不允許部落居民加入基督教。在八月，最熱的時候，全村的人都要集合起來，跟日本的拜拜一樣，並且要用糯米做麻糬和米糕，還有跳舞和相撲比賽。光復之後，基督教傳到部落，目前部落中信仰天主教的居民佔最大數，其次是基督教。研究者並未發現部落中基督教信仰和傳統習俗是競爭、緊張的關係，[2] 在重要的節日裡部落的居民仍保有以殺豬來慶祝的習俗。然而，部落耆老認為 gaga 已經消失：

> 光復之後，我們相信基督教之後，我們的 gaga 就沒有了……現在都是教會為主，聖經怎麼寫我們就怎麼做。如果你有罪的話，經過禱告，可以給上帝來處理，當然如果犯了法律，還是要懲罰……現在我們輕鬆了，不用管人家的罪，有罪的話直接報案，看法律怎麼解決。

　　部落的耆老也告訴我們以前部落男女關係並沒有那麼亂，很少聽到離婚或誰家父母不照顧子女，但現在卻越來越多。

> 現在的（部落）家庭觀念差不多跟平地一樣……（以前有 gaga 的時候可以離婚嗎？）有是有，很少說離婚，幾乎沒有，因為都很規矩，所以很少離婚，也很少做壞事。現在不行了，我認為我是屬於老人嘛，屬於讀過書的人，比較瞭解這個社會，太失敗了……離婚是他們的自由，但我希望當父母的不要離婚，可憐的是孩子。

2　根據所收集的資料，本研究無法證明部落是否如人類學家謝世忠（2001）所發現教會活動和傳統信仰在部落居民的生活中扮演形式上和實際上的角色。

在另一次訪談中部落的耆老告訴我們更具體婚姻解組的情形，[3]

> 日據時代很少離婚啦，現在國民黨撤退以後，遷到臺灣以後，就慢慢離婚了……（部落會嗎？）有啦，我們現在這邊也有啊，現在的小孩子很聰明，今天離婚還是照樣地在一起生活，沒有夫妻（還是）在一起，有很多這樣，以前離過婚還是生活在一起，這個不算是結婚。（所以很多這個樣子？）多啊，我們現在這邊離婚率太高了，跑掉的跑掉……有的女孩子，是男人去外面賺錢，自己在家就亂七八糟，喝酒、不做事情，有很多這樣的，男人都會罵啊勸啊，（女人忍不住）就跑掉了。有很多，沒有母親的孩子多。

教會牧師曾思考 *gaga* 的消失與家庭穩定的關連性，

> 這個倫理價值觀，我後來發現，這個價值觀很重要。因為你是一個父親或母親，你的想法那樣就是那樣了，價值觀會不會被扭曲，這個很重要。假如是從傳統的觀念來講，就是因為 *gaga* 沒有了，所以家庭有一點亂，就是沒有神祇、婚姻的制度一樣。

有鑑於此，牧師也試圖結合傳統 *gaga* 和聖經來鼓勵居民。牧師曾在講道中提及部落面臨的危機之一即是文化斷層，傳統泰雅族文化對於家庭、夫妻、父母的規範是一穩定家庭的力量，當傳統文化式微時，父母對孩子沒有愛心，父母的家庭責任也不夠，孩子也不認同家庭，在家庭中生活沒有安全感。只有 *gaga* 才可以幫助居民建立自信心，認同自己是臺灣原住民，而 *gaga* 才可以幫助自己愛家庭、肯認真，這樣家庭才不會混亂。同時，家庭和教會應形成夥伴關係，居民負起責任溫飽家庭，家庭有

---

3 除了部落耆老告訴我們的情形外，根據報導人所提供的資料，家庭暴力也是一個離婚的主要因素。

苦難有哭泣，教會也會去安慰。另一方面，部落的居民近年來努力推行族語和母語的認證，並藉由工作坊或與社運團體合作積極教育年輕一代泰雅的歷史和傳統文化。

三、傳統的親屬組織、家與現在父／母缺席的家

（一）傳統的親屬組織、家

　　過去研究者對於泰雅族為「父系世系群」社會（如衛惠林 1963）或是非單系社會（如李亦園等 1963；王崧興 1986）有不同的看法。衛惠林（1963）認為泰雅族是以父系世系、父系血親為中心，從父居：妻從夫、子女從父，男嗣繼承為原則。家族的結構有兩個基本的型式：包含父母、子女的父系核心家庭，及包含祖父母、父母、子女三世代尊卑兩組配偶及其子女的直系有限大家族。然而，李亦園等（1963）認為泰雅族是偏向雙系親族組織的社會，親族組織是相當鬆懈，家族是最基本的親族群體，家族稱為 *qutux nasan*，即同一家屋的人，包括一對結婚的夫婦和他們未婚子女，核心家庭為泰雅族的標準型，有限度的擴展家庭為變則。若以個人為中心，仍有三種不同的親族範圍：高祖父系親族、雙系禁婚羣、共食親族羣，以決定家族以外各種親族行為規則。高祖父系親族則是向上推算至高祖，旁系擴展至第三從兄弟，此範圍以外的人為別人。雙系禁婚羣為父系同高祖五代加上母系同曾祖之四代，是近親禁婚的範圍。共食親族羣是以個人為中心，包括所有的血親和姻親。

　　王崧興（1986）則直接指出不同意以父子連名制和較多隨夫居，就認為泰雅族是父系世系羣的看法，在其南澳系統武塔社的研究中，發現泰雅族的 *gelu*（親族語彙）包含血親與姻親，全部落是由 *gelu* 關係，即是依 kith ties 將各家結合在一起，而 *gaga* 則是由 kith-based 所衍生出來的社會

團體。因此王崧興（1986）認為泰雅族的「親屬關係是雙系的，亦即，父母及男子、女子雙方的血緣關係是同性質的。只是，其社會並非依雙系而組織，泰雅的社會是由以宗教關係為主的 *gaga* 而組成」。近代人類學家王梅霞（2006）認為這些爭議是源於研究者未能從當地人的觀點呈現親屬範疇的內涵，根據在泰雅族不同領域所收集的資料，親屬組織可界定為三個範疇：家、同祖群、姻兄弟關係。泰雅人的「家」的範圍是很有彈性的，通常指一個家戶，或指同居共食經驗的一群人，也有族人認為基於過去曾 *qutux qbuli* 一起共爐的經驗，即使現在分家並分開居住仍是家人。

泰雅族採血族同居，若血族人口增加無法全數同住，則採分家主義（臺灣總督府警務局理蕃課 2011）。家族有三項特色：父母與幼子同居共爨、男性擔任家長、長子財產監護制。兄弟妻嫂同居共爨是泰雅族最忌諱的習俗，一旦子女結婚，除了幼子夫婦留守祖先家宅與父母同住外，其餘子女必須遷出，另立一家。父母與幼子同住是因幼子年幼缺乏經驗，而父母可以幫忙謀生。家族中的家長必須由輩份最高的男性擔任，以維護祖規、與其他家族交涉和聯絡、參與 *gaga* 或部落活動。另外，家族的財產由「家族守護者」來守護、監督，包括分配財產、解決財產糾紛。「家族守護者」通常由長子來擔任，若長子去世則由次子擔任，若無子則由長女為守護者。凡守護者不能入贅他家，若為女性則不能嫁入他家，需行招贅婚，亦即守護者一定要留在本家（李亦園等 1963；廖守臣 1998）。

泰雅族的婚姻制度是採嚴格的一夫一妻的單婚制度，以男娶女嫁為正常的婚姻形式，招贅婚則為過渡形式（衛惠林 1963）。泰雅族重視婚姻，認為結成夫妻才是真正的人，而個人的權利與對族人的義務是需透過婚姻完成，夫妻須各盡其責，遵守 *gaga* 的規定（廖守臣 1998）。李亦園等（1963）歸納南澳泰雅人的看法，認為結婚是「為了繁殖後代子孫而結婚」、「享受家庭快樂」和「將來死後獲得子孫得好好埋葬」。若是夫妻一方與人通姦、移情別戀、或是違背重要義務時，泰雅族雖視離婚是嫌忌

的事情，但仍是允許離婚，也就是離婚是自由的，[4] 當事人可以訴諸 *gaga* 或由 *gaga* 人出面干涉，由犯錯的人殺豬宴請大家，則離婚就可以成立，男女雙方可以各自再娶嫁（小島由道 1996[1915]；李亦園等 1963）。離婚後子女則歸為夫家，若子女尚小須哺乳大多歸屬於母親，然而如果是丈夫犯錯，則半數子女可歸屬於妻子（小島由道 1996[1915]）。

家庭是泰雅族兒童社會化的基本單位，日常生活中圍繞的家人包括父母、祖父母、自己的哥哥、姊姊，和年輕未婚的叔叔、姑姑。家人中母親、姊姊或姑姑與年幼子女關係較為密切，也是照顧其行動和飲食的人。爸爸雖是一家之長，但不過問管教的事宜。由於泰雅族是偏雙系親族組織的社會，因此也有小孩是與外祖父母、未婚舅舅、阿姨同住，而與母方親戚互動頻繁（李亦園等 1963）。若是子女尚未成年前，父母死亡或是離家，祖父母、伯叔或是兄長等為該家家長，就需代替父母保護和監督此子女。但是父母對子女的管教權仍大於替代家長，若是替代家長懲戒過於嚴厲而傷害子女，則會受到其他部落居民的指責（小島由道 1996[1915]）。

（二）現在父／母缺席的家：誰成為主要照顧者

研究者藉由訪問部落居民、村長、國小老師和國中老師，以瞭解部落家有未成年子女（18 歲以下）父／母缺席的概況。由研究報導人獲得 18 戶父／母缺席家庭的資料，然而其中 6 個家庭因未能取得聯繫而沒有接觸，因此本研究以有接觸的 12 戶家庭為主（表一）。若以單親父／母和主要照顧者的情況可區分 6 種家庭型態：單親母親、單親母親與祖母（皆為母之母）[5]、單親父親、單親父親與祖父母（皆為父之父母）、單親父

---

4 根據《番族慣習調查報告書・第一卷・泰雅族》的記載，大湖、汶水、稍來三番是絕對禁止離婚（小島由道 1996[1915]: 183）。

5 泰雅族對於祖父母的稱謂：父之父、母之父為 *jutas*，父之母、母之母為 *jaki*，二輩尊親以上的男性稱為 *jutas*，二輩尊親以上的女性稱為 *jaki*（李亦園等 1963），並未如漢人有「內」、「外」的分別（祖父母、外祖父母）的稱謂。

親與其他親屬、和祖父母（兩戶主要照顧者為父之父母和母之母）。其中子女與單親父或父系家人同住的家庭比例較高。多數單親父親或母親因工作或其他原因，並沒有長期居住在部落，僅在週末或假日才回到部落，年長的祖父母則擔負起照顧孫子女的責任。這與傳統泰雅族的家是由父母和未結婚子女所組成（核心家庭）是相當不同的。然而，就廣義而言，根據小島由道（1996[1915]）的調查，泰雅族有父母以外尊長對幼輩的權利義務的規定，尤其當父母無法擔任照顧責任時，年幼的子女則由該家家長祖父母、伯叔或兄長等其他家人照顧和管教，直到子女結婚或可獨立時，但是其他家人的懲戒管教權是小於父母，此即說明泰雅族對於未成年子女照顧和支持系統有階序的規範。且在部落尋求引介單親家庭或討論這些家庭過程中，從未有居民表示這樣的組成不是家的看法。

表一　部落中父／母缺席時的家庭型態

	總計	單親母	單親母＋祖母	單親父	單親父＋祖父母	單親父／其他親屬	祖父母
接觸	12	1	3	0	4	2	2
未接觸	6	2	0	1	3	0	0

資料來源：部落居民、村長、國小老師、國中老師

　　所接觸家庭的詳細資料，包括小孩、父母、和主要照顧者的基本資料與家庭經濟，呈現在表二。家中經濟情況是影響家庭生活的重要因素，本研究以是否領有低收入補助或社福機構的補助和觀察家中環境，將受訪家庭分為「普通」和「較差」二類。其中有一家庭雖領有低收入補助，但父親有固定的工作，加上觀察家中的環境和擺設，如家中的電器設備、汽車和機車數目等，乃將此家庭歸為「普通」。「普通」家庭的經濟來源多依賴穩定的收入，如單親父母或主要照顧者的工作薪資、或祖父母的退休俸或退休之前的儲蓄。相較於部落其他家庭，父／母缺席家庭的經濟條件不

一定較差，家庭經濟的好壞主要根據父／母或主要照顧者是否有穩定的收入，例如，*i:wan* 的父親和 *biyah* 的大伯有穩定的工作，或 *jawei* 的祖父母有公教退休俸，則經濟情況較充裕。再者，形成父／母缺席的原因多為父母離婚，12 戶受訪家庭中有 11 戶家庭父母離婚，僅 *sayun* 的父親在

表二　接觸家庭的基本資料

	單親母親	單親母親＋祖母（母之母）		
小孩名字	*wagi*	*takun*	*hinga*	*yulung*
年齡	11	15	11	12
性別	女	男	女	女
單親原因	離婚	離婚	離婚	離婚
父／母	母住家裡	母不常回家	母住在其他部落	原與父、祖母（父之母）居住，父去世後，與母、祖母居住在市區
職業／工作		市區卡拉ok店		父：北部工作 母：梨山工作
主要照顧者	母親	祖母	祖母	祖母
職業／工作		臨時工	部落卡拉ok店	
家庭經濟	普通	較差	普通	較差
單親父親＋祖父母（父之父母）				
小孩名字	*i:wan*	*alai*	*nomin*	*labi*
年齡	10	17	6	7
性別	女	女	男	女
單親原因	離婚	離婚	離婚	離婚
父／母	父住家裡	父再婚父住家裡	父住台北	父在北部
職業／工作	卡車司機	卡車司機	模板工	
主要照顧者	祖父母	祖母	祖父	祖母
職業／工作		雜貨店	退休公教人員	
家庭經濟	普通	普通	普通	普通

	單親父親／其他親屬		祖父母	
小孩名字	biyah	lawa	sayun	jawei
年齡	12	14	10	14
性別	女	女	女	女
單親原因	離婚	離婚	母歿	離婚
父／母	父住附近	父住隔壁	母歿 父去處不明	父歿 由祖父母撫養
職業／工作				
主要照顧者	大伯	姊	祖母（母之母）	祖父母（父之父母）
職業／工作	工廠警衛	臨時工	資源回收	退休公教人員
家庭經濟	普通	較差	較差	普通

sayun 的母親去世後不久即離家去處不明，但父親並未將戶籍遷出，目前 *sayun* 由祖母照顧。受訪家庭中只有 *wagi* 與母親同住且母親為主要照顧者，母親在婚姻結束後，帶著 *wagi* 回到部落定居，並與祖父（母之父）相鄰而居。*i:wan* 和 *alai* 與單親父親同住，父親皆為卡車司機，平日多在各地送貨，週末會在部落休息，所以由祖母照顧他們的生活。多數單親父親或母親並未與小孩住在一起，其中 *yulung*、*nomin*、*labi* 的父親和 *takun*、*hinga* 的母親並未住在部落，原因為工作因素必須住在外地或已與他人同居，小孩則與祖父母住在部落。*sayun* 和 *jawei* 主要照顧者都是祖父母，原本主要照顧他們的母親和父親都已經去世，而另一位親生父／母皆未有聯繫，因此由祖父母負責照顧。*biyah* 和 *lawa* 的單親父親雖住在部落，但因無法提供穩定的照顧和支持，而由其他家人擔負照顧的責任。在部落中，親屬網絡仍是父／母缺席家庭主要支持來源。

父母工作的性質會影響親子相處時間，*i:wan* 和 *alai* 的父親為卡車司機，平日並不常在家，僅週末在家休息，因此小孩日常生活的照顧多依賴年長祖父母的幫忙。

i:wan 的母親在她小時候就離家，父親為卡車司機，平日並不在部落，所以日常生活起居是由祖母照顧，而 *i:wan* 也會幫忙祖母做家事。*i:wan* 的學業表現相當好，父親很注重小孩的發展，因考量部落的國小比較沒有競爭力，因此將 *i:wan* 轉至市區的學校就讀。*i:wan* 的母親住在近部落的市區，母親很關心 *i:wan*，常會在市區的公車站牌等她，一起吃早餐。

alai 的父親在研究計畫執行後期再婚，平日父親和阿姨開卡車維持生計，並沒有時間和心力注意 *alai* 四姊弟的行為，日常生活多依賴祖母的照顧。除了最小的弟弟還在國小就讀，其他三人都已經進入青少年階段，所以祖母有時也表現出無力管教。有次我們發現 *alai* 的姊姊不在家就問祖母她去哪裡，祖母說：「不知道，好像去臺北。」我們又問她怎麼會去臺北？祖母回答：「不知道。」在我們田野訪問的最後階段，*alai* 的阿姨告訴我們 *alai* 和弟弟有時候都不去上課，老師打電話通知她，她也無能為力，因為丈夫和她又不能一直管著姊弟倆，他們也是要工作。

相較於上述 *i:wan* 和 *alai* 的家庭，*yulung*、*nomin*、*labi*、*takun*、*hinga* 的父母因工作性質或是已另有同居伴侶，並不常回部落，照顧和管教未成年子女的責任則由祖父母擔負。

yulung 是研究期間唯一一位曾先後由單親父親和單親母親照顧的受訪者。*yulung* 是一個令人印象深刻的女孩，在部落中常常看到她的身影，因父母離婚，她與弟弟由父親撫養，父親在北部工作休假才會回部落，當父親回到部落時會盡量陪伴他們，例如陪伴子女到溪邊玩水。*yulung* 與祖母（父之母）、叔叔一家人同住，日常生活的飲食和管教、懲戒由祖母負責。雖然叔叔和嬸嬸較少介入，但並不意謂不關心 *yulung* 和弟弟，曾有段時間 *yulung* 與同學有衝

突而不上學，叔叔就拜託 *wagi* 的母親跟她聊聊和了解原因。父親雖在北部工作，但家中經濟仍不充裕而接受社福補助。在研究計畫執行後期，父親突然因病去世，*yulung* 與弟弟便搬到市區和母親、祖母（母之母）同住，若母親到外地工作則由祖母照顧。之後，*yulung* 還是常常自己搭公車回到部落。

nomin 和 *labi* 的父母在他們很小的時候就離婚，父親都在北部工作。*nomin* 的父母在他四歲時離婚，父親也離開部落到外地做板模，儘管 *nomin* 有其他伯叔，但因已分家且未住在部落，所以照顧的責任就落在 80 歲的祖父和祖母身上。祖母重聽只會講泰雅語無法跟孫子溝通，*nomin* 和他弟弟只能依賴祖父照顧，但是祖父的體力有限，實在無法時時注意孫子的行為，所以兄弟倆常常在街上遊蕩。因為 *nomin* 和弟弟有語言障礙和常常四處亂跑，被社福機構通報為高風險家庭，機構請專人指導家務和清掃家園並進行課輔。*labi* 約一歲多時就由祖母照顧，雖與伯父一家同住，但 labi 的日常照顧、管教、和教育與生活費用皆由祖母擔負，偶爾祖母會提及同住的兒子和媳婦沒有幫忙照顧和教育 *labi*。

hinga 和 *takun* 的母親在離婚後擁有子女的撫養權，因未住在部落，而祖母（母之母）是主要照顧者。*hinga* 和弟弟從小由祖母照顧，母親離婚後一直有交往對象，*hinga* 的祖母曾經歷兩次婚姻，目前家中同住家人包括有 *hinga* 母親同母異父的繼手足。*takun* 在幼兒時期父母離婚後，就在祖父（母之父）、祖母（母之母）或母親再婚家庭間遷徙，從國小五年級起至研究計畫進行期間，與祖母同住在部落，由祖母照顧其日常生活，而母親結束最近一次婚姻後，居住在部落附近的市區。祖母曾有兩次婚姻，*takun* 的母親是

祖母第一次婚姻所生的獨生女，祖母第二次婚姻則育有兩個兒子，最小的兒子仍在就讀大學。

泰雅族對於誰需照顧和可以懲戒未成年子女的權利有明確階序的規範，父母擁有最優先的權利，若父母因去世或離家無法擔負照顧責任時，則由該家家長祖父母、伯叔或兄長擔任，若無其他家人，則 *gaga* 宗族族人需負責照顧（小島由道 1996[1915]）。在 *yulung*、*nomin* 和 *labi* 家庭中，則更清楚明確呈現祖父母和伯叔的優先順序權利，若祖父母可以照顧未成年孫子女，通常伯叔都較少介入管教職責。*hinga* 從小就由祖母照顧，而 *takun* 儘管仍與父親聯繫，並隨父親回花蓮祭拜祖先，但從小即由母親的家人照顧，根據他回憶在不同家居住的經驗，祖母與他較為親近且有較愉快的相處經驗，而兩位舅舅是母親的繼手足，親屬關係更加疏遠，並不會照顧他。

jawei 和 *sayun* 的家則是另一種型態，因原本負責主要照顧職責的父／母皆已過世，而由祖父母擔負照顧的責任。

jawei 的母親在她出生不久就離家而父親也到外地工作，因此由祖父母（父之父母）撫養她長大。父親在幾年前因故去世。祖父母相當用心照顧 *jawei*，同時也施以較嚴格的管教方式。每次我們拜訪 *jawei* 家時，祖父母一定要求她出來跟我們打招呼或要求她坐在旁邊，我們離開時祖父母也一定要她出來說再見。祖父母觀察到 *jawei* 有藝術天分並並積極鼓勵她就讀美術班，希望培養她有一專長。祖母會每天看聯絡簿，當她看到 *jawei* 的功課表現並不穩定時，她就要求 *jawei* 不要參加籃球隊要她好好唸書。

sayun 的母親在她 9 歲時因病去世，母親去世不久後入贅的父親也離開家，從此不曾聯繫 *sayun*。之後 *sayun* 即與 73 歲的祖母（母

之母）相依為命，由祖母照顧其日常生活。*sayun* 家的經濟情形並不好，每天清晨祖母會早起撿拾可資源回收的物品，而親戚和鄰居會不定時的接濟或送予自種的蔬菜。雖然祖母年歲已高且有高血壓、心臟病，但是祖母仍相當用心教養 *sayun*，關心其日常飲食作息、健康，並注重課業和未來發展。

然而若是單親父母和祖父母無法照顧未成年子女，其他家人則會負起照顧的責任。*biyah* 和 *lawa* 的家是屬於這一類型，單親父親雖住在部落但並不與子女同住，也不負責照顧子女的日常生活。

常常在傍晚時看到下班的大伯騎著機車在部落裡尋找 *biyah* 的身影。*biyah* 的父母在她小時候離婚，離婚後原與母親和兩個妹妹同住，後因大伯認為應該至少將最大的小孩接回，並表示願意照顧，因此 *biyah* 於國小一年級回到部落。父親與祖父同住，祖父年歲已大，而父親工作不穩定，沒工作時會喝酒，所以單身的大伯照顧 *biyah* 的生活起居和費用。

lawa 的父親曾經中風目前沒有工作，而母親與同居伴侶住在北部，很少回部落。雖然父親住在隔壁，*lawa* 是與同母異父的姊姊同住，父親健康不佳，常酗酒，經濟情形也不好，因此姊姊負責照顧 *lawa* 的生活和支付其學雜費。*lawa* 的姊姊已婚育有三個小孩而其丈夫因工作受傷在家休養，所以家中收入除了她在食品加工廠擔任臨時工的薪資外，也依賴政府低收入補助、婆婆的老人津貼、和丈夫的身障津貼。

根據所接觸 12 戶父／母缺席的家庭基本資料，形成單親的原因多是離婚，這與人口統計資料是相符合的。因部落邊緣化的經濟活動，多數的單親父親或母親必須到市區或北部都會區工作而無法長時間待在部落，小

孩照顧和教養的責任因此落在年長祖父母身上。當父／母缺席時，祖父母有優先的權利照顧和管教未成年子女，若祖父母無法提供照顧時，則由其他家人，譬如伯父或姊姊擔負照顧責任。此未成年子女的照顧權的階序，是體現傳統泰雅人對於照顧未成年子女尊長權的規範。本研究將進一步探究當父／母缺席時的家庭生活，主要照顧者如何作家庭（doing family）、實踐親職角色、和主要照顧者與單親父母的角色衝突和模糊的界線。

四、六個家庭的圖像：當父／母缺席時，主要照顧者如何「作家庭」？

個人主義化是近代西方社會發展的重要趨勢，不論在自我發展或是親密關係皆展現這樣的趨勢（Beck & Beck-Gernsheim 2000）。當然，個人主義化也影響家庭的型態和家庭生活，其中最顯著的是核心家庭的發展。核心家庭成為西方社會普遍存在的理想型家庭型態，這發展趨勢也影響家人關係和家庭的經營。

Smith（1993）在其探究女性以母親的角色在從事與子女學校相關事務時的研究中，發現「標準的北美家庭」（Standard North American Family, SNAF）的意識型態符碼無所不在，因為身為單親母親的研究者在與學校互動時，常常被提醒單親家庭是有缺陷的家庭（defective family），成長於單親家庭的小孩也常常經由書本描繪家庭樣貌或與師長互動時，意識到自己家庭的不同。什麼是「標準的北美家庭」？

It is a conception if the family as a legally married couple sharing a household. The adult male is in paid employment; his earnings provide the economic basis of the family-household. The adult female may also earn an income, but her primary responsibility is to the care of husband, household, and children. Adult male and female may be parents (in whatever legal sense) of children also resident in the household. (ibid.: 52)

符合標準的北美家庭需具備下列特徵：合法婚姻夫妻、男主外女主內的性別分工。顯然，單親家庭並不符合這標準。若這是普遍存在於北美社會的意識型態符碼，那單親父母如何達成這個目標？Nelson（2006）探究白人單親母親如何作家庭，並發現單親母親會鼓勵孩子跟其他照顧者（例如，祖母）有好的依附關係，但是處罰、管教子女的權限並不會與其他照顧者分享。然而，這些管教子女的權利卻可以與家中新的男成員（未婚夫或同居男友）分享，儘管他們不盡然與子女有好的關係，以及可以執行適當的親職，因為這些單親母親追求「標準的北美家庭」的目標──小孩需要父親，所以賦予未婚夫或同居男友管教和處罰子女的權限。

在此討論西方單親母親如何作家庭的文獻，並不是意謂泰雅族父／母缺席的家庭會追求「標準的北美家庭」的型態和內涵，即使傳統泰雅族的家庭型態是以核心家庭為主，父母是子女的主要照顧者，然而發展成為「核心家庭」模式的因素是不同於西方社會。而是在一個社會中，總有屬於多數人認同是「好」、「標準」的家庭型態，它提供人們在經營家庭生活時的意象，也以此為想像和目標。人們實踐著多數人所認為的「應然」，若沒有達成也許會產生不安焦慮和不滿的情緒。這些將會在下列六個家庭圖像的討論中，進一步瞭解。

（一）*wagi* 的家：單親媽媽的努力

wagi 是一位 11 歲喜歡讀書的女孩。*wagi* 在父母離婚後，跟著母親由市區搬回部落，並居住在祖父家的隔壁，家中成員除了母親外，還有在外地讀書或工作假日會回部落同母異父的兄姊，而父親

因住在國外，所以較少相聚。*wagi* 的母親回到部落後，認為既然是部落的人應該替部落工作，部落有什麼問題都盡量去幫忙，因此擔任社區發展協會的幹部，積極從事部落的工作。部落居民若有什麼困難也會找她幫忙，例如，*yulung* 的叔叔因為 *yulung* 不去上課，就曾找她幫忙跟 *yulung* 聊聊。

　　剛搬回部落時，*wagi* 和母親都非常不適應部落的生活，當時 *wagi* 常常待在樓上安靜看書，而母親則需重新適應部落較為緊密的人際關係。因為 *wagi* 喜歡看書，母親便常常買書給她。同時，母親非常注意 *wagi*，若她專心看書不講話的時候，母親就會泡牛奶準備點心給她。母親也積極參與女兒學校的事務，而學校老師對於 *wagi* 的母親是很認同和讚許。母親並不給予 *wagi* 在功課上過多的壓力，她以過去的生活經驗認為成績進步就好，而品行和人際關係則更為重要。

　　母親常說這個女兒是她的小天使，我們也常看到 *wagi* 繞著母親身邊轉，母女非常親密。有一天傍晚，*wagi* 的母親喝酒後，在廚房準備晚餐，*wagi* 發現母親的情緒不穩，因此抱住母親的背試圖安撫她，後來母親的情緒也漸漸平靜。當然，*wagi* 還是有任性、發脾氣的時候，有一次 *wagi* 和母親錯過到市區的公車必須等下一班公車，而停留在市區的時間也必須縮短，*wagi* 知道後說：「騙人！說要帶我出去玩，都騙人！」*wagi* 還建議母親說：「不然，我們跟 xx 借機車去嗎？」母親回說：「啊呀！不行啦！我這個中午沒有休息，騎機車下去會很危險。」母親接著跟我們說 *wagi* 已經開始進入青春期，所以虛榮心也越來越大，想買的東西也越來越多。*wagi* 喜歡待在母親身邊，有時我們跟母親談話時，母親會希望 *wagi* 上樓看書或做別的事，但 *wagi* 還是沒有離開的意願，母親就說：「晚上我要好好跟妳談一談，妳都這樣不聽

話……。」當母親說出要好好談談時，*wagi* 就會比較聽話。

　　wagi 的家是我們在部落接觸的家庭中，唯一以母親為主要照顧者的單親母親家庭。在我們資料收集的過程中，*wagi* 的母親常常跟我們分享參與社運學習和部落工作的經驗，並未提及希望幫子女找父親的想法，也未談論到婚姻結束後回部落所經歷的負面經驗。平日，家中只有 *wagi* 在家，母女的情感相當緊密，也相互依附和支持。同時，母親相當注意 *wagi* 的生活作息和活動安排，在與 *wagi* 溝通時也會試著跟她說明原因。*wagi* 的母親相當努力的在部落中照顧族人和經營部落工作，從這些過程中試圖發展出不同於之前在都市生活的「自我」，而成果從族人尊敬和信賴她的情形獲得證實。

（二）*i:wan* 的家：盡責的單親父親與祖父母

　　i:wan 是一位 10 歲聰明勇敢的女孩。*i:wan* 的母親在她小時候就離家，父親的職業是卡車司機，週間多在外地工作而週末回到部落，因此日常生活起居是由 80 歲的祖母照顧。同住家人除了父親和祖母外，還包括祖父、就讀高職的姊姊、和在北部工作的哥哥。*i:wan* 下課後會自動洗澡和寫作業，而且她也會幫忙做家事，例如，掃地和煮飯。祖母表示 *i:wan* 有時候會不乖，叫都不回應。*i:wan* 如同一般小孩，需要母親的關愛和照顧，她表示會想母親也曾偷偷的哭。母親居住在近部落的市區，暑假時母親會在公車站牌等她一起去吃早餐，也會帶她去買衣服、文具等。父親知道 *i:wan* 和姊姊會去找母親，但他認為「媽媽還是媽媽」並不會阻止。

　　i:wan 的成績相當好，三、四年級都是第一名，原本在部落國小就讀，後來轉到市區的學校，問她為什麼要轉學、是誰決定的？她回答：「是爸爸，因為部落的國小沒有競爭力。」我們問她想要轉學嗎？她搖頭，再問她有跟父親說嗎？她說：「我不敢，爸爸很

兒。」每次我們搭公車到部落時都會在公車站牌處遇到正要到市區補習的 *i:wan*，暑假週一至週五都要到市區補習。*i:wan* 自己要求要補習，而補習費是已工作的哥哥幫忙繳的，在部落時我們很少看到 *i:wan* 在街上跟同年齡的小朋友一起玩。轉到市區的國小後，祖母曾問 *i:wan* 班上只有她一個人是原住民不會怕嗎？*i:wan* 回說：「阿嬤，只有我一個原住民我不會怕啊！」

　　i:wan 身體比較不好，常常生病發燒，祖母花很多心力照顧她，如果 *i:wan* 晚上突然發燒，祖母就會打電話請住在部落的姑姑開車到市區就醫。*i:wan* 家的客廳牆上掛有寫著 *i:wan* 姑姑的電話的白板。*i:wan* 跟家人的感情都很好，我們在訪問祖母時，她都會坐在旁邊，若祖母聽不懂我們的問題，她也會幫忙解釋。祖母告訴我們 *i:wan* 有獎學金時都會拿給她，並跟她說：「阿嬤，我知道這個（獎學金）給妳，謝謝妳照顧我。」我們問到跟祖父互動的情形，她高興地跟我們分享曾幫祖父綁像沖天泡的頭髮。其實 *i:wan* 會擔心祖父母離開她，*i:wan* 說：「有時候，阿公在沙發睡覺，我一直叫阿公，他都不理我，也看不出他的身體有這樣動（*i:wan* 做出睡覺因為呼吸而身體上下動的動作），所以我就堵住阿公的鼻子，然後阿公就起來了。」雖然 *i:wan* 表示父親兇的時候很凶，但在日常生活中會親父親，也會抱父親的「游泳圈」。學校老師也表示 *i:wan* 的父親相當注意和關心 *i:wan*。

祖母是 *i:wan* 日常生活的照顧者，然而她並沒有同時扮演祖父母和父母兩種角色，其主要的原因是單親父親盡責的擔任父親的親職，而祖母只需照顧其生活起居，管教和考慮子女未來發展都是由父親負責。另一方面，與不同住母親的聯繫和互動是 *i:wan* 情感依附的主要來源。雖然父母離婚而且父親常不在家，因家人盡責扮演符合身分的角色，所以 *i:wan* 的發展和表現是較為穩定的。

（三）*takun* 的家：「流動」的家人

takun 是一位 15 歲喜歡跳舞的青少年。*takun* 的父母在他幼年時就離婚，從小在不同「家」之間遷徙。幼稚園時與祖父（母之父）住在部落，國小一年級則由住在臺北的祖母（母之母）照顧，國小二至四年級與母親和繼父同住花蓮，而國小五年級之後再由祖母照顧。祖母約 56 歲，曾結過兩次婚，*takun* 的母親是她跟第一任丈夫的小孩，在小孩兩歲時離婚，離婚後 *takun* 的母親就由三位姑姑輪流撫養。在第二次的婚姻中，祖母生育兩個兒子，他們都在外地工作和就學，很少到部落。平日，由祖母照顧 *takun* 的日常生活，母親偶爾會回部落，而父親住在臺北與 *takun* 有聯繫。

祖母原在臺北從事模板工作，為了照顧 *takun* 才搬回部落，在部落的餐廳擔任臨時工，一天工資約為 800 元，每月需支付生活費、健保費、各種帳單和貸款，幾乎入不敷出，曾經有次 *takun* 沒有錢坐公車上學，所以只好待在家裡。在研究計畫調查的後期，*takun* 的祖母之前的臨時工作已結束，因此跟別人借空地種菜，而 *takun* 則從學校帶回愛心午餐。*takun* 曾經因經濟困難無法支付學校的費用，就表示不上學，祖母說：「你要尚方寶劍（方形木條）還是衣架。」*takun* 聽了就說要上學。*takun* 跟祖母的感情非常親密，若祖母交代的事情或要求，他都會順從和完成。祖母曾表示 *takun* 很乖，放學後就待在家裡，也都有上教會。曾在一次聚餐後，大家照相時，*takun* 抱著母親，祖母看到後就說：「誰在照顧你，是誰給你換尿布。」*takun* 就跑過來跟祖母照相。

takun 的母親在市區工作並不常回家，祖母常常抱怨女兒回家也僅是過夜，並不會分擔家務，也很少提供經濟支持。在祖母沒有工作後，*takun* 的母親會支付家裡基本開銷，例如，水電費用，且

在祖母住院時負責醫療住院費用。祖母總是表示不滿女兒不負起照顧孫子的責任，曾說：「妳就自己養妳的兒子，看妳怎麼養。」雖然祖母希望可以離開部落去照顧自己的小兒子，但卻放不下孫子。

takun 的家是由 *takun*、祖母和偶爾回家的母親所組成，也許是小時候的遷徙經驗，*takun* 對於祖父（母之父）因沒有兒子而傳給他的家屋非常珍惜，祖母曾希望帶他離開部落，但 *takun* 要守著祖父留給他的房子都不肯搬離。祖母盡心照顧 *takun* 的日常生活，然而除了支付日常開銷外，仍須給予自己的兒子經濟支持，或許因持續感到經濟壓力，所以常說起經濟困難和女兒不照顧家的情況。在那一次照相事件中，由祖母的反應可知她是 *takun* 的主要照顧者，實踐著母親的角色，但另一方面，又埋怨女兒不照顧自己的兒子。而這種角色的衝突常發生在隔代教養的家庭中，祖父母原本只須扮演祖父母的角色，然而在實際生活裡卻須如父母般細心關愛、照顧著孫子女。再者，在泰雅傳統文化中，家是由父母和未成年子女所組成，而父母多與幼子同住。祖母的反應隱約顯露出對傳統「家」的追求，而希望可以去照顧自己的幼子，但無法達成時則有不安、埋怨的情緒。

（四）*labi* 的家：「消失」的父親和祖母的疼愛

labi 是一個喜歡撒嬌的 7 歲小女孩，父母在她很小的時候就離婚，並由祖母（父之母）照顧。祖母約 56 歲，曾在部落經營山產小吃餐廳，所以經濟情況較好。祖母回想當時的照顧經驗：「*labi* 一歲多的時候開始，那時候還必須邊背她邊煮菜，那時候真的很辛苦啊！」*labi* 的家除了祖母外還有伯父一家人，但 *labi* 的主要照顧者還是祖母，她相當依賴祖母，有一次祖母生病住院，*labi* 還跟著住在醫院。計畫進行初期，若問祖母 *labi* 父親的情形，祖母總是說在北部不知做什麼。父親不常回部落，在一次計畫後期的訪問中，*labi* 高興的說祖母帶她去基隆看爸爸，祖母表示現在有跟 *labi*

的父親聯絡，而父親也支付補習費。

　　在日常生活中，祖母是非常疼愛 *labi* 也積極回應她的需求，*labi* 總是穿著整齊乾淨的衣服，如果 *labi* 想吃什麼祖母一定會買給她。在課輔時間，祖母都會在旁邊陪伴並會隨時要求 *labi* 修改，若不聽祖母的指導則祖母會大聲斥責。例如繪畫作業，祖母會對 *labi* 的構圖、上色提出意見而 *labi* 也必須修改，在不斷擦掉和重畫的過程中，*labi* 的壓力和挫折越來越大，最後哭了。祖母非常重視 *labi* 的發展和學習，*labi* 並沒有就讀部落的幼稚園而是到市區就讀，同時也學習舞蹈才藝，並在升國小一年級的暑假安排去補習班補數學和英文。祖母的經濟情況較充裕，可以提供較多的資源給 *labi*，但祖母還是表示擔心著她的發展。

　　labi 從小就由祖母照顧，祖母對她相當疼愛，彼此的依附連結是緊密的。或許是身體狀況和經濟情況較好，祖母並沒有提及希望 *labi* 的父親負起撫養 *labi* 的責任，祖母如同父母般，盡心的培養孫女。對 *labi* 而言，由於母親再嫁不常聯絡，祖母不單是祖母也實踐著母親的職責：關愛照顧、教養學習、經濟支持。祖母並不埋怨本應扮演祖母的角色，卻還要如同母親般照顧孫女。祖母會學習同住的媳婦教育和教養她自己小孩的方式，也會採用媳婦對自己子女的標準照顧 *labi*。

（五）*biyah* 的家：「模糊」的父親和大伯的照顧

　　biyah，12 歲，即將進入青春期的女生，在她小時候父母離婚，與母親和二個妹妹住在花蓮。國小一年級時，在大伯希望將 *biyah* 接回來並願意代為撫養後，*biyah* 回到部落與單身的大伯住在一起。我們問到當初為什麼堅持要將 *biyah* 帶回部落，並由他照顧？大伯解釋：「畢竟孩子是無辜，弟弟的女兒我也是有血統關係……」，

而且父親有時候找不到工作就喝酒，所以 *biyah* 就由他來養。

　　雖然父親住在部落裡，但 *biyah* 的日常生活是由大伯照顧的，大伯常會在下班前打電話問她想吃什麼，每天晚上都會準備晚餐。同時大伯也非常注意 *biyah* 的行蹤，常常騎著機車在部落裡尋找她。曾經到了吃飯時間，*biyah* 還在跟朋友打籃球沒有回家，大伯就很生氣表示不要照顧她了，後來就沒有發生這情形，之後大伯煮飯時，她也會在旁邊幫忙。大伯常告誡 *biyah*：「人家有的，你不可能會沒有，就是你不要去偷東西就對了……而且不要說謊，不要學壞。」大伯也會跟他人表示如果 *biyah* 有做錯什麼事，一定要先告訴他，不要先跟 *biyah* 的父親說，因為 *biyah* 的父親一發脾氣就會打她。對於 *biyah* 的學校課業，大伯表示好好讀書就好了，要讀哪裡就讓她讀，經濟方面他會支持。

　　biyah 的姑姑是 *wagi* 的母親，*biyah* 小時候也曾被姑姑照顧，而 *biyah* 和 *wagi* 因為年齡相近，常常在一起玩。有一天，*biyah* 在 *wagi* 家玩，已經喝醉的父親也到 *wagi* 家，父親看著女兒說：「妳的臉怎麼黑黑的，是誰打妳？」並試著摸 *biyah*，*biyah* 立刻躲開，姑姑回說那是胎記。又問：「妳要升幾年級了？」在一旁的姑姑馬上表示怎麼連自己的女兒讀幾年級都不知道，這時大伯打電話給 *biyah* 問她晚上想吃什麼，父親知道了就說：「*biyah*，妳爸爸打電話給妳喔，喔！妳爸爸對妳很好喔！」*biyah* 只是沈默著，姑姑立刻用泰雅語說了 *biyah* 的父親，父親就離開 *wagi* 家。在一次社福機構所舉辦親職活動中，父親跟 *biyah* 表達沒能好好照顧她，希望她可以健康長大，聽到父親的話 *biyah* 掉下眼淚，父親就擁抱安慰著她。

在受訪家庭中，若父母無法擔負照顧的責任時，多數是由直系的祖父

母撫養照顧，而 *biyah* 是少數由旁系親戚（大伯）所照顧。若參照過去研究者對泰雅族「家」範圍的研究發現，這樣的家應該是比父母和直系血親所組成的家更外一層次。大伯在日常生活中實踐著「家」所應該有的樣貌：有飯吃、有安穩的地方睡、有乾淨的衣服穿、有關愛、經濟無虞，也執行著父親的角色：照顧關心、教養規勸、經濟支持，並希望可以結婚，將來的配偶可以幫忙照顧 *biyah*。*biyah* 的父親住在 *wagi* 家隔壁，我們常常看他坐在陽台或在部落中活動，但是我們很少看到 *biyah* 和父親有親近的互動，或是父親主動詢問 *biyah* 的情況。當我們觀察喝酒後的父親對於大伯打電話詢問 *biyah* 晚餐要吃什麼時的反應時，發現其實父親還是會在意 *biyah* 與大伯的關係。另一方面，對 *biyah* 而言，大伯如同父親般照顧她，而親生父親的父親角色界線卻是模糊的（boundary ambiguity）。Boss（1987）描述「界線模糊」發生在當家庭成員無法確定誰在（in）或不在（out）家庭中，或不確定在家庭系統中誰正在扮演什麼角色和任務時，家庭成員會因為界線模糊而產生不確定感、壓力或覺得沮喪。雖然父親未能照顧 *biyah* 的生活，親子之間的情感連結依然存在，因此 *biyah* 會常常知覺到大伯和親生父親模糊的角色界線，而感到沮喪。

（六）*sayun* 的家：只有祖母

> *sayun* 是 11 歲有著靦腆笑容的女生，母親在她 9 歲時因病去世，入贅的父親也離開部落，沒有再與 *sayun* 聯絡，所以現在只與 73 歲的祖母（母之母）同住。*sayun* 家除了祖母的老人津貼、社福機構的資助、和政府補助的米外，並沒有其他固定收入，因為 *sayun* 的父親還在同一戶籍中，所以不符合領取低收入的資格。祖母平時清晨四點左右會去撿拾資源回收物品，但這項收入隨著收購價格的下跌對家中經濟並沒有多大的幫助。鄰居和親友是另一重要支持來源，鄰居和親友會不定時拿菜和買東西給她們，祖母住在花蓮的兄

弟姊妹會來看她們並會拿一些錢給她。儘管經濟拮据，當我們訪問 *sayun* 家時，祖母會偷偷跑去雜貨店買飲料請我們。

　　雖然 *sayun* 家的經濟情況並不好，祖母無法像其他資源較多的家長提供較好的環境，但是祖母還是盡她的能力照顧 *sayun*。*sayun* 和祖母相當親近，當我們在部落看到 *sayun* 時就可以在附近找到祖母，例如 *sayun* 跟朋友打籃球時，祖母就會坐在附近跟他人聊天，但注意力還是在她身上。祖母非常注意 *sayun* 的學校表現，也很認真簽聯絡簿，因此祖母還獲得學校的獎狀鼓勵。幫 *sayun* 課輔時，祖母會跟我們說 *sayun* 的成績並總是專心的在一旁聽，曾經我們問 *sayun* 7 乘以 6 等於多少，*sayun* 還沒回答，祖母直接先講出答案。*sayun* 在運動方面表現較傑出並且是校隊的隊員，當校隊到外縣市比賽時，祖母也會參加家長加油團跟著球隊並照顧 *sayun*。祖母患有心臟病和高血壓，她擔心著如果 *sayun* 突然生病時沒有錢看病，也擔心以後沒有錢可供她繼續讀書，面對祖母的擔憂，*sayun* 總是安慰祖母還有其他親戚會照顧她。

相較於 *labi* 的祖母，*sayun* 的祖母較為年長且身體健康和經濟狀況是比較不好，但對於孫女的照顧和關心是沒有差異的。儘管經濟拮据無法提供課外的補習費用，祖母仍是積極注意 *sayun* 的功課並培養她擅長的活動，例如運動，祖母希望 *sayun* 可以利用運動專長而獲得較好的就學機會。*sayun* 的母親去世後，祖母努力維持著「家」，並實踐著母親的角色關愛著她，但也許是年歲已大且身體狀況不好，祖母總是表達著對孫女未來發展的擔憂，也埋怨 *sayun* 的父親不會想念女兒也不負起照顧責任。

五、結論

隨者主流社會經濟產業的變遷，部落的主要經濟產業從捕獵、種植農

作物、種植經濟作物（香菇、生薑）轉變到現在年輕人多到外地（都市或高山）工作，其中以在勞力密集的產業工作（如，建築模板工、大卡車司機）為主。此種經濟結構和工作型態對於單親家庭是較不利的，因為單親父親或單親母親無法有足夠時間和子女相處，也無法瞭解子女的生活情況，而照顧未成年子女的責任則多由年長的祖父母或其他家人所擔負。

　　父／母缺席的家庭型態雖與傳統泰雅家庭以父母和未結婚子女所形成的核心家庭不同，但泰雅人對於「家」範圍的看法是有彈性，對祖父母或其他家人而言，雖不是自己的子女，但因同血緣的關係，所以仍是家人並給予照顧。同時，對於「家」範圍也有層次，最核心層次的家是父母和未結婚子女所組成的，如 *wagi* 的家，其次是由直系血親所構成，如 *takun*、*labi*、*sayun* 的家，更外的層次則是包含旁系血親，如 *biyah* 的家。當然，有可能存在比旁系血親更外層次的家，如沒有血緣關係卻共食的家，但本研究並沒有接觸到此類型的家。

　　再者，傳統泰雅文化對於照顧和懲戒管教未成年子女的尊長權是有階序的規範，親生父母享有最優先的權利，若父母去世或離家無法照顧子女時，則是該家家長的祖父母、伯叔或兄長可行使尊長權，然而父母的權利仍高於其他家人。本研究的資料顯示，當父／母缺席時，家人中誰成為主要照顧者是與傳統尊長權階序的規範有關。尊長權依序為：若單親父母可以自行照顧則是最佳的情況（如 *wagi* 的家）；若單親父母因工作性質負起管教懲戒的職責，而祖父母只提供孫子女的日常照顧，單親父母與祖父母相互合作的模式（如 *i:wan* 和 *alai* 的家）；單親父母因工作因素、去世或離家無法擔負親職，祖父母則成為主要照顧者（如 *yulung*、*nomin*、*labi*、*takun*、*hinga*、*sayun*、*jawei* 的家）；若單親父母或祖父母都無法照顧未成年子女時，照顧責任就需由其他家人負責（如 *biyah* 和 *lawa* 的家）。

　　對於「家」是有層次的看法，除了參照過去的文獻外，另一主要資料

是根據對於當父／母缺席時，主要照顧者如何詮釋自己和孩子父母的角色而定。例如，*takun* 和 *sayun* 的祖母都曾表示不滿孩子的父母不照顧自己的子女，認為照顧子女是父母的責任，現在卻需由他們擔負。而 *labi* 的祖母雖未表示類似的看法，但也希望兒子可以支付孫女的生活費和教育費。再者，大伯照顧撫養 *biyah*，也實踐著父親的角色。大伯對他人曾表示，若發現 *biyah* 有不好的行為一定要先跟他說，不要直接告訴她的父親。由此可看出對於其他人而言，大伯還是不同於父親，小孩有事還是會找她的父親，所以大伯需先囑咐他人。

　　takun、*labi*、*sayun* 的祖父母在作家庭的過程中都實踐著父母的角色，然而，並不是所有的祖父母都是如此，其中最重要的關鍵是孩子的父母是否關心子女和負起教養的責任。以 *i:wan* 的家為例，*i:wan* 的父親是大卡車司機，平日並不常在部落，根據學校老師和 *i:wan* 的描述，雖然父親常不在身邊，但對她非常關心和注意，且有著相當高的期待，所以祖父母照顧 *i:wan* 的生活起居，他們並不須如同父母般煩擾著孫子女的行為和發展。再者，這些祖父母與孫子女有緊密的情感連結，但是祖父母仍認為小孩的父母應該負起照顧的責任，尤其 *takun* 的祖母更是不時的抱怨女兒不負責任和希望可以離開部落去照顧仍在讀書的兒子，這呈現當不同於泰雅文化對於家的「應然」時的不安和不滿。

　　當祖父母同時扮演祖父母和父母的角色時，則容易產生角色衝突。*takun* 的祖母從小就照顧 *takun*，因女兒不願意負起責任照顧孫子而感到生氣，雖然是祖母，但努力賺錢、張羅著孫子日常生活所需、煩惱孫子的課業，而這些本應是女兒該付的責任，是母親的職責，然而卻是由她來承擔。所以當看到 *takun* 和母親親近時，祖母會相當生氣。在父／母缺席的家庭中，有另一種情況會讓子女感到為難和沮喪，即不負起照顧責任的單親父母模糊的角色界線。*biyah* 的父親住在部落，但日常生活則由大伯照顧。對她而言，是父親卻不扮演父親的角色，那到底是不是父親呢？因有

親子的感情連結，當觸及模糊的界線時，*biyah* 的表現是為難和沉默的。

再者，經濟條件是影響家庭生活的重要因素，在本文所討論的六個家庭中，*takun*、*sayun* 家的經濟情況較不好，在訪問祖母的過程中，由祖母常常陳述經濟困難和誰給予經濟支持可知其所經驗的壓力。進一步而言，經濟條件也會影響父／母或主要照顧者如何培養小孩，如果經濟資源足夠，父／母、主要照顧者會積極培養小孩，例如培養小孩看書習慣、選擇到市區就讀或補習；如果經濟資源不充足而無法提供課外的補習，主要照顧者會積極注意小孩的功課並培養小孩擅長的活動。

如上述所討論，本研究發現泰雅人對於家的範圍和界定是有彈性，並且具有多層次家的特色。當父／母缺席時，其他家族家人，例如祖父母、伯父、姊姊則會擔負照顧的責任，這些對家的看法是不同於現代漢人文化中以核心家庭為主的家庭觀念。但是現今社會福利制度或是政策制訂仍是以核心家庭中父母為主，忽視不同文化的族群對家人的界定，和低估當父／母缺席時主要照顧者的重要性和貢獻。本研究發現有助於反思當今的社會福利制度和政策。

最後，依據原住民族常住人口的婚姻狀況調查，泰雅族離婚率僅次於太魯閣族和卑南族（行政院主計處 2012）。在本研究所訪問的 12 個父／母缺席的家庭中，有 11 個家庭因為父母離婚而形成單親家庭，若更進一步探查祖父母輩的婚姻狀況，其中 *takun*、*hinga* 的祖母的第一次婚姻皆以離婚結束。此現象引伸出「是否泰雅族中某些文化因素、歷史因素、亦或是現代化資本主義的影響，所以離婚率較高？」的疑問，這是一個重要且複雜的問題，本研究的資料僅能回答部分的可能性。不同於賽夏族、布農族或鄒族實行大家族制，泰雅族採分家主義，實行小家族制（夫妻和未成年子女所組成），男子依長男以下順序結婚娶妻並分家（臺灣總督府警務局理蕃課 2011）。傳統因為有 *gaga* 此社會組織，儘管男子成年結婚並獨立分家仍可緊密維繫親族組織，同時 *gaga* 提供人與他人、家庭和社會的

文化規範，並且對於違反 *gaga* 時所需受的處罰是清楚規定，即使可以自由離婚（李亦園等 1963），因多數人都遵守 *gaga*，離婚的情況並不普遍，所以家庭和社會是相對穩定的。泰雅族在以小家族為核心基礎的家庭制度下，以往主要依賴 *gaga* 的組織維繫親族，然而當 *gaga* 組織和規範影響減弱時，泰雅族無法如同其他原住民族在傳統文化同樣受到基督教信仰和現代化衝擊時，仍有大家族的社會組織維繫。再者，泰雅族是允許當夫妻不相親及一方違背夫妻義務時可以離婚（小島由道 1996[1915]），所以加速了家庭的解組。

　　當然並不是所有泰雅部落所經驗 *gaga* 的式微和夫妻離婚的情形是一致的，部落因其經歷的歷史經驗和經濟條件不同而會有所差異。本研究所調查的泰雅部落因其靠近平地市區，在日治時代此部落為武官和警官駐紮的地區，以便於管理位於深山的部落和補給，統治者舉行日本傳統宗教儀式和實踐風俗習慣以深化日本文化和統治，由現在居民所使用的語言是混合泰雅語和日語可知，部落深受日本文化影響。就經濟條件和地理位置而言，也由於部落並沒有自身經濟發展的優勢，部落的經濟發展是隨著政府的政策而改變，例如，老一輩的長者常聊到當年種香菇的經驗和收穫，然而當政府開放香菇進口時，部落所種植的香菇就無法與低價進口的香菇競爭，此產業就沒落。現今，部落居民多到北部都會區或到平地市區工作，而日常生活消費和教育則都以平地市區為主。相較於居住於深山的泰雅人，部落居民受現代化資本主義和漢人文化的影響較深。因此日本殖民時的統治和經濟依賴平地市區可能是加速 *gaga* 的消失或轉化的因素。本研究的資料僅能初步推論泰雅族分家主義、離婚的自由性和 *gaga* 影響的減弱是增加家庭解組的可能原因，而解組的速度和程度是與歷史經驗和經濟條件相關，此推論仍須更進一步田野研究，才能更為具體完整。

參考書目

山路勝彥

　　1986 [1965]〈臺灣泰雅賽德克族姻兄弟和己身還子關係的認定〉，張
　　　　　炎憲譯。刊於《臺灣土著社會文化研究論文集》，黃應貴主
　　　　　編。臺北：聯經。

小島由道

　　1996 [1915]《番族慣習調查報告書·第一卷·泰雅族》，中央研究院
　　　　　民族學研究所編譯。臺北：中央研究院民族學研究所。

王崧興

　　1986 〈非單系社會之研究：以臺灣泰雅族與雅美族為例〉。刊於
　　　　　《臺灣土著社會文化研究論文集》，黃應貴主編。臺北：聯
　　　　　經。

王梅霞

　　2006 《泰雅族》。臺北：三民書局。

行政院原住民委員會

　　2013 《101 年度原住民族人口婚姻狀況統計年報》，http://www.apc.
　　　　　gov.tw。

行政院主計處

　　2012 《99 年人口及住宅普查結果綜合報告 表 53、原住民族之常住人
　　　　　口數》，http://ebas1.ebas.gov.tw/phc2010/chinese/51/353.pdf。

內政部戶政司

　　2013 《人口婚姻狀況》，http://sowf.moi.gov.tw/stat/year/y02-03.xls。

朱柔若

　　2001 〈都市原住民勞動史〉。利於《臺灣原住民史：都市原住民史
　　　　　篇》。臺中：臺灣省文獻委員會。

李亦園、徐人仁、宋龍生、吳燕和

　　1963 《南澳的泰雅人：民族學田野調查與研究》（上冊）。臺北：
　　　　 中央研究院民族學研究所。

李亦園、石磊、阮昌銳、楊福發

　　1964 《南澳的泰雅人：民族學田野調查與研究》（下冊）。臺北：
　　　　 中央研究院民族學研究所。

臺灣總督府警務局理蕃課

　　2011 《高砂族調查書・蕃社概況》。臺北：中央研究院民族學研究
　　　　 所。

吳齊殷

　　2000 〈家庭結構、教養與青少年問題〉。《臺灣社會學研究》4: 51-
　　　　 95。

孫大川

　　2000 《夾縫中的族群建構：臺灣原住民的語言、文化及政治》。臺
　　　　 北：聯合。

黃淑玲

　　2000 〈變調的"ngasal"：婚姻、家庭、性行業與四個泰雅聚落婦女
　　　　 1960-1998〉。《臺灣社會學研究》4: 97-144。

傅仰止

　　2001 〈都市原住民概說〉。刊於《臺灣原住民史：都市原住民史
　　　　 篇》。臺中：臺灣省文獻委員會。

廖守臣

　　1998 《泰雅族的社會組織》。花蓮：慈濟醫學暨人文社會學院。

賴淑娟

　　2006 〈從根著到流動：泰雅婦女生產與再生產活動之轉化〉。利於
　　　　 《族群與文化：「宜蘭研究」第六屆學術研討會論文集》，宜

蘭文獻叢刊 27，頁 387-437。宜蘭：宜蘭縣史館。

2008 〈一個部落社會家庭婚姻模式的延續與變遷：宜蘭南山村泰雅部落的觀察〉。刊於《看見蘭陽：宜蘭研究論文集》，佛光大學社會學系編。臺北：學富。

衛惠林

1963 〈泰雅族的父系世系群與雙系血親群〉。《臺灣文獻》14(3): 20-27。

謝世忠

2001 〈少年婚、文化、與傳統力量：一個花蓮太魯閣部落的例子〉。《考古人類學刊》57: 35-53。

鄭麗珍

2001 〈家庭結構與青少年的生活適應之研究：以臺北市為例〉。《臺大社工學刊》5: 197-270。

薛承泰

2002 〈臺灣地區單親戶的變遷：1990 年與 2000 年普查的比較〉。《臺大社工學刊》6: 1-33。

Boss, P.

1987 Family Stress. In *Handbook of Marriage and The Family*. M. B. Sussman & S. K. Steinmetz, eds., pp. 695-723. New York: Plenum.

Beck, U. & E. Beck-Gernsheim

2000 《愛情的正常性混亂》，蘇峰山等譯。臺北：立緒。

Nelson, M.

2006 Single Mothers "Do" Family. *Journal of Marriage and Family* 68: 781-795.

Smith, D. E.

1993 The Standard North American Family: SNAF as an Ideological Code. *Journal of Family Issues* 14: 50-65.

第 8 章

什麼是「家」：卑南人的例子*

陳文德

一、前言

「什麼是『家』？」從人類繁殖、成長過程的特性來說，這似乎是一個無庸置疑的問題（參閱 Strathern and Steward 2011）。然而，就如這個論文集其他文章所討論的各種例子所指出的，在當代這並不是理所當然且不證自明的單位，而是各種力量的運作與結合的一個場域。

事實上，早在一九七〇年代隨著女性主義者以及性別研究的開展，「家」（尤指核心家庭）就被視為形塑與掩飾兩性不平等，並使我們疏於探究兩性文化差異的根源。其中的焦點更在於批評將婦女（womanhood）等同於母親身分（motherhood），以及概念上視家戶為私領域而有別於政治法律的公領域的二分法（參閱 Collier et al. 1982; Collier and Yanagisako 1987; Harris 1984）。然而，筆者認為，如果這樣的批評要有助於我們對於「家」的構成有著更為深入的理解，顯然必須面對「家」的社會文化意

* 筆者感謝鄭依憶與李文窈對於文章初稿提供意見，以及謝以萱協助繪製圖表。也感謝兩位匿名審查者提供的建議。筆者除了謝謝卑南族人長期以來的協助，特別感謝許平相、李秀妹、曾明輝與許翰生等位提供相關的訊息。文中的拼音採 2005 年以前使用的書寫系統（參考陳文德 2010a: 165-166）。本文是筆者執行科技部（前身為國家科學委員會）計畫（編號 100-2420-H-001-012-MY3）的部分成果，特此說明，並且謝謝科技部的經費補助。

涵，而不是直接作為一種普遍性的論述。換句話說，至少從臺灣南島民族的相關文獻來看，「家」的核心構成可能不是我們一般所認為的親子關係。例如，從傳統室內葬的儀式來看，「同胞」是構成排灣族家的核心（許功明、柯惠譯 1994；蔣斌、李靜怡 1995），布農族則以夫妻為主軸（黃應貴 2012）。

從宗教儀禮、社會構成來看，同居共食的家作為一個獨立、自主的單位的意義為何，也是值得探討的問題（參閱 Godelier 2009）。例如，鄭瑋寧（2000）在 Taromak 魯凱人的研究中指出，一個新家至少含括三個要素：（1）與本家的關係——從本家的中柱的石板祭臺分出祭物，並且將小米梗置於本家的爐灶，再送至新建的分家；（2）家與貴族（部落）的關係——新家種植小米的粟種來自全聚落的本家，也就是貴族家；（3）家的獨立性——新家的當家者自行找尋一石塊，放在家中的祭臺，象徵家的獨立性。類似地，南王卑南人的研究也指出，從鎮宅咒物 *pinamuteg* 的安置來說，固然彰顯出家的獨立性，但是就小米種籽 *bini* 的祭儀而言，卻必須從本家與分家的關係，以及祖靈屋 *karumaan* 的祭祀來理解家的構成（陳文德 1999b, 2009, 2010a）。要言之，家之作為一個研究對象的討論，已經涉及該社會文化的特徵。

筆者認為，就此而言，具有成人會所甚至制度性年齡組織特徵的阿美族、卑南族以及部分排灣族的例子，提供了另一種可能性的思考。換句話說，在這些族群中，年齡組織一方面既是一種社會組織、制度，但是從儀式象徵的分析，甚至人的生命成長過程來看，家與年齡組織（及其作為「部落」的表徵）之間的關係有如異形同源（homology）。例如，葉淑綾在臺東縣長濱鄉烏石鼻阿美人的研究中，藉由「父子／兄弟」義理的探討，提出年齡組織即是家／親屬的擴大的論點（葉淑綾 2009；Yeh 2009）。

筆者認為，這樣的觀點的確對於理解阿美族的家（親屬）與年齡組織

（聚落）開啟了另一種思考的可能（參閱陳文德 1990；黃宣衛 1989）。然而，對於家與年齡組織之間關係的理解，也間接引發幾個民族誌問題。例如，阿美族與卑南族是臺灣原住民族中年齡組織最發達的兩個族群，以往也都實行高比例的從妻居婚姻方式。[1] 然而，值得注意的是，已有的文獻多會強調母親的角色、意象（參閱葉淑綾 2001），至於「父親」，則甚少著墨。[2] 以阿美族為例，男子分別以「舅舅」與「女婿」的身分出現在自己生家與妻家（尤其以往男子多從妻居的情況下）；忽略「父親」，其實也凸顯出阿美族「家」的構成的特性（陳文德 1987a；另見陳文德 1985）。就此而言，值得思考的是，為何在「家」中少被提到的父親（*mama*）甚至兄弟（*gaga/safa*），反而成為年齡組織內部組與組之間關係的稱呼？[3] 於此，John R. Shepherd（1995）結合人類學年齡制度與西拉雅的文獻，從男子必須在經歷會所某個階段之後才能成為「人父」的規範，探討會所制度和親屬制度的排斥性，進而解釋西拉雅婦女墮胎習俗的研究，也提供一種可能性的思考。

　　至於卑南族，則是另一種面貌。以南王為例，族人對於同父同母、同父異母或同母異父的同胞有著不同的稱呼，實透露出（生物性）「父親」的位置。而親從子名的社會性稱呼規範，也再次肯認（社會性）「父親」的身分。但是，從當地人的生命成長過程（尤其男子的成年禮過程）來

---

1 '*musavasavak*' 這個知本卑南人用來指稱已婚男子的用詞，也透露出這樣的婚姻方式（*savak* 是「裡面」，*mu* 為表示動作方向的前綴詞；*musavak* 為「進入」之意，也表示「婚入」）。儘管有地域性的差異，阿美族從妻居的比例還是比卑南族較高。另一方面，就年齡組織來說，阿美族是年齡組制（age set system），而卑南族是年齡級制（age grade system）。相關的討論參閱陳文德（1990）。

2 簡鳳儀（2004）的研究是少數的例子。不過，由於作者的資料是來自問卷，缺乏聚落的相關脈絡，也未能連結阿美族社會文化，以致無法對於阿美族「父親」的意涵與意象有較為具體的討論。

3 例如青年級（*kapah*）稱呼老年級（*matoasay*）為 *mama*，而低年組稱呼高年組為 *gaga*，反之，則稱為 *safa*。

看，卻又指出生物性的繁衍必須經歷社會性的繁衍才有可能。也就是說，一個「家」的繁衍，除了透過結婚 *puaruma*（*ruma* 是「家」的意思），還必須有其他的媒介：一位男子之所以可能成婚，需經由教父為之舉行的成年禮：先是轉化成為一位成人，[4] 然後（經過三年）再經過另一個儀式，始具有結婚的資格。

　　另一方面，在當代一些文化復振的部落事例中有一些值得注意的現象。例如，青年男子將成人會所彷如視為一個「家」（參閱林芳誠 2009；利錦鴻 2011；葉一飛 2012；另見陳文德 2011b），年齡組織甚至成為原鄉與移居地族人聚集、從事集體活動的重要機制（葉淑綾 2012；參閱陳文德 2000）。筆者認為，這固然是當代脈絡下的發展，但是實已涉及「家」在當地社會文化的性質。換句話說，如果成長過程與學習、親密關係的建立，逐漸被視為「家」的成員的構成要素，那麼，「家」的意涵及其發展也必須銜接既有社會文化才得以有所理解。

　　本文第二、三節描述下賓朗卑南族聚落近年來會所的一些發展情形，進而在第四節綜合下賓朗與南王的資料，扼要說明卑南人的社會化過程與生命儀禮，以呈現出「家」及其他社會文化場合在此過程中的位置。之所以選擇下賓朗與南王作為主要的對象乃是基於下列的考慮。首先，下賓朗聚落不大，且卑南人住戶集中，在一九九〇年代後期部落會所制度重建後，族人又藉由社區發展協會的運作，更強化了部落集體性的發展，並呈現在會所制度的強化（另見金長驊 2009；謝欣芸 2010）。就筆者所知，相較於其他卑南族聚落，這樣的條件有助於瞭解家戶與會所以及族人日常活動之間的關係與發展。至於以南王作為下賓朗的補充，除了兩者的習俗有其類似性，更重要的是，南王是卑南族中歲時祭儀較為完整的部落，相

---

4 本文以「教父」、「義子」表示兩者的關係，至於第三節引述例子的「義父」，係沿用展示資料的報導人的用語。

關制度與習俗也具體呈現於日常生活中，而有助於釐清「家」與其他社會文化領域的關聯。

要言之，這不但涉及卑南族「家」的生物性繁衍與社會繁衍之間的關係，更隱含著卑南人的「家」的構成必須從與部落（會所）的關係來理解。因此，第五節進一步分析人的生命過程與歲時祭儀，尤其除喪與成年禮的關聯性，一方面指出以往文獻有關卑南人「家」研究的不足之處，另一方面則討論家作為生物性的繁衍與部落的「社會繁衍」（social reproduction）之間的密切關係。亦即，「家」雖然是生物性繁衍的場所，但是「家」之得以作為一個繁衍單位卻是以社會繁衍為基礎。綜合前述的描述與討論，本文試圖從卑南人的家與會所制度之間的關連及其背後隱含的意涵，思索當代家與社會文化生活領域的隔離與連結。

二、　當代下賓朗部落的面貌[5]

下賓朗 pinaski 聚落轄屬今日卑南鄉賓朗村，座落於臺九線往花東縱谷的公路旁側。下賓朗聚落約一百餘戶，目前住在當地的卑南族約八十戶、三百餘人。聚落內，兩條主要巷路平行貫穿，而住家整齊地落在這塊面積約 2.5 平方公里的地面上。聚落的漢人住戶多位於邊緣地帶，因此形式上仍保有一個以卑南族為主的部落形式。

根據已有的文獻以及族人口碑（參閱移川子之藏等 2011/2012 [1935]），下賓朗與南王、知本都有親源關係，在儀式與習俗上也有兩者

5　有關下賓朗聚落的歷史與相關訊息，可參考陳文德（2001）與董恕明編著（2012）。本節內容主要來自這兩份文獻以及筆者的田野調查。本文以「部落」指稱當地卑南人主觀意識中的生活與組織單位，「聚落」則為一般居住地區。兩者的區分也呈現出下賓朗卑南人生活的多重面向。

混合的跡象。[6] 下賓朗曾經過多次遷移，日治初期曾住在卑南鄉美農村的美農、高台一帶，後來因為住屋遭到白蟻侵襲，乃往下遷移到今日聚落前方種植甘蔗處。約在大正五年（1916），由於一場大火，乃在日本政府的督導下，遷到現在的位置。當時每戶約分配到一分地。部落遷至現址時，在今日天主教堂所在地建蓋少年會所與成人會所。少年會所是一層的茅草屋，不像南王或知本的高杆欄式建築。

根據族人報導，目前下賓朗卑南人依其來源大致分為兩類。其中一部分是「真正 pinaski」（ka-pinaski）的後裔，另一部分則繁衍自卑南社人（今日南王部落）；後者的祖先係一八八〇年代因卑南地區霍亂流行而遷至高台，並與當時在那裡的「真正 pinaski」族人共同生活。這些後來者不但取得部落領導人的地位，也率領族人接受天主教；反之，長老教會教友是來自「真正 pinaski」族人。來自卑南社的後裔，大多接受中等以上的教育，也不乏服務於公教機關，而留在村落的「真正 pinaski」的族人，則不乏從事勞動工作，經濟收入也較差（參閱陳文德 1987b）。

天主教與長老教會約在 1957 年之後先後傳入，依戶內的擺飾來說，目前約有 70%的住戶是基督教徒，長老教會占其中的 60%。其餘則為接受漢人宗教與傳統信仰者。[7] 由於傳統司祭長 *rahan* 家系的遷出以及一九五〇年代國民教育的實施，加上宗教因素，不但會所制度逐漸衰微、會所地點成為天主教堂用地，[8] 歲時祭儀也從一九七〇年代中斷了一段時期。[9]

1982 年，一位任教於國小的女性族人發起成立「臺東縣卑南鄉下賓

---

6 以少年年祭（俗稱「猴祭」）為例，下賓朗有刺猴與射猴的過程，前者是南王的作法，後者則與知本系統的一些聚落（如知本、初鹿、利嘉）類似。此外，下賓朗與南王的少年會所成員在少年年祭時會前往喪家開門，其他部落未見此儀式。

7 接受「漢人宗教」者，係指家中安放漢人神明圖像。至於「傳統信仰者」，則指既非教友，卻也未在家中安放漢人神像者；他們有時會找卑南族傳統儀式執行者來治病或解決疑難。

朗村媽媽合唱團」，成員以婦女為主，也有幾位中壯年男子參加。這個包
括接受基督宗教與漢人宗教的族人以及婚入聚落的他族婦女的團隊，不但
跨越教會之間的隔閡，在會所制度停滯運作的時期，對於部落的凝聚有著
重要的作用（參閱董恕明 2012）。一九九〇年代初期，一些在外地工
作、退伍的年輕族人陸續回到聚落且多有固定工作，而下賓朗部落也有了
新的發展。

　　從今日來看，一九九〇年代後期可說是下賓朗轉變的重要時期，這跟
原住民族運動的發展以及部落主辦 1996 年的「卑南族聯合年祭」的刺激
也有些關聯（參閱陳文德 2011b）。在這段時期中，族人逐步恢復一九六
〇年代中斷的少年會所（*Takuvan*）成員——即 *Takuvakuvan*——的訓練以
及少年年祭（猴祭），[10] 並且於 1998 年重建成人會所 *palakuwan*。男性年
輕族人藉由參與祭典以及向長者請益，形成一個族人溝通的平台，也逐漸
消弭年長族人之間因為宗教信仰而一直存在的隔閡。之後，不但有更多的
教友參加祭典，甚至十二月下旬大獵祭 *mangayaw* 出發前，也曾由牧師或
長老教友舉行祈禱。[11] 一月一日的中午，族人以聚餐方式團聚一起，也是

8　雖然日本政府將會所改建為水泥加鐵皮的建築物，稱為「會館」，族人仍視此為部落的
　　會所。戰後初期，因為有族人認為若沒有將會所用地登記，屆時恐會以「公有地」名義
　　被收歸國有，於是跟天主教會協調，由教會買下。已過世的一位族人在日記上提到，會
　　所的土地後來以 11,000 元賣給天主教，但仍保留廣場作為部落的公共場地（董恕明 2012:
　　36）。
9　筆者 1984 年 10 月第一次到下賓朗時，當時參與大獵祭的人數只有十餘位，而且長老教
　　會的喪家也多婉拒族人前往家中除喪。
10　下賓朗族人陳明成（1949～）報導他在小學五年級參加少年會所，約是 1961 年左右，是
　　最後一屆。另根據胡武男（1942～2012）的口述，他 13 歲（約 1955 年）進入少年會
　　所，16 歲（約 1958 年）晉升為 *valisen*（即成人會所的見習級），而當時少年會所已經被
　　佔用消失了。不過，在舉行大獵祭之前的少年年祭時，成人會所就作為少年會所成員的
　　聚會所，等待少年年祭結束了，就作為成人會所之用（董恕明 2012: 213-214, 255）。恢
　　復兩級會所訓練之後迄今，成人會所就是如此使用，並且稱為 *palakuwan*。
11　牧師是下賓朗族人。牧師或者負責禱告的教友，都是年長的男子。

由牧師或年長教友在餐前禱告。2010 年聖誕節報佳音活動時，甚至聯合兩個教會一起辦理。至於部落入口附近的天主堂與成人會所的並立，以及部落護神石 *tinuwaDekaL* 另立於會所旁側，已是下賓朗最為凸顯的地標，呈現部落傳統與基督宗教共存的面貌。

　　2003 年，下賓朗成人會所成員依行政單位的「鄰」選出各鄰的「登山委員」，以推動與執行部落七月收穫祭以及十二月少年年祭與大獵祭的活動。然而由於一九八〇年代中期恢復慶祝婦女小米除草完工的活動（稱為 *muhamut*）逐漸擴展——包括播種小米、除草、完工慶祝與收割小米——而不再只是一個假日的慶祝活動，加上這又是以女性為主的活動，[12]「登山委員」組織乃於 2010 年改為「祭典委員會」，並於 2011 年 1 月選出 12 名委員，其中 4 名為女性，共同籌劃部落四大祭典：播種小米與除草完工慶祝（四、五月）、小米收穫祭以及少年年祭與大獵祭。

　　另一個顯示部落意識發展的是「臺東縣卑南鄉下賓朗社區發展協會」（以下簡稱「社發會」）的成立。下賓朗聚落轄屬卑南鄉賓朗村，村內（包括下賓朗與阿里擺兩個卑南族部落）原住民人口不到四分之一。當「臺東縣卑南鄉賓朗社區發展協會」於 1993 年成立時，協會幹部多為人數居多的漢人，他們掌握協會的運作與規劃活動內容。有鑑於此，下賓朗卑南人乃於 1996 年另立「臺東縣卑南鄉下賓朗社區發展協會」，社發會幹部由族人（包括與族人通婚的原住民）擔任，並且結合部落內的「鄰」這個行政單位，成為一個推動部落歲時祭儀與相關事務的最重要組織。在「祭典委員會」成立之前，有關部落歲時祭儀的議案大多是由社發會提出。即使近年來行政院原住民族委員會（以下簡稱「原民會」）推動的

---

12 不過，也在這個過程中，族人開始討論與小米相關的禁忌，甚至因為宗教信仰而有不同的意見。例如，參與喪事者不宜參加小米播種；收成後作為來年播種的小米種籽如何存放；由於新收割的小米在未舉行收穫祭之前不能帶出部落，因此儘管有學生要來購買作為教學之用，也只能售去年收割的小米。

「部落會議」逐漸在部落運作，也部分取代了社發會的作用，後者仍是部落申請與承接水保局以及與原住民有關等計畫的主要對口單位。目前在部落歲時祭儀的邀請函上，也是由部落主席與社發會理事長共同具名。

部落意識的發展也顯示在一些具體的作法上。例如，2008 年 9 月的部落會議通過「臺東縣卑南鄉下賓朗部落公約」，並於 2009 年 2 月發給各家戶。2011 年 11 月起，開始不定期前往北、中部都會地區與定居或工作的族人聚會、交誼，同時鼓勵他們與原鄉部落的互動。

2004 年成立的「pinaski 青少年文化樂舞團」，也是與上述發展有關的一個組織。這個團體是由社發會推動，剛開始時是為了輔導部落小孩的學習，而於 2002～2003 年開辦暑期課業輔導，並以部落文化學習為主要課程。2004 年成立舞團之後，逐漸以編曲的原住民音樂來學舞，同時學習部落的傳統舞蹈，進而以戲劇的方式演出，將部落的文化、禮教和生活用母語展現在歌舞劇中。[13]

三、會所彷如一個「家」：教父與義子的關係

誠如前述，下賓朗一九六〇年代初期就已中止少年會所階段的訓練，直到一九九〇年代初才恢復。下賓朗並不像其他卑南族部落那樣成立青年會組織，社發會也未特別冠上「文化」的名稱，[14] 但是隨著部落文化復振

---

13 2004 年第一次受邀對外演出時，開始以此樂舞團為名。除了 2006 年受邀參加宜蘭童玩節演出，2007 年起參與比賽，並獲得獎項：2007 年在 e 起舞動「原住民舞劇競賽」中，榮獲全國決賽高中組冠軍、國中組亞軍；2008 年榮獲全國決賽高中組冠軍、國中組冠軍；2009 年榮獲全國學生舞蹈比賽的高中團體乙組民俗舞優等第一名；2010 年為決賽高中乙組民俗舞特優第一名。筆者感謝林蕙瑛小姐提供相關訊息。

14 相較之下，其他部落的卑南人則以「文化」為名，並且冠上部落或部落舊址的名稱，但不用「社區」，以區別由漢人主導的「社區發展協會」。例如，知本聚落的「卡地布文化發展協會」（1998）、初鹿的「巴蘭文化發展協會」（2000）、南王的「普悠瑪文化發展協會」（2000）以及寶桑的「巴布麓文化協進會」（2007）。

的發展，族人不但重建會所制度，對於少年與成人會所階段的訓練也更加嚴格執行與要求。例如，從一九九〇年代中期開始，於每年 11 月初到舉行少年年祭的 12 月下旬期間，規定少年成員每週週五、週末晚上夜宿會所，同時由三、四十歲的的男性族人教導祭歌以及相關習俗與規範。甚者，族人訂定少年舉行成年禮成為成人會所成員的規定（參閱表 1），這些都不見於其他卑南族部落。其嚴格的情形也可以從下列兩個例子略見端倪。2012 年年底大獵祭時，原有 7 位 *valisen*（成人會所的見習級）依舉行成年禮三年後的規定應可晉升為 *vangsaran*（可婚的青年）（參閱下一節），然而經由祭典委員與教父的討論，決定將其中兩位表現不好的青年延後一年晉級。另一個例子是，有位年輕人因為一直在外工作，以致成為 *valisen* 之後多年都未參加大獵祭。由於考慮 2012 年即將結婚而且希望可以在婚禮中穿著卑南族的傳統服飾，他的祖父乃跟族人提出是否可以讓他趕在 2011 年大獵祭時晉升為 *vangsaran*，但是因為未滿三年的規定，只好作罷。

表 1　下賓朗部落 *palakwan*（會所）男子階級規範

階級	*Takuvakuvan*	*valisen*	*vangsaran*
年齡	6 歲～16 歲（小一～國三）	17 歲～19 歲	

具備條件	經父母監護人同意即可	1. 經 *Takuvakuvan* 階級通過考核晉升者； 2. 住臺東縣（市）外地族人 26 歲以下者，須先進 *Takuvakuvan* 訓練一年，方可晉升； 3. 住臺東縣（市）內族人無條件適用第 1 點	1. 17 歲～45 歲者經 *valisen* 階級滿三年、考核通過者，方可晉升 *vangsaran*； 2. 住臺東縣（市）外地族人 46 歲以上者須先 *puvalisen* 一年，隔年初即可晉升 *vangsaran*（筆者按：*puvalisen* 即為其舉行成年禮，成為 *valisen*） 3. 住臺東縣（市）內族人無條件適用第 1 點
規範	服從 *Takuvakuvan* 最高階 *maladawan* 各項事務分配及執行	進入 *valisen* 階級之期程必須以當年大獵祭結束下山之前兩日完成，*valisen* 有重要情事無法到場者，需於出發當日前一週內告知教父或祭典委員，由祭典委員討論其不到場之理由適當性後，決定是否為逾期，逾期者視為隔一年度 *puvalisen*	*valisen* 階級訓練三年，以當年 *puvalisen* 起算為第一年，隔年為第二年，再隔年大獵祭為第三年訓練。期間未發生違紀及其他因素，經祭典委員考核通過，即晉升 *vangsaran*
備註	本祭典規範經祭典委員會制訂通過，實施日為 100 年 12 月 29 日（按：101 年 4 月 6 日第二次部落會議通過）		

資料來源：下賓朗社區發展協會提供。

在表 1 有關兩級會所成員的規定中，又以晉升成人會所成員的過程更為重要：經由成年禮儀式成為 *valisen* 之後，青年男子始具「成人」的身分，再經三年由 *valisen* 晉升為 *vangsaran*，就可結婚、建立家庭。換句話說，會所的學習、青年與為他舉行成年禮的老人兩造之間的義子／教父關係，既是男子個人生命過程中的重要部分，也是卑南族社會文化的特徵。下賓朗於 2012 年六月中旬到九月在交通部觀光局花東縱谷國家風景區管理處卑南遊客中心二樓舉辦「pinaski 青少年文化樂舞團」（2004～）十年展時，其中一項主要的展示就是以「父與子」為標題，訪談幾位教父與義子，凸顯會所的學習、教父／義子關係與家裡的管教、父／子關係的對比。筆者摘述如下：[15]

例 1

ama 與 *ali* 之間的感覺有時比親生的還要親，[16]*ama* 家裡有什麼割稻，或是割小米，都一定要參加要去幫忙。*ama* 與父親的差別：父親對孩子的叮嚀或糾正，孩子通常比較不大全然的接受。而 *ama* 可以直接跟 *ali* 訓話。因為這種感情不一樣。這種不一樣的感情，才可以教導不一樣的東西。……*ama* 與 *ali* 的習俗，是那麼的不可或缺：經過少年會所進到巴拉冠成年禮，這是一個很好的教育。……到了少年會所，要升到青年的時候，*ama* 與 *ali* 的關係是重要的關卡。……*ama* 帶了 *ali* 以後，就等於是家裡的成員了，*ama* 家裡若有任何事情，*ali* 都一定要去參與、巡邏或者幫忙。（報導人，1947 年生）

---

15 引文以〔xx〕代替姓名或模糊與當事者相關的訊息，避免當事者的困擾。
16 *ama* 是對於父執輩男性的稱呼，*ali* 是男性同儕之間的互稱，也可以 *ali* 稱呼自己的義子或者年紀幼於自己但已舉行過成年禮的青年。

例 2

因為目前〔xx〕平常必須住校上課，能待在部落裡的時間並不長，所以他們互動的時間，大多在大獵祭或重要祭典時，教導孩子如何在山上生活，包含打獵、砍材等等生活技巧。而 *ama* 扮演的角色既是老師也是父親，除了要指導 *ali* 祭典的儀式之外，也會提醒他們待人處事的技巧，成為具備生活知識且有禮儀的孩子。（報導人，1926 年生）

例 3

ama 就像自己的爸爸一樣，和藹中又帶點威嚴，讓自己在部落中又彷彿多了一個爸爸。……藉由 *ama* 送我的刀，瞭解 *ama* 對我的期許與嘉勉。也許我和 *ama* 的互動不多，卻可以從中瞭解到 *ama* 對我的肯定及期望。我認為義父與義子制度是不可或缺的！（報導人，高三生，18 歲）

例 4

ali 們在會所一起相處的情誼，自然有種革命的情感，……我們〔xx〕三人的感情好到同家人一樣。……我認為恢復 *ali* 與 *ama* 的關係是必要的，在 *ama* 身上可以學到很多在會所學不到的事，因為現在的 *ama* 輩也是從少年會所起來的，他們身上會有種人生的歷練。……我與 *ama* 平時的相處，基本上，我跟他見面就是，我叫他 *ma*，通常叫他 *ama*，我叫他 *ma* 的時候，他就會停車，就會問我這幾天，最近怎麼樣，聊一下天，每個禮拜都能見一兩次面。一開始感覺 *ama* 的態度嚴謹，直到一起上山工作過後，才發現 *ama* 真正的個性。（報導人，高三生）

例5

ama 是父母親為我所選，雖然沒有對我說明為什麼要請〔xx〕當 *ama*，但是我覺得可能是父母認為〔xx〕可以教導我在山中必須學到的技能以及在部落裡對人對事的態度，……既然 *ama* 是父母為我選的，那就以 *ama* 的教導為重。*ama* 在我眼中是位願意讓我自己去體驗探索、經歷許多事物後讓我從中學習的人。*ama*〔xx〕給我的感覺分兩種不同的形象：一種是在山上，在山上 *ama* 會變得比較輕鬆、活潑有趣的形象；另外一種則是在山下，*ama* 會變得比較嚴肅、嚴謹的態度對待我，兩種感覺落差很大，但是對於 *ama* 感覺更加的親切。……因為兩人碰面機會少，所以義父子所能產生的重大影響在 *ama* 以及我之間，似乎比較薄弱。……我對 *ama* 與 *ali* 的看法是不會排斥，但是可惜因為感情不深厚所以互動太少。有了 *ama* 後的心情轉變是因為認為 *ama* 的形式，是要晉升到另一種階級時才能認 *ama* 的，所以有 *ama* 也代表著一種的驕傲，以及認了 *ama* 以後，能在山上多有一個人照顧的安全感。目前最想跟 *ama* 學的是，希望能在大獵祭上山時，能向 *ama* 學習狩獵的技巧。與 *ama* 之間難忘的回憶是兩人如果見面，就是吃吃飯、聊聊天。（報導人，高三生，18歲）

例6

在十六歲那年被收為義子後，我和 *ama* 間的互動有了改變，成為 *ali* 之後，常與 *ama* 交談，也會到 *ama* 家中幫忙。*ama* 在我的心中就像是一位老師，*ama* 讓我改變很多，以前的我比較懶惰，*ama* 讓我學習要幫助人家。*ama* 教我在山上基本要會的東西，還教了我一些關於草和植物的母語和用途，跟 *ama* 上山也讓我的體力變好，希望還能跟義父學習刀工。（報導人，高三生，18歲）

　　上述這些例子是受訪者以己身為例，描述教父與義子之間的關係。若從報導人年紀來看，實呈現出時代的變遷。例如，當代的義子與他們教父的接觸主要是在大獵祭與其他祭典的場合，主要學到的是打獵等山上活動的知識。這當然與現代年輕一輩接受學校教育有關。不過，這些報導卻也凸顯出教父與義子的親密關係，有的意識到教父的不同個性，有的強調教父彷若父親甚至還要親近。

　　一九四〇年代出生的男性族人甚至提及他們少年時期，若是跟家裡面的人吵架或者被父母斥罵時，就會跑到會所睡覺（董恕明 2012: 213, 250）。然而值得注意的是，在當代的脈絡，會所對於家庭不完整（如父母離異）、或者異族通婚（如母親為卑南族而婚入並非卑南族的父親）的男性青年來說，不只是代表著個人成長過程歷練的場所，更是提供一個彷如「家」的感覺的環境、一種身分上的歸屬：在那裡，不但是部落的一員，也有類似兄弟關係的同儕，與彷如父親的長輩的教導與重視。[17]

　　從某些方面來說，下賓朗的情形並非特例。類似的發展也見於卡地布部落（知本聚落），不過，後者更強調青少年、青年之間的關係。[18] 卡地布於一九九〇年代初期開始重建會所制度，並成立青年會組織。青年會的幹部，尤其正、副會長，彷若青少年的大哥哥，並且作為青少年與部落、家庭、學校之間溝通的橋樑。例如，*valisen* 級的青少年如果沒有到學校，而家人又無法管教時，正、副會長會給予勸導；當校方聯絡不到家長，會聯繫正、副會長；家裡付不出學費時，青年會先代為墊款等等（林

---

17 以一位年輕人為例，他的祖父是外省籍，祖母為下賓朗卑南人，但是因為父親冠上祖父姓氏，所以他自己沒有原住民身分。後來，當事人改從母姓，由於母親為原住民（但非卑南族），他遂具有原住民身分。他與他的弟弟都參與會所階段的訓練。對他來說，會所就如一個家。

18 卡地布並沒有普見於其他卑南族部落由老人為青年男子舉行成年禮而締結教父／義子關係的情形，反而他們重建的青年會包括成年禮的舉行，是每三年晉級。這有如阿美族的年齡組，卻又沒有前者具有組名的特徵。

頌恩 2004: 162；另見陳文德 2011b）。

　　這樣的發展固然是當代的，但是對於卑南族男子而言，為何會所能夠扮演這樣的作用？個人認為，這不但涉及會所在卑南族男子養成與學習過程的重要意義，也已涉及卑南人「家」的構成的性質。而類似家以外的學習過程也見於女性族人的事例，儘管這樣的發展沒有像男性族人因為有會所制度而那麼顯著。這樣的特徵也顯示在卑南族罕見以個人名字稱呼對方的習俗，反而是隨著生命過程有著不同社會性的稱呼（參閱陳文德 2013）。這樣的區分也隱含著卑南人的家與其他社會生活領域的關聯。為了清楚呈現出這樣的特色、家與部落的關係，以及前述會所在當代扮演的作用，接下來的一節擬從理想的卑南人的生命過程（life course）描述其成長過程以及相關的生命儀禮。

四、卑南人的社會化過程與生命儀禮[19]

　　「人」在卑南語為 *Tau*，被認為是來自兩性的交媾。在用語上，他們清楚區辨不同類型的手足，也有不同的表達方式。例如，同父同母為 *mukasa pudek*（*mukasa* 是「一起、同一個」；*pudek* 是「臍帶」，意為「同一臍帶」），同父不同母為 *kurekaukak*（*ukak* 是「骨頭」），或者同母不同父 *mukasa dainayan, aDimukasa demamayan*（*ina* 是「母親或母輩女性稱呼」，*mama* 是「父親或父輩男性稱呼」，*aDi* 是否定用語，表示「不（是）」）。另一方面，卑南人卻認為生命之所以可能以及死亡之無法避免，實為「造人者」*pakaTau* 的作用（語根為「人」*Tau*）。

　　卑南人認為人從出生後，就是一個歷經不同階段的成長過程。而且力量（*kelan*）是隨著人的成長與學習而累積的。這樣的特徵也明顯見於儀

---

19 本節部分資料引用陳文德（2010a: 第二章），並以南王資料輔助說明下賓朗的情形。

式執行者的例子（陳文德 2010b）。理想上，一個人從出生到死亡，約略經過下列幾個階段：（1）嬰兒期，（2）兒童期，（3）青少年期，（4）成年期與中年期，以及（5）老年期（參閱表 2～4 的下賓朗、南王與知本的例子）。要言之，卑南人的社會秩序是以年齡為基礎。[20] 儘管環境已有所改變，對於長者的尊敬與階序的規範，仍呈現在日常社會生活中。老人被視為是世代知識傳遞的媒介者，是與「歷史」、「祖先」和「起源」等觀念相互關聯的，關係著文化的持續與改變。老人與年輕人的關係就如根源 *rami* 與枝葉 *ludus*（陳文德 1999a）。在此必須特別指出的是，人的成長過程中，不但呈現出兩性之間的區別與不同階段中兩性的禁忌與規範，也呈現家、親屬群體和部落在個人不同階段的成長中扮演著不同的角色，以及這些不同生活領域之間的關係。

（一）嬰兒期

嬰兒出生後數日的某個清晨，家人在屋外為嬰兒舉行出生禮 *puwaenan*，這個儀式清楚顯示出兩性的區別。若是男嬰，由家中女性長者讓嬰兒手持小刀揮砍樹枝三次；若是女嬰，則手執除草用的鐮刀，也是揮動三次。這表示長大後，男子上山砍柴、打獵，女子則從事農作。揮動小刀或鐮刀之際，長者同時唸禱，提到現今部落內的賢能長者，希望嬰兒日後能夠仿效甚至超越這些長者。

出生禮之後，家中長者替嬰兒取名。除了沿襲祖先的名字，也會因為出生前的徵兆（如親人作夢內容）、出生時候的特殊情境等，而予以命名。[21] 在卑南人的觀念中，嬰兒一出生並不具有「人」的屬性，而是行出

---

20 雖然輩分也是重要的，但主要是在近親之間。如果關係比較遠，彼此之間的稱呼就比較複雜。

21 蛸島直（1997, 1999a）曾以建和卑南人為例，描述與分析命名方式以及改名原因。

生禮後始具有人格。[22] 從新生嬰兒到能獨立行走的階段，卑南人有頗為豐富的用語描述，能獨立行走時則統稱為 *LaLak*，意為「兒童」。

表 2 下賓朗卑南人兩性的年齡階段與稱呼

年齡階段	男性稱呼	年齡	女性稱呼	年齡	備註
1. 嬰兒期	*manguden*	不足一歲	*manguden*	不足一歲	
2. 兒童期	*kis*	2～12 歲	*tiyan*	2～13 歲	
3. 青少年期	*Takuvakuvan* (A) *maralakan* (B) *lipadukan* (C) *puuareTa* (D) *maradawan*	13～18 歲 13～14 歲 14～15 歲 16～17 歲 17～18 歲	*muladaladam mituvi'd*	13～18 歲	
4. 青年／成年期	*mivalisen*	18～21 歲	*paseket miLabit*	18 歲～20、21 歲	
	vangsaran	21 歲～結婚前	*vulavulayan*	20、21 歲～結婚前	
5. 已婚期	*alavalavat*	已婚～55 歲以下	*miHaling*	已婚～55 歲以下	*Haling* 是「配偶」的意思
6. 老年期	*maiDang*	55 歲以上	*maiDang*	55 歲以上	

資料來源：引自董恕明（2012: 51）並略做修改。

---

22 因此，嬰兒若還未行出生禮而夭折（包括死胎），家人通常會隨意掩埋。但是若已行此儀式，該家就會被視為年度內的喪家，需要舉行除喪儀式。

表 3　南王卑南人兩性的年齡階段與稱呼

年齡階段	男性稱呼	年齡	女性稱呼	年齡	備註
1. 嬰兒期	*makiteng*	不足一歲	*makiteng*	不足一歲	
2. 兒童期	*kis*	2～13 歲	*tiyan*	2～13 歲	女孩子稍大時成為 *miyatubiL*，意為正在穿著內裙 *tubiL*
3. 青少年期	*Takubakuban* (A) *ngaungaway* (B) *taLibatukan* (C) *kitubangsar* (D) *maradawan*	13～18 歲 13～14 歲 14～15 歲 15～16 歲 17～18 歲	*muladaladam miLabit*	13～18 歲	*Takubakuban* 是少年會所（*Takuban*）成員，此時期又細分為 *maranakan* 和 *maradawan* 兩個階段，其中，(A)～(C) 統稱為 *maranakan*。*Labit* 是外裙，*ladam* 是練習，意為練習穿著外裙
4. 青年／成年期	*miyabetan*	18～21 歲	*paseket miLabit*	18 歲～20、21 歲	男子舉行成年禮，成為成年會所成員。一旦成為 *miyabetan*，老人不能再以 *kis* 稱呼青年，而改以 *tan* 稱之。*paseket* 是確認，意為正式穿著外裙。
	bangsaran	21 歲～結婚前	*bulabulayan*	20、21 歲～結婚前	*bulabulayan* 的語根是 *bulay* 漂亮、美麗
5. 已婚期	*alabalabat*	已婚～55 歲以下	*mikataguwin*	已婚～55 歲以下	*kataguwin* 是「配偶」的意思
6. 老年期	*maiDang*	55 歲以上	*maiDang*	55 歲以上	

資料來源：宋龍生 1964；河野喜六 2000[1915]: 291-307；衛惠林等 1954；以及筆者調查。

表 4　知本卑南人兩性的年齡階段與稱呼

年齡階段	男性稱呼	女性稱呼	年齡	備註
嬰兒期	*veHenin*	*veHenin*	1 歲以內	
幼兒期	*kemawakawang*	*kemawakawang*	2-9 歲	
童年期	*LaLakan*	*LaLakan*	10-12 歲	*LaLak* 是兒童
少年期	*Takuvakuvan*	*maituviLan*	13-17 歲	*Takuvan* 是少年會所。*tuviL* 是內裙
青年期	*valisen*	*vulavulayan*	18-20 歲	
	venangsangsar		21-23 歲	
	vangsaran		24-26 歲	
壯年期	*maradawan*	*miturumaHan*	27-35 歲	*rumaH* 是家，意為已經成家
中年期	*musavasavak*	*tainayan*	36-55 歲	*savak* 的意思是「內、裡」，意指男子婚入妻家。*ina* 是母親輩的女性稱呼
老年期	*maHizangan*	*maHizangan*	56-59 歲	
耆老期	*temuwan*	*temuwan*	60-69 歲	*mu* 是祖輩的稱呼
耆齡期	*dawadawan*	*dawadawan*	70 歲以上	

資料來源：田野調查。

（二）兒童期──以住家為中心

　　這個時期約從 2 歲到 12 歲左右，也就是男童進入少年會所階段訓練的前夕，女童則是初經到來之前。前述出生禮呈現的兩性區別，在這段時

期也有更進一步的區辨，尤其表現在年長族人分別以 *kis* 和 *tiyan* 稱呼男、女童。這個階段的孩童，主要的活動空間是以住家為主。年紀稍大的男孩，逐漸成為家裡事務的幫手。在早期以農業種作為主的時代，男孩可能與他的同儕一起放牛，女孩則跟隨母親或其他女性親人協助家事。到了青少年期，兩性分工的情形就更為明顯。

（三）青少年期——住家之外的集體生活

在卑南人的成長過程中，青少年階段是一個重要的轉折，不但形塑個人個性與舉止的發展，也具有重要的社會文化意涵。

1. 青少男

在臺灣原住民族中，卑南族與阿美族、鄒族、東部魯凱族和部分排灣族部落都有成人會所或年齡組織，不同的是，卑南族另有少年階段的訓練，這階段的成員稱為 *Takuvakuvan*。[23] 就目前所知，下賓朗曾與南王、知本一樣，都有另建於成人會所旁側的少年會所，不過，下賓朗的少年會所是類似成人會所的茅草屋，不像後兩者都是高干欄式的建築。至於其他部落則是少年階段成員與成人一起住在成人會所。

一旦進入青少年階段，年長級的 *maradawan* 通常會根據剛進入會所的少男的家裡田地的地名給名，或者跟地名有關。例如，一位出生於1946 年的下賓朗卑南人，他約 13 歲進入少年會所，被給予的名字是inavarang，是取自家中耕作農地地點在「稻葉」而來的（董恕明 2012: 219，另見頁 213, 247）。[24] 一般來說，這個新的名字就取代了出生時的

---

23 南王方言為 *Takubakuban*，其他部落為 *Takuvakuvan*，也就是南王的 '*b*' 在其他部落發音為 '*v*'，為行文方便，泛指卑南族時，本文一致書寫為 *Takuvakuvan*。類似的例子如 *vangsaran*（晉升為可婚級的男子）等。但若指稱某特定部落時，則依其拼音方式。

24 南王的情形略有不同，主要是根據少男的舉止、習性、體質、能力（如善跑）或其他特徵給予新的名字。已故的南王卑南族音樂家陸森寶（baliwakes，1910～1988）在他的自

個人名字，而在少年會所中使用，直到晉升為成人會所的服役級成員，即 *valisen*。若稱呼個人原先的名字，會被視為是不禮貌的（參閱孫大川 2007: 156-157, 290）。下賓朗少年會所階段共分為四級，分別為低年級的 *maralakan*、中年級的 *ripadukan*、高年級的 *puwaretraH* 以及最高年級的 *maradawan*。前面三個級次又統稱為 *maralakan*。卑南族中，南王少年會所階段的訓練過程最長，約有 6 年之久。

根據文獻記載以及經過這個階段訓練的族人的報導，除了傳統古謠、技藝與體能之外，膽識的訓練與學習尊敬長上的舉止行為是主要的重點，而會所就是這階段青少年學習與成長的主要場所。這段時期如果犯了過錯，即使老人會予以叮嚀，但仍是由 *maralakan* 來處罰犯錯的青少年。筆者也嘗聞南王卑南人說道，當看到某位年輕人表現優秀時，他們不會詢問年輕人的父母是誰，而是：「誰是教導他的 *maradawan*？」

從卑南人成長過程來說，青少年階段可說是卑南族男性離開家的領域過渡到公眾領域的中間過程，也是進入成年會所的預備期。例如，*mangangayaw*（少年年祭）一語，顯然衍生自成人會所成員的大獵祭 *mangayaw*，少年成員的獵猴與刺猴被視為有如成人的獵首。

2. 少女

相較於她們的男性同儕，同年齡期的少女並沒有這些制度化的訓練與儀式。不過，少女到了這個階段也有一些值得注意的轉變。在以小米為主食的時代，南王、下賓朗和利嘉等聚落都曾有婦女幫團組織，從事小米除草的換工 *misa(H)ur*，除草的順序往往是從最年長婦女的耕地開始。少女跟隨著母親、姊姊等女性親人參加這個以婦女為主的活動，在過程中學習

傳中寫道，他約在 12 歲時上到少年會所，當腳一踏進去，少年會所的年長級 *maradawan* 就立刻給他取了「阿肋笛沙央」（areTisayan）這個新的名字，意思是「單手」，表示一個人很有力量，只用單手就可以克服困難（引自孫大川 2007: 156-157, 290）。

農作以及尊敬長者的德行和生活規範。在下賓朗，年長婦女會依少女的體質特徵或個性取名，即使少女以後為人妻、人母，同儕之間或年長婦女仍會以這個名字稱呼。

　　一九四〇年代下賓朗卑南人仍種植小米時期，因為地方大，分為兩個除草工作團進行。[25] 兩個工作團在各自的田地上除草，也有競賽的意味，例如：比誰起得早、做得快、哪一團最快把小米除草工作做完。等到除草完工慶祝 *muHamud* 時，兩個工作團集合一起慶祝（董恕明 2012: 141）。在除草團裡，也有不同的稱呼。例如，長老 *maiDang* 是要什麼都會；領隊 *kamaLazaman* 是比較熟悉工作的進行；*kemakezeng* 是指導者，在田裡指導工作；*maruLisay* 是年輕人，而 *marupiTik* 是特別強調年輕有活力、天真無邪的女孩（同上：81）。這個由 13～14 歲左右以上的女性所組成的除草團體，在卑南族婦女的成長過程中扮演著相當重要的角色。兩位現齡七十餘歲的下賓朗婦女描述她們個人的經驗（孫秀女、孫瑞納 1999: 37-38）：

> 少女藉此機會可以從比自己年齡較大的帶動姊妹領教，諸如：如何運用簡單的農具和耕作技術；教導縫紉、繡花、烹調、舂米系列的家務事；也教導她們如何尊老敬賢的禮俗，……對卑南族中年婦女，具有培育領導能力，承上啟下，薪火相傳的功能。每年 *misaHor* 期間，由長者及本期負責領導者，仔細觀察中年成員中可塑造之人才，刻意鍛鍊其語言能力、體力、歌唱技巧；觀察她和其他成員互動關係，試探其耐心、恆心、愛心，然後逐年的令她練習帶領整期的 *misaHor*，……*misaHor* 對卑南族年長婦女，具有尊

---

25 1951 年左右，因為種作面積縮減，只剩下一組。待一九六〇年代中期以後，由於族人已少種作小米，轉而幫忙年長婦女的田地種植橘子等作物（董恕明 2012: 81, 144）。

崇、權威、典範的功能。……她們以詠唱、行動、典範方式表達出
來，俾後代子孫建立自己的價值觀和人生觀。

（四）成年期與中年期——婚姻、家的建立與部落生活

1. 成年期

　　成年期是卑南族男子生命過程中另一個重要階段。在青少年階段訓練
的最後一年，也就是該年年底的大獵祭即將到來之前，青少年的父母事先
找好一位德高望重且行為舉止可做為模範的老人，請他為他們的兒子圍上
藍色裙布，舉行成年禮。一旦舉行成年禮，就成為成人會所的服役級成員
valisen（*miyabetan*）。[26] 因為是成人了，族人對他的稱呼也必須改變：不
但不能以 *kis* 這個包括少年階段的稱呼或者少年階段的名字稱之，也沒有
另取新的個人名字，而是使用指稱成人會所見習級身分 *valisen* 這個泛
稱。南王一位現年 90 歲的報導者的親身經驗說明了這種轉變。報導人
說：「我年輕時一直在外工作，回來時，同儕多已舉行過成年禮、晉升為
miyabetan。家人認為我也應該舉行成年禮了，於是就叫我到成人會所
去。到了會所，已有一些老人在那裡，他們看到我，喊我 *kis*。稍後，一
位老人為我舉行成年禮，同時告訴我不再是小孩時，在場的老人們也都以
tan 稱呼我，不再叫我 *kis*。」相較之下，婦女們則沒有這樣的轉變。例
如，在南王，老人仍然可以 *tiyan* 稱呼已屆中年且有子嗣的婦女以表示親
暱關係。

　　為青年人舉行成年禮的老人跟青年之間可以沒有任何親屬關係，甚至

26除了南王稱此階段的青年人為 *miyabetan*，其餘部落都稱為 *valisen*。*valisen* 的字根 *valis*
　有「轉變」的意思（孫大川 2007: 33，附註 34）。至於 *miyabetan*，前綴 *miya*，表示狀態
　「正在進行」，*betan* 是「圍布」。成為 *valisen/miyabetan* 後，就要參加大獵祭，以往甚
　至面對出草的威脅（參閱王勁之 2012: 96）。

分屬不同宗教信仰。不過，現在也有祖父給孫子舉行成年禮，但是嚴禁兩者同住一個家。一旦舉行成年禮，老人就與青年建立起密切的關係。族人稱兩者是「教父」與「義子」的關係，而兩者彼此之間的稱呼，在知本、泰安與初鹿是以 *aley* 互稱，如同朋友；至於下賓朗與南王的例子，則是老人以 *valisen*（*tan*）稱呼青年，而青年稱呼老人為 *ama*（父親、父輩男性的稱呼）。不論如何稱呼，青年爾後就跟隨老人學習與增加自己見聞、知識等技藝。在卑南人的觀念中，教父被視為「比親生的父親來得親。比如當農忙時期，義子一定要先到教父家幫忙，即使家中的地再大，也必須先去幫忙教父」（引自董恕明 2012: 97）。往昔，卑南人以農作為主時，青年都要主動前往幫忙。如果老人及其配偶過世，旅居在外的義子都會盡量趕回來參加喪禮，也要準備米粿獻祭。若不克返回，在家的父母甚至代替青年舉行義子之禮。即使今日，仍不乏教父過世而仍與其家人持續互動的事例。

　　成為 *valisen* 的三年期間，主要強調體力、耐力的訓練以及學習傳統習俗等技藝。[27] 部落或族人家中有緊急事情發生時，*valisen* 就必須趕緊配帶鐵磬 *tawLiyul*，急速通報社人。[28] 到了第三年年底的大獵祭，*valisen* 再由各自的教父為他們舉行晉升為 *vangsaran* 的儀式。到了這個階段，青年就可與女子交往，進而結婚。

　　與她們的男性同儕不同，成年女子如同少女時期，也沒有制度性儀式

---

27 根據下賓朗報導者的經驗，不同年級的 *valisen* 在大獵祭期間有各自負責的工作：一年級主要負責控制煮食火候；二年級負責找菜、煮菜與煮飯；三年級負責監督、督導（董恕明 2012: 138）。

28 下賓朗族人陳明文（1947～）報導，他當 *valisen* 時村中有人過世，*vangsaran* 指定他和一位同年次的 *valisen* 跑到知本去通知家屬。由於知本距離較遠，他們出了下賓朗村口就把鐵磬拿起來，以免沿途經過其他村莊聽到聲音，造成誤會。快到知本時，再掛起來（董恕明 2012: 249）。就筆者所知，2001 年年初知本司祭長過世時，知本的 *valisen* 就曾配戴鐵磬到各部落通報訊息。

表示進入到成年階段。[29] 這時，她們已是 *vulavulayan*。她們的生活仍舊以家為中心，婦女除草幫團仍是她們主要參與的部落性活動。這個階段的女性分擔著更多的家事與農作，她們也學習編花、刺繡；花環與繡製的傳統禮服是卑南族慶典與生命儀禮等場合的重要裝飾。

兩性之間在成年期階段有著更為明確的舉止規範與禁忌。誠如前述，兩性區別已見於男嬰手持小刀、女嬰手持鐮刀的出生禮，但是男子一旦成為 *valisen*（*miyabetan*），就必須與婦女保持相當的距離，甚至不許搭訕，不像婦女除草時，少年階段的年長級 *maradawan* 會來幫忙，並且拿水給婦女喝。最明顯的兩性差異的禁忌是有關儀式的參與。重要的歲時祭儀如七月的小米收穫祭或是十二月的大獵祭，婦女們不但不能參加，甚至不能靠近儀式舉行的地點，以免發生不幸的事情。反之，成年男子不能接觸織布機，也不能坐在織布床上，否則狩獵或從事其他活動時容易受傷。即使今日，這樣的禁忌仍舊可見，甚至為接受基督宗教的族人所遵守。

2. 中年期

成年期是男女適婚的階段（男子須晉升為 *vangsaran*）。以往，卑南人多行男子婚入妻家的婚姻方式（胡傳 1960[1894]: 50）。知本稱已婚男子為 *musavasavak*，這個字生動地傳達這樣的訊息：語根 *savak* 的意思是「內、裡」，*musavak* 是進入的意思。結婚 *puruma(H)* 對於卑南人是相當重要的大事，表示一個家 *ruma(H)* 的成立。若有男性老人未婚，還會私下被戲稱為是 *vangsaran*。卑南人對於已婚的男女有不同的稱呼，例如：知本稱已婚婦女為 *miturumaHan*（語根是 *rumaH*），南王則為 *mikataguwin*

---

29 近年來，南王婦女也發展出類似「教父／義子」的「義母／義女」的作法，但不是每位青少女都會去「認」一位年長的婦女作為義母，也不具有如同男子會所制度的社會文化意涵。

（*kataguwin* 是「配偶」，意為「有了配偶」）。[30]

值得注意的是，青年結婚後，岳家的長輩不直呼青年的名字。例如，南王卑南人是以青年所屬的會所名稱稱之。有了子嗣之後，男子及妻子均以長嗣之名作為身分的識別與社會稱呼。例如，族人會以 *temamataw* xxx、*tinataw* xxx 分別稱呼這對夫妻：*ama* 是父親，*ina* 是母親，xxx 是長嗣名，意為「xxx 的父親／母親」。無子嗣者，通常另行收養，收養子女之名就成為族人對他們的稱呼。往昔，不論男女，頭胎皆以嬰兒的父親在成年禮時所得的圍布包之，象徵著傳承綿延不斷。

隨著子嗣的出生、自己年齡的增長，已婚男女在家中的地位也逐漸改變。在南王與下賓朗，年長的父母會將他們位於家屋神聖地方的東北處的臥室空出給已婚且逐漸邁向中年的女兒與女婿（或兒子與媳婦）居住，他們則搬到較為後方的臥室。另一方面，隨著年紀與身分的改變，已婚者也在與親屬有關的生命儀禮或部落事務中，逐漸扮演著重要的角色。

（五）老人期──家與部落的中心、人與神之間的媒介

卑南族大獵祭祭歌 *irairaw* 有「*kan maiDang, kan maLaDam*」這兩句歌詞，意思是說：「老人者，多見聞、有知識」，形容老人的智慧以及豐富的知識與見聞。也就是說，老人 *maiDang*（*maradawan*）不但有其重要的社會地位，也是部落事務的主要參與者與決定者。*maiDang*（*maradawan*）一字既指稱「老人」，在儀式的經文中也意指「祖先」。老人可以如同祭師或巫師等儀式執行者，代為向祖先與神靈祈福，尤其是在家中舉行的祭儀。

整體而言，年長婦女在家與親屬聚集的場合，尤其婚喪喜慶等生命儀禮中，是被諮詢的對象；相對地，由於卑南族有嚴謹的會所制度與年齡組

---

30 包括下賓朗的其他卑南族部落，稱配偶為 *Haling*。

織，男子不但在生命過程中不同階段的轉換遠較女子明顯，也在部落公共事務扮演著重要的角色。如果從男性老人能成為一位教父的條件來看——除了他個人的品行等因素，還有配偶也必須健在甚至他自己沒有再婚的情形[31]——這裡就也蘊含著由夫妻構成的「家」的理想樣貌。誠如前述，有了子嗣之後，親從子名成為一種社會性的稱呼方式，但是這樣的稱呼最明顯見於年長老人的事例。換句話說，親從子名稱呼的意義已經不完全侷限在生殖之家的領域，而是隱含著老人代表著部落的社會地位（參閱 Bloch 2006）。筆者認為，這不但涉及卑南族「家」的生物性繁衍與社會繁衍之間的關係，更意味著必須從與部落（會所）的關係來理解卑南人的「家」的構成。

五、卑南人「家」的構成與部落（會所）的關係

筆者曾以南王為例，指出「家」的構成的探討有助於我們瞭解卑南族的親屬特徵，也可釐清以往有關卑南人親屬為母系、血親型與非單系的爭議（參閱陳文德 1999b）。為了便於文後的討論，以下僅摘述主要相關的論點。

要言之，卑南人的「家」有三個主要特徵：（1）家的成員、（2）家屋以及（3）種籽（尤其指稱小米）。其中，家屋的建立，尤其安置鎮宅咒物 pinamuTeg（lu'em）與灶的火灰 avuwan 這個同居共食的特徵，呈現出家的獨立性。這個特徵不但見於以往室內葬的習俗，[32] 也見於今日的除

---

31 有位南王婦女找她的姨丈而不是叔叔來為她的兒子舉行成年禮。她告訴筆者說：「叔叔比較親，但是因為他喪偶後再婚，所以才找姨丈。」下賓朗的男性老人不多，其中又有喪偶、離異者，因此也有找再婚的老人為年輕人舉行成年禮的情形，不過，並沒有配偶不在卻為人舉行成年禮者的例子。

32 子女或同胞分出或婚出，是埋葬在他們分出或婚出所居住的家中。

喪儀式。過程中，巫師們先是在爐灶前舉行隔離死者與家中遺屬的儀式，以及在靈柩停放之處喚起死者的靈魂，也為圍聚在屋內客廳中央的喪家以及這段期間前來陪伴守靈的至親好友除穢。之後，喪家與守靈的親友留在屋內，巫師們將屋門關上，然後環繞家屋舉行除穢儀式。最後是一起到卑南大溪洗淨。洗淨後，這段期間前來守靈的親友才能回到他們自己的家中。參與者在這些儀式中所佔據的空間，都凸顯出家的成員與家屋範圍的重疊性，而呈現出家的獨立性。除喪儀式之後一段期間，喪家還會找儀式執行者舉行一些後續的除穢儀式，但這時候的參與者主要是同居共食的家人。

相對於家的獨立性，小米種籽（*bini*）及其播種、收割等相關儀式，則呈現出分自同一本家的家戶群之間的關係。用南王卑南人的話來說，這個家戶群即是 *mukasa Da bini*（*mukasa* 是「一起」，意為「相同的 *bini*」）。因此，如果彼此都來自同一個本家，或是之間有本、分家的關係時，拿來作為自己家中來年播種的小米種籽就可以直接拿進穀倉（穀倉以前是在屋內）。如果兩家之間的種籽不同，也就是 *aDi mukasa Da bini*（*aDi* 意為「不是」，亦即，「不相同的 *bini*」），這時拿來作為種籽的小米穗就只能懸掛在屋簷下或者庭院某處，等到要播種時再直接拿去田裡，待收成後，新收割的小米就可以放到自己的穀倉。[33] 而小米作為家戶之間甚至家是整個部落一環的特徵，更明顯見於在設在本家以及部落領導家系的祖靈屋 *karuma(H)an* 所舉行的小米嘗新祭，尤其是部落性祖靈屋作為整個部落祭儀中心的地位。[34] 族人必須在小米收穫祭後才能將新的小米

---

[33] 這裡已經涉及土地作為轉化的機制。南王卑南人買賣種作的土地時，都要舉行儀式。例如，買方需請儀式執行者祛除土地上的不淨，然後再舉行儀式象徵這塊土地已經成為自己的；相對地，賣方則請儀式執行者舉行儀式，並且把該塊土地的一小撮土拿到其他田地或者放在穀倉的角落，表示原來種作的那塊土地的種籽已經拿走了。

[34] 有關 *karuma(H)an* 的討論，尤其它作為人群結合的機制與意涵，請參考陳文德

帶出部落外，而且家戶在舉行嘗新祭之後，也才能食用別家新的小米及小米粿。家與部落空間的轉換也以另一種方式呈現在小米收割期間舉行與家或個人有關的儀式。例如，族人若請儀式執行者到家裡治病或舉行其他儀式，平常是在部落入口處丟棄檳榔等儀式用品，若是得知已有族人收割小米了，這時儀式物品只能丟棄在住家旁側。[35]

　　上述這些描述已呈現出卑南人的「家」的一些重要特徵，但是有關「家的成員」的討論仍有不充分之處（參閱陳文德 1999b: 32-33）。筆者認為，如果銜接前述有關卑南人生命過程的討論，更可以凸顯出家作為生物性的繁衍與部落的「社會繁衍」（social reproduction）之間的密切關係。亦即，「家」雖然是繁衍的單位，但是「家」之得以作為一個繁衍單位卻是以社會繁衍為基礎。以下從人的生命過程與歲時祭儀來進一步說明，尤其除喪與成年禮的關聯性更凸顯出這樣的特徵。

（一）從人的生命過程來看

　　圖 1 是綜合第三節描述的卑南人的生命過程，顯示出家的繁殖，至少涉及兩個家。也就是說，不論其婚姻方式為何，男性族人必須經過成年禮過程才可以成家，建立他自己的生殖之家（family of procreation）。而青年在結婚有了子嗣時，是以他成年禮的圍布來包裹長嗣。換句話說，透過成年禮的舉行所締結的教父與義子之間的關係，實際上跨越了家的邊界。即使現在也有由祖父或外祖父來舉行成年禮的少數例子，但必須嚴守（外）祖父／（外）孫兩人不能同一住家的規定。

　　要言之，就名字稱呼與居住空間的轉換而言，下賓朗與南王的例子是

（2011a）。

35 由於南王卑南人將小米的祭儀轉用到水稻，若有族人已收割稻米了，就如同小米的情形處理。不過，族人仍清楚區分小米與水稻的差異（參閱陳文德 2004）

值得注意的：兩者都有少年會所，在少年階段也有新的個人名字，而且會在一年的不同期間分宿少年會所與家中；[36] 待進入成人會所後，就不再住於家中，也沒有個人名字（另見王勁之 2012）。其他部落雖然不大一樣，其間的類似特徵是值得進一步思考的。例如，泰安與利嘉的青年男子在舉行成年禮、成為 *valisen* 時，教父會給予青年一個跟他一樣的名字。也就是說，教父叫什麼名字，義子就跟他同名，而教父的這個名字有時又是來自他自己的教父。有新的名字而且與教父同名的稱呼方式並不見於下賓朗與南王，但是南王的青年與教父同屬一個會所，而且這個會所名稱是作為岳家稱呼已婚但還沒有子嗣的女婿的方式，卻也指出會所獨立於家的領域的特性。再以初鹿的例子為例，往昔晉升 *valisen* 階段時，會由教父與老人根據青年的個性等特徵給予一個名字，取代原來的個人名字，並且一直沿用，待其年長時，則在前面另加上 *ama*（父執輩男性稱呼）、*mumu*（祖父母輩稱呼）。這樣的特徵也顯示出家的領域與會所之間的轉換。

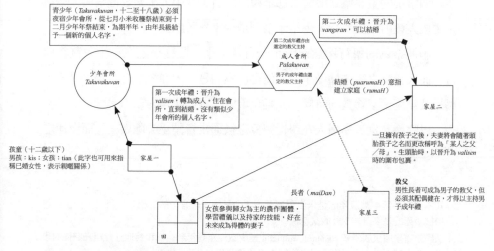

圖 1　卑南人兩性成長過程

---

36 利嘉卑南人許平相先生告知利嘉少年階段沒有新的名字，而且這段期間是住在家中。

　　從家到會所（部落）的轉換更進一步呈現在南王的傳說口碑。這則口碑主要是兩兄弟因為替妹妹報仇而不能進入部落，後來在興建少年會所時，由於父親違反他們的禁令而將他殺死。[37] 換句話說，從家的領域到會所（部落）領域的轉變，既強調血緣（異性同胞）卻又否定這樣的關係（父子）（參閱附錄，另見 Cauquelin 1995）。[38] 另一方面，待青年男子舉行成年禮，他既與教父建立類似血緣上的父子的關係，結婚生子時又以他成年禮的圍布來包裹長嗣，象徵著生物性的繁衍。於此，我們看到透過會所的過程，而建立了一個家及其繁衍的可能。

（二）歲時祭儀中的除喪與再生[39]

　　如同其他臺灣南島民族，卑南族的小米種作舉行歲時祭儀。不過，卑南族除了陽曆七月的小米收穫祭儀外，又有陽曆十二月的少年年祭與大獵祭。由於舉行的時間分別在夏天與冬天，又有「夏祭」與「冬祭」之稱。這兩個祭儀的主要儀式參與者都是會所成員，其中，小米收穫祭與大獵祭是由成人會所成員舉行，少年年祭則是少年會所成員。

　　兩個祭儀的舉行顯然都跟小米有關：小米收穫祭是在小米收割後舉行，而大獵祭之後才播種小米。值得注意的是，大獵祭舉行之際也是成年禮以及年度喪家除喪的時候，並且呈現成年禮與除喪的關係。

　　以除喪為例，卑南人在舉行喪葬之後通常會請巫師除喪，[40] 而潔淨之

---

37 知本傳說口碑中被殺死的是來自卑南社人（今日南王前身）的外祖父；反之，南王口碑中被殺死的是來自知本本社的父親。

38 法國語言學與民族學者 Josiane Cauquelin 是少數注意到年齡組織和其他社會組織關係的學者。筆者感謝臺大人類學系羅素玫教授協助翻譯此文。

39 有關卑南族的時令以及歲時祭儀詳細的描述與討論，請參考笠原政治（2009[1980]）與陳文德（1989, 2010a: 第四章）。

40 這裡尤指接受漢人宗教信仰者。喪家是以漢人方式舉行喪禮，然後再由巫師舉行除喪儀式。

後，親友也就可以邀請喪家到家中並予以安慰。但是，只有待成人會所成員在大獵祭之後到喪家除喪，喪家才可以參與公共場合的活動。在有少年會所的下賓朗與南王，是在大獵祭之前，少年會所成員會先舉行少年年祭。這時，少年會所成員會去喪家開門。[41] 少年年祭 *mangayangayaw*，又稱為 *vasivas*，實蘊含豐富的訊息。*vasivas* 一字的意思是「開啟新的一年」（*Tembas amiyan*）。在建和部落，*vasivas* 這個字也有「除喪」的意思。即使如此，在下賓朗與南王的例子中，也是得待成人會所成員大獵祭回來時再去喪家慰問，然後邀請跳舞，才完成除喪儀式。換句話說，雖然南王與下賓朗以外的卑南族部落沒有少年會所成員去開喪家的門的儀式，但是由成人會所成員舉行除喪儀式，卻清楚地呈現出這種「再生」的意義。

「再生」（regeneration）的意涵也見於成年禮的舉行。經過 *valisen*（*miyaputan*）階段後，青年晉升為 *vangsaran*，也就是可婚級。在南王，青年由 *miyaputan* 晉升為 *bangsaran* 之前有一個稱為 *kitubangsar* 的過程，也就是，由教父為青年換上黑色裙布、並且戴上與年度喪家一樣由澤蘭編製的綠色花環，再由教父帶領共舞。之後，青年就可戴上鮮豔的花環、穿上傳統禮服，表示已是一位 *bangsaran*。當天晚上，年紀稍長的中年人就帶領這群剛晉升為 *bangsaran* 者，去拜訪部落住家中未婚的女孩。[42]

值得注意的是，如果在準備從少年階段晉升為 *valisen*（*miyaputan*），或者由 *valisen*（*miyaputan*）晉升為 *vangsaran* 那年也是喪家的話，該名青少年或年輕人必須延後舉行儀式。[43] 這樣的禁忌明顯地

---

41 下賓朗在一九九〇年代以後恢復少年年祭之後，就改由少年成員在少年年祭時去喪家開門。在此之前，是待成人會所成員於大獵祭回來後才去開門。

42 往昔，青年在 *valisen*（*miyaputan*）期間只能穿著藍色裙布，不但不能嚼食檳榔、喝酒，也不能跳舞以及與女性搭訕。

43 一位南王年輕人原本前年（2012）準備晉升為 *bangsaran*，但是因為是年度喪家，所以等

呈現出卑南人的家的構成，尤其是其「再生」，必須以社會繁衍為基礎的特徵。就此而言，卑南族的成年禮與阿美族的對比與意涵，可從中進一步思索。換句話說，阿美族的成年禮是以「組」為晉升單位，不但「組」及「組名」的集體性是個人社會身分的重要基礎（陳文德 1990），也以「父子兄弟關係」建構年齡組織，使之整合為有如一個擴大性的親屬體系（葉淑綾 2009）。反之，卑南族的成年禮是以個人為單位，由另一個家的老人為之舉行，締結彷若「父子」的關係，而老人之所以能夠有此資格，前提是他的配偶必須健在，也就是一個理想的家的形貌。亦即，當阿美族年齡制度以「父子」關係建構年齡制度，使之如同一個擴大性的親屬體系時，卑南族的年齡制度則是取代「父子」關係，卻又以「教父／義子」的形式建立有如「父子」的關係。卑南族的會所制度與祖靈屋的特徵，可以提供進一步的說明。

　　已有的文獻指出，卑南族各部落幾乎都曾有過多所成人會所，而且也各有與其相關的祖靈屋（參閱移川子之藏等 2011/2012[1935]: 第七章）。在有關卑南族母系親屬的論點中，祖靈屋與成人會所被視為一個母系氏族舉行祭祀及訓練其男子成員的場所（宋龍生 1965）。但是，這樣的論點既未探討卑南族的家的性質，也忽略了不同類型祖靈屋的意義。換句話說，被視為「母系」的親屬群體實為一群以建蓋在本家的祖靈屋為中心，並透過小米祭儀而結合的家戶所構成的（參閱陳文德 1999b, 2011a）。然而，設立於部落領導者的祖靈屋要含括部落所有成員時，則不但要有如前述類型的祖靈屋來結合這些家戶，同時也要跨越祖靈屋所結合的家戶群與其他家戶群的界限。就此而言，為青年舉行成年禮的老人與該青年之間所締結的教父／義子這彷若「父子」的關係，不論是如利嘉、泰安所見的義

　　到大獵祭結束後，也就是去年（2013）陰曆過年期間才舉行。如果教父是喪家，他不能為該青年舉行晉升 *bangsaran* 的儀式，而是找人代理。

子與教父同名，或者南王事例中，義子與教父同一會所，並以會所名稱成為被岳家長輩稱呼的方式，都呈現出跨越了家戶群的隔閡的特性。

　　然而，除了前述的「家」的重要性，男子是否可以舉行成年禮的禁忌與規範，卻也指出向來討論卑南人的「家」或親屬可能忽略的一些重要面貌。也就是說，除了同居共食以及共同小米種籽所呈現出來的「家」的獨立性與關聯性之外，承繼祖先與同胞的觀念則跨越了前述「家」的範圍，而這樣的觀念也顯現在卑南族社會文化的多個層面。例如，當筆者詢問當地族人的系譜時，對方是先以溯及某位祖先及其同胞，然後再由此祖先往下延伸的方式告知；竹占時，是以詢問是為 *kinu vavay*（母方）或 *kinu mainay*（父方）的方式開始；[44] 繼任巫師或者因為疾病而被儀式執行者告知要在祖靈屋舉行嘗新祭，也是源自某位祖先或者某位祖先的同胞。而卑南語中 *kitungu*（銜接、繼承）、*kiTali*（連接）這一組常用來指稱承繼先人一些特質的用語——尤其是承繼為巫師的事例——也是包括直系祖先及其同胞（參閱陳文德 2010b）。

　　換句話說，如果某位青年的（外）祖父母中有人過世了，即使他沒有與他們同住一起，而且因為父母有一方係婚入者而可能與青年屬於不同小米種籽的家系，該位青年也必須延後一年，而不能在當年舉行成年禮成為 *valisen* 或者 *kituvangsar*。類似地，如果父母的同胞過世——不論婚出或分出——成年禮也是要延到隔年舉行。就「同胞」這個範疇而言，主要是指同父同母（即 full sibling）、同父異母或同母異父的同胞。如果血緣上沒有關聯的「同胞」（也就是親方再婚，而對方已有子嗣）過世，但是住在一起或者同住一個部落內時，仍會有這樣的禁忌。相對地，如果不住在一起，或者不住在同一部落內，就沒有這樣的禁忌。這些規定既呈現出血緣

---

44 *vavayan* 是女性，*mainayan* 是男性之意，以此指稱夫（父）方或妻（母）方。

關係與同居共食的重要性，卻也凸顯出家與部落的關係。

　　下賓朗有兩個例子可以為例。當事人一位是排灣族，另一位是泰雅族，兩人的配偶是來自同一家的姊妹。他們都不是「卑南族」，卻接受了成年禮的習俗。他們在 2005 年大獵祭舉行成年禮，成為 valisen，並依規定將於 2007 年年底舉行 kituvangsar，成為 vangsaran。2007 年 1 月初，由於妻子的外祖母過世，他們於是延後一年到 2008 年，但是該年又是岳父的弟弟過世，於是又延到 2009 年才完成這項晉升儀式。

　　值得注意的是，這種跨越同居共食的「家」的禁忌明顯見於初鹿、下賓朗等聚落，但似乎不見於南王。[45] 這樣的差異反而凸顯出南王的「家」強調同居共食的特性，而且顯現在除喪儀式。在南王的除喪過程中，巫師在爐灶前舉行隔離死者與家人表示不再同食的儀式，然後在廳堂停放靈柩處喚起死者的靈魂，接著要喪家與前來守靈的親友都待在屋內，然後她們以繞屋洗淨的方式除喪，這些過程都凸顯出同居共食的重要性以及人與家的關係。就筆者所知，這些儀式內容並不見於其他卑南族聚落。再者，卑南族其他聚落大多曾有過祖先（及其同胞）以生病等方式要子孫在個人性祖靈屋舉行獻祭的情形，但是南王不但沒有這類個人性祖靈屋，而是在持有共同小米種籽的家戶群的最大本家旁側設有祖靈屋。反之，這一類型的祖靈屋卻罕見於其他卑南族部落。這樣的差異除了呈現南王內部權力集中且明顯階序性的傾向外（陳文德 2011a），也意味著「家」作為人群結合與納入外來者的可能性是跟它的構成有關（參閱黃麗珍 2001）。

　　綜合以上所述，成年禮禁忌的範圍實呈現「家」的性質，以及部落性之間差異的意涵，而從社會繁衍的角度來看，一個看似獨立自主的卑南族的「家」的特徵也必須從其與會所制度的關聯而有了更為充分的掌握。筆

---

45 2012 年 12 月下旬南王卑南人舉行大獵祭時，有位教父因為他的母親過世，是年度喪家。由於他的義子要晉升為 kitubangsar，因此就由此位教父的妻兄代為執行此晉升之禮。

者認為，這對於當代卑南族重建會所制度的發展的理解，可以有更為整體性地掌握。換句話說，重建會所制度一方面是與既有的人的生命過程、家與部落的關係等特徵密切關聯，卻同時也被賦予文化與身分認同的意義。而對於父母離異、不完整的家的青年男子而言，會所更被視為是「家」，是其成長與歸屬的場所。

六、結論

本文從卑南人的生命過程及其相關儀禮的描述與分析，指出卑南族的家的構成與會所的關係，這不但呈現於具有「再生」與社會繁衍的成年禮儀式及其禁忌，也隱含在卑南族會所源起的兩則神話傳說中。藉由這樣的討論，我們也才可能對於下賓朗甚至其他卑南族部落當代會所制度的發展有所瞭解。換句話說，會所之成為「家」的意象是有其當代脈絡的發展，卻也跟卑南族「家」的性質有關。

不過，卑南族的家與會所的關係在當代卑南族聚落中也有各自發展的面貌，並賦予不同的意義，其間既有延續性，也有新的發展。誠如第三節所述，卡地布（知本）於一九九〇年代初期展開會所重建與文化復振之際，其恢復的成人會所（巴拉冠） *palakuwan* 制度不再侷限於以部落為主的脈絡中，而是被賦予成為現代卑南人承傳傳統、建構新的生命意義的重要機制的意義。不過，卡地布並沒有類似下賓朗與南王所強調與凸顯的教父／義子的關係，反而是在以「組」且三年一次晉升的方式下，賦予青年會另一種角色。

至於南王，則是另一種面貌：不但由男性老人──也就是年滿 55 歲且具有為年輕人舉行成年禮資格者──所組成的長青會（老人會）的組織，未見於其他卑南族部落，更因強調傳統文化祭儀與習俗，也影響了青年會的成立與角色的扮演，以及近年來有關文化產業部落的發展（陳文德

1999a；另見陳文德 2014）。當部落討論「父親節活動」時，男性老人表示這不是當了父親的族人就參加，而是認為這本來就是老人會（也就是 55 歲以上具有可以成為「教父」資格者）的活動，只是以「父親節」的名稱來舉辦。[46]

相較之下，下賓朗發展出來的特色則是對於少年會所成員 *Takuvakuvan* 與成人會所 *valisen* 階段的嚴格要求（參閱二、三節），以及包括對於部落年輕人日常生活不當的舉止的處理。例如，由祭典委員會負責調查年輕人因酒醉而損壞部落設施以及對部落族人不禮貌的舉止，以及商議懲戒辦法（2011 年 2 月 15 日部落會議記錄）。換句話說，下賓朗會所制度的重建，不但凝聚了部落意識，也扮演了家原本應該扮演的一些角色，尤其對於單親或者失怙的青少年而言，更是如此。[47] 在這個過程中，對於家的重要性也同時被提出與期許。例如，年長族人在部落會議中指出，像收穫祭這樣的場合，除了做教父的要鼓勵義子出來做事，「大家也能夠藉此機會認識有哪些年輕人、哪些是 *vangsaran*、*valisen*。過去若這些年輕人都不出來做事的話，會讓部落族人認為這些都不是男人，所以做母親的也應該鼓勵自己的孩子出來做事」（2010 年 7 月 14 日第三次部落會議記錄）。類似地，在籌備少年、青少年所舉行的少年年祭（猴祭）時，也告知家長：「由於許多家長因工作忙碌，或對於 *muvasivas*（按：

---

46 根據筆者參與 2007 年 7 月 15 日「96 年度南王里普悠瑪原住民籌辦父親節座談會」的記載。

47 無疑地，這些發展是與下賓朗部落一些條件的結合有關。例如，下賓朗部落空間不大且住戶集中，可以迅速地透過廣播以及社區巡守隊等方式傳遞訊息，促使大多族人可以參與公共事務的討論。此外，近年來，由於一些族人也免償提供閒置空地來試種左手香（到手香）與香草等經濟作物以及種植蔬菜，而 2010 年開始執行的行政院原住民族委員會的部落永續計畫、農業委員會水土保持局農村再生計畫、勞工委員會的擴大計畫等資源，都提供部落一些工作機會。2011 年 1 月起，族人開始使用部落入口旁側的「花東縱谷國家風景區管理處卑南遊客服務中心」，這也是族人平常聚會、聊談的場所（另見金長驊 2009；謝欣芸 2010）。

少年年祭）並不清楚，所以 *pu'avay*（按：祭儀時給少年成員食物）用的
食物，仍然由下賓朗社區發展協會負責準備，期望將來家長能多多參與，
主動為自己的孩子準備」（2010 年 12 月 6 日第五次部落會議記錄）。甚
至，在部落會議中提醒家長，雖然已經展開少年年祭的訓練，但是除了固
定的時段外，並無課程，「請家長注意孩子的動向」，並且「請家長關心
自己的孩子，不要把少年會所當作托兒所；於活動期間主動到場關心慰
問，或是準備點心等，屆時會由較年長的孩子們負責分配管理」（2011
年 10 月 21 日部落會議記錄）。換句話說，藉由集體性活動的參與，彌補
當今家的內部存在的一些問題。

　　上述這些事例卻也指出家作為一個獨立單位的發展趨勢。[48] 的確，家
作為一個獨立單位的特徵充分顯示在以往行室內葬與穀倉在屋內習俗。然
而，誠如前述，因為小米的祭祀，持相同小米種籽的家戶共同形成一個家
戶群，[49] 並以設立在最大本家的祖靈屋為祭祀場所。換句話說，家的構成
實有不同的層面與特徵。透過小米祭祀以及祖靈屋的儀式，家、家戶群、
部落形成一個連續但不同層次的人群結合。當族人不再（或很少）種作小
米，其實也失去結合本家與分家這些家戶群祭祀的機制，加上會所制度的
衰微，更凸顯家作為一個獨立社會單位的特點。這樣的發展也反映在個人
性祖靈屋的社會意涵的轉變。亦即，逐漸褪去藉由祖先聯繫子孫這種可能
連結家戶祭祀的重要意義，反而強調家戶內個人疾病等因素的治癒。例
如，喬健提到他 1960 年到利嘉調查時，由於基督宗教與漢人宗教的影
響，當地的祖靈屋幾乎都已拆除，相關的祭祀也停止了。但是當他
1970～1971 年重訪該部落時，發現西方宗教在沒落了，而有關祖靈屋的

---

48 筆者謝謝一位審查人提出的意見，也在修改中說明家作為一個獨立單位的發展與意涵。
49 這些家戶通常是本／分家或來自同一本家的關係。以往因為從妻居的習俗，不少學者視
　其為「母系」的親屬群體（參閱陳文德 1999b）。

祭祀又再次恢復。他認為這是社會文化轉換過程中凸顯出來的一種個人心理認同（喬健 1972）。蛸島直（2001a）在建和的研究也指出，當地祖靈屋的農耕祭儀性質逐漸消失，祭祀趨於治療性儀式。許多參與者是為了治病才去參加小米嘗新祭。

　　一九九〇年代開始，隨著原住民族文化復振運動的發展，「部落」是原住民族納入國家體制前最根本的社會政治經濟單位，且是族群文化延續與發展的最重要載體的論點也此起彼落（參閱陳文德 2011b）。對於原先有嚴謹會所制度且與人的生命過程密切關連的卑南人而言，會所制度的恢復即是部落重振最具體的表徵。然而，在此同時，卻也因為家戶的小米祭儀的衰微、祖靈屋意涵的轉變，而呈現原先一個連續但不同層次的人群結合的方式逐漸形成家與部落兩者的具體化，家的獨立性也更為凸顯。

　　綜言之，在面對及掌握當代家的新型式，本文的探討角度可以避免一般對當代家的理解完全限於當代的層面而忽略其間的延續性。而與同樣有會所制度的阿美族的比較，也使這篇文章更具有民族誌研究以及關於家、聚落的理論性探討的意義。

　　除了指出家與會所在當代脈絡下的關聯，筆者認為這對於卑南族民族誌研究也有其重要的意涵。誠如前述，從社會繁衍的觀點來說，卑南人的家並非一個獨立的社會單位，有關小米種籽的儀式以及由此建立的家戶群的關係（如本家／分家，或來自同一本家的分家）的討論也可以印證。然而，從成年禮的儀式所彰顯出來的系性與同胞關係的重要性，卻超越了是否有共同小米種籽特徵的家戶群的討論。這種跨越同居共食的「家」的禁忌明顯見於初鹿、下賓朗等聚落。

　　筆者曾在討論卑南族祖靈屋的文章中指出，祖靈屋包括部落性、家族性與個人性（又分巫師的以及當事人因為生病等徵狀而設立的）等不同類別，而且在卑南族的分佈有明顯的差異。亦即，南王只見部落性與家族性，並無因病等原因而建蓋的個人性祖靈屋，反之，其他部落少見建於本

家的家族性祖靈屋，卻不乏個人性祖靈屋。這些個人性祖靈屋所祭祀的祖先往往是跨越家（例如不同家系）甚至部落範圍的現象（參閱陳文德2011a）。如何解釋這樣的差異？馬淵東一（Mabuchi 1976: 99-102）曾針對參與祖靈屋祭祀者的身分，認為有兩種類型：（1）社會家族式類型（social-familial type），成員身分依據父母的居住方式而定，南王部落屬於此類型；（2）占卜式類型（shamanic-diagnostic type），成員身分因為生病等原因而根據巫師或竹占師問卜的結果，決定加入某一所祖靈屋的祭祀，初鹿等部落屬於此類型（參閱黃麗珍 2001）。然而，當有勢力的祖靈屋的歸屬也是與雙親婚後的居住方式有關，而且顯示權力集中與明顯階序性的傾向時（參閱蛸島直 1999a, 2000, 2001b），前述祖靈屋類型的地域性差異與「家」的差異呈現出對應關係的意涵，是值得進一步探討的。

附錄　建立少年會所與兩兄弟弒父的傳說

例 1

古時有二個兄弟，有日他們要興建少年會所，於是向眾人宣布：「不要走過此地！若有走過者，我們就殺他！」可是他們的父親說：「我去看看孩子們的少年會所！」就到那個地方去了，兄弟兩怒殺之，才發現那是他們的父親。後來弟弟變成瘸子，怎麼也治不好。有天，他拿來一根竹子，把竹子插在地上，就有鳥驚停著，可是不能說話。接著是百舌鳥來停了，可是啼得太快了，我們無法聽辨。最後是 tikoir 鳥停下來，啼云：「tikoir、 tikoir……！射小鹿，舉行 *pubiyaw*（按：羌祭）吧！」兄弟兩瞭解了，就去打獵，捕獲小鹿來烤。舉行 *pubiyaw* 後，弟弟的腿伸直了。我們特地建屋在其屋內祭祀，是始於其時的習慣。據說，我們的家就是如此地年年舉行 *pubiyaw* 祭。（小川尚義、淺井惠倫 1935: 312-313）

例 2

古時有兩個兄弟，母親是卑南社人、父親是知本酋長。有次，兩兄弟和妹妹去探訪外婆，但是妹妹在途中迷失。回來後，被父親質問，兩兄弟遂回頭尋找。後來在某處看到妹妹穿著的衣服，後又見大蛇的痕跡。他們決定殺死大蛇查看妹妹是否被吃掉。砍殺蛇後，從蛇腹中掉出妹妹手戴的手鐲。該蛇有濃毒，埋蛇附近之處的草木都枯死。族人不讓兩兄弟進入部落，兩人遂在野外。有位長老建議他們搭蓋高腳屋，就是今日的 *Takuban*（少年會所）。兩兄弟將近搭蓋完成，放話到部落和知本部落說：「搭蓋的房子即將完成，任何人都不得接近。」知本酋長的父親得知，決定前往看看。到了該處時，為兩兄弟發現，對父親硬闖感到生氣。哥哥下不了手，弟弟遂搶下弓箭，射中父親，並以父親的血做為祭品，塗在房屋上。弟弟因為弒父，遭天譴責，使一腳不良於行動。……

　　聽長老建議聽鳥占，鳥的叫聲是：「*kukuT-kukuT, -ura-ura, -keryu -keryu, pubiyaw-pubiyaw*」（「捆起、山羌、苧麻、祭貢」），意思是用苧麻繩綑綁山羌扛回祭拜。兩兄弟照著指示。此後，族裡有了 *karumaan* 的祭拜，為的是洗脫罪名與酬謝神明。

（林豪勳、陳光榮 1994: 13-23）

參考書目

小川尚義、淺井惠倫

　　1935 《原語による臺灣高砂族傳說集》。臺北：臺北帝國大學語言
　　　　　學研究室。

王勁之

　　2012 〈南王系卑南人的誕生與再生〉。刊於《繁衍、祈福與保護：
　　　　　亞洲的背兒帶文化》，林志興編，頁 91-111。臺東：國立臺灣
　　　　　史前文化博物館。

利錦鴻

　　2011 《當你、我成為「我們」：當代拉勞蘭部落青年會所（cakal）
　　　　　的認同實踐》。東華大學課程設計與潛能開發學系碩士論文
　　　　　（未出版）。

宋龍生

　　1964 〈臺東平原的卑南族調查報告〉。《臺灣大學考古人類學刊》
　　　　　23/24: 67-77。

　　1965 〈南王村卑南族的會所制度〉。《臺灣大學考古人類學刊》
　　　　　25/26: 112-144。

林芳誠

　　2009 《穿梭現代與過去：以都蘭部落為例談阿美族年齡組織
　　　　　Pakalungay 的文化重建》。臺北藝術大學傳統藝術研究所碩士
　　　　　論文（未出版）。

林建成

　　2012 〈從接生布到拼布：當代東臺灣原住民藝術家母子親緣創作的
　　　　　生命傳承與美感經驗〉。刊於《繁衍、祈福與保護：亞洲的背
　　　　　兒帶文化》，林志興編，頁 112-127。臺東：國立臺灣史前文

博物館。

林頌恩

2004 〈卡地布青年會部落教育的理念與實踐〉。《東臺灣研究》9:
143-180。

林豪勳、陳光榮

1994 《卑南族神話故事集錦》。臺東：臺東縣立文化中心。

金長驊

2009 《農村再生計畫與原住民部落：下賓朗部落的個案研究》。臺
東大學區域政策與發展研究所碩士論文（未出版）。

河野喜六

2000 [1915]《番族慣習調查報告書・第二卷・阿美族、卑南族》，余
萬居等譯，許木柱、黃智慧主編。臺北：中央研究院民族學研
究所。

胡傳

1960 [1894]《臺東州採訪冊》。臺灣文獻叢刊第八十一種。臺北：臺
灣銀行。

孫大川

2007 《Baliwakes：跨時代傳唱的部落音符——卑南族音樂靈魂陸森
寶》。宜蘭：國立傳統藝術中心。

孫秀女、孫瑞納

1999 〈卑南尋根：卑南族的 Misahor〉。《原住民文化與教育通訊雙
月刊》4: 37-40。

移川子之藏、馬淵東一、宮本延人

2011/2012[1935]《臺灣原住民族系統所屬之研究》，楊南郡譯註。臺
北：南天書局。

笠原政治

2009 [1980] 〈臺灣卑南族的兩個祭祀〉，黃淑芬譯，陳文德編註。刊於《東臺灣研究》13: 95-138。（原文〈プユマの二つの祭祀〉，刊於《黑潮の民族、文化、語言》，黑潮文化の會編，頁 150-182。東京：角川書店。）

陳文德

1985 〈光復後日本學者對阿美族的研究〉。《思與言》23(2): 41-64。

1987a 〈阿美族親屬制度的再探討：以胆曼部落為例〉。《中央研究院民族學研究所集刊》61: 41-80。

1987b 〈卑南族的傳統社會文化與人權現況〉。刊於《臺灣土著的傳統社會文化與人權現況》，中國人權協會編，頁 125-166。臺北：大佳出版社。

1989 〈「年」的跨越：試論南王卑南族大獵祭的社會文化意義〉。《中央研究院民族學研究所集刊》67: 53-74。

1990 〈阿美族年齡組織制度的研究與意義〉。《中央研究院民族學研究所集刊》68: 105-143。

1999a 〈起源、老人和時間：以一個卑南族聚落對發祥地的爭議為例〉。刊於《時間、記憶與歷史》，黃應貴編，頁 343-379。臺北：中央研究院民族學研究所。

1999b 〈「親屬」到底是什麼？一個卑南族聚落的例子〉。《中央研究院民族學研究所集刊》87: 1-39。

2000 〈胆曼阿美族的宗教變遷：以接受天主教為例〉。《中央研究院民族學研究所集刊》88: 35-61。

2001 《臺東縣史・卑南族篇》。臺東：臺東縣政府。

2004 〈衣飾與族群認同：以南王卑南人的織與繡為例〉。刊於《物

與物質文化》，黃應貴編，頁 63-110。臺北：中央研究院民族學研究所。

2009 〈卑南人的家〉。刊於《卑南族的家與植物（人文篇）》，頁6-21。臺東：國立臺灣史前文化博物館。

2010a《卑南族》。臺北：三民書局。

2010b 〈巫與力：南王卑南人的例子〉。刊於《臺灣原住民巫師與儀式展演》，胡台麗、劉璧榛合編，頁 153-187。臺北：中央研究院民族學研究所。

2011a 〈人群互動與族群的構成：卑南族 karuma(H)an 研究的意義〉。刊於《族群、歷史與地域社會：施添福教授榮退論文集》，詹素娟編，頁 305-352。臺北：中央研究院臺灣史研究所。

2011b 〈文化復振？文化創造？以卡地布（知本）卑南人為例〉。《臺東文獻》（復刊）17: 3-39。

2013 〈名制與社會生活：卑南人的例子〉。發表於第一屆卑南學學術研討會（專題演講），臺東縣卑南族自治事務促進發展協會主辦，臺東：國立臺灣史前文化博物館，11月9日。

2014 〈文化產業與部落發展：以卑南族普悠瑪（南王）與卡地布（知本）為例〉。《考古人類學刊》80: 103-140。

喬健

1972 〈卑南族呂家社祖家制度的研究〉。《中央研究院民族學研究所集刊》34: 1-21。

黃宣衛

1989 〈從歲時祭儀看宜灣阿美族傳統社會組織的互補性與階序性〉。《中央研究院民族學研究所集刊》67: 75-108。

黃應貴

　　2012　《「文明」之路》（三卷）。臺北：中央研究院民族學研究
　　　　　所。

黃麗珍

　　2001　《初鹿「卑南」人的家》。臺灣大學人類學研究所碩士論文
　　　　　（未出版）。

許功明、柯惠譯

　　1994　《排灣族古樓村的祭儀與文化》。臺北：稻鄉出版社。

葉一飛

　　2012　《東排灣的男子會所（palakuwan）與社會階序：以 Tjavualji 為
　　　　　例》。清華大學人類學研究所碩士論文（未出版）。

葉淑綾

　　2001　《母親意象與同胞義理：一個海岸阿美族部落家的研究》。臺
　　　　　灣大學人類學系碩士論文（未出版）。

　　2009　〈重思阿美族的年齡階級組織〉。《東臺灣研究》13: 3-27。

　　2012　〈跨地家園的營造：從海岸阿美族的研究出發〉。發表於「什
　　　　　麼是家？」學術研討會，中央研究院民族學研究主辦，臺北南
　　　　　港，7 月 3 日～5 日。

董恕明　編著

　　2012　《Ina 傳唱的音符：Pinaski 部落變遷中的女性（1980-
　　　　　1995）》。南投：國史館臺灣文獻館。

蛸島直

　　1997　〈プユマ族の個人名〉。《愛知學院大學人間文化研究紀要人
　　　　　間文化》12: 87-111。

　　1999a　〈プユマ族の變名習俗〉。《愛知學院大學人間文化研究紀要
　　　　　人間文化》14: 109-130。

1999b〈プユマ族カサウｧカン村有力カルマハン（1）〉。《愛知學院大學文學部紀要》29: 85-102。

2000〈プユマ族カサウｧカン村有力カルマハン（2）〉。《愛知學院大學文學部紀要》30: 149-168。

2001a〈プユマ族のカルマハンと知識：系統の認識機構を中心に〉。《臺灣原住民研究》6: 179-206。

2001b〈プユマ族カサヴｧカン族村有力カルマハン（3）〉。《愛知學院大學文學部紀要》31: 101-119。

蔣斌、李靜怡

1995〈北部排灣族家屋的空間結構與意義〉。刊於《空間、力與社會》，黃應貴編，頁 167-212。臺北：中央研究院民族學研究所。

鄭瑋寧

2000《人、家屋與親屬：以 Taromak 魯凱人為例》。清華大學人類學研究所碩士論文（未出版）。

衛惠林、陳奇祿、何廷瑞

1954〈臺東縣卑南鄉南王村民族學調查報告〉。《臺灣大學考古人類學刊》3: 14- 26。

謝欣芸

2010《原鄉部落社工專業實踐經驗以臺灣東部 Pinaski 部落為例》。臺灣師範大學社會工作學研究所碩士論文（未出版）。

簡鳳儀

2004《臺東縣海線地區阿美族國小學童父親意象之研究》。臺東大學教育研究所碩士論文（未出版）。

Bloch, Maurice

　2006 Teknonymy and the Evocation of the "Social" Among the Zafimaniry of Madagascar. In *The Anthropology of Names and Naming*. Gabriele vom Bruck and Barbara Bodenhorn, eds., pp. 98-114. Cambridge: Cambridge University Press.

Cauquelin, Josaine

　1995 Système d'âge chez les Puyuma, Austronésiens de Taiwan. *L'Homme* 134: 159-170.

Collier, Jane Fishburne, Michelle Zimbalist Rosaldo and Sylvia Junko Yanagisako

　1982 Is There a Family? New Anthropological Views. In *Rethinking the Family: Some Feminist Question*s. Barrie Thorne and Marilyn Yalom eds., pp. 25-39. New York: Longman.

Collier, Jane Fishburne and Sylvia Junko Yanagisako

　1987 Toward a Unified Analysis of Gender and Kinship. In *Gender and Kinship: Essays Toward a Unified Analysis*. Jane Fishburne Collier and Sylvia Junko Yanagisako, eds., pp. 14-50. Stanford: Stanford University Press.

Godelier, Maurice

　2009 *In and Out of the West: Reconstructing Anthropology*. Charlottesville: University of Virginia Press.

Harris, O.

　1984 Households as Natural Units. In *Of Marriage and the Market: Women's Subordination Internationally and Its Lessons*. Kate Young, Carol Wolkowitz, and Roslyn McCullagh, eds., pp. 136-155. London: Routledge and Kegan Paul.

Mabuchi, Toichi 馬淵東一

　　1976 Optional Cult Group Affiliation among the Puyuma and the Miyako Islanders. In *Ancestors*. William H. Newell, ed., pp.91-103. The Hague: Mouton Publishers.

Shepherd, John Robert

　　1995 *Marriage and Mandatory Abortion among the 17th-Century Siraya*. Arlington, Va.: American Anthropological Association.

Strathern, Andrew and Pamela J. Stewart

　　2011 *Kinship in Action: Self and Group*. Boston: Prentice Hall.

Yeh, Shu-Ling 葉淑綾

　　2009 *The Encompassing Kinship System of the Austronesian-speaking Amis of Taiwan: Continuity and Change*. Ph.D. Thesis. Canberra, Australia: The Australian National University.

第 9 章

情感、存有與寓居於「家」：
當代魯凱人的家之樣態*

鄭瑋寧

一、前言

　　2009 年秋末，筆者在 Taromak 聚落邊採收洛神花邊照顧四個年紀 3
至 5 歲的魯凱小孩。他們分別來自不同的家，祖父母是親兄弟姊妹。遊戲
過程中一段時間他們玩扮家家酒，剛好兩男兩女，只有誰和誰配成夫妻的
問題。一開始，一名男孩模仿鬧鐘的聲音，叫大家起床。小女孩想像自己
在廚房中準備早餐，再與小男孩一起用餐。用畢，小男孩對小女孩說：
「老婆，我要去上班了。」小女孩回說：「老公，我要去排（茗）葉子
了。」另一組對話模式相似，改成了各自父母從事的工作。講完，四個人
各自散開去工作。四個人一邊工作，一邊隔空討論，何時可以下班回家。
其中一名小女孩決定下班時間，四人陸續返家。回家後，妻子負責煮飯，
再與丈夫一起吃飯、看電視。「天黑了，該睡覺了。」一名小女孩向大家
宣布。「夫妻」彼此互道晚安，在田中找一處坐下並閉上眼。一天結束

* 本文初稿曾於 2012 年 7 月 3 至 5 日在中央研究院民族所主辦之「『什麼是家？』學術研
　討會」發表，筆者感謝評論人謝國雄教授提出精闢、切中的問題，以及與會人士的提問
　與建議。其次，筆者謝謝論文審查人所提之修改建議，讓本文論證得以完備，以及鄭依
　憶小姐的意見與修改建議。惟所有文責概由筆者自負。

了。一旁工作的祖父母與親友見狀不禁莞爾。

收工返家後，祖父母向小孩的父母或其他親友轉述時，語重心長地說：父母做什麼、怎麼做很重要，因為「小孩會跟著父母做」，即，「仿效」（lalraw）父母日常的言行來認識生活社會／世界。換言之，父母是小孩的重要他者（significant other），向他們展現了生活世界的最初樣貌。更重要的是，孩子在遊戲中仿效父母的工作、家內分工以及一日的生活節奏，再現他們截至目前所感知、認識並具體生活其間的「家」。的確，小孩在遊戲中再現家，很可能不是魯凱人特有的認識世界的方式。不過，成年魯凱人認為，仿效是他們學習知識與認識世界的方式，更重要的，他們仿效他者意象而得以將他性（alterity）納入己身認識的世界中。[1]

在遊戲中，小孩呈現出他們認識的家的意象，與祖父母幼年時所認識的家，是相當不同的。至少，這兩個世代在父母外出工作及家內分工這兩個層面有所差異。例如，在農業轉變到經濟作物維生的階段，父母一同工作，很少各自從事不同的工作／職業。這進而影響家內成員如何安排生活作息的節奏。其次，祖父母輩自長輩習得之社會時間分類，即是根據小米／穀類的生長順序以及作物收成後砍草、整地、休耕等活動（即山田燒墾的特性），區分一年時序遞嬗。之後，他們從事經濟作物（如水稻）的種植，為確保作物收成、品質甚至賣相，而使用化學肥料。有些經濟作物即使無需太多化學肥料，卻需要大量的人力才能完成，只得以工資雇用親

---

1 仿效來理解己身生活世界與外在世界乃是辯證地共構關係的想法，既契合當地思維視角，更深受 Michael Taussig（1993）的啟發，從而開啟我們對殖民統治下的南美印地安社會文化（甚至是其他被殖民地）的歷史形構有更深刻的理解。Taussig（1993）指出，哥倫比亞印地安人製作用於醫治儀式的木偶，其面貌會仿效西班牙殖民者形象，藉此捕獲殖民者的權力並轉成醫治儀式的效用。仿效做為一種捕獲權力的機制，係經由仿效背後的巫術邏輯與個人觀看的感官經驗的特殊性的雙重作用。藉此，行動者將他性納入生活世界的紋理與實踐中，從而與殖民者共構了殖民歷史與文化的軌跡與圖像。

戚。隨著農作收成的下降，為了維持家計，子女輩中有許多人自青春期就
開始從事薪資勞動。

　　資本主義不僅界定了工作場所與家的區辨，影響了當地人對工作的分
類以及伴隨而來的區分工作時間與在家的時間，更進一步重構了家內分工
方式與家務的意義（Cheng 2007）。甚至，當地人習於資本主義經濟運作
而造成身體慣行的重構，使他們傾向於視家為容許個人情感安適的所在，
不再只是繁衍聚落集體價值與身體美感的單位。[2] 換言之，當地人的工作
分類、空間、時間、人觀、家人乃至於親屬關係，全因深深捲入資本主義
的運作而開始重構。更重要的，這些家事經濟面向的重構，直接涉及家內
生活節奏的重構；而生活節奏正是家內成員直接經驗、甚至認識到的層
面。藉勾繪不同世代的經驗與認識，我們可以看到：家乃是在不同性質的
經濟實踐與不同層次的社會條件中被形塑的，而非一個超歷史的、僅存在
於概念層次的實存。另一方面，從不同世代在家內生活方式與節奏開始異
質化這個現象來看，被納入的他性（工資、工時、工作分類等，見 Cheng
2007），不僅關連到行動者身處之特定歷史社會條件，更涉及了對不同世
代的魯凱人而言，什麼才是有意義的他性。

　　若要面對家意象的歷史化，以及何以造成家意象的分歧等問題，我們
可先借用 Marilyn Strathern（2005）對關係的區辨來加以釐清。Strathern
指出，人類學家在研究某特定社會生活（如親屬）時，應同時留意範疇與
實踐兩個層面的關係；在此，範疇層次意味著某種價值所認定的理想關
係。Strathern 稱同時關注關係在前述兩個層次之作用，是「人類學所關注
的關係」（anthropology's relation）。筆者認為 Strathern 所稱範疇層次的
關係，可再依其性質進一步區分為：體現傳統社會文化規範的範疇，以及

---

2 筆者已另文處理該課題。

個人想像。這是帶入實踐論（Bourdieu 1990）認為文化範疇可被人的實踐所重構的可能性而做出的區辨。首先，只有在個人行動與實踐乃是為了要確保與繁衍集體價值的社會條件下，個人想像才會與集體的象徵結構／文化範疇彼此一致。然而，實踐論更主張，在不同的社會政經條件下，個人的確可能產生有別於集體、既存的象徵結構／文化範疇的想像（例如，顛覆甚至重構文化範疇）。那麼，在怎樣的社會條件下，個人想像與集體想像會產生不一致，進而能被辨識呢？其次，當個人想像與集體想像不一致時，何者將明顯影響個人對家的想像？此問題不可能只由單一世代的經驗中獲得解釋，必須藉由勾繪不同世代的互動來仔細辨析。至少就魯凱社會脈絡而言，資本主義深化並促成個人做為情感主體（affective subject）的浮現，讓個人想像與集體價值這兩個層次的範疇關係，得以區分（鄭瑋寧2014）。

以下，筆者首先從該地區資本主義化過程，來勾繪家內成員的維生方式，如何關連到家的生活節奏，而經濟實踐性質的改變，提供當地人建構不同生活節奏的重要條件。魯凱人以家事經濟（domestic economy）來構築人與家人的關係（Cheng 2007），將人與家人／親屬體現為存有的相互性（mutuality of being）（Sahlins 2011）。這特性蘊含了個人對經濟活動的認識、投入，使人得以受其薰陶而形塑了人做為養家者的能力，以及人做為社會存有（social being）的意義這兩個層面。其次，正因為個人對家的想像與一家生活節奏及經濟活動如此密不可分，整體經濟結構的變動、不穩定，很難不影響個人對己身「養家能力」的認識：個人過去所訓練與具備的技藝和知識，極可能在新的工作條件中毫無用武之地。這些將輻輳到人對於自身做為養家者這個社會存有的意涵是否被建構的問題。基於此，筆者將探究：在當代資本主義／新自由主義經濟高舉勞動彈性與個人不得不隨時因應市場及雇主需求來進行自我調整的社會經濟條件下（Harvey 2005; 林名哲 2011），對魯凱人而言，家的建立是否仍是個人生

命的應然與必然？若不是，究竟哪些原因促使個人不再以昔日家意象為唯一、可能的家意象？個人對家的分歧想像，如何在具體生活中被實現？我們應當如何理解、掌握這些另類家意象的浮現及其性質？猶有甚者，在當地人認為家的建立與否必關連到個人養家能力，及人做為養家者這個社會存有意涵的前提下，當人無法藉工作實踐來完成家的繁衍及人做為養家者的意義，她／他要如何面對「家」的無以為繼，以及個人存有的意義？

在回答這些問題前，讓我們先從二戰末期出生的魯凱人所認識與生活的家談起。

二、家在夫妻的日常實踐與同胞一體的想像之間

以下有關魯凱人對家的想法，多是出生在 1940 年代、成家於 1950 年代中期末至 1960 年代初期的 Taromak 居民。水稻引進 Taromak 成為日常經濟實踐之一，是伴隨著日本政府兩次集團移住政策施行將魯凱居民遷住至聚落現址而確立的。與此同時，聚落居民種植小米、雜糧與蔬果供家人使用。前述融合自家使用的作物與經濟作物種植的經濟生活方式，直到當地人與農會進行水稻契作，依然持續。另一方面，早在日治時期，殖民當局要求 Taromak 居民將物資（如水稻、獵物）送至交易所，兌換貨幣以購買日用品與食物。之後，貨幣的使用更為普遍，甚至用於婚禮的禮物交換，與此同時，聚落居民日常的禮物交換依然持續進行。此外，最遲至 1950 年代中期，部分當地未婚男子前往臺東市區小型工廠學習木工、鐵工技藝；少部分未婚女子曾集體前往臺東市區的鳳梨加工廠工作，在確定結婚後便辭去工作，因準備婚禮相當耗時。無論如何，當時大多數居民仍以務農維生。

此時期居民最主要的生活範圍是聚落，父母與會所一同負責教育小孩有關文化價值或聚落共同社會文化實踐，使成為共有的生活習慣。當時會

所男青年有權直接進入企圖逃避訓練的少年家中，強行帶往會所、年輕人面對長者應時時表現尊敬與服從、以參加聚落各項集體活動為義務、和尊重貴族的權威等。在此時期，年輕男子婚前只能住在會所中，不可任意返家與父母、同胞共度生活。在日常生活中，會所青年的工作之一即是負責有關超越家屋層次的聚落事務（如抵禦外敵），或是以傳信臀鈴（*drawl'ing*）於聚落中或跑或走（速度快慢與突發事件的緊急程度成正比），告知各家關乎聚落全體的偶發事件（如聚落成員過世），讓各家開始（在物質與活動安排上）有所準備，能及時應付、面對突發事件。事實上，不少生活在此一時期的魯凱男性長輩（甚至連同他們兒子輩）都曾表示，「會所是（未婚）男青年的家」。在未婚男子建立自己的家之前，會所是他們日常生活的全部，其提供勞務的對象是攸關聚落全體的偶發事件和事務。相對於以兩性結合為基礎的家乃是繁衍後代的親屬單位，以同性社會性（homosociality）為基礎的會所，在象徵邏輯上則是家的否定（negation）（Strathern 1988）。另一方面，儘管會所並非當地文化界定下的家，對未婚男青年而言，卻有如他們的家。更重要的，會所這類同性社會性的建制觸發了各家具體參與聚落事務，客體化（objectify）了家如何被動員而成為聚落之構成單位的社會性過程。整體而言，這是傳統魯凱文化價值仍能有效運作的時代，此時，社會集體優先於個人、貴族與非貴族之別乃至於長幼有序的階序倫理，均具有高度支配性。同時，會所制度的有效運作，使得家做為聚落構成之社會單位，可以藉未婚男青年的勞務而被客體化。以下筆者討論的人觀親屬與家的實踐與文化思維，就是這一群開始經歷資本主義化過程的魯凱居民自幼接受長輩教導並親身實踐的生活方式。

對此時期的魯凱人而言，家既是親屬的單位，同時也是社會生活的單位。首先，婚姻中人的流動方向，是以各家社會位階高低為原則，而非性別。因此，貴族與平民在靈力上的相對強弱，決定了人在婚姻中的流動方

向。其次，就家做為男女結合之所在這一點而言，尋找合適伴侶、婚姻儀式、相關儀禮與禮物交換、婚姻對象的選擇等，皆由父母決定。父母為孩子擇偶的條件，首重對象是否具備養家能力，例如辛勤工作，以及其生活習慣或身體慣行與該家是否有某種程度的相合。事實上，從求愛、約會乃至於個人情感表意到借助愛情巫術以影響小孩心的動向使其對父母中意的人選產生愛意等親屬實踐，在在顯現出父母長輩直接介入以防範個人／年輕人自主的表達情感。猶有進之，魯凱人的情感實踐必然以兩人發生性關係為具體表現，而夫妻感情以性做為愛的表達，其具體結果為生育小孩以繁衍家，這些都是父母強力介入以同時確保建立理想的家並證明家長權威。因此，家的建立與繁衍，成為父母乃至聚落集體的心之所繫。就此而言，社會階序、親屬權威與輩分階序倫理（亦即靈力原則在不同層次的表現）等三者，主導了家同時做為社會單位與親屬單位如何可能。

其次，魯凱人的家做為日常生活世界的空間和所在，是在集體想像的家與日常實踐的家之間彼此對位及相互涉入的過程中被建構的。若要理解家人的意義以及夫妻和分工對建構家的意義，必須自當地對人與同胞的集體文化想像入手。從魯凱的親屬建構與人觀來看，人是男女雙方親屬關係之整體構成的無關性別之關係性存有（ungendered relational being）。換言之，親屬關係及其構成的家，是人做為社會存有的存在理由。與此同時，個人與同胞來自同一個家而有相似的「身體」（指慣行、天分、特質等均來自父方與母方親屬關係，而非生物學意義下的身體），二者間是相互蘊含（co-implication）的關係（Strathern 2005），亦即，個人的存在自然且必然隱含了同胞的存在。正因同胞有類似的親屬來源、身體慣性以及為家人共同利益著想的「心」，魯凱老人強調同胞不應也不可能背叛或傷害彼此。同時，同胞是人一生皆能獲取幫助的恆久來源，而人對同胞提供之協助，終究會返回自身。歸根究柢，同胞應不分彼此、視為一體。獨生子女因而成為居民憐憫的對象（Cheng 2007）。

基於此，繁衍家的關鍵在於如何在同胞（一體性）之中創造差異，或者，親屬上的他性。由當地神話來看，聚落創始之家的領導者，是天神使母親懷孕而生下具有神性／他性的弟弟，藉由強調他源自神性／他性的親屬來源，在同胞間創造了分屬不同親屬來源的差異，因此他才能和創始之家的長女通婚，而生下身體健全的後嗣以繁衍家（移川子之藏等2011[1935]）。即使在當代，魯凱老人在提到年輕人嚴守禁婚範圍以確保家能有效繁衍時，必以該神話故事來佐證。此一對同胞與家的傳統文化想像，蘊含了親屬實踐的底層原則和倫理意涵。

另一方面，夫妻在日常生活中以工作實踐來建立並繁衍家的意義，必須與文化想像中同胞關係相互襯托、對照，才能被合宜地理解。夫妻來自不同的家，意味著二人各有不同的親屬關係（或有個別重疊；但此處指涉親屬關係做為整體這個層次），故身體慣行自然彼此有別，且雙方對家人的心／想法各異。就此，魯凱人普遍認為夫妻關係本質上是不穩定的，家的建立與繁衍即是藉夫妻在日常生活實踐來建立雙方一體性，以克服配偶關係內在的易碎性。

首先，夫妻一體性可藉食物共享而建構。做為一家主食的小米，除必須拿出一部分給貴族做為 *swalo*，其餘皆由家人共享，其餘作物則多與親戚共享。事實上，各家小米對創造夫妻同為家人的身分既象徵且關鍵（Cheng 2007），特別是在婚禮當天，新婚夫妻一同站在婚入家門前舉行象徵地食用小米的儀式（*tila*）（謝繼昌 1965）。這是婚入者成為家人的第一步。

婚後，夫妻一體性更藉由日常各項身體及感情實踐而逐漸建立。例如，夫妻婚後應盡可能同進同出以創造親近性，既可加深彼此情感，且有助於妻子懷孕。此外，與親友聚會共享食物時，夫妻只能分得一個碗與單支餐具，因他們被認為是一個人，而非兩個人。其次，懷孕是夫妻互有感情的結果，兩人更要共同承擔確保孩子順利出生的責任與心思，因而必須

一同遵循某些身體實踐使小孩順產，如夫妻進出家門不得雙腳跨站在門檻兩側，而該身體姿態會影響生產過程。或如，同桌吃飯時，若妻子因害喜而喪失食慾時，丈夫必須刻意掉落餐具，自地上拾起擦拭乾淨，再與妻子交換餐具，如此一來，丈夫便能代替妻子承受害喜造成的身體不適。再如，懷孕的妻子縫衣服時不得打死結，讓線頭維持在鬆開的狀態，以免難產；丈夫切割物品時必須完全切開，不能讓被切開的物品間有任何欲斷不斷之處，否則將影響生產過程。

當地人嚴格要求夫妻共同遵守懷孕禁忌的規範，係以夫妻被想像並建構為共有一個（懷孕的）「身體」為前提。事實上，傳統魯凱人認為生下頭胎小孩的夫妻才有資格分得建地建家屋。就此，建家屋既客體化了前述親屬／創造家人過程，同時客體化了夫妻在身體與感情上的一體性，因小孩出生具象化了夫妻之愛以及兩人感情上彼此合適（*maho'aho'a*）。然而，若妻子婚後久久不孕，夫妻可向剛生小孩的親戚或居民商量，讓他們先將幼兒帶回家照顧。當地人相信，一個小孩的出生必然會引出（elicit）其他同胞來作伴，進而使照顧幼兒的不孕婦人懷孕。與此同時，正因為同胞是相互蘊含的整體，因此，生育多名子嗣並非單單出自父母意願或雙方情感，再加上文化想像賦予同胞關係的能動，讓夫妻擁有許多子嗣，使同胞不致孤單。

除繁衍後代之外，夫妻的工作實踐同樣具有建構家的意涵。首先，對老人而言，夫妻一同去山上的田地或水田工作，本身即是帶有性愛意涵的文化實踐與意象，因為田地旁的工作小屋常是男女發生親密關係之處（鄭瑋寧 2011b）。事實上，魯凱人將未長牙即夭折的小孩埋在田地中的習慣，稱為夫妻去耕種地瓜（*aw-brashi*）。這不僅蘊含小孩乃是夫妻情感及工作上的共同努力的體現，更蘊含了做為社會存有的「人」（*'omas*），需父母共同照顧才得以長成（Cheng 2007）。

其次，在魯凱人的分工習慣中，工作分配係在將家視為整體的前提

下，依據夫妻（乃至於共同居住者的）力量強弱來分配。家事經濟實踐強調能力而弱化性別的原則，乃是依循人觀而來：人乃是父母共同努力的結果，其結合應被視為整體從而人是無關性別的（ungendered）（鄭瑋寧 2009）。只有在論及婚姻以建立家時，人的性別才會被清楚區辨（Cheng 2007; 鄭瑋寧 2009）。家的工作應被視為整體，而非個別任務（tasks）。夫妻分工以維繫家，二人的工作應被視為整體，以證明家是夫妻共同努力的結果（Cheng 2007），這並非將個人努力，視為數學意義下的部分，二人加總以構成整體。如前述，夫妻應被看成一個人，而非兩個個體。因此，夫妻一體性／家變成分工的前提。妻子煮飯打掃與丈夫修屋頂的工作，是因個人能力有別而分別去從事不同的工作，並非因為二人性別而分工。

再者，魯凱人的確將工作區分為家事（*toma*）與農務（*lavai*），但這是依循當地對空間的區辨而來的，無關乎性別分化（Cheng 2007）。對當地人而言，這些工作關涉家的不同面向之維繫，因此，分工應視為工作整體之內的分化，由個別的人分別執行、完成，而家得以在工作的整體中被繁衍。這是從魯凱人以家做為範疇上的整體來理解夫妻及其分工實踐的意義。相較之下，東印尼南島民族的家是建立在婚姻交換的基礎上，並依據性別分化原則以建立其宇宙觀原則，進而落實到家內分工（Errington 1990），就此而言，在東印尼南島民族社會中，性別分化先於家而存在，而家做為文化範疇與社會生活單位，由兩性各自完成不同類別工作以互補地整合。比較而言，對魯凱人來說，日復一日的生活實踐，日積月累地形塑個人的身體慣行，婚入者在長期共同生活後，會逐漸「習慣」（*twa lra'onga*）該家的習慣，形塑出與其他家人類似的慣行，因而一家人將有類似的身體。更重要地，夫妻分工維繫家的運作，使婚入者更習於家內生活，進而強化夫妻一體性。

另一方面，家內成員在田地一起工作，既是與維生相關的家事經濟

（提供食物），同時也是道德的與象徵的（家人一起工作；人可以放緩工作速度以想像來增加田地的收成）。此外，家人一起工作不只是集體倫理的表達（工作過程中必須謹守尊敬年長者以及為其服務的工作），更關乎家內的同歡（conviviality；根據老人口述，工作期間，家人與前來換工的親友必分享生活中大小事；老人家開年輕人玩笑，而同輩家人／親友間更是經常嬉鬧）。[3] 總地說來，工作實踐不只是形塑夫妻一體性之身體性的情感實踐（embodying practice of affect）、家事經濟的實踐、表達家的道德性與階序倫理的實踐，更具有創造親屬情感的作用。正因為夫妻的工作實踐對家如此關鍵，這一輩的魯凱人在喪偶後會盡快再婚。

在此時期 Taromak 聚落的社會脈絡中，夫妻做為養家者，同時包含了經濟的、道德的、象徵的、階序倫理的以及情感的面向，並在日復一日的工作實踐中，使家同時做為親屬與社會單位的意涵得以完備。另一方面，正因夫妻關係被認為本質上是不穩定的，婚外情體現了配偶關係內在的易碎性。不過，魯凱老人在看待婚外情時，會從性別與情感表意的角度來審視。不論男女，這一輩的魯凱人認為，男人發生婚外情是出自天性，是女人的情感表意讓婚外情得以可能的。輕則提供禮物（小米糕 *abay*）賠償了事，情節嚴重時須將女人送至會所接受審訊，並賠償夫家。這顯示女人的情感表意對家的維繫極為關鍵，才會成為聚落規範的對象，對其進行規

3　在此時期的魯凱社會文化脈絡下，同歡（conviviality）是指家人、親戚一同工作時所展現的情感性，是工作實踐的一個面向，強調人享受與他人陪伴的美好時光。在日人引入水稻耕作後，密集勞力使得魯凱長輩在口述工作過程時，特別強調陪伴與同歡的重要性。對魯凱人而言，陪伴及其帶來的同歡，是立基於他們認為家人乃是共同生活的一群人之具體表現，同歡構成家人一體性並做為其證明。這有別 Overing 和 Passes（2000）證明同歡在亞馬遜印地安脈絡中的性質與界定性特徵。該書指出，在看似毫無社會秩序的亞馬遜印地安聚落中，強調個人自主性的印地安人，出自以他人為念的前提，愛、忌妒、恨、無助等情緒，來表達人之所以相互吸引、在一起並彼此陪伴。另一方面，卻也因他人無法達成個人情緒需求而導致暴力相向等，乃是出自他們強調、重視與他人一起生活、共享同樣生活、並能生活得更好的原則。

範乃是為了要確保正規婚姻建立的家得以繁衍此一集體心之所繫（鄭瑋寧 2012）。

　　此時期聚落中各家生活節奏很相似，看待世界的視角沒有太大區別。在開始種植經濟作物如水稻、梅子，收購的漢商多以「包青」、「賣青」而農會以契作方式進行，各家按時交貨即可確保收入，不致血本無歸。各家生活節奏因為作物有一定生長節期而略有更動，但大體上維持一定的相似性：耕作前已知價格，耕作者按時提供收成。耕作經濟作物過程中，當地人關注作物本身生長的情況，而農會開始教導農民使用化學肥料，避免蟲害並能提高產量。

　　事實上，此時期魯凱人已與外村、外族通婚，甚至跟隨丈夫工作而遷移外地。這樣的通婚方式直接影響了家的維生方式，進而各自形塑不同的生活節奏。婚姻對象的異質化對家的建構帶來的影響：一是貨幣做為新的聘禮種類，另一是家的生活節奏和對孩子的看法，會因婚姻對象的生活習慣、工作／職業、乃至於接觸之人群等而開始分化。至少，就人必須經歷結婚成家以證明其做為養家者的社會存有，以及家長權威介入子女對家的建立這兩個層面而言，與外族通婚本身並未造成革命性的改變。事實上，與外族通婚本身，正是在上述前提之下產生的結果。

　　究竟聚落內與聚落之外的家，在形成生活節奏與對小孩未來的想像這兩方面，如何不同？以下，筆者以一對分別在 1955 年與 1961 年結婚的姊妹為例來說明；這兩家樣態成形之際，臺灣的工業部門產值已超越農業部門了。

　　姊妹兩人的婚姻同樣是父母決定婚配對象。然而，家長選擇對象表面上看來相去甚遠：姊姊嫁給屏東移居至 Taromak 的魯凱人，妹妹則嫁給外省軍官。家人為兩人擇偶時的主要原因是考量男方的工作能力，以及二人表現出姊妹的家人相合的身體慣行。即使姊妹兩

人各有心儀對象，卻只能聽從父母之命。姊姊的丈夫與當時聚落男人一樣皆務農維生，婚後連續生了兩男三女。因為種植水稻需花費相當多的時間，姊姊每日下田工作前便將孩子交給隔壁親戚代為托育；年紀大一點的孩子則留在家照顧弟弟妹妹，或者偶而隨父母去田裡幫忙。小孩念小學後，父母忙於農事無暇關心小孩的課業，全憑個人天分與興趣去發展。因為聚落中多數居民都這麼做，一切顯得很自然。父母的工作時間，依據水稻、芋頭、花生等的成長而定，因此，晚餐由年紀較長的小孩負責，有時婆婆會幫忙。

相較之下，妹妹嫁給外省軍官，居住地常隨著部隊移防臺灣縣各營區而改變。丈夫很重視家庭，要求妻子當全職的家庭主婦，專心照顧小孩。特別是丈夫相當重視小孩的教育，認為那攸關小孩將來能否出人頭地、有所作為，因而妻子須擔任檢查孩子功課的工作。此外，由於他們在臺灣縣市各地移居，認識許多部隊下屬，常有機會收到各種高級水果，丈夫收入也允許太太購買新奇家電用品來製作料理。妻子學習製作麵點、點心、宴席菜餚，招待來訪的賓客。丈夫因部隊工作關係無法天天回家吃晚餐，家中大小事全由妻子負責。

個案中的妹妹很重視與娘家親戚互動往來，有空就帶小孩回Taromak，同姊姊的小孩玩耍。日後妹妹家的小孩回想起來，他們對這些親戚小孩的第一印象是震驚：赤腳玩耍、穿著大小不合的衣服，手上腳上留著玩泥土的痕跡。因為母親會幫他們穿合身、乾淨的衣服鞋襪，妹妹甚至是穿洋裝、紮辮子。不久之後，這兩家的母親進入工地或雜貨店，工作補貼家用，因貨幣已是維繫家日常生活運作的重要交換媒介。事實上，連小孩都認識到，貨幣居然可以在雜貨店換到各類零食與玩具（小孩唯一能拿到錢的機會是壓歲錢）。藉由工作和貨幣，父母與小孩以各自的理由與方式，更深刻地捲入資本主義的運作中。

三、工業資本主義下的自由戀愛與友愛婚姻 （companionate marriage）

　　1960 年代開始，香茅就是臺灣東部與部分西部農村重要經濟作物之一。香茅提煉的精油為天然驅蟲劑與藥膏的成分，是當時出口貿易的一部分。毫無例外地，當時香茅農工業的商人是漢人，而最常用來招集種植香茅的工人是透過「包」的制度，這也是計件制的在地模式（謝國雄 2003）。在臺灣，漢人的香茅商人會到 Taromak 來找尋願意種植的工人，借香茅種苗給他們，而借種苗的錢最後再由工資中扣除。香茅栽種相當容易，因其氣味濃郁可防蟲。一般而言，從栽種到收成只需四個月，而且收成後的根部會以驚人的速度繁殖。唯一需要注意的是收成時是否遇到降雨，因雨水會明顯影響精油產量。因此，種植香茅的人必須準備防水帆布保護收割後的香茅。這使許多 Taromak 居民認為種植香茅是不需耗費太多努力即能快速賺錢的工作，致使更多居民相繼投入。一開始，工作所需的勞動力來自親戚間換工，由於當時市場需求量大再加上種植容易，耕作面積不斷地增加，親戚間換工無法趕上香茅成長的速度，因此種植者以支付工資來雇用未種植香茅的親戚來工作。其中，嫁到鄰近村落的婦女樂意為親戚工作，因這既幫助了親戚，同時有工錢可領（Cheng 2007）。

　　對許多 Taromak 居民而言，種香茅是豐饒的圖像、富裕的時光。香茅主人未表現出斤斤計較的心態，反而讓小孩子隨意拿取掉落地面的經濟作物當玩具的慷慨，讓小孩感受到大人願意與他人分享的態度。不過，將當下居民斤斤計較的心態視為吝於分享，不能僅僅解讀為親屬與貨幣的簡單對立。事實上，說話者回憶的當下是 2004 年，當地居民對整體經濟的形容是「很不景氣」，在 Taromak 開店做生意的居民直接感受到返鄉居民緊縮消費的氛圍。此時，貨幣是關乎一家能否繁衍的關鍵（詳見文後分析）。

　　隨著香茅的需求量日減，而日常生活對貨幣的需求與日俱增，被送去北部工廠的青少年愈來愈多。加以，1969 年 Taromak 聚落發生大火，家屋幾乎全被燒毀。當時，國民黨政府、國民黨黨部及軍隊負責協助安置居民和災後重建，重新規劃聚落的巷道與家屋建築。[4] 當時經濟困窘的家庭，眼見聚落居民離鄉前去工廠或工地的工資遠高過務農所得，更確信那是改善家計的捷徑。若孩子尚年幼，父母便將孩子留在 Taromak 由祖父母照顧，再一起移居北部工作。此時期，各家父母幾乎都能從雙親處獲得一處建地及保留地，祖父母平日種水稻、雜糧、蔬菜，獲取還過得去的收入與食物而不致三餐不繼。另一種情況是青少年被送入工廠或工地。1962 年出生的 Tawselre 回憶說：「*六年級開學第一天，我發現教室好多張椅子都空了。聽大人說，這些同學被爸媽送去做工，不會再回來了。*」另一方面，也有人憶起，當他看著年紀稍長的居民離鄉工作賺錢，不由自主地欽羨他們，想像自己有一天能像他們一樣「*出社會、賺錢養家*」（Cheng 2007）。

　　魯凱人原先認為分擔家事或農地工作是家人的事；對他們而言，送小孩進工廠做工賺錢，是幫忙家計的新方式。青少年進入工廠的路徑有二：一是在外地工作的親戚，回鄉找人去北部工作；另一是，親戚介紹雇主進入聚落招募學徒，與父母約定兩年工作時間，並預先支付兩年的工資。的確，此時臺灣工業部門的蓬勃發展，而魯凱人從工廠與工地可提供較務農為高的現金收入這一點，感受並認識到整體經濟結構性力量的運作軌跡。當貨幣逐漸取代農作成為夫妻工作實踐的具體成果，以及維繫家人生活的象徵物（鄭瑋寧 2010），加上認為孩子有幫助家計的義務等想法，讓這群出生於 1960 年代的魯凱青少年，先後進入資本主義經濟中。在資本主

---

4 許多居民不願意談論這段歷史，因此有關重建過程的資料相當有限。

義深化的過程中，人做為養家者的意義，提前由青少年甚至更年輕的孩子來履行：多數情況由父母決定，但有少數人原本就對離鄉出外工作、賺錢養家的生活方式有所想像，才進入勞動力市場。無論如何，在年輕人決定自己是自由勞動者之前，父母先以家的繁衍這個心之所繫，做為推動他們進入勞動力市場的倫理考量。

　　如前述，會所制度使未婚男子集中在會所中過生活，而他們有如專屬於聚落全體的勞務提供者和社會規範的繁衍者。在當時，結婚成家的男人才能實際參與那些具有親屬繁衍意涵的家之實踐。隨著國民義務教育的施行，小孩乃至於青少年被認為是應受家人保護、照顧及教育的對象，然而這個想法明顯與會所制度的原意衝突；最後，會所制度被迫配合學校行事曆，將成年禮集中在七月收穫祭那一個月。至此，青少年光明正大回歸家庭生活，而家長成則為未婚男子最主要的保護者和管教者；就此而言，未婚男子不僅與家更親密，更直接面對家長權威。與此同時，不分性別青少年陸續移居外地工作，加上地方自治選舉制度施行，當選村長者多數為外省人，使傳統貴族權威更難以有效運作。甚至，聚落集體或會所對於某家妻子涉入婚外情這類事情亦難以置喙，換言之，婚外情轉為涉入事件兩家間的事務，不再屬於聚落事務。無論如何，此時青少年與家的關係較前一時期來得更密切，同時也意味著其生命歷程全面受到家長權威的支配。

　　在北部工作之餘，這些青少年會與同村居民相聚，有更多機會與異族接觸、認識。出生於 1966 年的 Salritake 提到，他國中還沒畢業就被父親送進工廠，工廠樓上就是老闆的家。他和幾名男學徒擠在一個小房間，每天晚睡早起，周日看情況而加班。工資全在父母手上，但每個月老闆還是會給點零用錢，讓他可以和朋友上街放鬆一下。不過手上錢很少，什麼也買不了。這種兩年一期的學徒工作是他生命的重要循環，讓他在不同城鎮移居，直到被徵召入伍。退伍後，他終於實現先前的夢想：自己找工作、賺錢自己花，認識女朋友並結婚。

　　通常離開聚落之前的未婚男性，求愛對象仍以聚落少女為主，並常為此與外村追求者互毆（鄭瑋寧 2009）。求愛為的是結婚、成家，而婚事的決定權依然在女方父母，與父母輩並無二致。離鄉工作後，有認識異性朋友的自由，即使介紹、帶領青少年進工廠的年長親戚會照顧他們，但通常不直接干涉。至此，個人情感成為決定戀愛對象的關鍵。當時魯凱年輕人並不特別考慮戀愛對象是否來自同一聚落。事實上，他們承認自己是被對方外貌之美所吸引，如臉蛋五官比例與身材精壯或穠纖合度與否。這有別於父母輩「以貌取人」涵蘊的想法：身體線條外形乃是工作能力與勤勉的具體結果，養家能力的證明。更重要的，年輕人在乎的是兩人的心是否「彼此喜歡、合得來」。此外，比起父母輩的求愛過程，[5] 年輕人表達愛意的方式更有變化：從提倡浪漫愛的電視連續劇中了解自由戀愛是怎麼一回事；從電視電台播放的流行歌曲找到表達愛意的形式的媒介，甚或為此學樂器創作情歌；極少數人會寫情書。無論如何，他們選擇自己想要的文化形式來表達個人感情（鄭瑋寧 2014）。進而言之，有別於研究西歐浪漫愛出現的學者預設了愛與性分離（Giddens 1993），魯凱人的愛是納入身體的情感實踐，相愛的人以性來證明心的動向（鄭瑋寧 2014）。愛做為納入身體的情感實踐，是被建立家這個心之所繫所牽連。

　　如前述，情感對家的建立與繁衍是重要關鍵，從而成為集體規範的對象，特別是女人的情感是促成男女之愛、家與親屬繁衍的能動。老一輩魯凱人認為，當代自由戀愛之所以如此普遍，肇因於女人能自主展現情感：當女人的情感表意不再屈從於父母親的意志、喜好與考量之下，自由戀愛得以可能。換言之，以情感做為婚姻與家建立的基礎，並非資本主義結構性力量獨力造成的；事實上，在新的經濟條件發展下，情感得以憑藉新的

5　傳統求愛過程的民族誌細節，請參見鄭瑋寧（2012）。

文化形式而能被辨識、且有效運作（鄭瑋寧 2014）。

　　猶有進之，這一輩常想像自己可以主宰婚姻。無論是成長於聚落或進入工廠的年輕男女，認為結婚、成家是人生必經的路途，如同要進男／女青年團、婚前應該找到工作那樣理所當然。這與父母輩的想法若合符節。在此，想像自己可以主宰婚姻，是指年輕人能依照自己的想法選擇婚姻對象，而非想像乃至於實現另類的人生道路或婚姻。一如父母輩，這一輩同樣將工作能力當成擇偶要件。對從事體力勞動的魯凱男人而言，與女友交往時，性是愛的具體表現，同時他也想像與她婚後兩人都有工作，因兩份收入可滿足過個合理生活的希望。甚至，有些年輕魯凱女孩談戀愛時所想像的家，只有夫妻與孩子，父母卻缺席了。換言之，即使是自由戀愛，雙方對未來生活與家意象的想像，是愛這項身體性的情感實踐所不可或缺的部分。那麼，年輕人要如何實現自己主宰婚姻這個想像？

　　由於迎娶同村女子仍需徵得女方家長同意，年輕魯凱男子娶外村女子或僅維持同居關係，是容易、可行且常見的方法。不過，若是魯凱年輕女子堅持要結婚，最能有效達到目的的手段，是藉未婚懷孕以徵求父母同意。筆者認為，女人情感能動的展現並能達成年輕人意圖後果之意涵，必須從以下幾個層面來理解。先從父母輩的想法談起。首先，父母輩認為，即使年輕人發生性關係甚至懷孕，仍需長輩同意才能「在一起」（*aiyidang*）。在新的情境下，父母權威的展現只剩同意與否，以及同意時間早晚。其次，結婚、成家仍被這一輩認為是個人生命必經的道路，而男女需要彼此以建立家並能繁衍之。再次之，單身女性被認為不可能獨立生活。年長一輩普遍認為，女性的靈力與能力較男性為弱，不能也不敢單獨在聚落中自由來去，因此需要有人陪伴、乃至於被保護（Cheng 2007），單親媽媽更是無法想像的。猶有進之，由傳統魯凱人認為生下頭胎小孩的夫妻具有建立家的資格這點來看，未婚懷孕是年輕人出自個人情感實踐將文化意義下的「家」變成既成事實。即使有意見，家長無法不同

意女兒婚事，並為二人舉行婚禮，建立聚落居民認可的家。

　　年輕魯凱人依個人感情擇偶、以性做為愛的表現甚至於以育有小孩做為雙方互有愛意的證明等，促使父母同意並承認他們是家人。這種以個人情感與想像而建立的家，顛覆了傳統認為人應按照一定的成長、求愛、工作、婚姻、成家及育兒等順序來完成人做為養家者的意義。就此而言，年輕人對家的想像及個人情感，具體展現為對父母親屬權威的強力反抗。如此一來，情感與想像對家做為親屬單位的意義更形凸顯，而父母權威清楚展現於同意婚禮以促成家做為聚落社會單位。在此，魯凱年輕世代與家長間產生的家內衝突，有著類似 Raymond Williams（1977: 131-134）所說的「感覺的結構」（structures of feelings）：即，一組彼此連結卻有著內部緊張關係的、個人獨特的（idiosyncratic）且具情感表意的當下社會經驗。更重要地，前述感覺的結構確實具備促成新的「社會形式」形成之潛力（鄭瑋寧 2009）。

　　然而，到 1990 年代中期，未婚懷孕不一定如願結婚、成家。此時，部分魯凱父母不認為未婚懷孕必然得和孩子的父親結婚，斷然拒絕女兒的「脅迫」；Lumiya 即是一例。[6] 一方面，她母親將對女婿的品格、慣行、禮貌等方面評斷，及互動過程中自覺不受尊重因而引發的不悅，當成否定女兒婚姻的理由。另一方面，她母親認為，與其跟一個嗜酒如命、不尊重長輩的男人結婚，不如帶著小孩等待更適合養家的男人。這並非當地人憑空想像的可能性，而是此一地區頗為普遍的現象。母親提出此一可能性實隱含著：父母輩並不堅持小孩的生理父親等同於合適的養育者。亦即，她母親是從小孩的未來及家的運作這個角度，來思考這個男人是否為稱職的養家者及合適養育小孩的人。不過，在母女兩人動輒劍拔弩張的日常互動

6　此個案的民族誌細節，請參見鄭瑋寧（2012）。

中，雙方很難平心靜氣溝通彼此的想法。

　　另一方面，堅持結婚亦關連到女兒對家的想像。除了穿白紗當新娘這個個人夢想之外，她認為小孩應有一個合法婚姻關係的父親與家，如同自己一樣。即使與丈夫、孩子三人共同生活了好幾年，她心中仍期望藉婚姻改變男人，讓他遠離不良習慣，進而培養出適合家庭的生活習慣，也就是，她希望藉婚禮建立具合法婚姻關係的家，讓男人變成真正的養家者。經歷長期對抗後，母親終於點頭。這場婚禮最重要的意義在於：向聚落居民介紹她的家人。的確，婚禮後，聚落的人在發送紅、白帖時，他們被視為一個家，一個有資格和聚落其他家進行交換、互動的家（鄭瑋寧2014）。至於孩子的爸爸，婚後依然故我。

　　儘管年輕人以自由戀愛來成就友愛婚姻，也曾想像過類似核心家庭的家意象，但是在聚落中建立一個家，丈夫的出生序往往會成為另一考量點，因這會牽涉婚後住居的安排，進而影響家內生活節奏的形塑。[7] 即使到了 1980 年代，魯凱父母輩仍認為長子／女是家名與家屋的當然繼承者，因而婚後必須與父母同居並加以照顧。這個多數人採行的規範或理想，常與年輕人對家的想像有所出入。在此情形下，婚入女性為了維繫自己爭取而來的家，必須妥協自己原有的想像，讓自己融入於婆家的生活方式與節奏。

　　在採行這類住居安排的家中，夫妻通常會將小孩留給父母照顧，再出外工作以賺取足夠工資，讓家人過合理的生活。此時，祖父母通常繼續從事農務，小孩年紀稍長則可隨之前往。其次，家事並不會因為妻子另有工作就完全交由其他人打理，通常妻子仍得負責早餐，晚餐則視妻子下班時間而定。丈夫並非完全不做家事，偶爾會協助妻子，但主要仍由女性成人

7　甚至在求愛時，個人出生序會是父母考量女兒能否負起長媳責任的關鍵；不過，這通常是父母要排除對方做為可能人選而另外提出的考量。

操持。最遲至 4 歲，孩子會被訓練開始做家事，通常是練習收拾餐桌碗筷。此外，對改信基督宗教的人而言，星期日全家一起上教會，是這個時期形成的生活習慣。為此，婚入者會放棄原生家庭的信仰以求融入。若在前述住居安排下發生夫妻失和情形，婚入女性常為了孩子而委曲求全。[8]此時，孩子往往能超越夫妻感情，成為婚入女性心中家的核心，以繼續委身夫家。

　　相對而言，非長子婚後另立新家的傳統想法，提供了建立類似核心家庭成立的條件。然而，若是婚後仍住在聚落中，這些看似核心家庭的家，日常生活仍會與父母、同胞的家保持密切往來，特別是夫妻都有工作時，更必須仰賴父母或同胞來照顧小孩。由此生活節奏來看，這的確有別於社會科學一般認定的那種獨立、無所依恃的（free-standing）核心家庭。

　　另一方面，正因為此時期年輕人所建立的家，強調以個人情感與對家的想像為基礎，而家的維繫與否完全仰仗夫妻情愛，當然會因為個人情感對象的轉移，蘊含甚至導致家的（可能）分裂。這相當符合我們常識中認為自由戀愛建立的家完全依賴夫妻感情，因而較傳統家庭更不穩定。然而，這種傳統家庭相對穩定而當代家庭容易崩解的想法，究竟是歷史發展的必然軌跡，或是超乎社會實在的概念建構？讓我們來看不同世代魯凱人如何看待家的分裂。表面上，父母輩會認定離婚是年輕人思慮不周（只顧兩人相愛、其他一概不管）、不聽老人勸誡的結果。這隱含老人將家長權威等同於維繫家的智慧，以子女離婚之例證明家長權威的存在價值。然而，從文化邏輯來看，父母輩早已假定夫妻關係本質上是不穩定的，因夫妻來自不同的家、有不同的身體、對家人有不同的心。為了克服婚姻結合內在的易碎性，兩人婚後藉不斷的工作實踐來維繫並繁衍家，於實踐中建

---

8 相關民族誌細節，請參見鄭瑋寧（2012）。

構相似的身體，並薰陶出以家人為念的心。在此意義下，家與親屬的繁衍需要男女互有愛意，然而維繫家需要超越男女之情的感情，更精確地說，即是同胞間那種以家為念、互助不渝的情誼。

對年輕人而言，婚姻既是因相愛且對家有所想像而結合，婚姻與家的崩壞則因雙方認為戀愛時熱烈情感日漸淡薄，加以在現實中無法與當初相愛的人一起落實對家的想像而帶來失望；婚外情往往與此有關。既然婚姻是自由戀愛的結果，婚外戀情意味著這一代魯凱人將個人感受置於婚姻忠誠或約束之上。相較之下，對父母輩而言，配偶與婚姻完全不是個人內心感受的展現，而是順應集體規範和順從家長權威的後果。在此，婚外戀情不無帶著解放個人情感及忠於內心感受的意味，雖不致明目張膽表現出來。面對婚外情的另一種選擇，就是將照顧小孩、照顧伴侶當成自己繼續留在婚姻中的理由。這是他們以家為念的心的極致表現。值得注意的是，在此時期的 Taromak 聚落中，儘管夫妻感情屬於家內這個私密領域，但是，親戚朋友的口耳相傳、流言乃至（妄加）評價，有如不具矯正意圖卻無所不在的觀看，使意欲發生婚外情的人，不得不更加嚴密隱匿。換言之，即使個人此時已是情感主體，婚外情是難以避免、卻因在意他人眼光和輿論壓力而必須極力隱蔽的不光彩。

對那些出生於 1970 年代、成家於 1990 年代中期以後的魯凱人，此一時期的家具有強調個人自主及家做為教育場所這兩個新面向，教育小孩被視為家長特有的權威，因而不樂見親戚當面規範小孩的行為舉止。這種「自己的小孩自己教」的教育方式，常融合了微量處罰和接近「寵溺」的疼愛。這是這一代魯凱人認定的親職。另一種情形是：若父母忙於工作，不得不將教養、照顧小孩的工作託付給父母和同胞──祖父母照顧、疼愛孫兒偶爾訓誡之，同胞則負責教養小孩。若是父母在外工作，祖父母與同胞的責任更重。

強調個人自主的家長以自由戀愛建立家之後，將教育孩子當成展現家

長權威的場域，就此，親子間的階序關係並未因家長獲得了個人自主而出現根本性的改變。其次，薪資勞動持續成為家中生計的物質與象徵基礎，而父母離開聚落而將小孩留給祖父母或同胞照顧，只在休假期間回家探視家人。這種生活節奏不僅將同胞間以家人為念的情感發揮到極點，更使得父母成為共同形塑這種家人情感與親屬道德性的參與者。從小孩的角度來看，前一時期父母白天前往山上工作將小孩暫時託給長輩或鄰居，但晚上再接回家照顧。到了此時，小孩變成由祖父母及父母的同胞共同撫養長大，雙方往往更為親密——至少在父母將他們帶離聚落之前。對這一輩年輕父母而言，與家的樣態密不可分的生活節奏，係以養家維生的前提進行安排。此一前提不僅與當時臺灣的資本主義勞動市場結構有關，但更與魯凱人以養家者做為個人存有的內涵有關。

　　總的來說，這兩個時期所建立的家，均呈現出憑藉男女情感建立的家具有內在的不穩定及易碎性。但筆者指出，在家逐漸崩解之前，這兩個世代對於如何建立與維持一個家，以及男女情愛在婚姻中的重要性則看法相左，這關涉了不同世代在人觀、情感實踐以及家的意象。其中，祖父母輩強調情感做為繁衍社會階序關係和倫理價值的載體，而其子女輩則近用新的文化形式以自主表達個人的情感（鄭瑋寧 2014）。此外，不同於某些父母輩會將家人置於個人情感之前以維繫家，年輕世代以個人情感為優先考量，使得原先文化想像中認為單單憑藉男女情愛所建立的家內蘊之不穩定和易碎性，更顯脆弱。

　　從人做為養家者如何被實現這個角度來看，自由戀愛與友愛婚姻的普遍化，關連到行動者自認具備了養家能力的想法。在此時期資本主義發展仍能保持一定的利潤率的條件下，「人做為養家者是身為人應該做且一定可以做到的」這個傳統想法，得以繼續成立且被視為理所當然。結婚、成家同樣顯得無庸置疑。乍看之下，他們與父母輩相去不遠，然差異處在於：他們自認那是個人選擇的結果，有別於父母輩必須遵從集體價值規範

以完成人做為養家者的社會義務。的確，他們被迫進工廠，但不再被迫與父母中意的對象結婚。從被迫從事資本主義勞動的經驗中，他們讓自己變成可自行挑選工作、為自己工作的人，因而有能力結婚、成家、孕育子女。在此意義下，這一代魯凱人實現了以個人選擇來完成人做為養家者這個社會存有的意義。他們身處在傳統對建立家這個心之所繫與資本主義強調人做為勞動力的自由販賣者這兩股結構性力量的糾結中，依憑愛／情感與想像以展現個人能動的結果。最後，就人做為社會存有這一點而言，工資被認為既體現了養家者／夫妻工作的努力成果，並能有效繁衍家的新生文化慣語。換言之，人做資本主義經濟的勞動者，滲入了人做為養家者這個社會存有的內涵。這連帶使當地人在有意無意間貶低家事與家庭時間的價值（Cheng 2007）。前述趨勢與想法持續至下個時期。

四、變幻無常的經濟、不安定的存有
以及多重實在中的「家人」

　　前一節提到魯凱人相當懷念 1960 年代末期種植香茅的舊日美好時光，因當時居民關心親戚勝過賺取工資。到了 2004 年，Taromak 居民認為聚落居民吝於分享，重視金錢勝過親戚。但這不能化約地詮釋成當地人將過去與現在的差別，視為有如親屬道德性與貨幣／經濟算計的對立。事實上，這兩個時期魯凱人從事的經濟活動，皆深深地捲入資本主義運作中。問題在於：為何進入新世紀後不久，當地人會以略帶批判的口吻，認為居民明顯地將金錢利益置於親屬道德性之上呢？

　　這問題需從以下面向來討論。首先，當地人使用貨幣超過五十年，貨幣早已是當地社會生活交換與家屋繁衍的重要媒介，工資甚至已是表達夫妻工作成果的新生文化慣語。另一方面，工作實踐、工資、家的繁衍以及個人做為養家者這四者，不只彼此密切關連，各自的意義更是相互建構。

由此觀之，貨幣不只是個人金錢利益，更是一家生活所需。由此觀之，當前聚落居民特別注重金錢利益的感嘆乃至批判，可理解為：進入新世紀後，貨幣與家的界線愈形緊密，這意味著家做為經濟單位的對內封閉性。至於將貨幣與聚落親屬道德性加以對立的想法，蘊含著：在經濟上，個別的家與聚落親屬關係乃是各自獨立的，從而兩者分屬不同層次的親屬道德性。這有別於之前魯凱人的家與聚落親屬關係，係藉家與家之間的交換以構成彼此在家事經濟上的連續性。

其次，魯凱居民是依據 2004 年及先前的經濟狀況，來對照並再現他們對不同時期資本主義化過程的經驗。2001 年美國網路經濟泡沫化造成臺灣許多產業（惡意）資遣與解雇勞工，造就了整體經濟低迷的氛圍，當地人從返鄉居民緊縮的消費習慣清楚感受到這一點。對魯凱人最直接的衝擊，則屬臺灣政府先前為降低企業成本而制定引進外籍勞工的政策，一定程度擠壓了體力勞動者的工作機會，許多 Taromak 居民只得返鄉另謀出路。廣泛的失業強化了貨幣對維繫家人生活的意義。除非必要，魯凱人不輕易以錢做為社會交換的禮物。例如，2004 年春天的 *maisaholro*，許多聚落幹部會按照往年慣例，送現金紅包給女青年團當成禮物，讓他們購買食物、飲料，與居民同享。到了 2005 年的 *maisaholro*，送現金禮物的居民相當明顯的減少；許多前一年致送現金禮物到女青年團的居民，紛紛以實物代替（Cheng 2007）。

貨幣與家的界線彼此疊合的情況，在 2008 年金融海嘯後更形明顯。除了原本有固定工作、種植經濟作物、開店做生意的人之外，其餘依靠體力勞動維生的人，年紀稍長者則依賴「擴大公共服務就業計畫」與後來的「多元就業計畫」等政府提供的短期雇傭（鄭瑋寧 2010），可以維持半年生計，邊工作邊等待新契約。以擔任工地工程包工維生的男人，完全看經濟景氣指標來決定工作之有無。擔任季節性農業（茭葉）勞動的女人，因雇主不輕易聘用固定薪資的長期工人，加上不同雇主給的單位工資（依

公斤計）不盡相同，工資時高時低，而工作機會視茖葉產季而定。冬天茖葉價格高，工人成了待價而沽的商品；春、夏兩季茖葉成長快速但價格低時，雇主為控制產量，傾向提供剪除劣化茖藤、拉藤矮化等工作，工人只得進入間歇性的失業。

在這種情形下，有經驗的工人便彼此串連成一「班」，成員人數從十至三十人不等，班長以手機連絡雇主工作機會，再將工作分配給班員，讓班員在不同雇主間流動，使工作天數極大化以賺取更多工資。工班雖名之為「班」，但工人來去只憑藉彼此信任。一旦心生嫌隙，工人可隨時離去、另尋工班。此外，工班之間並非壁壘分明，一起工作的茖葉工人常會與其他工班交好，以免萬一日後交惡，無路可去。儘管如此，工人還是看天吃飯（降雨即停工），基本上與工地包工無異。一般而言，從事彈性勞動工作的人，多半是家中沒有保留地（被父母賣給同村居民或由漢人「取得」）或尚未繼承保留地的居民。即使有心借用家中保留地種經濟作物，他們亦無貨幣資本可投資。就此而言，他們是如假包換的自由勞動者。在聚落附近，類似體力勞動的工作紛紛以彈性勞動的方式釋出。這使得在聚落中逼近底層的居民，陷於「被剝削、或者連被剝削的機會都沒有」的兩難。

更嚴重的，這使得人藉工作以完成人做為養家者這個社會存有的可能性，不再是理所當然。為解決眼前經濟困境的方法，向儲蓄互助社借貸是居民較常使用的方法。因為跟隨親戚標會有其風險（欠會錢不付，親戚「會腳」礙於情面不敢追討），他們寧可向互助社貸款。另外，向親戚借現金是另一常見作法，且不收利息。2003 年秋天，曾有民間借貸融資機構在 Taromak 駐點。機構專員先吸收居民當捐客，再前往為債務所苦的居民家，介紹債務整合的專案。有些居民為了解決債務，當真相信民間融資機構提出可以為申請者「信用造假」，向金融機構貸款的說法，就加入專案。但是後續金融糾紛一一出現，讓債務者十分困擾，進而加深親戚間的

嫌隙。約莫半年後，民間融資機構的旗子從聚落中消失，但是為債務所困的居民苦惱卻與日俱增。事實上，整體經濟景氣的低迷與彈性勞動的變本加厲，明顯造成居民的不安定感，這不僅加強工作、貨幣與家的關聯，進而關連到他們如何、甚至能否繼續，實現人做為養家者這個社會存有的問題。相較之下，過去依賴互助社或銀行貸款來籌措資金投資個人事業的少數居民（如營造業），在這一波經濟動盪中未受太大的影響。

　　此外，家與會所（或者說男、女青年團）間的關係，不僅保有前一個階段的彼此區分的情況，甚至在 1995 年社區總體營造進入後，貴族被主導社造的團隊塑造成聚落傳統文化的符碼，男、女青年團負責並主導各項文化展演活動，而每年的小米收穫祭是他們最重要的舞台。相對於這些人與群體被賦予的公共性，家的界線與經濟維生活動（及其象徵）的疊合，則與之明顯區隔。至少，在 1990 年末期，筆者目睹鄰長以各家理應提供義務勞動服務（*agolri*）以整理、佈置收穫祭場地，向無法參與的家戶收取 500 元新台幣以免除勞務。這情形進入本世紀已不復見。至此，各家的自主性甚強，以聚落為名的集體規範難以有效支配、調動各家提供勞務或相應的貨幣。換言之，會所或類似以聚落集體之名而產生的規定能否實行，端看各家意願，難以單單訴諸集體的壓制性力量來達成。

（一）想像的複調性（polytonality）演繹出家意象的多重對位

　　祖母問：「那你有沒有想過將來要和她結婚？」

　　「沒想過。」Takuya 說。他打扮入時，一眼看出是模仿日本或韓國青春偶像，而他打工賺來的錢幾乎都買了這些時髦裝備。

　　祖母不死心，繼續追問：「不結婚為什要在一起？」

　　此時，手機響起，鈴聲是韓國流行歌曲。Takuya 邊講手機邊走進自己的房間，留下祖母一人在客廳。新家蓋好後，19 歲的他第一次擁有自己的房間；即使房門不上鎖，家人也不會任意打開房

門窺探。Takuya 的父親與母親並沒有結婚。Takuya 尚年幼時，母親曾住在 Taromak 一陣子，後來與父親大吵之後便離開，從此音訊全無。每當父親要返回工作崗位時，他會刻意離父親遠遠的，或對父親很冷淡，這與父親剛回來時頻頻向他撒嬌的模樣相去甚遠。他父親起初相當介意兒子的態度，後來，他才明白，那是 Takuya 知道要與父親分離很久而難過，只好先讓自己變冷漠。每當他離開後，Takuya 總是一個人躲起來哭。

Takuya 的父親在外地工作，只有收穫祭、清明節、祖父母生日與過年時才回來。平常他以手機與父親連絡。他的父親總半開玩笑地說，Takuya 只有在缺錢時，才會主動以手機向他噓寒問暖，隔天再請他匯錢。

Takuya 由祖母一手帶大。祖母很疼他，會買各式各樣新奇的玩具給他，經常揹著他去幫別人採玉米、挖生薑。祖母說，他總是乖乖地待在樹蔭下玩，從來不讓人操心。念小學時，Takuya 的姑姑回家定居，總會好好地向他解釋待人處事的道理。她從自己為戀愛而對抗母親的過程中，體認到長輩以命令或責罵的方式來告誡小孩只會適得其反。國中時，他迷上網咖，令祖母相當憤怒。他認為，網路上有他可以聊天的朋友，而他在家中幾乎不向任何人吐露心事，除了偶爾找姑姑講話。他經常照顧姑姑與叔叔的小孩，陪他們一起玩；只是彼此年齡差距過大，沒法說上內心的話。年紀再長一些，每當家裡長輩要他跑腿買醬油或接送親戚、家人，他很樂意去做，甚至會出席家人親戚間的聚會，例如父親節、母親節、清明掃墓、收穫祭和家人生日等，並貼心準備禮物或蛋糕。

不過，在涉及個人品味與嗜好的問題如食物種類、摩托車的外型與功能、服飾風格以及房間裝飾時，他絕不妥協。例如，家中長輩相當重視家人一起吃晚餐，但他經常躲在房裡，若不是與朋友有

聚餐的計畫，就是外帶了麥當勞或肯德基。剛開始大家很不習慣。久之，長輩依然習慣性地派堂弟妹敲他房門，像每日的微小儀式，表示大家心中仍惦記著他是家人。至於他出不出來吃飯，視他當日心情而定，長輩也不會叨念他。

他很喜歡現在的女朋友，善解人意、尊敬長輩且待人有禮。當他帶女友回家時，兩人總是無時無刻膩在一起，只有在進門與送女友回家時或吃飯時，才見到人影。女朋友常會代表他出現在餐桌，神色自若但不失禮節地和 Takuya 家人談天。儘管他說沒想過結婚這件事，但兩人交往一年後，女友在傳給他父親的簡訊中，稱他「爸爸」。

20 歲那年，是 Takuya 的家人盼了好久的一年，因為他終於有資格去法院主張改姓、認親。他先與父親約好時間去醫事檢驗所採集檢體做 DNA 比對。結果出來後，兩人再一同前往臺灣地方法院家事法庭接受訊問。法官問 Takuya 是否從很久之前就知道父親是親生父親，Takuya 回答是。那年清明節，Takuya 一如往常跟隨所有親戚去掃墓，而祖母要媳婦準備簡單的宴席，邀請自己的兄弟姊妹及其家人來參加。過程中，Takuya 的叔叔在海報紙上寫著他入籍後的新漢名與新綽號，向親戚宣告他的身分。確認了 Takuya 法律身分，讓祖父母終於可以安心，不再為他將來繼承財產資格而煩惱。

＊　　　　　＊　　　　　＊

Takuya 已經十多年沒見過母親。三年前他騎車載前女友夜遊發生車禍時，祖母在管區員警協助下，聯絡上他母親，因為他的戶籍與健保資料登記在生母那兒。當他母親趕回來看住院的 Takuya

時，與他父親只是禮貌性寒喧。儘管兩人當時都單身，卻絲毫沒有為了小孩而對三人日後共同生活動心起念。甚至 Takuya 對母親沒有任何依戀。Takuya 祖母說，他國中時曾獨自坐火車去找母親，可是母親卻不想與他一起生活。返家後，Takuya 絕口不提母親。即使祖母問他是否想念母親時，他只是淡淡地說沒有。車禍事件後，「母親」一詞再不曾出現在祖孫乃至家人對話中。

其實 Takuya 最喜歡的是在他小學到國中時期，父親交往的那個女朋友。她有一個女兒，小 Takuya 一歲，而 Takuya 總喊她「媽咪」。一開始，這個「媽媽」的女兒叫 Takuya 父親「爸爸」時，Takuya 生氣地說：他是我的爸爸，妳不可以叫他爸爸！兩人為此鬧得不可開交，不久後兩人成為很好的玩伴。Takuya 的家人非常喜歡這個「媽咪」，不僅長得美麗大方，更重要的是她與這一家的生活習慣和食物口味非常類似，與大家相處融洽，連她的女兒也深受這家長輩的疼愛，零用錢或玩具，都少不了她一份。當時，筆者誤以為這個「媽咪」已經和這家人生活了相當長一段時間。家裡每個人都期待 Takuya 父親這次能下定決心成家，特別是祖父母。過了幾年，這段戀情以分手收場，因為女方覺得 Takuya 的父親無法給她安全感，她希望能找到更穩定的對象。即使如此，Takuya 與這個「媽咪」的女兒經常透過 email 或 facebook 保持聯絡。兩年前，祖母去臺北探視親戚兼旅遊時，特地去造訪「媽咪」開設的店鋪，一群人相談甚歡。祖母表示很希望她能當自己的媳婦，甚至對她說，即使做不成媳婦，當女兒也可以。

之後，Takuya 的父親再帶回來的女朋友，很難得到家人的認可。Takuya 的祖母挑剔這些女朋友們的日常生活舉止，更難忍受她們總表現出眼中只有她兒子那種過度親密的舉止、眼神及言語，絲毫不顧及在場的其他家人。這種孤島美學式的兩人世界，讓

Takuya 的祖母相當不滿——儘管表面上不明白表現。其他家人甚至媳婦總是說：他們在觀察大哥的女朋友是否適合當成家人時，首先要看她「跟我們合不合」。在這一家，所謂的「跟我們合不合」包括：一個人進入家門後，能否一方面既能尊重這一家的生活習慣（例如，不能恣意地將他人的家當成自己的家，忽略了應有的禮節）；這個人能否以開放的心來跟家人互動（例如，敏銳地關照到這家成員的生活習慣或互動方式），而不是封閉在兩人的恩愛世界中，無視其他家人的存在。

　　Takuya 的父親出生在 1960 年代初期，是家中長子，外表英俊挺拔、有大專學歷、個性有原則卻不失溫潤，工作收入在一般水準之上。他自小背負了家人的期待，盡力做弟妹的好榜樣。對於成家這件事，他並沒有很大的期待，就算和現在的女友沒有結局也無所謂。比起自己的未來，他更關心 Takuya 的未來和父母的身體健康，同時他關心能否再為父母親買一塊保留地，退休後能與家人一起生活，因為他已經厭倦了都市的生活。他的生活地點與節奏，會隨著工程標案而定，每隔兩三年要在不同城市間移居。除了工作上的應酬，其餘時間他樂於當個「中年宅男」。不過，他並不是去上「愛情公寓」這類交友網站，而是搜尋可供下載的電影與音樂，度過無人陪伴的時光。而談遠距離戀愛讓他保有自己的空間。

　　前一陣子家人大費周章地籌備外甥的婚禮，兩家人在過程中對彼此怨懟不已，長輩頻頻抱怨自己未受應得的尊重。他感嘆，與其為了安慰父母而勉強結婚，不如找個談得來、彼此瞭解的伴侶還比較實際。至少，當兩人發現彼此不再合適時，可以好聚好散。不過，至今母親在餐桌閒聊間，總會輕柔地催促他趕緊找對象結婚。對此，他總是面帶些許無奈，以無關痛癢的言詞含糊帶過，讓這類話題無從發酵。接著，同桌家人很有默契地轉移話題，不讓一天中

最受重視的晚餐時間，有任何家人感受到被刺傷、困窘乃至於惱怒。

即使長子很少回家，母親在日常生活中，許多事還是以他做為中心來考量。絲瓜藤架下的茶花盆栽是因為長子喜愛而買的。修剪圍籬時，某棵樹會受到特別照顧，或堅持不砍去某一棵樹，只是因為長子喜歡。換季整理衣櫥時，她特地拿出一件衣服，告訴筆者那是長子某一年送她的禮物，儘管現在穿不下，還是捨不得送人。在廚房，母親總不忘提及她手邊在做的菜，是他在這個季節最愛的食物。只要長子回家，平時由媳婦主導的三餐，自動由母親接手。

關於長子在家中的重要性，他的弟弟、妹妹甚至弟媳明白表示：大哥回家的那一天，就是他們家的過年。而身體機能日益衰竭的父親，看到長子回來竟變得精神奕奕，一直開口要兒子開車帶他去兜風。一改平日總是一個人安靜看電視、規律進食且甚少干涉家務的生活習慣。

留在家的弟弟與弟媳，被大哥期望能獨立決定家中事務，並代替他照顧父母。當哥哥希望弟弟擔負起重建家屋的主要責任時，弟弟卻總以手機來請示哥哥的意見，加上與家人共同討論的想法，才拍板定案。弟弟自幼在家凡事謹小慎微，因父母一向以大哥的意見為意見。當他被大哥交付這項責任時，惟恐自己思考不周延而行事顯得猶豫。儘管弟弟的行事風格與大哥預期有落差，他們還是一起合作讓新屋完工。

*　　　　　*　　　　　*

弟弟對房子的設計有他獨特的想法。有別於多數聚落居民近十年來流行建造三層樓的房子，他們只蓋了一層樓。這涉及建屋資金

來源問題。通常準備蓋三層樓的屋主，必須向儲蓄互助社或是銀行貸款籌措經費。他們與母親商量的結果是只蓋一層樓，主要是因為長輩擔心哪一天孩子工作不穩定而繳不出貸款時，房子會被法拍，一家人將流離失所。另一方面，幾年前母親病情難以預測時，儲蓄互助社的社長、幹部擔心萬一她有不測，互助社要支付保險理賠金，於是在未告知母親的情況下，逕自將她退社。自此，這家人與儲蓄互助社的高層不相往來。事實上，互助社不只一次被居民質疑，傾向給予有錢人較優惠的借貸條件與利息，對貧困者幫助相當有限。

　　外觀上，這幢只有一層樓的新家，屋頂卻比聚落中一層樓的房子還高，幾乎接近兩層樓。弟弟特意將屋頂與一樓天花板之間的空間架高，二樓的空間是為下一代預備的。他說，等小孩長大後，就要加蓋屬於他們的房間，讓他們自由進出，甚至帶朋友回來。如此一來，他們既不受干擾，也不致影響長輩的生活作息。比較而言，在 1990 年代建屋的屋主，傾向讓長輩居住在二樓，並將家中珍貴物品安放於此，不讓小孩隨意上樓玩耍，以免一不留意就毀損了珍品。在此，家屋空間高低象徵了家內代間的階序關係（鄭瑋寧 2000）。然而，這一家的弟弟考量到，長輩勢必日漸年邁體弱，臥室在一樓既方便長輩出入，也方便他人照護。至於小孩，他深知現在年輕人重視個人隱私與不想被父母或長輩過度干涉，因他個人就做如是想。因此，未來的二樓這個想像中的空間，是最適合下一代的居所。

　　家屋改建時，這家人決定將老房子側邊搭建的鐵皮貨櫃屋保留下來。十年前，為了解決夏天在屋內煮飯太熱的問題，母親就在屋外洗手台旁一處空地弄了臨時廚房。這個廚房是從一個快速爐、一桶瓦斯、菜刀、砧板和抹布開始的。後來，搭上隔熱黑網棚子，類

似負責宴席外燴師傅使用那種臨時廚房。漸漸地，母親希望小兒子一家人回來定居，需要一個足以容納四個人的房間，便請親戚在廚房旁空地搭建一座貨櫃屋，並將廚房納入。客廳裡有親戚家二手的沙發與電視，一旁的櫥櫃放著母親從海邊撿來的石頭與各色裝飾品。鄰接著客廳的廚房擺放了碗櫥、刀具及各種調味料與醃漬食物。客廳既是招待客人之處，也是家人用餐的餐廳。偶爾有朋友來投靠，就睡在客房。新屋落成後，貨櫃屋成為專門收留客人的地方。

　　弟弟的妻子在婚前就與家人認識，婚入後，母親並不硬性規定她應負責所有家事。母親通常早起稍做伸展或散步後，去早餐店買早點，而後再去和兄姊一起吃早餐。這是母親和她的兄弟姊妹最近幾年培養的生活習慣：三人輪流購買其他兩人的早餐，吃完再「複習」前一晚的韓劇。中餐與晚餐則由媳婦負責。母親說，如果一開始就當媳婦是外人，是來搶兒子、家產而處處提防，夾在中間的兒子一定會受不了而離婚。媳婦是別人家的孩子，嫁進來後就要教她如何習慣這個家。她說，做媽媽的只要想著自己也有小孩，因為不希望自己小孩被別人當成賊，自然會好好對待媳婦。

＊　　　　　＊　　　　　＊

　　大哥一位漢人朋友很喜歡這家的氣氛，將這家的母親當成自己的媽媽，常常向聚落中其他朋友說，他也是這一家的兒子。剛開始，母親無法忍受兒子朋友的餐桌禮節，很難理解一個生長在知識水平不低且受過教育的人，有如餐桌上的小霸王，完全不留意同桌用餐者的用餐速度，以及主人家的用餐習慣。經歷長久的相處，加上妻子對他耳提面命，這幾年他慢慢改變習慣而被這家人接受。甚

至當他工作不穩定時跑來向這家的母親借錢，她還是會借他，也會擔心他被同事惡整而影響工作。當他手頭寬鬆時，經常為這家人帶來各種禮物。母親說，因為自己的兒子不常在身邊，兒子這個好友（是指生活習慣逐漸與這一家相似的那個存有）有時比親生的兒子更像兒子。

由於這一家父親來自外村，是個對小孩嚴厲、對下屬與親戚相當照顧的人。因此這家經常吸引很多親戚與外人，無論是有人要當兵，或是剛從外地回來後要與朋友聚會，都喜歡在這個家舉行。母親身體健朗時，招待這些親戚與外人自然不是問題。許多父方與母方的同輩親戚甚或他們的小孩，在經濟困頓、走投無路時，會前來投靠她。母親從不拒絕窮途末路的親戚，對開口請求金錢資助的親友，一向慷慨解囊。她認為，有能力的人應該照顧可憐的人，更何況這些人是親戚。前年，一名近親的小孩來拜訪母親，以真誠、感恩口吻說起小時候住在這個家的往事、趣事，並直說這家母親比親生父母更照顧她、對她更好。

婚後，母親自覺家境比父母好一些，便自願代替父母照顧最年幼的弟弟。弟弟只比長子多三歲，因此，她將弟弟當成自己小孩一樣照顧，她的小孩也將舅舅當成大哥一樣。連父母談論將來分配土地給小孩時，也算弟弟一份。另一個母親娘家的表弟，只比她的長子大一歲，年幼時在她家住過數年，她的小孩都喊他「大哥舅舅」，她的小孩同他講話與追酒的樣子，就像同輩一樣沒大沒小。對長一輩的人而言，輩分不只是親屬間的權力關係，更攸關可婚配對象的範圍。若不按照輩分稱呼，老人擔心小孩和禁婚範圍的人結婚。年紀差距夠遠的同胞，可能因為養育而培養了親子的情誼，但為了遵循老一輩認為人應與禁婚範圍以外的人通婚好使家能順利繁衍後代的想法，範疇上的親屬關係仍要遵守。只是年輕一輩不太理

會這些，唯獨會特別留意稱呼上的輩分關係。無論如何，被年長姐姐撫養同胞與自己小孩之間，在日常生活中的互動、感情甚至禮節，既展現了小孩對父母理所當然的依賴，又保有了階序倫理的輩分形式。

個案中的母親曾提及：現在年輕人的生活，和以前很不同。她回想自己母親看到她姐姐以溫熱的水為嬰兒洗澡時，曾不以為然地表示，哪有人用溫熱的水洗嬰兒——過去魯凱人的習慣是以冷水清洗嬰兒。她很清楚，她與姊姊的生活習慣與母親不同，就像她的孫子「高興怎麼過就怎麼過」。在微小抱怨中，老人心中明白不同世代各有過日子的方式。至少對她而言，不同世代的意義，是在於各自採行不同的生活方式。世代之間，不僅是權力施展、接受的方向，更是生活方式歧異。

其次，非婚生子女是個人做為情感主體的有效運作的結果。在過去，親戚收養是最普遍的方式。但是，當各家重視維生以及保有私有財產的問題時，非婚生子女的收養就變得棘手。首先，Takuya 是長子的非婚生子，小孩出生後冠母姓。這決定了他在民法和社會福利／保險體系中的法定身分，如財產繼承權、以誰的眷屬身分加入健保。另一方面，在法定認親年紀之前，孩子對家人的知識、或是家人對孩子的知識，[9] 並不被國家承認是有效、合法的知識。為了確認親子關係與後續財產繼承問題，必須進行基因檢測，以科學客觀的知識向法官證明。另一方面，法官同時探詢了小孩是否具備了對父親的知識——這至多只是補充性的，而非決定性的。值得注意的是，在清明節的例行家族聚會時，這家人將正式歸入戶籍的孩子介紹給親戚。過去二十年，這個孩子一直生活在 Taromak，沒有人

---

9 此處所論「知識」的性質，是依據 Marilyn Strathern（2005）而來，指涉人們素樸地認識的日常知識，而非學科專業知識。

不認識他；在正式介紹給所有親戚的那一刻，他的法定身分與社會身分完全疊合，成了一個融合了新、舊親屬知識的家人。正如當代歐美親屬實踐（Strathern 2005）所示，基因檢測所創造的知識及法院判例，使魯凱人的親屬建構成為納入外來／他性（alter）知識的動態過程。

再者，對個案中母親與家人而言，儘管長子偶爾回家，然其重要性卻是存在於：家人單憑想像就使長子成了當下行動的原因，即，長子作為想像中的實存，對家人的生活方式產生具體的影響。此外，長子的出現牽動家人的情感與感受，某種程度上甚至改變了家中原有的生活節奏。不過，家人並不因為既有生活秩序略有不同而抱怨，因他們體諒並感受父母對長子的特殊情感。相較之下，這個家日常生活的秩序是依靠父母親、幼子及其家人來維繫。當代不少家長表示，有能力帶動其他家人為共同目標努力的那個人，是最適合繼承家的人。至於這人是否為長子，或說，個人生理性的特徵或出生序，反而是次要的。

再次之，在建蓋新家屋的過程中，我們看到家人對不同世代成員未來生活安排的想像以及家人情感的重要性，甚至家屋的意義，如何發揮作用各有想像。首先，在有關建造房屋的資金來源問題上，母親預先想到，向儲蓄互助社或其他金融機構貸款時會有風險，必須考量小孩的還款能力。而這之所以是風險，因母親及其家人清楚認識到，當前整體經濟無法提供穩定就業這項客觀條件。她決定賣掉他處的舊屋當作建新屋的資金。如此一來，新家成了所有家人唯一的家，且是抵抗經濟不穩定的最後庇護。其次，家屋不僅是一座已完成的建物客體，而是考量到不同世代成員各自的生命歷程，以及未來世代強調個人自主與自由而設計的 living house。有別於先前魯凱人喜以建築來客體化家人／階序關係的作為，這是一幢關注個人的生命動態、承認世代生活方式差異之未來導向的家屋。

強調關照他人情感以及為不同家人而有生活安排設想的心思，構成了

這一家的整體氛圍。[10] 這種整體氛圍在這家人如何接待與面對外人時更為凸顯。讓我們從這一家如何看待、對待與接納外來者談起。首先是媳婦。這家母親從自己身為女兒的母親以及媳婦的母親的雙重視角（perspective），來思考她應如何對待媳婦。她認為家人的食物口味、菜色與家事習慣是可被教導的，婆婆應藉教導讓媳婦慢慢融入該家整體氛圍。這樣的互動方式之所以可能，有賴於母親能從另一個人／姻親的視角來思考、觀看，進而採取行動。事實上，視角的轉移，是因自己的心緒、期望如此（「自己也有女兒，不希望女兒被夫家認為是搶兒子、家產的人」），從而能對他人（媳婦的母親）心緒感同身受並採取行動。[11]其次，對於長子的女友，他們會觀察外來者的生活習慣、餐桌禮節、飲食口味，以及能否關照他人感受等，做為判斷對方是否為可能成為家人的基礎。不合適的人固然難以被接受，但也出現了：一開始彼此相愛，且能與這一家整體氛圍相契合，最終因為外來者對雙方感情有更高的要求／想像，終究無緣成為一家人。

最後，是介於家人和外人之間的親戚。這家家長對親屬的照顧，是基於地方社會強調強者應該照顧弱者的憐憫（pity）之心。在實際撫育過程中呈現的是：將年幼同胞（個案中提及者皆在禁婚範圍）當成自己小孩一

---

10 此處所稱之整體氛圍，係受到黃應貴（2012）分析新世紀布農人的家之樣態的啟發。「……家要能繼續維持下去、乃至於茁壯、成長，就得依賴共同的生活方式或生活節奏是否能培養出『心理慣性』（psychological idioms），以進一步孕育出該家的『精神氣質』（ethos）而為這家特有的氛圍，以維持當事人之間的穩定感情、並為篩選符合該精神氣質的人成為該家成員的關卡」（黃應貴 2012: 152）。截至目前為止，本文尚無法細緻區分、掌握一個家的 ethos 所牽涉了不同成員之間慣性的心理反應，因此暫以「整體氛圍」來指稱家的 ethos 在某段時間內的完成狀態，並能在家中成員面對彼此與外人時，發揮支配性的作用。

11 這有別於 Strathern（1988）在 Melanesia 的研究，指出人之所以進行交換，乃是因其能從視角所在而非個體所在，來進行交換。事實上，視角的轉移乃是當地可分割的人觀之具體展現。

樣照顧，無視輩分之別。儘管為顧及禁婚問題而必須遵循傳統親屬稱謂，卻也出現創新的親屬稱謂以表達彼此間超乎輩分界線的同胞情誼或親子之情。至於收留並照顧外人則是出自同情（compassion）。總結而言，家的整體氛圍與外來者舊有心緒、慣習的衝突，使得看似虛幻的整體氛圍，成為一個家能否接納外人，或者說，外人／異族能否成為家人的重要憑藉，且再真實不過。

在什麼意義下，這些對「家」各有不同想像的成員，仍可構成一個家？一方面，每個人心中以關照（care）家人為念，即使並非對所有人一視同仁。另一方面，父母輩會反思過去對抗家長的結果，將孩子當成自主個體來對待，在培養他們合宜於家的生活習性之餘，會盡量避免權威變成絕對。適度的權威可有效建立生活秩序，如何不使成員受制於家長的絕對權威，則仰賴家人適時對他人提供不具施恩（patronization）意圖的關照。只有家中成員常保惦念彼此的心緒，並願意相互協助，才能做出於照顧與自由間取得平衡的精巧實踐（artful practice）。

（二）擺盪在親密依賴的束縛與掙脫家人佔有欲之間

十六歲的 Sachi 在南部讀高中。念國中時，他就立下志向：國中畢業一定要離開臺灣去外地念高中。長輩親戚勸他，家裡經濟情況不允許他這麼做，希望他考慮念東中，但他絲毫不為所動。他的母親與父親是歷經雙方家裡反對而結婚的，但他很少與父親相處。他自小由外婆與母親一起帶大，父親因外婆強力反對而不敢去拜訪她。每當父親休假時，母親會事先與父親連絡見面地點，再帶著 Sachi 去見他。

好不容易父母結婚也住在一起，他卻討厭父親工作回家喝酒的樣子，也不願主動與父親親近，甚至從來不曾喊他「爸爸」。如果不得已要向別人提起父親時，他會說「那個人」。每天回家就躲進

書房埋頭苦讀，不太留意家裡的事。終於 Sachi 離開家去念高中，但每次回臺灣還是住外婆家。最近，他和母親說不上什麼話，有時甚至未向母親告別，逕自搭火車回學校。筆者問 Sachi 的母親，為何很少見到她像過去那樣與兒子一起坐下來好好說話、聊天？她說，不會啊，他們經常透過手機聊天，Sachi 會告訴她許多學校與同學的事。當她生日時，Sachi 會傳簡訊，甚至在 facebook 上祝她生日快樂！她最近購買了通訊行促銷的平板電腦，開始學習使用平板電腦，這樣才能透過 facebook 看兒子貼了那些照片，了解他的近況。她不覺得自己與兒子變得疏遠。

反倒是外婆頻頻抱怨 Sachi 都不跟家人說話，自己高興怎樣就怎樣，連收假回學校時，他會拖到前一天才說，要求表哥隔天載他去車站。離家時，他甚至連一句再見都不說，這令外祖母非常生氣。2011 年夏天，當 Sachi 外婆一行人前往他就讀高中的城市遊玩時，舅舅表示希望 Sachi 能在旅館留宿，陪大夥聊天、談心時，他面有慍色地說要回宿舍，並轉身離開。這惹惱了在場所有長輩。

由於母親工作收入不豐，每個月能給 Sachi 的生活費與零用錢有限，臨時有急用時，他很自然地打手機給舅舅或外祖母，請他們匯錢。一開始，大家體諒他母親的經濟狀況而願意多給一些。然而，他對親戚的態度加深了大家的失望，長輩雖不致狠心完全拒絕他的請求，但零用錢金額便逐次遞減，以表達心中不滿。

Sachi 想念法律系，以後想當檢察官，這樣可以有安定的工作與生活，可以擁有自己的房子，並能開心地玩樂器。他現在有喜歡的女生。在他的夢想中，談戀愛必不可少，但他不想成家。Sachi 的母親說，她能理解兒子，因為不溫暖與不穩定的家，很可能讓孩子打消建立家的念頭。

他的妹妹今年五歲，很黏母親。每當一群小孩一起玩時，妹妹

總能與大家和平相處。但是只要母親一出現，她就像無尾熊一樣繞著母親，時不時地向母親提問題，或問她對某個 app 遊戲的看法，更不時地打斷母親和其他親戚的聊天、互動。後來，唯一能讓母親順利與其他親戚在聚會時盡情暢談與飲酒的方式，就是讓妹妹玩平板電腦上的遊戲或是看卡通。若是母親想留在外婆家過夜，妹妹就開始撒嬌、哭鬧，堅持母親一定要帶她回家。有一天，妹妹以超乎年齡的口吻對筆者說，她的膽子很小，晚上一定要跟媽媽一起睡。因為她爸爸每次喝完酒就會發脾氣，講話很大聲，甚至跟母親吵架。這讓她非常非常害怕，所以她才變得很膽小。

　　母親對妹妹的無條件寵溺以及妹妹對母親的予取予求，完全表現在飲食上。約莫三歲時，妹妹的胃口變得很好，一餐可以吃完一個便當。有一次，幾個親戚在週五晚上去鄰近鎮上的夜市逛街，明明剛吃過晚餐，但是妹妹到了夜市連吃了好幾攤：薯條、炸雞、蚵仔煎與奶茶。妹妹站在熱狗攤前想買熱狗時，母親的嫂嫂實在看不過去了，委婉地說，吃太多對小孩子胃腸不好。其實母親比任何人都清楚妹妹的胃腸狀況。即使外祖母與嫂嫂，也只能委婉地勸告她，要適度控制妹妹的飲食。母親的確負起提醒妹妹細嚼慢嚥的責任，但並未強制改變妹妹的飲食份量與習慣。

　　娘家親人對這對夫妻感情狀況的瞭解，從母親回娘家與親戚聚會及訴苦的頻率來判斷：丈夫工作穩定有收入時，兩人感情比較融洽，母親甚至每天下班就直接回家，過著只有三個人的家庭生活，數日不和娘家親戚聯絡。丈夫失業在家時，頭幾天會勤於打理家務、洗衣、煮飯、洗碗、拖地，讓她覺得十分窩心，時間一久，丈夫便因心情鬱悶開始喝酒，兩人常常一言不合起衝突。每當她感到心煩時，就會頻繁地聯絡娘家親戚，帶女兒回娘家吃晚餐，讓女兒與哥哥的小孩一起寫功課、吃飯及玩耍。

　　每當她在娘家與親友聚會聊天聊到超過晚上十點，丈夫會不停撥手機詢問她和什麼人在一起，催促她早點回家。有時聚會氣氛正歡樂時，她會故意不接丈夫的電話，自顧自地與朋友聊天，直到她心甘情願才肯回家。她說，即使那時丈夫和他朋友在卡拉 OK 喝酒、唱歌，心裡卻很忌妒她和親戚在一起，明明在場的都是女性，他還是擔心她可能會認識別的男人。因此，只要她和朋友聚會到夜深，他就使出（她戲稱為）「奪命連環 call」來確定她的行蹤。她說，戀愛的時候會認為他的妒忌是因為非常愛她，讓她相當感動。但是婚後生活與環境有了很大的轉變，他那帶有佔有慾的嫉妒，常令她難以消受。

　　丈夫與娘家家人關係一向處得不好，即使結婚，她的母親仍不承認他是女婿。收穫祭期間，分齡的馬拉松比賽（*bwkas*）在國小操場舉行，居民通常一大早帶著小孩和塑膠椅去操場旁空地佔位子，坐在樹蔭下一起欣賞、品評哪家的孩子很會跑，或為某個挺著啤酒肚還賣力跑步的中年爸爸加油。有一年，她母親帶著哥哥的女兒去觀賞比賽，而她的丈夫則帶著女兒出現。當我們坐在樹蔭下的草皮上觀賞比賽時，她女兒邊叫「奶奶」邊往我們所在的方向跑來。我往小女孩發出聲音的方向望去，看見她丈夫站在距離我們不到十公尺處觀賞比賽。明明同時在場，他與她母親相互的漠然，宛如身處不同時空的兩個存有。

　　在 Taromak，清明掃墓活動是祖父母、父母與孫兒輩都必須出席的場合，甚至常伴隨著家人聚餐的活動。結了婚的女兒，不僅要掃夫家親戚的墓，更要帶著女婿和兒女回娘家掃墓。甚至離了婚的女人也被認為要回前夫家掃墓。因此每年三月底，聚落中有（過）婚姻關係的女人，必須事先安排以錯開回不同的家去掃墓的時間。因此，她必須陪丈夫回去掃墓，丈夫卻從不曾陪她回娘家掃墓。她

只能帶著小孩回娘家掃墓。夫妻兩人在各自的家參加「家族聚餐」，與各自的親戚朋友在融洽、歡欣的氣氛中渡過「快樂的掃墓節」。

十年前，她工作不順利造成家中經濟困窘，卻不敢向家人提及，只好去找與自己遭遇類似的女性友人喝酒、分享心事。當時她與一名女性朋友拿美工刀割手腕，「否則我不知道自己還能不能撐得下去」，她邊說邊伸出左手給筆者看。淺褐色的皮膚上，一道道早已癒合的傷口依稀可辨識，融為身體的印記。她說，當初若不是因為兒子，她早已沒有繼續和生活拼鬥的勇氣與毅力。那時，孩子是她一生希望所繫、存在的意義。

最近，她被丈夫搞得極度心煩時，跑去向娘家長輩訴苦，表示後悔當初跟丈夫結婚。當時她很清楚知道父母會反對丈夫，她才讓自己先懷孕，好讓家人不得不答應婚事。家人越是阻撓，她愈堅持非結婚不可。而今，儘管對婚姻有悔，她一心想著小孩的未來，繼續努力工作。最近，她決定去附近漢人雇主經營的苳葉園當「在額的」工人（進入正式的雇傭關係），擺脫先前為了追求高工資而不讓自己有固定雇主的生活。當然，這也是因為她擁有相當專精、熟練的栽培苳葉的知識與技術，深受雇主重視。她的夢想是將來蓋一座苳葉園，讓一家人能過穩定的生活。如果丈夫願意與她一起努力，那就更好了。

首先，從對家人的稱謂（不承認父親的存在）到對未來與家的想像，Sachi 是典型以自我為中心的新世代。從經濟上來看，他的自我是建立在將家人／親戚關係視為一種（滿足個人目的之）手段，並未將他人視為（與自己同是社會存有的）目的來對待。[12] 若與前述個案中的 Takuya 相互比較，可以對比出建構自我的不同方式蘊含之獨特意義。由 Takuya 與家人的互動中，我們看到 Takuya 既將他人當成手段，同時也將他人視為

目的。事實上，Sachi 和 Takuya 有類似的家庭背景，求學時間相去不遠，但卻有不同的建立自我的方式，甚至連自我呈現的面貌亦不盡相同。至少，我們看到，這兩人的家分別展現不同的整體氛圍，生活於其間而薰陶出個人與他人互動時的心緒與互動之風格，一定程度上會關連到自我如何被建構的方式。讓我們先來看 Sachi 家的整體氛圍。

在 Sachi 的家，予取予求與放任是兩種重要的心緒。這是出自母親自認工作忙碌而無法專心陪小孩的虧欠感，因而以物質需求來替代、彌補。但是，予取予求與放任，很容易（但不必然）讓小孩將家人視為滿足個人目的的手段——儘管那有時並非本意。再加上她與丈夫關係與感情時好時壞，孩子不僅是她未來的希望，更是生存的意義。這強化了母子／女的相互依賴與羈絆。另一方面，她與丈夫間的關係，卻是在親密依賴與個人自主這兩種心緒間不斷地擺盪。佔有慾與親密依賴是一體兩面：丈夫以做家事為愛的表現，為的是要求對方能回報以對等強度的情感；自己的心緒又受工作不穩定而波動，進而影響了他的日常行動，而忌妒是佔有慾無法滿足的表現。另一方面，親密依賴給予妻子一種家的感覺，但是她並不以被丈夫需要而取得成就感。若因佔有慾而來的親密依賴超過她能承受的限度時，她便將保有自我空間置於丈夫感受之上。

相對於 Takuya 的家強調家人是適時對他人提供不具施恩意圖的關照，並將每個家人視為自主個體，從而在將家人當成手段的同時也當成目的來對待。換言之，自我不是一個無視他人存在意義的自我，而是以惦念

---

12 此處將他人視為手段或目的的區分與討論，是受到柄谷行人（2011）重新解讀康德哲學中的倫理學視域和蘊義之啟發。柄谷行人認為康德所謂的倫理，指的是「自由」這個義務。倫理要求我們必須做個自由的主體，不只將他人視為手段，同時也將他人當成目的來對待。他以此對當代日本社會普遍存在、且合乎傳統價值與共識的慣行，例如，殺人者的家屬被認為應同負罪責，並為此對被害者家人抱持永恆的歉疚感，進行倫理學的探究（柄谷行人 2011）。在筆者看來，柄谷行人所倡議的倫理學視角，提供了一種超越地方社會文化價值的限制與高度，來思考自我、自由與他者、世界的另類可能性。

並願意關照他人的自我。相較之下，Sachi 的自我建構方式相當直接了當：因為將母親和親戚視為手段的行事風格幾乎都能達到目的，這自然成為他繼續建構自我的方式。

此外，當代魯凱居民在面對姻親關係時，相當強調個人情感與感受，而不再將與姻親互動當成社會義務。對長一輩的魯凱人而言，姻親關係的維繫依賴雙方持續的互動，即使離婚或喪偶再婚後，過去的姻親關係並不會完全消失。但在此個案中，父母與子女輩同樣從個人情感為出發來對待姻親，這使個人情感對家之建立的關鍵性，延伸至對姻親關係的維繫與建構。因此，姻親關係不只是社會文化的建構，更是個人情感與選擇的建構。

（三）即使當父母，還是要自由

> Ryo 今年 31 歲，和一名南島民族的女子結婚 6 年，育有一女一男。原先他在桃園工作，婚後就回父親家定居。太太在距離 Taromak 約 30 分鐘車程的鎮上一間餐廳工作，假日經常要加班；Ryo 原先在建築工地工作，後來景氣不好，工作機會時有時無，之後索性待在家。若親戚有農務或需要幫忙修水電，他會答應接下工作，順便賺錢零花。多數時間，他會去朋友家打麻將，或是四處走走，看哪一家門前有人擺出小桌聊天喝酒，就自然地坐下，同大家一起喝酒聊天。這樣就解決了一餐。即使騎車跌斷了手，他照樣騎摩托車在村子裡閒晃，找朋友聊天、喝酒。兩年前，Ryo 的朋友向他提起，市區近郊一間工廠的老闆接受他的推薦，希望 Ryo 春假後能開始上班。但是 Ryo 回答，他暫時不想工作，因為目前的生活很好，不太想改變。最近，又有朋友向他提議去池上工作，他以工作地點離家太遠而拒絕。因此，Ryo 的太太才是家中的經濟支柱。

　　Ryo 和三個哥哥的家人住在一起。由於家中沒有多餘建地而無法分家，哥哥們按照自己工作的需要，或選擇住家裡或是前往工作場所附近賃屋而居。幾年前，Ryo 的四嫂與二哥相繼過世，這個家就同時容納了 Ryo 所有兄弟的家。平常，Ryo 的父親負責接送小孩上學，大哥大嫂負責照顧自己與小孩。家裡做生意，家人只會撥時間準備午、晚兩餐，早餐就購買現成的早點。大嫂負責洗衣服與家事，家中兄弟視情況偶爾做點家事。

　　小孩剛出生時，Ryo 請住在市區的表姊當保母，每個月付她薪水，讓小孩住進表姊家。由於表姊是長老教會的信徒，每個星期天早上她先將孩子送回給 Ryo 之後再去教會。這是 Ryo 每週能與小孩共處的時間。好幾次，表姊將小孩送回來卻找不到 Ryo，或是臨時通知太太要加班，希望表姊或姨媽能代為照顧。後來，表姐才發現，所謂突然加班，是 Ryo 夫妻倆為了在星期假日單獨出遊而編造的謊言。

　　Ryo 的兩個小孩在 3 歲之前，都住在表姊家。表姊的三個小孩都是國中以上的年紀，也喜歡小孩，擔任警察的表姐夫更是寵溺小孩。表姊非常注意小孩身體與衣服的潔淨，認為小孩一定要準時吃飯，且留意食物的清潔與衛生。在她的照顧下，孩子總是梳洗乾淨、時常有新衣、新鞋可穿。如果聽見其他親戚責難這個小孩的調皮、無禮，表姐會極度不悅，甚至為了袒護 Ryo 的小孩，私下抱怨親戚的不通情理，甚至責怪他們不理解小孩調皮是很自然的，不值得大驚小怪。事實上，Ryo 的小男孩直接稱呼表姊「媽媽」，稱表姊夫為「警察爸爸」。小男孩常說，他有兩個爸爸，兩個媽媽。他知道 Ryo 是他的爸爸，但是卻對著他叫「Ryo 叔叔」，就像Ryo 的哥哥的小孩一樣。他則對著母親直接喊她的名字。

　　回到父母家定居的小女孩，平常餓了就開冰箱找出媽媽或其他

家人預留的食物；有時，住在隔壁巷子姑婆的女兒或其他親戚，會
給她一點錢去買食物，順便提醒她要記得洗臉、換穿乾淨的衣服。
放學後，她若不是在街道與巷道中和其他小孩追逐，就是借其他小
朋友的小單車在街道上飆速騎著。相對於弟弟，她身上的衣服很少
有一刻是乾淨的。有時親戚來訪，不好意思直接對小女孩的父母或
長輩說些什麼，怕被認為是在干涉他們的家務事，只好不斷提醒小
女孩：要吃飯、要洗手、臉洗乾淨，衣服濕了要換、頭髮要梳好、
騎單車要慢一點⋯⋯。

對 Ryo 這個世代的人而言，具備父母身分就意味著不惜犧牲個人自
由、凡事以孩子優先。但是，這樣的自由之所以可能，一方面是以雇用親
戚來照料小孩，另一方面將親屬網絡轉為個人目的所用，從而在僱傭關係
與親屬道德性之間創造了模糊空間，以滿足個人希望的自由。其次，人做
為養家者不是性別特化的社會存有，男人可以將個人自由置於父母身分與
小孩養育之上，而不必然去實現這樣的社會存有。

當代這種融合了僱傭關係與親屬道德性的養育小孩之實踐，提供照顧
者為小孩創造另一個家的可能性。這在親屬稱謂的使用可以清楚看出。在
過去，父母將小孩託付親戚照顧，照顧者與小孩可清楚區分親生父母與照
顧者之別。但是，當代這種以個人實踐來使用親屬稱謂的方式，看起來更
接近傳統魯凱人夏威夷型／類分制（Hawaiin / Classificatory）的親屬稱謂
體系，亦即，親屬稱謂的原則是世代與性別，而無直、旁系之分；對個人
而言，同一世代同性別的人，使用同一個親屬稱謂。談話時若要向對方說
明所指對象是誰，說話者會在間接稱謂之後加上被稱呼者的人名。後來，
魯凱人採用了漢人的親屬稱謂，區分父、母方之別，更帶入直、旁系之
辨。只有使用魯凱語稱呼時，才會消弭漢人親屬稱謂帶來的區辨。

無論如何，從上述個案，照顧者樂意成為被照顧小孩的父／母親，並

在互動時明顯以小孩父／母親自居，旁觀者皆能清楚感受。換言之，當代出現類似舊日魯凱親屬稱謂的實踐，是關連到個人將教養小孩當成家長身分／親職的根本想法。在照顧者與小孩的意識上，日常照顧與情感為他們共同創造了另一個家，然此舉並無否認小孩原生家庭之意圖。

另一方面，回到父母家生活的小孩，由於其他親戚不能、甚至不敢積極介入教養，只得適時地提醒小孩應當注意的生活細節。就此而言，小孩是在個人意願及親戚提醒當中成長。某種程度上，父母存在的意義，在於他們提供了工資以購買生活所需食物、用品，實際從事照顧看養她的是親戚，而陪伴她的是年齡相仿的聚落孩子。

（四）沒有想像，沒有家的可能

流動，是生活在這個時代中某些人共有的存有姿態，而不一定與生理年紀緊密相關。流動提供個人確立存有的意義，以及以個人做為建構家的基礎；這不單是世代的問題，而是時代的問題。惟不同世代對於流動做為一種生存姿態與家的樣態，各有生存策略。年輕世代會讓自己習於這種流動與不穩定，但仍不排除去建立穩定家人關係的想像。對照之下，前述「中年宅男」的個案，透露了中年魯凱男子在歷經感情波折與工作更迭後，傾向將流動當成退休前的過渡，做為建立想像中老後可容安居之家的前奏。

即使在流動已成年輕人所經驗之生活方式和節奏的當代，欲成就一個家，不僅依賴雙方的情感，更需要雙方對於建立家能同步擁有想像。以一對戀愛多年、男方已致送檳榔的情侶為例，女方一直想結婚，而女方家長曾因男方遲遲不允諾結婚日期而大動肝火，幾度想衝到男方家理論，最後被親戚勸阻而作罷。男方表示自己工作不穩定，沒有經濟基礎而暫時沒有結婚的打算。後來，女方用過去工作存下來的錢開了小店，偶爾男方會來幫忙。其間，即使兩人鬧過分手，過沒幾天便和好如初。就此而言，家是

立基在雙方情感基礎之上，經濟穩定則具關鍵性，直接影響雙方能否同步想像未來的生活。若兩人對家的想像存在著令一方難以忍受的時間落差，必然讓家成了遙不可及的夢想。

另一種情形是經歷多段感情波折，最後決定自己一個人住。不過，下述個案依照自己的生活節奏，決定要和原生家庭及親戚往來的頻率，讓自己保有更多個人空間。

46 歲的 Mei，小學畢業後被父親送去外地工廠當童工，與父母相處時間甚短。換了幾個男朋友後，她選擇結婚並生下兒子，沒多久便離婚。她兒子目前與前夫同住，而她維持「單身」。離婚後，她居住的地點完全體現她的狀態：單身時回到父親家；若男友有房子時就住進男友家；若無，兩人就到鄰村租房子。Mei 的父親早已不過問 Mei 的感情依歸，而她的姨媽則說，像 Mei 這樣經常改變居住地點的方式，很像山豬：只會在某一處待上一段時間，但永遠沒有自己的家。

　她最近兩任交往時間較久的男朋友，個性都相對溫馴，對 Mei 在生活與工作上的安排，都是言聽計從。當他們開著發財車到鄰近村子巡迴做生意時，Mei 凡事主導、從不掩飾她的強勢作風，而男友也以她的命令與意見為依歸，彼此互動愉快、合作無間。分手後，Mei 的朋友與親戚在自己朋友圈中為她物色一名合適的對象。朋友們一致認為，這兩人一個強勢有主見、一個圓融有手段，且同時對於做生意和理財有興趣，足以保障兩人未來。朋友們甚至想出了讓兩人在一起的「劇本」。首先，邀請兩人一同至某人家聚會、喝酒，介紹彼此認識。接著設法讓他們共租房子，既能彼此照顧，同時節省開銷。由於 Mei 專注於生意，理所當然這兩人一定會討論，如何與臺灣縣許多鄉鎮的文化展演活動的主辦單位建立人脈，

讓她及其他親戚可以固定前往這些活動場地擺攤做生意。

雖然兩人已經認識了，也透過對方介紹而順利到幾個鄉鎮去做生意，但是她對於另覓新伴侶一同度過未來，目前沒有任何想像。

當以親屬繁衍不再是家最主要的構成或功能時，家的建立與否，必然同時仰賴雙方感情與對共同生活有同步的想像，缺一不可。又如，另一個與 Mei 年齡相仿的女人，在與男人同居一段時間後，最後選擇當單親母親。她返鄉工作，將小孩交由自己的母親照顧，開啟了另類三代同堂生活的全新樣態的家。在此過程中，當事者的「自我」意識清楚浮現，使得個人依循情感來建構家（鄭瑋寧 2014）。

更特別是，相對於前一時期許多魯凱女人認為女人無法單獨撫養孩子因而需要男人的想法，此處顯示出當地居民對女人、婚姻與家的意象等有了新的想法。這一代與上一代可以接受：若無法再繼續生活，雙方可自由終結伴侶關係。一個具有謀生能力的女人，在原生家庭理解與支持下，有助於從伴侶關係中獨立出來。至此，單親媽媽或單身女子不再是集體無法想像的，而是個人生命的選項之一（鄭瑋寧 2014）。更重要的是，這類家的出現，不僅體現新的性別意象，關乎親屬道德性在當代情境中取得新的作用形式，更關涉了上一代開始以同理心來看待個人情感對家的重要性。

五、一個屋簷下的個人感情小宇宙

最後，筆者將討論情感對象的多樣化，如何進一步挑戰了當地人認為家乃是以男女結合為基礎的前提，甚至於模糊了人與非人的範疇。除了再次證明個人情感與自我概念支配了家的建構，這些現象更凸顯出當代魯凱年輕人對另類伴侶／家人的渴望，實關連到他們對家人與家有不同想像。

（一）「她是我的表妹夫！」

28 歲的 Yuri 總是做男性裝扮，且嗓音低沉。十多年前第一次認識她時，筆者一開始誤判她的性別。即使後來髮長及肩，她也是梳著馬尾，露出與她哥哥極相似的五官與神韻。小時候，她認為自己應該要做女生的裝扮，進入青春期則做中性裝扮。年齡相仿且較為親近的親戚與朋友，都知道她現在自認為性別是男，以女生為戀愛的對象。但是她的家人與許多年長親戚尚不知此事，一直認為她是女生。隨著年紀漸長，親友們開始關心她為什麼沒有男朋友。

高職畢業後，她前往西部的工廠實習，最後因為生活不習慣，且實習薪資過低，不得已返回聚落，與父母親及二位哥哥、嫂嫂同住。在表姊的介紹下，她開始在聚落附近漢人經營的荖葉園裡工作，因為年輕、體力好，很快就習慣，並開始儲蓄。由於採荖葉的薪資會因季節而變動，特別是拉低藤以矮化苗種的過程中，必有無工可做的空檔。為了讓自己每天都有工可做，她選擇不成為某一荖葉園主的長期雇工，而是固定追隨一名「班長」，在不同荖葉園雇主間輪流工作。

前幾年，她將在荖葉園認識一陣子的一名南島民族女孩 Lulu 帶回家，兩人共用一間房間。她們每天一起上、下班，晚上有空時，一起到表姊家聚會，喝點小酒、唱唱周杰倫與五月天的歌。在家時，兩人一同分擔家務，偶爾擔任親戚小孩的褓姆，甚至互相用對方的 facebook 帳號玩遊戲。與 Yuri 的親戚聚會時，Lulu 多半默默坐著喝酒，偶爾講著無厘頭的笑話，有別於 Yuri 大剌剌的、不計形象地搞笑。

相較於同輩表兄弟姊妹認為 Yuri 與 Lulu 的同居關係並沒有什麼大不了，Yuri 的長輩與家人起初對兩人的關係感到困惑。但

是，他們並不認為這樣的關係是不正常或污名的，反而是想要找出一個可以理解的方式來面對。對 Yuri 母親那一輩的人而言，年輕女孩一起工作發展出比同胞更親密的情誼，是相當自然的。這些母親輩年輕時，未婚女孩子一同參與 *maisaholro* 除草換工那段期間，通常會與一、兩個女孩感情較好、無話不談，早起一同工作、夜黑則一起睡在「班長」（負責決定換工順序以及提供房間讓參與換工者一同居住的領導者）的家，長達一個月甚至更久。因此，她們年輕時，常與年齡相仿的女孩子發展出超乎同性同胞的親密情誼，卻從來沒有人會認為這樣的關係帶有任何性愛意涵。

　　因為 Yuri 一直沒有男朋友，親戚們總會不經意地去向她的父母探究原因。Yuri 的姑媽曾經問過 Yuri 的爸爸，Yuri 真的是女孩嗎？她的父親說他很確定，因為他常幫年幼的 Yuri 洗澡。當 Yuri 帶 Lulu 回家一段時間後，親戚對這兩人住在一起這麼久，抱持著「不習慣、怪怪的」想法。Yuri 的姑媽覺得，兩個女孩在一起真的很奇怪，並突發奇想地說，要不要幫 Yuri 介紹一個很女性化的男人？因為男性化的女人與女性化的男人是相配的。三年前，Yuri 的父親過世，家中大小事全由哥哥做主。某日，她哥哥突然對母親說，既然她們希望在一起，那就想辦法讓她們結婚吧！即使 Yuri 母親每週都上教會，並未因此責罵 Yuri。

　　當事人既不似《鱷魚手記》（邱妙津 1999）的主角拉子認識到自己的性傾向而產生了罪惡感，也未因結交同性伴侶而遭受家人與親友的不屑、鄙夷。從 Yuri 家人主動提出要這兩個人結婚的想法，到周遭親友長期觀察她們而慢慢習慣這種另類伴侶關係的過程中，既無戲劇性的出櫃宣示，亦未引發家庭革命。簡單地說，親友對結成女性同性伴侶關係的人，採取了將該段關係放入括號的態度，靜觀其變。他們將兩人所有的互動看在眼裡，經過長時間觀

察，逐漸確定了兩人並非一時興起、好奇，或只想追求另類性愛的歡愉，而是一起工作、一起承擔家人與親屬義務與責任、甘苦與共、且願意分憂解勞的生活伴侶。在長時間的互動中，家人與親戚逐漸習慣她們的關係、存在與實踐，默認同性伴侶也是感情結合的方式。但是，Yuri 和 Lulu 並無希望藉婚姻共組一般定義下的家之想法，也沒有擁有自己小孩的念頭。她們只是有著比同胞更親密的感情，並像家人一樣地生活著。

　　傳統上，魯凱人認為男女結合才是自然的、可被想像的伴侶關係，在家人接受一段關係之後，結婚是公認必走的道路。甚至，現在只要同居時間夠久，就被認為是家人，特別是在異性伴侶的情況。每當該家族中出現與異性伴侶同居的親戚時，長輩自然地使用適當的親屬稱謂，來稱呼這些沒有婚姻關係的外來者。然而，面對 Lulu 時，這些親戚卻未以親屬稱謂來稱呼或介紹她，而是稱呼她的名字。2012 年，Yuri 另一位表姊在某次慶生會中，以認真的口吻向朋友介紹 Lulu：「她是我的表妹夫！」雖說 Lulu 在這組關係中是「女性」。聽聞表姊的介紹，Lulu 一如往常靦腆地微笑點頭致意，再轉回頭與眾人欣賞 Yuri 和其他人歡鬧地唱著卡拉 OK。

　　2012 年某個夏日黃昏，當我、兩名 Yuri 同輩女性親戚和她們的母親一起挑揀著當天晚餐的蔬菜時，這名母親以略帶權威的提醒口吻，要她們「好好教女兒」，不要讓她們長大變成像 Yuri 那樣。其中一個毫不遲疑開口反駁：「現在兩個女的在一起已經很正常了！」另一位接著說：「只要是真心的，兩個女的在一起，哪裡不好？」聽聞這些，這名平日善於言詞、高舉家長權威的母親，出乎意表地並未說出任何試圖挽回顏面的話，只是繼續低頭不語挑揀蔬菜，神情一如對話之前。

　　關於未來的生活，Yuri 談起自己還想再買儲蓄保險。先前她

購買了郵局的儲蓄保險，認為如此既可以保本，又可以存錢，利息也比活儲甚至定存更好。先前保單到期後，她將錢拿出來幫助家裡。買儲蓄保單像在強迫存錢，如此她就不會像現在一樣當「月光族」。她的工資通常用在飲食、家人花費、健保費、國民年金、支付手機通話與上網費、機車加油、偶爾買啤酒與檳榔。透過儲蓄保險，她就可以將錢存下來，讓未來可以過得比現在更好。相較之下，她一名女性親戚一家四口，兩個小孩因為有原住民身分而無須繳健保費，大人的健保卡卻被鎖卡。夫妻打零工所賺的收入只夠餬口，連去健保局申請分期付款都不可能，更不可能像她一樣可以透過儲蓄保險來存錢。生病時，只能自行判斷病情、買成藥自我醫治。對這名親戚而言，只要每個月不要被逼到要回娘家跟母親伸手借錢，已是萬幸了。

對老一輩魯凱人而言，性別只有在論及婚姻與家的繁衍時才須清楚標示；其他時候，工作能否完成的考量，優先於性別問題。進入工業資本主義後，男人模仿女人／女人穿著男裝的舉止與裝扮（cross-dresser）甚至是同性戀在 Taromak 並非不存在，但是在當時社會氛圍下，當事人不能也不敢公開。進入這個世紀，在 Taromak 聚落中，若男人模仿女人／女人穿著男裝的舉止與裝扮，居民的確會覺得「怪怪的、不習慣」，但並不會對其進行倫理譴責甚或試圖「矯正」。久之，居民逐漸習慣他們的模樣。沒有人會以違反自然或道德這類修辭加以譴責。一方面，個人情感問題屬於家內、私領域的事務，儘管聚落中人或偶有批評——特別是深受基督教教義影響的居民（仍是有限）；另一方面，正因為個人情感屬於家內、私領域的事務，對 Yuri 的家人和親戚而言，他們真正在意的是一個人是否履行其做為親屬或家人的實踐，以此評價個人自行選擇性別身分乃至於性傾向的作為。在 Yuri 哥哥提出促成這兩個女孩結婚的提議時，凸顯出建立家在人做為社會存有的意義上仍具支配性，其支配性勝過、甚至顛覆了魯

凱人認為家乃是男女兩性結合的預設。這完全體現了個人情感才是家得以成立之關鍵的想法。更重要的是，這不僅僅是容忍或尊重另類性傾向的心態。所謂容忍與尊重的態度，往往假定了另類性傾向的人是異於正常、規範，只是礙於外力（例如進步的價值）而對其（不得不）表示「尊重」。然而，持這類論調者的內心並未真正承認、乃至於相信，異於常規者所選擇的生活方式與情感傾向，與（多數人遵循的主流）常規與價值，同樣都是個人存有的可能樣態之一。最後，從家人接受到願意以親屬稱謂來稱呼同性伴侶的獨特性，我們看到人的生理性特徵、性傾向及性別身分三者間的區辨界線被模糊，以成為可以在範疇上成立的親屬。

　　另外，對 Yuri 這一輩的人而言，她／他們真正關心的是：如何在高度變動的經濟環境中，在能力可及的範圍內，找到能夠賺取最多工資的工作。就現階段而言，她／他並不想受僱於單一雇主，進入正式的僱傭關係，而是加入工班尋求多方聯繫，找到願意支付高工資的雇主。穩定的生活並不是她／他目前追求的。她／他深信貨幣乃至於財富的累積，是通向未來美好生活的鑰匙。為了達到這個理想，Yuri 學會利用儲蓄保險這類金融商品來累積工資。事實上，這是目前 Taromak 聚落中部分與 Yuri 年齡相仿之母親採取的理財規劃，目的是為小孩儲存教育基金。這些具有金融色彩的保險商品是（被認為）沒有失去本金的風險，且利息比定存高一些。其次，會選擇這類金融保險商品的人，其收入主要用於支付家用，不易存到錢，且多有為家人償還債務的經驗。在債務清償後，她們更留意儲蓄的問題。在這些情況下，低風險的金融保險商品，成為聚落 30 歲左右女性累積小額存款的方式。這微小、不起眼的金融實踐，關涉了她們對家人未來的生活以及孩子是未來希望等的想像和夢想。

（二）同在卻仍孤單（alone together）

　　工作，不僅對 Yuri 那個世代的人是最為關心的維生問題，對出生於 1960 年代的魯凱人而言，更是證明自己有能力提供工資以繁衍家、確立

己身做為養家者的社會存有之關鍵。在前一時期的資本主義化過程中，該世代的人視為理所當然、所有人應該且有能力做到的工作實踐與社會存有的確立，在進入新世紀，是否依然那般理所當然？若不是，他們將如何想像家、乃至於重構自己與家、自己與家人的關係？

　　Fumi 坐在戶政事務所櫃台前，對負責辦理戶籍登記的事務員說：「小姐，我可以幫她報戶口嗎？她叫許立玲，我女兒。」說畢，抱起懷中黃褐色小土狗，逗弄牠玩。事務員哭笑不得，向 Fumi 解釋，只有人才需要報戶口，狗不需要。並好意告訴他，可以帶小狗去植入晶片，晶片上的號碼可以證明小狗的身分。

　　　Fumi 是個有著三個兒子的單親爸爸。15 年前經由親戚的朋友介紹，他與一名南島民族女孩結婚，婚後接連生下三個小孩，家中經濟壓力很大。Fumi 愛乾淨且工作努力，工作回家後，他總習慣隨手整理家中環境，儘可能保持整潔。然而，Fumi 俊俏的外表與溫柔的個性讓妻子有強烈的不安全感，只要有女人（即使親戚亦然）同 Fumi 聊天時間過長，甚至只是與父親同胞的女兒（屬禁婚範圍，超越單一家屋範圍的同胞）聊天時，因某人誇張的玩笑而笑聲不斷，她回家後必定吃醋，認為 Fumi 比較喜歡那個講笑話的女人。好脾氣的 Fumi 總勸說沒這回事。吵完隔天又和好如初。類似戲碼每隔幾天就上映一次。

　　　Fumi 的太太因為受不了照顧小孩的辛苦，加上娘家沒有可為她分擔照顧小孩工作的人，最後選擇離家出走。後來，她曾回村子看小孩，但目的卻是為了談離婚。即使百般不願意，Fumi 終於還是簽了字。

　　　離了婚的 Fumi 帶著三個小孩回父親家。剛回來沒多久，他在朋友介紹下到南部某建築工地，對方一口氣找了聚落中好幾個年齡相仿的男性居民一起去。和認識的人一起工作，即使疲累他也樂在

其中。他很少喝酒，幾乎所有賺的錢都寄回家。2003 年某日，他不小心自三層樓高的鷹架上掉下來。命保住了，可是他的左腳變得歪斜，無法久蹲，很難再回工地或從事其他需要久站的工作。就像當時許多臺灣工地建築工人一樣，外包廠商的雇主以 Fumi 是臨時工為由，沒有為他加勞保，因工作受傷自然無法申請傷害給付。再加上，Fumi 與同村其他勞動者一樣不太嫻熟相關法令，大家不知道該找誰幫忙。最後，雇主只給了他微薄的醫藥費，並要他離職。在受傷又走投無路的情況下，Fumi 只能回家。

回家後，他幫忙家裡生意，但「在家裡幫忙不是工作」，他說，因為沒有薪水，只有零用金。在店裡，他負責清潔那些處理食物後髒汙的地面、拿著抹布擦拭桌面、清洗各類廚房用具、碗盤，再一一擺回應有的地方。親戚們總說，Fumi 和他父親一樣，都是勤於維持家中環境清潔、整齊的人。白天，他清掃自家後，有時會順便走到隔壁巷子親戚家，稍微清掃門前馬路。偶而親戚會請他到家裡修水電，甚至是幫忙蓋鐵皮屋、或是收成經濟作物的臨時工。每到傍晚，他總會騎摩托車將好幾家親戚交付的垃圾，送至垃圾車丟棄。對 Fumi 提供的勞務，有些親戚會給他零用金。忙碌於各項勞務的他總是內斂寡言，不似其他同齡男性居民，善於開玩笑來創造日常交談的樂趣。工作忙完後，他若不是躲在家中某個角落喝酒，就是去找朋友喝酒。他曾經假裝堅強地說，他知道不會有老闆想雇用身體有殘缺的人。而他最為人所稱許的手腳俐落、擅長各項水電技能乃至於一手好廚藝，全成了親戚口中的深深惋惜。

在家中，父親負責接送 Fumi 三個兒子上、下學，也會帶他們去參與親戚家的聚會。工作空檔和打烊後，Fumi 大嫂負責照顧自己的和 Fumi 的兒子們。有一段時間，Fumi 與一名南島民族的女孩交往。她經常來店裡幫忙，親戚有意促成他們，讓他盡快成家。

最後仍無疾而終。之後他沒再與任何女性交往。

　　一段時間後，Fumi 從朋友家抱回一隻出生不久的土狗。他不像他的表妹會將自家養的小貓當成寵物般疼愛：無時無刻抱著，用 baby talk 跟小貓講話，甜膩地互動著。他讓小狗在家中自由來去，而小狗似乎很聽他的話，不會干擾來訪的人。若說「許立玲」是他的女兒，他們之間的互動更像是因相互信任而產生的陪伴關係。事實上，許立玲這個名字，跟他三個兒子同屬於立字輩，是兒子的小妹妹、他的家人。相較於他偶爾責罵兒子的調皮，他與小狗的互動更顯親密。

　　2011 年秋天，Fumi 在從小居住的那個燈光幽暗房間裡，仰藥自殺。

　　「依然記得從你口中說出再見堅決如鐵／昏暗之中有種烈日灼身的錯覺。」這是 Fumi 的妹妹為 Fumi 的告別禮拜挑選的歌曲〈黃昏〉。告別禮拜是在 Fumi 家進行，雖然他國中畢業後離鄉工作沒再進過教會。告別禮拜開始前，由同輩親戚協助喪家整理、佈置場地，此時 Fumi 的妹妹以電視螢幕播放 Fumi 從小到大的照片，同時不停播送〈黃昏〉當背景音樂，而家屋的外牆貼上了 Fumi 的兒子在紙上寫下他們想對父親說的話。

　　親友們提及 Fumi 過世的事，總會從事發當天傍晚他最後的行蹤開始談起：他幫親戚丟完垃圾後，去自家斜對面的香腸攤坐了一下，沒喝什麼酒就回家。不久，他最小的兒子發現時大叫：Momo（對祖父及其同輩男性的直接親屬稱謂）！爸爸變成綠綠的！Fumi 在自己房裡喝農藥自殺，沒留下遺書。送馬偕急救兩天仍回天乏術。親友們的敘述會強調事發當天的氛圍：那天一切如常，甚至沒有人夢到將有意外——通常 Fumi 家的親戚發生意外前，其他親戚會做夢預示意外將臨。在那總是自人們意識掠過的日常時光流

轉中，Fumi 親手結束自己的生命。

告別式後一個多月，與 Fumi 自小一起長大的表妹提及，每回聽見有人唱到〈黃昏〉那段歌詞時，她總會想像那是 Fumi 喝下農藥時的心情，內心忍不住激動地問：Fumi，為什麼要這樣做？為什麼這麼傻？若村中有人因病、車禍或溺水而亡，居民可以清楚找到「為什麼」，並帶入死者生前生活困頓或配偶背叛等事件做為解釋。然而關於 Fumi 的離去，大家只是訴說著事情如何發生，彷彿連聽的人都知道為什麼。或許因為內斂的 Fumi 總不太表達自己，沒有人了解他內心深處所思、所感，活著的人只能將「如何發生」當成「為什麼」。

當私下獨處或聚會中不語時，Fumi 父親臉上總不經意浮現憂傷。他是 Fumi 自殺前最後見到的人，卻因自己未能察覺 Fumi 異狀、甚至有所作為而難掩自責。對 Fumi 父親這一輩的魯凱人而言，家人過世帶來的哀慟並未隨著儀式的結束而終結。即使除喪後，關係較近的親戚或同胞心中仍惦記著喪家，每隔一陣子要去探望、陪伴喪家親戚，分擔他們的憂傷。他們相信，失去親人帶來的悲戚、憂傷、無助、以及憶起過往而浮現的失落感，會在親戚的陪伴中逐漸被安撫。

Fumi 的長子在父親過世後，開始跟著祖父上教會。輪到在家中舉行家庭禮拜時，他會出席跟著讀聖經，協助分送點心、飲料給信徒或長老。同時，他參加教會的青少年團契，熱衷於學習敬拜讚美。事實上，他自念小學就是由祖父接送、照顧、教導母語參加演講比賽、進青年團受訓，甚至他的衣服和手機，都是祖父親手挑選的。祖父、大伯、大伯母，完成了父母親該為他做的事，是從今而後與他相依為命的人。

在婚姻與維生這兩項構成家最重要的實踐無以為繼之際，原生家庭成為 Fumi 這個單親父親的最終庇護。即使 Fumi 心中從不認為這些沒有工資的家務是工作，他依舊日復一日地完成，卻有意無意從小孩的日常起居照顧中缺席，因此他的父親、兄嫂經常成為實際照顧他三個兒子的人。事實上，對 Fumi 家或不少魯凱家庭而言，照顧兄弟姊妹的小孩是同胞應當做的事，而多數人只要能力許可都會去做。然而同胞情誼的理想性不應被過度浪漫化，例如，有些同胞有經濟能力，卻因過於注重自我而不肯主動甚至不願擔負照顧同胞小孩的責任，私下必然招致批評。其次，有人毫不掩飾內心感受、想法，將自己與同胞的情誼之別，分毫不差地轉移顯現在對待小孩的方式差異之上，例如對交惡的同胞小孩會比較輕忽，這和當事者對待其他同胞孩子的態度相互比較極為最明顯。當然也有反例。有些不得不照顧同胞小孩的人，會更留意自己的管教方式，提醒自己盡量公平對待自己小孩和同胞小孩。事實上，會留意公平對待小孩的人，都曾經歷過大人的差別待遇，清楚差別待遇會使小孩心生委屈，因而不希望自己偏心造成同胞的孩子心中難受。傳統上，同胞向來被認為是最能「代理」父母的人選，但實際照顧小孩的樣態，仍會因為同胞間親疏關係有別或是個人生命史經歷而有所差異。

再者，在前一時期整合了教養與教育的親職，在這個家卻是分別由父親、祖父、父親的哥哥和嫂嫂等四個人來執行，使得家的生活節奏得以延續，逐漸成為該家的穩定狀態。換言之，這是結合了同胞情誼及由祖父母照顧孫兒的親屬道德性才得以運作的家。此外，親職與具有出生血緣的父母被分割開來，父親與賺取工資來實現養家者的社會存有也不再緊密整合為一體。家的維繫是依賴同住在一屋簷下的人依據個人能力、意願來分別執行親職所需的工作以及為延續生活秩序的工作。

Fumi 這個世代的人習於以工作實現人做為養家者的社會存有，在失去工作時而觸動了個人的存有感。類似情形可見於漢人男性勞工之例（謝

國雄 2012）。[13] 特別是對那些出生於 1960 年代的魯凱人而言，人做為養家者曾是無庸置疑、可被實現的社會存有。但是進入新世紀，被臺灣資本主義勞動體制的專制市場特性（謝國雄 1997）以及彈性勞動將人當成用過可丟的勞動力所斲傷的魯凱人，家成為他們唯一的庇護所（鄭瑋寧 2010）。返家後，「今後將何去何從？」的問題立刻迎面而來。更根本的，當身體不再是雇主所需的強健身體（able body）時，必然裂解了他先前將資本主義範疇（工資）與實踐（薪資勞動）融入家的繁衍，以及基於此來實現人做為養家者的社會存有，與創造家內秩序的生活世界本體之整體。從而，人做為養家者這個社會存有的問題便赤裸裸地與人照面：當個人喪失了養家能力時，人存在的意義究竟為何？

　　Fumi 讓自己忙於沒有工資的工作、幫助親戚的工作；這些對維繫家的生活節奏至為重要的工作，被他認為「不是工作」。於他，只有資本主義的薪資勞動才是工作。在喪失了具備商品價值的強健身體之後，他連帶認為自己所做的工作不過是幫助家人親戚以換取買酒的零用金。換言之，資本主義的邏輯融入了他對自身存有以及人做為養家者的想法中。這既是以商品化的視角來看待自己的工作能力與身體，同時也糾結了他從 1980 年代進入資本主義勞動的經驗所形塑的關係性自我（relational self）。失業後，只有酒精（偶爾隨同朋友）讓他暫時擺脫失去工作能力帶來的崩壞感。但為顧及家人感受，以酒為伴的他必須暫時棲身在家人目光之外，並盡量不影響既有的生活節奏。即使如此，他心中長久以來的希望依舊落空：另尋伴侶來重建他的家，以及重新被雇用。這些微小的希望不僅呼應傳統魯凱人對家的想法，更讓資本主義邏輯深深融入個人存有——那既是歷史經驗造就的希望，更是這個世代的居民認識、看待存有意義的憑藉。

---

13 本文有關失業觸動了存在感的發想，受到謝國雄（2012）的啟發。

在自家生活秩序崩壞和努力做家事／工作以維繫家的生活節奏的對照、摻雜、交錯著自己婚姻的崩壞及父親、同胞的家之秩序感的對比之下，Fumi 每天遊走在分處於秩序兩端的家意象所形成的光影反差中——明明身處家內，卻難有安居感。日復一日處在安穩與不安穩的反差中，他選擇小狗為家人，彼此陪伴。顯然，以狗為家人模糊了傳統魯凱人對於人與非人的範疇之區分，重新定義了「誰是家人」的問題。對傳統魯凱人而言，人（'omas）這個範疇的存有是家人（sakacekele）的前提，儘管某些動物如貓因其能捉老鼠而被允許進入家屋，然而其性質有如家屋的所有物（possession），而非家人；相較之下，狗的活動範圍屬於山野獵地，魯凱人不喜狗進入家屋，嚴禁將人所使用的碗盛裝食物來餵食狗。至少，就範疇分類而言，當代魯凱人飼養小狗，允許其暫時進入家屋內部（仍無法讓狗與人共享碗中食物）、以漢人姓名（嚴禁使用傳統人名）來為狗命名，更視為家中一分子，不單只是臺灣社會將狗視為寵物這項觀念實踐普遍的後果，更凸顯出當代魯凱人與寵物間的情感強度與親密程度，足以模糊、跨越傳統上視人與動物彼此二分的範疇界線，彰顯情感在確立誰是家人時所具有的支配性——儘管這項實踐並未完全取消人與動物間在範疇上的分野。另一方面，即使自行選擇家人，仍無法給予他寓居於家、於此世的安心感。更重要的，他在此世感受不到希望。這一點只能藉年齡相仿、處境類似的 Sachi 母親之例才能襯托出來。Sachi 母親面臨工作不穩定而承受龐大壓力時，落入生命的邊境處境（border or boundary situation）（Jackson 2009），以割腕自殘來紓解心中無可名狀的痛苦。但是，她將孩子當成希望所在，重新有了繼續拚搏的勇氣。反觀身處在兩極的家意象與生活秩序中的 Fumi，他選擇家人以創造個人情感的小宇宙。

進而言之，Fumi 自行創造的個人情感小宇宙，是在這兩極的生活秩序中建構一個存有空間：既不隸屬於父親的家，也不隸屬於自己無法再修復的那個家，而是能讓人寓居於世的所在。此一讓人安居的時刻和所在，

是憑藉個人情感與內在感受而建構的存有空間，無關客觀方位的界定，亦與人群建構的社會空間無涉。然而，於家內尋找讓個人內心領受到情感安適的存有空間，卻是關連到 Fumi 自認養家者的社會存有幾乎不可能實現的真實痛苦。事實上，當他自認無法實現養家者這個社會存有的意義時，蘊含著先前存有的本體漸漸瓦解、頓失方向（disorientation）。即使明明與原生家庭的家人同住，也創造了共同生活的秩序和節奏，他並未時時感受到同在感（sense of togetherness）。只有藉創造家人與同在感的實踐使內心得享情感安適的過程中，Fumi 才能創造了使身心得以寓居此世的存有空間——只是，如此輕巧的存有空間，終究難以承受那個糾結了預設兩性結合成家的文化傳統與資本主義的人觀而成的沉重希望。

六、結論

讓筆者重述本文的核心提問：在當代資本主義／新自由主義經濟高舉勞動彈性與個人不得不隨時因應市場及雇主需求來進行自我調整的社會經濟條件下（Harvey 2005；林名哲 2011），對魯凱人而言，家的建立是否仍是個人生命的應然與必然？若不是，究竟哪些原因促使個人不再以昔日家意象為唯一、可能的家意象？個人對家的分歧想像，如何在具體生活中被實現？我們應當如何理解、掌握這些另類家意象的浮現及其性質？猶有甚者，若當地人認為家的建立與否必關連到個人養家能力，及人做為養家者這個社會存有意涵，那麼，當無法藉工作實踐來完成家的繁衍及人做為養家者的意義，魯凱人要如何面對「家」的無以為繼，以及個人存有的意義？

筆者認為，要掌握當代魯凱人的存有、情感與家的意義，當然得從「當下的歷史」（the history of the present）（Foucault 1979）入手。這具有雙重意義：其一，對個人實踐的形成與意義之探究，確實加以脈絡化與

歷史化，藉此，研究者得以辨識出哪些是特殊時代下的普遍特性，哪些是新時代浮現的實踐與觀念。其二，勾繪當下個人實踐如何歷史化過程，更符合魯凱人本身對生活世界的動態與運作的想法密不可分。對魯凱人而言，外在結構性力量如殖民主義或資本主義，原本即是他們經驗、理解及建構當下社會生活不可或缺的一部分（鄭瑋寧 2013）。在認識到當地人不將自身與他者視為對立的本體論之際，人類學家對當地人社會生活的提問，是否應隨他們真正關心的問題而修正？具體地說，若當地人已認識到家的生活節奏會隨家人主要維生方式而有所改變，研究者如何還能繼續以家庭的普世定義及亙古不變的再現方式，來呈現及再現被研究者的家、進而加以分析？甚至，人類學家再現當地社會生活整體圖像的方式，是否應當隨著研究現象的本體基礎和表現形式而有所改變、突破？

　　為了回答這些問題，筆者將家做為社會生活單位、親屬單位、理解聚落的象徵以及家做為文化實踐的後果等層面，是在怎樣的歷史社會經濟環境中浮現與作用做為切入點，以呈現家內生活方式的運作與整體樣貌。特別是，筆者關注情感與存有在不同時代是以怎樣的形式出現，且其如何形塑家內生活方式，以探究家的性質與意義的轉變，為此，筆者從資本主義化過程入手，探究不同世代魯凱人的經濟實踐如何構成家的生活節奏，以及他們如何以工作實踐來維繫家的運作，以此構築個人與家人的關係，並體現了不同樣態的在世存有。與此同時，人對經濟活動的認識、投入，形塑了個人的養家能力，以完成人做為養家者這個社會存有的意義。

　　首先，對出生於二戰末期的魯凱人而言，強調人乃是雙方親屬關係共同構成的結果與所在，男女情感表意、對何人產生愛意乃至於性愛等這類親密作為和私密想法，都是聚落集體規範的對象，以確保情感表意與親密關係的文化形式能符合聚落共享的美感，從而繁衍了階序倫理。其次，同胞是文化想像中的理想家人，而夫妻則以工作與生活習慣建構彼此身體與感情的一體性，以克服、超越傳統預設了配偶關係本質上的易碎性。就

此，家的繁衍依賴夫妻之愛，而家的延續有賴夫妻培養出類似同胞以家人為念的心思。更進一步，人做為養家者是社會義務，因而家長權威與集體規範必然介入建立與繁衍家的所有社會過程與個人作為，在確保社會繁衍的同時也鞏固了社會階序的倫理。另一方面，家是聚落集體的心之所繫，是人必經的生命歷程，因而對家的意象有高度一致性；即使個人內心另有愛慕對象，仍是以兩性結合以建立具有繁衍後代能力的家為共同理想。事實上，由當時魯凱人擇偶時特別強調養家能力這點來看，當時聚落普遍假定了個人做為社會存有的意義在於人具備養家活口的能力。這一層意義蘊涵在前述制度與實踐中從而顯得理所當然。再者，此時有關家的建立之各項實踐與制度，強調人以農務、工作來養家與繁衍家，以完成人做為符合集體規範之社會存有，從而人與人之間情感的表意形式顯露出集體規範的支配性，而個人內心情感的趨向往往不敵家長權威。換言之，人之所以為人的意義在於其乃是社會存有或關係性的存有，而非個體化的行動者，因此情感表意的形式必要符合集體規範與美感，從而是社會性且遵循權威的。

　　進入工業資本主義後，在家長希望家中成員協助家計的倫理考量下，出生於 1960 年代的青少年離鄉，開始了以薪資勞動為維生而形成的生活方式。此時，年輕人憑藉新的文化形式而使其能自主表達情感，以自由戀愛來擇偶、以對兩人未來共同的生活為想像來建立家。猶有進之，年輕世代認為工作與成家是個人應當經歷的生命過程，藉選擇婚姻對象來彰顯自己對婚姻與成家的主宰。離鄉從事薪資勞動促成了年輕人近用新的文化形式，自由向愛慕對象表達情感，不再受限於聚落集體的美感。特別是，這一代對婚姻對象與家的構成各有想像、標準，但他們仍認為家是建立在男女結婚、養育後代等這些親屬繁衍之上，亦即，他們與父母輩共享類似的家意象，但抵抗親屬權威以爭取擇偶的權力。另一方面，此時臺灣資本主義的發展需要大量勞工，且能維持一定的利潤率，普羅化讓個人將自己打

造為養家者這個社會存有，且因為經濟條件使得年輕人自認具有養家能力，因而找工作、戀愛、結婚成家與養家活口等，都是可被實現的想法，更促成了他們認為人做為養家者的這個社會存有乃是理所當然、無庸置疑。因此，個人存有不會與人照面、甚至尚未成為生命課題。

進入新世紀，家做為經濟單位的內在封閉更明顯，而與聚落親屬關係有所分別。與此同時，情感個人主義的有效運作，不僅關乎情感表意形式日益個人化，情感對象亦趨於多樣化，甚至個人對家的想像常因個人特有的生命史、對未來的圖像以及自我的性質，顯得相當異質、分歧。然而，在專制市場勞動體制與彈性勞動的運作下，經濟不穩定影響了個人對家的想像，而失業及無法完成自己的家，鬆動了原有社會存有之本體，令人頓失方向。正因為本世紀來的經濟動盪和惡劣的勞動條件，失業或擔心失業不僅成為個人焦慮的來源，更觸動了存在感，使得個人存有成為生命課題而與人照面。此時，家的意義不僅指涉建立、維持穩定的生活節奏和秩序，更在於在生活中摸索、醞釀使人心生同在感，能寓居其間得享情感安適的存有空間。[14]

在資本主義化過程中，與家的建構和性質的轉變密切關連的是地方社

---

14 從筆者過去作品（鄭瑋寧 2009, 2010, 2013）與本文的討論中，我們可以看到新世紀的魯凱人人觀的一項重要特性，即是從人做為親屬關係整體的所在或者關係性的人觀，逐漸轉變為強調個人做為表達美感、情感、行動能動的個體，而這些層面的個體性與能動，透過以下機制而被建構出來：1.透過經濟交換來形塑體現人作為經濟生活的個體；2.透過衣飾風格獨特性來創造聚落內成員的外貌差異；3.可以近用的情感表意形式多樣化，以及進入資本主義生活方式使年輕人能有效擺脫父母對戀愛或擇偶對象的支配性，促成了情感的個人主義；4.個人存有的浮現與照面，則關連到當地人對當代資本主義經濟高度不穩定的深刻體驗，而隨著經濟間歇性的波動，他們只得一再身陷那些與社會生活的理所當然彼此斷裂的隙罅。更關鍵地，前述魯凱人在新世紀所展現的不同面向的人觀性質，與傳統人觀之間有著怎樣的延續與變化？筆者目前對於魯凱人觀轉變的歷史過程與樣貌，尚未能完全掌握，因其需要其他社會生活層面的民族誌資料，才能夠清楚呈現新時代的人觀之實質內涵與邏輯，從而能清楚回答：新浮現的人觀，例如，自我或存有，究竟與傳統人觀之間有著怎樣的延續與轉變。筆者感謝審查人對此問題的提示。

會中公、私領域如何被重構的問題。筆者將從家做為一種社會組織與集體想像，以及人觀性質的內在轉變這兩個層次，分別討論。首先，就家同時做為制度與做為集體文化想像這個層次而言，對出生於二戰末期的魯凱人而言，家的建立、親屬的繁衍及其涉及的男女情感表意均是聚落集體（親戚、會所）介入、干預的對象。這類「實踐規範的家」[15] 是立基在男女之情並以親屬繁衍與社會繁衍為目的，卻弔詭地被認為是不穩定的、易碎的。對照而言，魯凱人強調同胞以家為念的情誼這類「理想性的家」才是家得以確保有內部和諧以延續的基礎。這類「理想性的家」，既做為「實踐規範的家」之對照和對位，更被認為可以引導所有成員建立以家人為念的生活。

工業資本主義促成個人做為情感主體的浮現，具體表現在個人選擇婚姻對象來建立「友愛婚姻的家」，抗拒父母權威介入擇偶過程。儘管個別居民對家的想像略有出入，這類「友愛婚姻的家」的實踐者，係以新的文化形式來表達個人情感，並在選擇婚姻對象上體現自主：不過，他們與父母輩同樣共享了男女婚姻是建立家的基礎這個「實踐規範的家」。與此同時，會所不再能有效介入、解決家內的情感紛爭，致使家內與個人的情感問題純粹屬於私領域。在新的經濟情境下，同胞情誼構成的「理想性的家」是藉由實際照顧同胞小孩而被實現，有如「實踐規範的家」的互補。另一種基於更廣泛的親屬道德性而出現的「道德實踐的家」，如祖父母因子女外出工作而接手照顧年幼孫兒，即是在新的經濟生活安排而創造出來的道德性；或者，父母將照顧小孩的工作商品化，但雇用的對象卻是自己的廣義的「同胞」（禁婚範圍），並將自己的自由和享樂置於優位去要求對方履行親屬道德性。在此，親屬道德性只是被挪用來服務純粹個人享樂

---

15 以下關於不同時期的家性質之區辨，如實踐規範的家、理想性的家、友愛婚姻的家以及情感實踐的家，感謝鄭依憶小姐與筆者進行討論、確認。

的工具，不帶有任何互惠意涵。

進入本世紀，貨幣做為家最重要的經濟象徵且二者密不可分，使得家除了做為親屬單位之外，更是獨立的經濟單位。對照之下，會所或男女青年團成為與家平行、在家之外的組織，對外代表「聚落和族群的傳統」且具有公共性，而會所或集體無法強制家戶為聚落活動義務提供勞動，致使個人與家的自主性更明顯。事實上，此時家的建立或崩解，全繫於個人情感互動、情感反應以及家內生活的整體氛圍而有如「情感實踐的家」。有別於「友愛婚姻的家」的實踐者係以「實踐規範的家」做為想像家意象的原型，「情感實踐的家」則是建立在個人是否願意與他人共同經營生活，以及兩人對家具有同步的想像之上，從而生活秩序與節奏得以可能。甚至，若個人與伴侶對家並未產生同步的共同想像，單身生活並非完全不可行。儘管情感在此時期的家內生活秩序中居於主導地位，家內生活秩序的建立卻不必然等同於或含括了或實現了個人對家的想像。在經濟條件的限制下，一個無法在既有生活秩序中感受到或實現其對家的想像的人，只得在既有的家屋物質性和空間中，以個人情感實踐來創造心生同在感的情感空間（affective space），使「做為存有空間的家」浮現。在當代，家內成員生命史與對未來、親屬、朋友的考量和關注各異，可能造成前述不同性質的家會在不同脈絡中現身於某一家屋的情形，如「想像的複調性演繹出家意象的多重對位」一節所示。

更重要地，對部分魯凱人而言，以兩性結合做為家的理想不再是個人生命的應然與必然，因為情感對象的多樣化，甚至超越了物種範疇的界線，使得人們在認定或想像誰是家人時，彼此互動的情感安適占據了重要地位。就此，家不再是以繁衍為唯一目的，情感與性愛擺脫了其作為生殖繁衍的手段、維繫社會地位甚或累積經濟利益的媒介，進而成為目的自身。這是個人做為情感主體的極致表現，這點更可從非人範疇的物種被視為家人這類新現象加以佐證。另一方面，正因為個人情感與存有是家得以

存在的前提，若個人將存有的意義仍侷限在工業資本主義時期透過工作與養家才可能維繫、實現時，經濟生活的波動無可避免地動搖此一前提甚至促使其崩解，進而危及了個人的存在論基礎，頓失方向且喪失所有希望，連做為存有空間的「家」都無以為繼時，最終以離開此世來終結個人存有。就此而言，個人存有的浮現與照面，乃是與作為存有空間的家彼此相生、相互支撐，一方的幻滅必然危及另一方的存續。存有與家二者間彼此相生、相互支撐與相繼幻滅的動態關係，隱約透露出：當代魯凱人有關個人存有與家的本體論基礎，明顯有別於前述歷史經濟環境中的人觀與家的性質。

　　猶有進之，正因本文正視了在經濟變動的當代情境中，個人存有與情感安適支撐與形塑了魯凱人的家樣態，從而筆者得以解析、呈現家做為存有空間這一層意義，更有別過去人類學對於家的各種定性與理論化，例如，家做為一種社會制度（如 Fortes 1949）、將親屬體系／家做為文化象徵結構（如 Schneider 1968），甚至家做為文化實踐的建構（如 Carsten 1997）。必須注意的是，本文並非指涉在 Taromak 聚落中，家做為社會制度或象徵結構或文化實踐這幾重意義全然消失不見。相反地，本文從歷史過程與世代經驗來呈現，做為制度、象徵結構或文化實踐等層次的家，會因為個人的情感能動可以發揮的程度以及表達情感形式的多樣化而有不同的結合和呈現方式。更精確地說，在結構功能論影響下對家的研究，強調家做為社會制度，自群體這個觀念來掌握家庭成員身分，強調該身分所涉及之可被觀察的與物質的指標（血緣、居住安排、繼承財產的資格等）而有如實體。其次，在家被視為象徵結構的理論典範下，家的建立與繁衍背後所仰賴之親屬意識形態被等同於親屬道德的實現，親屬類別／範疇的規範性被用以解釋人在家內生活的行動與動機。到了新親屬研究將家視為文化實踐的境況下，親屬身分係藉具體實踐而取得其象徵意義，而親屬過程是個人藉由不斷實踐以完成符合文化價值的理想家庭與生活，從而能超越

物質論與象徵論、客觀論與主觀論對立的知識立場。

在一定程度上，本文延續了新親屬研究強調家作為文化實踐的立場，但更聚焦於個人的存有與情感，細緻地分析近用新形式的個人實踐與情感表意，探究他們身處當代情境下所呈現的家的樣態。就此而言，個人的情感感受、主觀認定乃至於幻想（如將狗視為小孩），成為「家」能否出現與成立的基礎。然而，Carsten （1997）將家視為文化實踐的論點蘊含了個人實踐實現並繁衍了既有文化邏輯與價值，卻忽略了個人情感與存有具有做為創新家樣態的能動，亦即，當面臨到家內生活的殘酷現實如親子或夫妻間的壓迫與宰制而產生的情感反應，個人可能採取有別於甚至違逆理想的傳統文化價值的實踐，以個人的方式來實現心中想像的家。比較而言，本文意識到超越傳統理想或意識形態的家內生活之現實，且留意並正視個人對家內現實的情感反應與認識，以及隨之而來的實踐如何鬆動「家人」這個親屬範疇的文化預設限制，從而能指出當代魯凱人的情感與存有對於認定「誰是家人」的支配性，以及家做為使人得享情感安適的存有空間這一層意義。

當代英國學界稱這些立基於個人出自情感或相互利益而構成的家庭為「重組家庭」（recombinant family）（Strathern 2005），指出當代家的構成超越了血緣和婚姻。然而，提出這類看法的研究者卻未進一步辨識、探究造成多樣性的家樣貌之社會、經濟、歷史條件以及個人情感這兩個層次的機制如何運作。相較之下，筆者從資本主義化過程中，討論家的樣態浮現所涉及的人觀、對生活的想像、乃至於倫理學上的考量，甚至是個人存有的意義，如何彼此相互糾結，進而使得個人在當代能以自己的方式來認定、形塑誰是家人與家的意義。筆者認為，「重組家庭」只是描述了當代家庭不再依照過去所認定的婚姻和血緣關係，指出了個人情感與利益考量對家的形成具有支配性這個現象，並未針對當代的家如何形成、何以致之這兩個問題，提出具解釋力的分析概念和架構。事實上，家的性質、意義

以及存在的實在之層次，必須將行動者放置在人們身處的資本主義化過程、地方社會中的公私領域的動態建構、表達情感的形式與人觀性質的轉變等層面，深入考察，才能辨識出造成這些層面改變的機制如何運作，進而掌握特定時空條件下的家的糾結樣貌。

　　另一方面，家的本體論基礎不同，意味著過去研究者不可能再以說明家做為制度或象徵結構的民族誌材料性質來證成當代的家。同時，研究者更需發展出能有效再現當代個人存有、情感與家樣態的技法，以及採取與被研究對象的本體論基礎相符的知識論提問並進而建構適切的分析概念，否則將使學術分析與被研究對象的性質相互異化，掩蓋了被研究者真正的關懷。[16] 基於此，對前兩個時期的家樣態，筆者採取的再現方式與目前主流民族誌（即，透過口述與文獻來建構在地文化邏輯，如結合個人回憶、歷史經驗與社會條件的再現）相去不遠。進入本世紀之後，有鑑於家的成立或崩解均與個人情感與存有密不可分，筆者致力鋪陳日常生活中微小、細緻、乃至於稍縱即逝的互動與情感反應，以再現當代家的性質。

　　事實上，本文嘗試不同的民族誌再現方式，更是為了處理、掌握當地人在當代資本主義經濟條件下，與個人存有彼此照面的處境，以期能克服受現象學與存在主義影響的人類學在處理個人存有的問題時所面臨的困境。筆者一方面以個人遭逢重大改變的生命歷程、顛覆日常生活對情緒、情感乃至思維的常態，細緻勾繪個人處在和日常例行化活動有所斷裂的處

---

16 這一點受到 Eduardo Viveiros de Castro（1998, 2009）的啟發。他以亞馬遜印地安人的親屬建構，立基於多元自然主義（multinaturalism）的本體論，預設了不同人群、乃至於不同物種之間的區別，是建立在身體／生物性的差異上，而非文化／心靈的差異。當然，這關涉了亞馬遜地區特有之「宇宙觀的視角主義」（cosmological perspectivism）。這迥異於歐美親屬體系的多元文化主義本體論，假定了所有人類共享同樣的生物基礎，而不同人群建構親屬方式各異，乃是文化差異所致。Viveiros de Castro 以此強調人類學家應掌握當地社會生活的本體論，才可能對被研究對象提出清新的知識論問題。關於該議題的深入分析和討論，請參見鄭瑋寧（2012）。

境時所呈現之存有樣態（modes of being），以呈顯個人在世存有（being-in-the-world）的樣貌（Jackson 2009）；另一方面，受現象學與存在主義影響的人類學研究過度強調人類主體經驗的普同性，忽略民族誌個案或者個人乃是在特定歷史社會經濟形貌中被形構，更使我們無從辨識：個人存有的意義這個問題得以現身並與人照面的過程，究竟是普遍人性使然？抑或是在特定歷史社會經濟情境下，具備內省意識的人才能與個人存有這個問題相互照面？[17] 讓筆者藉不同個案比較來進一步說明。

在有關資本主義發展、存有、情感與家的意義等層面的關聯這個課題上，筆者與謝國雄（2013）的研究呈現出不同的糾結方式與樣貌。首先，二者皆觸及了被研究者（擔心）失業如何觸動了個人內心深處的情緒：謝國雄指出了港都勞工心底深處的恐懼，而筆者觸及了魯凱人的焦慮、頓失方向。這蘊含了資本主義的存在化已經超越意識層面。不過，此一認識必然關涉了如何辨識、確認家的性質和意義。在謝國雄的討論中，存在感攸

---

17 相較而言，謝國雄（2013）對高雄勞工存在感的研究，解決了 Jackson（以及多數採取現象學取徑的人類學研究）未能將個人存有放回個人身處的社會文化脈絡的困境，同時他有效結合現象學與社會人文學科的研究關懷，進而更深刻地解釋社會現象。更重要的，他確立了存在感做為一個社會分析基本議題：存在感源自結構性力量，其性質卻與之相異；存在感不僅是能動與結構力量連屬的表現、是自成一格的實在，更能對行動與結構的連屬產生效應（謝國雄 2013）。簡言之，他證成了存在感乃是 Durkheim 意義下的社會事實。在承認存在感做為社會基本分析課題的前提下，筆者直接探究家的建構、養家者以及個人社會存有等三者，在資本主義化不同過程中的展現方式、能否被意識到以及如何被實踐的方式。筆者指出，人做為養家者在無法被實踐的當下、在創造了生活秩序仍無法使人感到安居其間的當下，個人存有必須藉創造能使人得享情感安適的存有空間而得以延續。這指出了情感和個人存有之間的另一種可能性。這一方面證實了謝國雄提出因個人心另有所繫進而能削弱了資本主義存在化、唯一化的效應，使能動有所可能的論點。另一方面，筆者個人從情感反應與日常生活中，區辨出人做為養家者這個社會存有和個人存有，以及人在兩種存有樣態中的拉扯、張力：存有空間的創造以及以情感之與個人存有的意義之關鍵，經常會與那個原本深植於個人、被存在化的資本主義力量和傳統價值所賦予的社會存有之意義，彼此相互抗衡。儘管最終以悲劇收場，個人努力尋求存有的意義（及其不果），已成為當代魯凱人的生命課題。

關工作養家的實踐，以及由此衍生的自我認同。至少就該書的民族誌而言，我們可以說，他所謂的家具體指涉了做為親屬單位的家，以及男性家長被賦予且自認有養家活口的義務、責任、自我期許甚至擬似「天職」。因而港都勞工的存在感，是建立在「勞動者乃是一名時時以家為思考、看待世界乃至於決定如何行動之參照點」這樣的人觀上。這也是資本主義得以存在化、唯一化的重要基礎，甚至讓勞工無法展現能動。當然，謝國雄指出了能動的可能性：其一是行動者心另有所繫，其二則是個人開始從倫理的角度來考量、看待家以外的他人／同事。他因而指出，家既是不可化約的在地範疇，更是結構性力量（謝國雄 2013）。然而，謝國雄並未處理以下問題：在港都勞工將資本主義經驗加以存在化的過程中，家的性質是否產生改變？其次，他強調家的不可化約性（除了具有物質性基礎外），究竟是來自在地理解範疇這個層次？或是因為工作養家這類關涉存在感之實踐過程，必然關連到他在《茶鄉社會誌》（謝國雄 2003）所指出的「做」這個生存範疇，對行動者帶來現象學的效應，從而可能使家的不可化約更為凸顯？甚至，家與工作之所以能提供支撐生存的軸心意義，是否以及如何關連到「做」這個生存範疇的運作和效應？[18]

　　相較而言，筆者關注的是個人存有在歷史過程中不顯現到與人照面的過程，強調存有乃是與資本主義發展過程、地方社會性質逐漸轉變過程、以及對家的想像與建構等三者密不可分的歷史、社會的建構：從早期因與社會義務結合而難以辨識，到個人視為理所當然且可實現的狀態，再到關乎個人在世存有的問題。正是因為魯凱人經歷了當代資本主義經濟的作用後，個人存有的意義才會以家的生活秩序與重視家人間情感互動（非全然

18在《茶鄉社會誌》（謝國雄 2003）一書中，「做」這個範疇所預設、活化與體現的宇宙觀，一方面指涉物理性理解下的「天地人」，一方面則有人在此世或者來世存有的意義。

個人內心剖析）等層面來呈顯、現身。就此，筆者同時自歷史的脈絡和社會文化脈絡這個交錯、重疊的整體空間與雙重視角中，認識、辨識進而為地方社會中的「存有」定性，即，在當代資本主義變動中，魯凱人陷入個人存有的意義無法被實現這種情感難以安適的狀態，從而使研究者能辨識出家作為存有空間的樣態與意義。事實上，家做為存有空間這一層意義，係在個人將資本主義範疇與價值納入了他們認為人之所以存在的基礎受到動搖、鬆動時（或者，與日常生活中的理所當然相互斷裂時），才現身與人照面。就此而言，當代魯凱人的家所具備的顯著意義，明顯有別於謝國雄所稱之不可化約的理解範疇。

　　讓我們從另一個角度來思考當代魯凱人家樣態的性質。當代魯凱人的家樣態，表面上看似 George Lakoff 與 Mark Johnson（1980）所謂的「存在論上的隱喻」（ontological metaphor），即，一個能將人類活動、情緒和觀念等抽象層面具體再現的實存（如物件、實質或人等）（Lakoff and Johnson 1980: 25-33）。筆者認為，此一將家視為「隱喻」的想法，蘊含了研究者將家視為再現其他層面或他性（alterity）的象徵符號／物，即家係知識論上的範疇，而非存有範疇（category of being）。這既忽略了家自身的本體論基礎乃是密切關乎個人存有於存在論上的顯著意義與正當性，亦無法給予魯凱人追求個人情感安適這項實踐以妥切的位置。

　　整體而言，筆者同意黃應貴在《「文明」之路》（2012）第三卷所主張，目前我們面對的是現代家庭浮現之後的個人化、心理化與多樣化的家庭形構，而對於當代家的性質，可藉由心理慣性與彼此互動逐漸形成的可預期的基模，以及家的整體精神氣質來掌握。特別是，他認為這只是家在特定時期呈現出來的整體圖像，未來可能因家中成員個人生命史和整體社會環境的更迭，而有不同的發展（黃應貴 2012）。這蘊含了研究者在面對當代的家時，除了意識到家乃是歷史經濟力量與人的能動所共同創造的結果，而家的概念化必須將家的社會歷史性納入考量。

　　此外，筆者認為，研究者更應意識到，當代的家不僅具流動液態的形構，其呈現圖像宛若拼貼。除細緻勾繪此一拼貼圖像之外，研究者更必須探究從有歷史縱深的整體視野來考察家、資本主義、個人存有與情感間極為細緻、複雜且多層次的互動及辯證，辨識出家之形成所涉及之屬於時代性的社會文化邏輯，進而勾繪、再現其整體氛圍。筆者希望本文細緻的民族誌能提供日後研究者試圖捕捉、探究那些關涉當代的家形成背後的深層心理慣性（黃應貴 2012）的基礎，並能促成未來家的重新概念化得以飽和之學術實作。

參考書目

林名哲

2011　《邊界之外，牢籠之中：科技業工程師的流動與主體建構》。
　　　國立清華大學社會學研究所碩士論文。

邱妙津

1999　《鱷魚手記》。臺北：印刻。

黃應貴

2012　《「文明」之路・第三卷・新自由主義秩序下的地方社會》。
　　　臺北，南港：中央研究院民族學研究所。

鄭瑋寧

2000　《人、家屋與親屬：以 Taromak 魯凱人為例的研究》。國立清
　　　華大學碩士論文。

2009　〈親屬、他者意象與「族群性」：以 Taromak 魯凱人為例〉。
　　　《東臺灣研究》 12: 27-68。

2010　〈文化形式的商品化、「心」的工作和經濟治理：以魯凱人的
　　　香椿產銷為例〉。《臺灣社會學》19: 107-146。

2011a　〈Taromak 魯凱人日常慣行的情緒政治〉。論文發表於「日常
　　　生活的政治：區域研究的微型場域」研討會，中央研究院人文
　　　社會科學研究中心亞太區域研究專題中心主辦，3 月 4 至 5 日。

2011b　〈情感互動中的田野技法、存在與知識：人類學家做為有性別
　　　的人，如何成為掌握當代社會性的測度〉。論文發表於「性別
　　　與人類學知識」研討會，中央研究院民族學研究所主辦，11 月
　　　18 至 19 日。

2012　〈人類學知識的本體論轉向：以 21 世紀的親屬研究為例〉。
　　　《考古人類學刊》76: 153-170。

2013 〈衣飾、仿效與外貌的政治：以 Taromak 魯凱人為例〉。《考古人類學刊》78: 37-77。

2014 〈現代性下愛的實踐與情感主體：以魯凱人為例〉。《考古人類學刊》280: 179-220。

謝繼昌

1965 《臺灣縣大南村魯凱族社會組織》。國立臺灣大學考古人類學研究所碩士論文。

謝國雄

1997 《純勞動：臺灣勞動體制諸論》。臺北，南港：中央研究院社會學研究所。

2003 《茶鄉社會誌：工資、政府與整體社會範疇》。臺北，南港：中央研究院社會學研究所。

2013 《港都百工圖：商品拜物教的實踐與逆轉》。臺北，南港：中央研究院社會學研究所。

柄谷行人

2011 《倫理 21》。林暉鈞譯。臺北：心靈工坊。

移川子之藏、宮本延人、馬淵東一

2011 [1935]《臺灣原住民系統所屬之研究》。楊南郡譯註。臺北：南天書局。

Bourdieu, Pierre

1990 *The Logic of Practice*. Cambridge: Polity Press.

Carsten, Janet

1997 *The Heat of the Hearth: The Process of Kinship in a Malay Fishing Community*. Claredon: Oxford University Press.

Cheng, Weining

　　2007 *Working Together: Relatedness and Economy amongst the Rukai of Taiwan*. Ph.D Dissertation, Department of Social Anthropology, University of Edinburgh.

Errington, Shelly

　　1990 Recasting Sex, Gender, and Power: a Theoretical and Regional Overview. In *Power and Difference: Gender in Island Southeast Asia*. Jane M. Atkinson and Shelly Errington, eds, pp. 1-58. Stanford: Stanford University Press.

Fortes, Meyer

　　1949 *The Web of Kinship among the Tallensi*. London: Oxford University Press.

Foucault, Michel

　　1979 *Discipline and Punish: The Birth of the Prison*. Alan Sheridan, trans. London: Penguin.

Giddens, Anthony

　　1993 *The Transformation of Intimacy: Sexuality, Love and Eroticism in Modern Societies*. Stanford: Stanford University Press.

Harvey, David

　　2005 *A Brief History of Neoliberalism*. Oxford: Oxford University Press.

Jackson, Michael

　　2009 *Palm at the End of the Mind: Relatedness, Religiosity, and the Real*. Durham: Duke University Press.

Lakoff, George and Mark Johnson

　　1980 *Metaphors We Lived By*. Chicago: Chicago University Press.

Overing, Joanna and Alan Passes, eds.

　　2000 *The Anthropology of Love and Anger: The Aesthetics of Conviviality in Native Amazonia*. London: Routledge.

Taussig, Michael

    1993 *Mimesis and Alterity: A Particular History of the Senses*. London: Routledge.

Sahlins, Marshall

    2011 What Kinship Is, Part One. *Journal of the Royal Anthropological Institute* 17(1): 2-19.

Schneider, D. M.

    1968 *American Kinship: A Cultural Account*. Chicago: University of Chicago Press.

Stone, Lawrence

    1977 *The Family, Sex and Marriage in England, 1500-1800*. New York: Harper & Row.

Strathern, Marilyn

    1988 *The Gender of the Gift: Problems with Women and Problems with Society in Melanesia*. Berkeley: University of California Press.

    2005 *Kinship, Law and the Unexpected: Relatives are Always a Surprise*. Cambridge: Cambridge University Press.

Viveiros de Castro, Eduardo

    1998 Cosmological Deixis and the Amerindian Perspectivism. *Journal of the Royal Anthropological Institute* 4(3): 469-488.

    2009 The Gift and the Given: Three Nano-essays on Kinship and Magic. In *Kinship and Beyond: The Genealogical Model Reconsidered*. Sandra Bamford and James Leach, eds, pp. 237-268. Oxford: Berghahn Books.

Williams, Raymond

    1977 *Marxism and Literature*. Oxford: Oxford University Press.

作者簡介

王梅霞

英國劍橋大學社會人類學博士，現任國立台灣大學人類學系副教授。長期研究泰雅族、太魯閣族及賽德克族社會文化在不同歷史脈絡之下重新創造的過程，關心社會變遷中當地人的主體性。著有《泰雅族》一書及論文多篇。

王增勇

加拿大多倫多大學社工博士，現任政治大學社會工作研究所副教授。主張社工必須成為社會改革的動力，受後結構主義學者傅柯的知識權力觀點與女性主義社會學者 Dorothy Smith 的建制民族誌啟發，透過民族誌研究、敘事與行動研究等批判典範探討原住民老人長期照顧、精障者社區復健、老年同志口述歷史以及社工專業化等議題。

林文玲

德國歌廷根大學人類學博士，國立交通大學人文社會學系暨族群與文化研究所教授，主要研究領域包括應用視覺人類學、數位人類學、（新）媒體與原住民以及性別研究。著有〈疆域走出來：原住民傳統領域之身體行動論述〉、〈跨文化接觸：天主教耶穌會士的新竹經驗〉、〈部落「姊妹」做性別：交織在血親、姻親、地緣與生產勞動之間〉等作品。

林瑋嬪

英國劍橋大學社會人類學博士，現任國立台灣大學人類學系教授。曾經擔任台灣大學文學院副院長，現為台灣大學人類學系系主任。專長為宗教人類學、親屬人類學與漢人研究。著有專書 *Materializing Magic Power:*

Chinese Popular Religion in Villages and Cities，以及論文多篇。

陳文德

英國倫敦大學亞非學院社會人類學博士，現任中央研究院民族學研究所副研究員。1983 年起先後在阿美族與卑南族從事研究，著作有《卑南族》、〈人群互動與族群的構成：卑南族 *karuma(H)an* 研究的意義〉與《「社群」研究的省思》（與黃應貴合編）等。

彭仁郁

巴黎狄德羅大學心理病理暨精神分析學博士。法國分析空間學會認證之精神分析師。現任中央研究院民族學研究所助研究員，研究興趣包括精神分析理論及實踐、人為暴力創傷與療癒。重要代表著作有專書 *A l'épreuve de l'inceste*（《亂倫試煉》）及〈進入公共空間的私密創傷：台灣「慰安婦」的見證敘事作為療癒場景〉等論文。

黃應貴

英國倫敦政治經濟學院人類學博士，現任國立清華大學人文社會學院學士班特聘教授。長期從事臺灣原住民中的布農族研究，著有《反景入深林：人類學的觀照、理論與實踐》、《人類學的評論》、《人類學的視野》、《布農族》、《台東縣史‧布農族篇》、《「文明」之路》三卷等書，主編《人觀、意義與社會》、《空間、力與社會》、《時間、歷史與記憶》、《物與物質文化》等書。

黃嫒齡

陽明大學公衛所衛政組博士，現任臺北榮民總醫院鳳林分院社會工作師、臺北醫學大學醫學人文所兼任助理教授。1986 年回玉里迄今，以醫

院為田野、以病患為師，著有《傾聽曠野裡的聲音：精神復健玉里模式》、《日久他鄉是故鄉：治療性社區玉里模式》兩本專書及多篇論文。

潘恩伶

美國紐約州立大學水牛城分校社會學博士，現任國立台灣師範大學人類發展與家庭學系助理教授。專長為家庭社會學、青少年研究、單親家庭研究等，著有 Timing of parental divorce, marriage expectations, and romance in Taiwan 等多篇論文。

鄭瑋寧

英國愛丁堡大學社會人類學博士，現為中央研究院民族學研究所助研究員。長期關注魯凱人的社會、歷史與文化，研究專長為人觀及性別與親屬、工作與資本主義的人類學研究，近來研究視角觸及情感、存有、美學以及知識本體論等課題。著有論文多篇。

Family in the 21st Century:
Where is the Taiwanese Family Headed?

Edited by Ying-Kuei Huang

The family is the product of historical circumstances, and the 20th century is often called the Era of the Family. The fact that when Taiwan entered the age of neo-liberalism in the 21st century, non-traditional families already accounted for about 15% of all households clearly gives an indication of the latest trend in the development of the Taiwan family. Even though an association tried to address this issue constructively by drafting a bill that would allow for same-sex marriage, civil partnership, and non-traditional familial relations, opposition from conservative sectors of society forced the Legislative Yuan to suspend deliberations. Where, then, is the family in Taiwan headed? By focusing on the duality of the family, imaginaries of the family, affective and psychological mechanisms for the formation and maintenance of the family, the nature and meaning of family, and other issues, this book attempts to answer that question through a series of case studies, on the family in Taiwan.

Socio Publishing Co., Ltd. 2014